安徽省志

Chorography of Anhui Province

煤炭工业志

Coal Industry

(1986—2010)

安徽省地方志编纂委员会办公室
Compilatory Commission of Anhui Chorography

方志出版社
Publishing House of Local Records

图书在版编目（CIP）数据

安徽省志.煤炭工业志：1986—2010/安徽省地方志编纂委员会办公室编.—北京：方志出版社，2014.12

ISBN 978-7-5144-1488-2

Ⅰ.①安… Ⅱ.①安… Ⅲ.①安徽省—地方志②煤炭工业—概况—安徽省—1986—2010 Ⅳ.①K295.4

中国版本图书馆CIP数据核字（2014）第296811号

安徽省志·煤炭工业志（1986—2010）

编　　者：安徽省地方志编纂委员会办公室
责任编辑：王笃银

出 版 人：冀祥德
出 版 者：方志出版社
地址　北京市朝阳区潘家园东里9号（国家方志馆4层）
邮编　100021
网址　http://www.fzph.org
发　　行：方志出版社发行中心
电话（010）67110500
经　　销：各地新华书店
印　　刷：安徽新华印刷股份有限公司

开　　本：889×1194　1/16
印　　张：22.25
字　　数：458千字
版　　次：2014年12月第1版　2014年12月第1次印刷
印　　数：0001~1500册

ISBN 978-7-5144-1488-2/K·1217　定价：300.00元

安徽省地方志编纂委员会

曾任安徽省地方志编纂委员会成员

主　任：王金山（2006.12—2009.3）

王三运（2009.3—2012.5）

李　斌（2012.5—2013.6）

副主任：（按姓氏笔画为序）

王　信　田唯谦　仲建成　吕振凡　孙亚军　朱文根

吴　行　张武扬　张岳峰　夏邦文　董介林　谢广祥

委　员：（按姓氏笔画为序）

马新民　王　洵　王宇铭　王守亚　王佛生　王林建

王学银　王宜斌　方志华　邓顺华　叶如强　朱　宁

任兆祥　刘　泉　刘成典　刘志祥　刘战平　江刘伍

江明安　毕美家　孙永吉　李　明　李玉华　李抗美

李迎春　李明阳　李维勇　杨本清　杨绿章　肖桂兰

吴　浩　吴　静　吴韦人　吴世平　吴桂和　余　群

汪华东　汪建国　汪炳瑜　沈　毅　张　永　张少国

张正耀　张华建　张庆军　陈　平　陈亚萍　陈运才

陈素伟　林　红　罗　宏　罗建国　罗曙生　金　燕

俞凤翔　周　庆　周建春　郑　宏　郎　涛　赵卫弘

胡　冰　胡　沅　施立业　洪治社　洪禹候　秦亚东

聂皖辉　聂庆义　莫　欣　夏育才　徐礼国　徐家声

郭　敏　郭本纯　高　莉　高俊文　高维岭　黄玉明

黄发友　黄红文　黄家华　曹承锋　崔海燕　董　庆

蒋传华　蒋福亮　楚建平　蔡建平　樊　勇

《安徽省志》总编室

主　　任：朱文根

副 主 任：刘成典　吴　静　王守亚　严　希　吴良琴　王　晖

成　　员：（按姓氏笔画为序）

王富宏　计媛媛　史五一　朱海滨　孙　平　苏爱梅

杜中文　李宇涵　杨永成　余祖本　张　军　张　慧

周小平　胡　利　胡卫星　黄志军　章慧丽

《安徽省志·煤炭工业志》审稿组

初　　审：吴良琴

复　　审：王守亚　夏云天

核　　审：朱文根　张德山

审查验收

安徽省人民政府

《安徽省志·煤炭工业志》编纂委员会

顾　问： 杨振超

主　任： 牛弩韬

副主任： 张海阁　卜庆林　张德山

委　员： （以姓氏笔画为序）

王明胜　孔祥喜　闫红新　宋从恕　陈　培　赵士兵

徐安崑　夏云天　葛家德　颜事龙　魏振岱

《安徽省志·煤炭工业志》编辑室

主　编： 夏云天

副主编： 周翰藻　方恒林

编　辑： 汪晓佳　孙传平　王佑楼　黄宜华　吴　刚　潘　磊

安徽省煤矿分布图

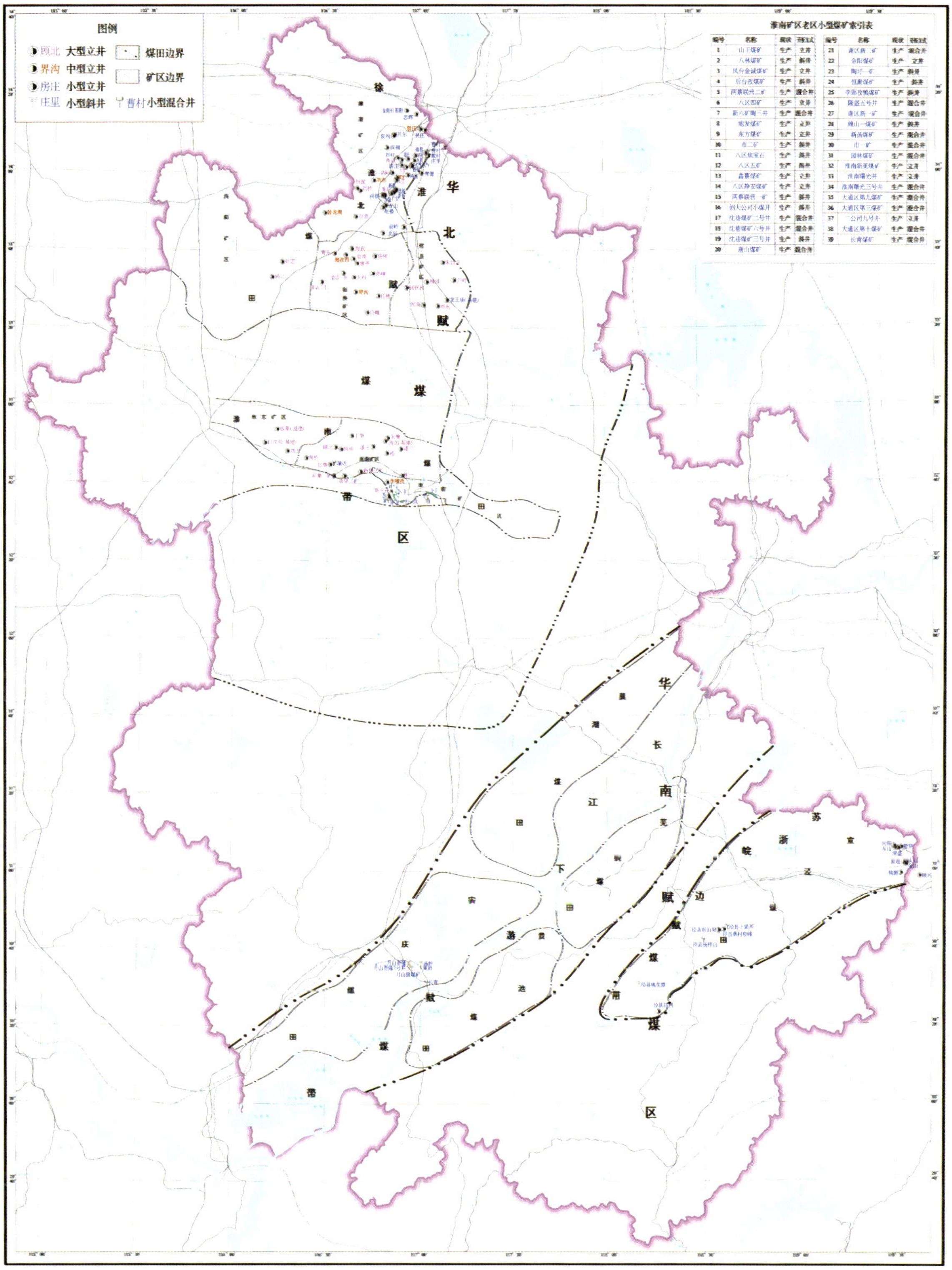

编号	名称	现状	开拓方式	编号	名称	现状	开拓方式
1	山王煤矿	生产	立井	21	谢区新二矿	生产	混合井
2	八林煤矿	生产	斜井	22	金阳煤矿	生产	立井
3	凤台金诚煤矿	生产	立井	23	陶圩一矿	生产	斜井
4	后台孜煤矿	生产	斜井	24	恒聚煤矿	生产	斜井
5	两蔡联营二矿	生产	混合井	25	李郢孜镇煤矿	生产	斜井
6	八区四矿	生产	立井	26	隆盛五号井	生产	混合井
7	新六矿陶三井	生产	混合井	27	谢区新一矿	生产	混合井
8	能发煤矿	生产	立井	28	舜山一煤矿	生产	斜井
9	东方煤矿	生产	立井	29	新扬煤矿	生产	混合井
10	市二矿	生产	斜井	30	市一矿	生产	混合井
11	八区焦宝石	生产	斜井	31	园林煤矿	生产	混合井
12	八区五矿	生产	斜井	32	淮南新亚煤矿	生产	立井
13	鑫蔡煤矿	生产	立井	33	淮南曙光井	生产	立井
14	八区静安煤矿	生产	立井	34	淮南曙光三号井	生产	混合井
15	两蔡联营一矿	生产	斜井	35	大通区第九煤矿	生产	混合井
16	创大公司小煤井	生产	斜井	36	大通区第三煤矿	生产	混合井
17	沈巷煤矿二号井	生产	混合井	37	二公司九号井	生产	立井
18	沈巷煤矿六号井	生产	混合井	38	大通区第十煤矿	生产	混合井
19	沈巷煤矿三号井	生产	斜井	39	长青煤矿	生产	混合井
20	唐山煤矿	生产	混合井				

安徽省煤炭资源勘查开发现状图

（比例尺:1 ： 500000）

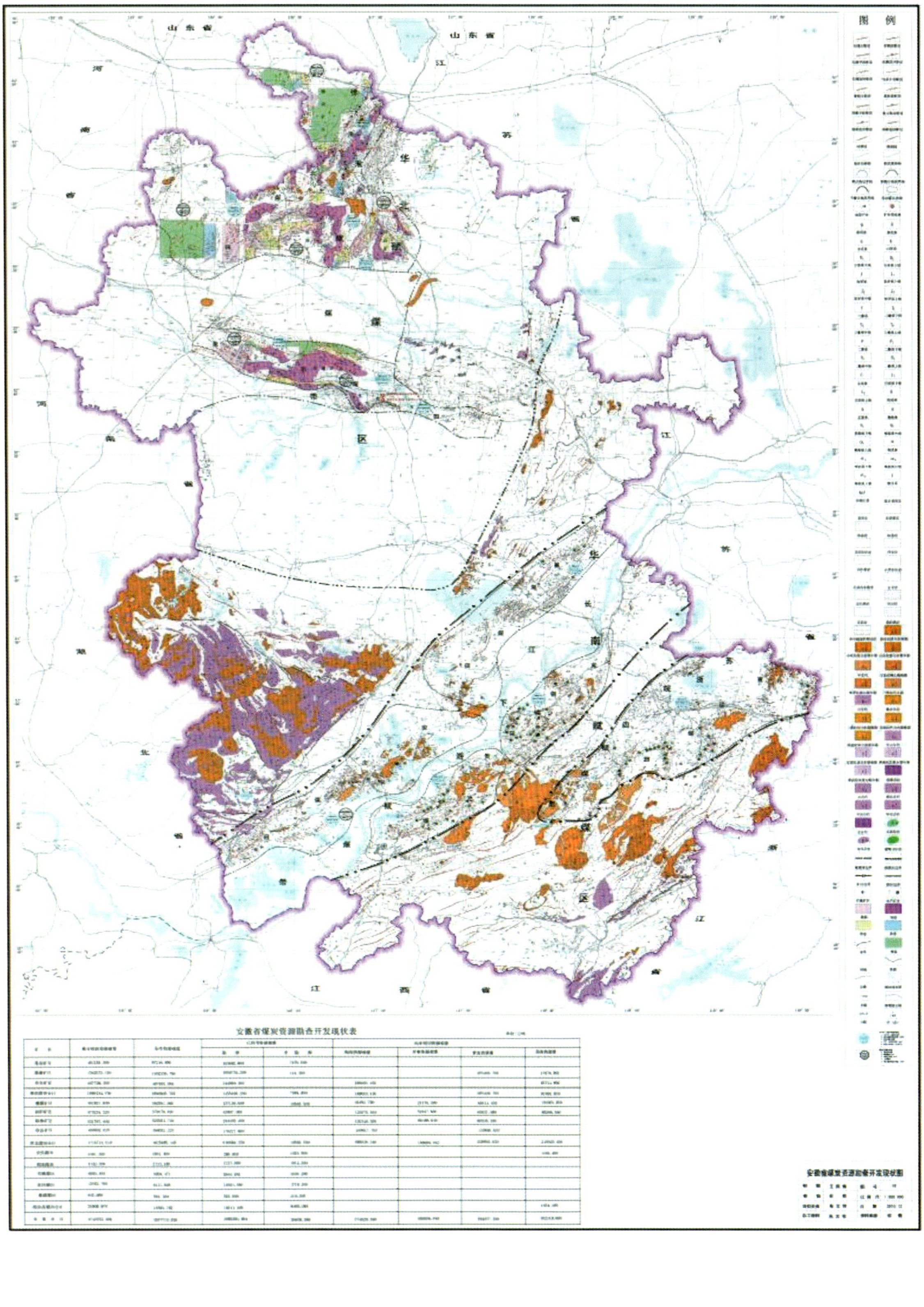

淮南矿业集团顾桥煤矿

淮北矿业集团涡北煤矿

皖北煤电集团百善煤矿

国投新集公司口孜东煤矿

淮南矿业集团顾桥电厂

亚洲最大的淮北矿业集团临涣洗煤厂

综采工作面

综掘作业线

淮南矿业集团谢桥煤矿 1161（3）大采高工作面

国投新集公司口孜东矿井下架棚机

2010 年 11 月 22 日，皖北煤电集团“华江 1”海轮在江苏太仓华能电厂码头卸煤

淮北煤炭铁路外运线

采煤沉陷区治理成果——淮北市国家级湿地公园

皖北煤电大观园（千亩园区）房地产项目开盘

淮北矿业集团职工住宅小区——濉河花园

中煤矿建集团开发的合肥颐园世家小区

2004 年 8 月，恒源煤电公司上市

2007 年 12 月，国投新集公司上市

2005 年 12 月 25 日，煤矿瓦斯治理国家工程研究中心在淮南矿业集团成立

2010 年 9 月 26 日，煤矿生态环境保护国家工程实验室在淮南矿业集团揭牌

2006 年 12 月 28 日，淮北临涣煤化—盐化一体化焦化一期工程投产

2010 年 1 月 9—10 日，淮北矿业集团“十二五”产业发展规划评审会在北京召开

2010 年，中煤矿建集团施工的山东龙固煤矿副井井筒工程被评为“鲁班奖”

2010 年，淮北矿业集团获 2009 年度全国采掘上台阶活动“百万吨综采队”称号

2010年6月27日，安徽省委书记张宝顺（中）在淮北矿业集团检查工作

2010年6月12日，安徽省省长王三运（左前一）在皖北煤电集团检查工作

1995年7月2日,煤炭工业部部长王森浩（中）视察新集矿区

2005年4月23日,国家安全监管总局副局长、国家煤矿安全监察局局长赵铁锤（左三）在淮南矿业集团井下检查安全工作

总 凡 例

一、《安徽省志（1986—2005）》以马克思列宁主义、毛泽东思想、邓小平理论、“三个代表”重要思想和科学发展观为指导，坚持辩证唯物主义和历史唯物主义，全面、客观、系统地记述1986—2005年间安徽省自然、政治、经济、文化、社会等方面的情况。

二、本志贯彻国务院《地方志工作条例》《安徽省地方志工作条例》，依法修志。

三、本志遵循中国地方志指导小组《地方志书质量规定》，力求存真求实、客观公正、全面系统，寓观点于记述之中。

四、本志各分志名称为《安徽省志·××志（1986—2005）》。

五、本志记述的地域范围为2005年的安徽省行政区域；时间上限为1986年，下限为2005年，少数分志的时限根据情况作适当上溯或下延，特色分志不设时限。

六、本志采用述、记、志、传、图、表、录等体裁，以志为主。各分志一般为篇章节条目体，部分为章节条目体，个别分志根据实际需要采用条目体。

七、入志人物坚持生不立传的原则。除人物志外，各分志坚持以事系人、人随事出的原则，不设人物录、人物简介。

八、本志采用规范书面语体文、记述体。表述力求严谨、朴实、简洁、流畅。语言文字、标点符号、计量单位等使用规范，按国家规定执行。

九、本志资料由各承编单位搜集整理，文中不注明出处。

十、本志采用省统计部门公布的法定数据，没有列入统计范围的，采用业务主管部门的统计数据。

十一、本志所涉组织、机构、法律法规、文件、会议等专有名称，第一次使用时用全称，简称括注于全称之后。各类译名以新华通讯社译文为准。

十二、本志所用地图均以安徽省测绘部门和有关部门绘制或审定的为准。

十三、本志设总凡例，各分志设凡例。

凡　例

一、《安徽省志·煤炭工业志》上限起于1986年，下限止于2010年。为保证史实的完整性，部分内容的记述时间适当上溯下延。

二、本志系统记述安徽省煤炭行业生产、销售、安全监管、技术创新、环境保护、企业文化以及重点煤矿企业的发展概况。

三、本志根据全省煤炭行业的发展进程和经营管理特点，设置篇、章、节、目。其中第十篇为煤矿企业简介专篇，篇下设章，章下设目。

四、本志图片集中于卷首，没有标注确切时间的图片为本志断限内某件事物或某个方面工作的综合反映。表格随文附排，并按所在篇、章编列表序，如“表1-1-2”为第一篇第一章第二表。

五、本志资料主要由省经济和信息化委员会煤炭工业办公室、全省28个涉煤单位提供，部分资料来源于档案、年鉴等。

目　　录

Main Contents

概　述

中国是世界上最早发现和利用煤炭的国家，作为中国的主要能源，煤炭素有“工业粮食”之称。

安徽地处华东腹地，紧邻经济高度发达的长三角，水陆交通四通八达，区位优势和资源优势十分明显，煤炭资源尤为丰富。全省含煤面积17950平方公里，预测储量在1000亿吨以上；已经探明的地质储量484亿吨，保有储量247亿吨，居华东之首，全国第七位。安徽境内煤炭品种齐全，煤质优良，用途广泛。占全省总储量99%的两淮煤田，所赋存的气煤、主焦煤、肥煤等都属于低硫、低磷、中低灰分、高发热量的煤炭品种，是理想的动力、冶炼、化工和燃料用煤，对于发展绿色经济、循环经济起到重大作用。

同时探明的煤炭共伴生资源有：煤层气，预测总量约1万亿立方米；煤系地层高岭土，资源量10亿吨；天然焦4亿吨；另外，皖北煤电集团还拥有含山县硬石膏资源储量58亿吨，为亚洲最大的石膏矿床。

丰富的煤炭资源是安徽发展工农业生产的强大支撑，煤炭工业已经成为全省的支柱产业，对安徽全省经济和社会发展做出重大贡献，也有力地支撑了长三角及华东地区经济建设的用煤需求。

（一）

安徽有着悠久的煤炭开采历史。据史料记载，唐元和三年（808年），官方为避水患，在相山（今淮北市政府所在地）重建宿城，挖掘山石，构筑城墙，发现了“投火可燃”的“石墨”。“石墨”者，煤炭也。北宋，宋元丰元年（1078年），大文学家、政治家苏轼任徐州太守，在城西南萧县白土镇一带发现“石炭”。苏轼作《石炭歌》，诗前有序曰：“彭城旧无石炭”，“元丰元年十二月，始遣人访获于州之西南白土镇之北，以冶炼做兵（指兵器），犀利胜常之”。

位于濉萧煤田（闸河煤田）南端的烈山地区，煤炭的开采也很早。明代中后期的万历、天启年间，宿州符离集西北以烈山为中心的口子、宋疃一带，“取煤之地益多，掘煤之人益众”，“开窑已至七十余处，计众当不下三千”。成为当时两淮流域规模最大、煤窑最多的矿区。同一个时期，在淮南舜耕山一带，乡民也用土法开挖煤炭。清光绪二十三年（1897年），淮南开办官窑，雇工300人，年产1400吨。皖南也有类似的记载。

据《广德州志》记述，“明万历时已有采煤”，“康熙年间，曾聚众数千人山挖煤。”

19世纪末20世纪初，随着洋务运动的兴起，“师夷长技”，西方的技术设备开始进入中国，在维新改良的思潮中，“实业救国论”兴起，淮北淮南的士绅和富商集资兴办煤矿，但由于外敌的入侵和社会的动乱，百余年间，这些煤矿历经官办、商办、官商合办，数度起落，到中华人民共和国成立前夕，多半沦为废墟。

可以说，煤炭工业在安徽的兴衰际遇是中国近代民族工业艰难起步、惨淡经营的一个缩影。值得一提的是，作为中国产业工人的前身，“特别能战斗”的煤矿工人在反对外敌入侵、争取民族独立的战争以及历次国内革命斗争中，高举抗争的大旗，英勇奋斗，前赴后继，为中国近现代历史谱写了光辉的篇章。

（二）

中华人民共和国成立以后，从1950年到1957年，安徽省的煤炭工业，主要是扩建淮南矿区。一方面积极抓老矿的扩建改造，推行采煤技术和工艺的更新，实行台阶式的采煤方法，提高煤炭的回采率。另一方面，大规模开发建设新矿井。到1957年年底，先后建成投产了谢一（由蔡家岗矿扩建）、谢二、谢三、李一、李二5对矿井，原煤产量达到492.9万吨。

1958年“大跃进”，全省掀起“炼钢铁”“夺煤炭”热潮，淮南煤矿开工兴建毕家岗和李嘴孜2对矿井。安徽省和煤炭工业部联合大规模开发淮北煤矿，到1960年建成烈山、袁庄、沈庄、张庄4对矿井。

从1962年到1965年，全省煤矿贯彻执行国务院“调整、巩固、充实、提高”八字方针，加强全行业的治理、整顿。淮南矿务局制定“采掘并举、掘进先行、以掘保采、以采促掘”的措施，基本上解决采掘比例失调的问题。淮北矿务局已建成6对矿井，普遍存在着“偏、浅、短、简”（即井筒位置偏、水平浅、采区及工作面走向长度短、简易移交投产）的问题，矿务局对此进行认真的核查，全面的调整、补充和环节改造，煤炭生产走上健康发展的轨道。

1966年下半年开始，“文化大革命”波及到全国各地各行各业。安徽煤炭工业受到严重冲击和影响，产量、质量全面下降。1967年，全省仅生产原煤653.5万吨，比1966年减少535.3万吨，只完成年度计划的51.2%。在动乱的岁月里，广大矿工和工程技术人员尽可能抵制“左”倾路线的干扰和破坏，坚持“抓革命，促生产”。“四五”（1971—1975年）计划的中期，淮南拉开潘集、谢桥新区开发的序幕，淮北新建岱河、杨庄、芦岭、朔里、石台等矿井。1971年，淮北矿区开展“十大主力采区”会战，同步进行矿井技术改造。继1970年生产原煤500万吨之后，1976年突破1000万吨，跨入全国重点矿务局行列，成为20世纪50年代后期全国新建矿区产量增长最快的企业。1976年，全省煤炭产量增长到2080万吨，是1966年的1.75倍。

中共十一届三中全会以来，安徽煤炭工业迎来稳定发展的新时期。“五五”和“六五”期间，两淮矿区针对部分矿井衰老报废、新井接替困难等问题，进一步对老矿井进行挖潜和技术改造，努力提高综合生产能力。党中央、国务院十分重视安徽的能源建设。原煤炭工业部和安徽省成立两淮煤炭基地建设会战总指挥部，组织两淮矿井建设会战，先后开工建设潘集一号、潘集二号、潘集三号、谢桥、临涣、海孜、童亭、桃园等矿井。1984年，组建皖北矿务局，对已建成的刘一、百善、毛郢孜、孟庄、前岭5对矿井进行改造、补套，并调集资金新建刘二、任楼2对大中型矿井。在总结地方小煤矿建设的经验教训基础上，确立“重点放在皖北，积极扶持和发展皖南，大力发展乡镇煤矿”的方针，一段时期，安徽全省煤炭工业形成中央企业、省属企业、乡镇企业同步发展的新格局。

（三）

1978年开始，全党工作的重心转向以经济建设为中心。随着改革开放的不断深入，安徽省煤炭工业的改革，大体上经历了扩大企业自主权、厂（矿）长负责制、承包经营责任制、两步利改税、转换经营机制、建立现代企业制度等几个阶段。同步进行了用工制度、收入分配制度、住房改革、辅业分离等配套改革。从1997年起，国家和省属重点煤矿加快建立现代企业制度，先后改制和组建淮南矿业集团公司、淮北矿业集团公司、皖北煤电集团公司和国投新集能源股份有限公司4个大型煤炭企业；同时，地（市）县国有煤矿逐步推行股份合作制，改革发展出现新局面。

1998年，根据国务院批复，成立安徽省煤炭管理局，统一管理全省煤炭工业。2000年4月，按照《国务院办公厅关于印发煤矿安全监察管理体制改革实施方案的通知》要求，成立安徽煤矿安全监察局，履行国家监察职能。2002年，全省煤炭行业管理和安全监管划归省经贸委。2004年，随着政府机构改革，划归省发改委。2006年2月，为强化地方监督管理职责，加强煤炭行业管理，省政府在新成立的省经济委员会设立煤炭工业办公室，负责全省煤炭行业管理和安全监管。至此，安徽煤炭工业基本形成“国家监察、地方监管、企业负责”的格局，并从几大方面把安全工作落到实处。一是始终抓住瓦斯治理不放松，开展以“一通三防”（矿井通风、防治瓦斯、防治煤尘、防灭火）为主要内容的重点监察、专项监察；二是积极稳妥地推进小煤矿整顿关闭工作，12年中累计关闭小煤矿895对，全省小煤矿数量由1998年年底的1011对，减少到2010年年底的116对；三是构建安全生产准入机制，督促企业进一步加大安全生产投入，规范安全费用的使用和管理；四是加强安全支撑保障体系建设，完善安全生产培训体系，加强煤矿应急救援，成立安徽煤矿救援指挥中心。安全生产的日益好转，充分体现“以人为本，执政为民”的执政理念，稳定了煤矿职工队伍，提高了员工素质。

（四）

进入21世纪以后，煤炭工业全面贯彻科学发展观，深化改革、以法治矿，全省煤炭企业开展“关小上大”的结构性调整，加快淘汰落后产能，不断加大安全生产投入，提高煤炭生产准入条件。省政府把加快发展能源产业、建设大型煤炭基地作为工业强省的战略目标之一。新井建设，提出以“发展先进生产力，保护生命，保护资源，保护环境”为原则的建设思路；高标准、高起点建设大型现代化矿井；国有大矿继续加大对现有生产矿井进行改造的力度，优化布局，提高技术装备水平。一方面加大对小煤矿的整顿关闭力度，同时对14对国有大矿进行改扩建，16对新井陆续投产。出现了矿井数量逐年减少、煤炭产量逐年提升、安全生产持续好转的局面。到2010年年底，全省煤矿数量171对（含在建矿井），其中生产矿井158对，产能13394万吨，单井生产规模91.49万吨，在全国排名第二位。2010年，原煤产量13149万吨，跃居全国第七位；洗精煤7520吨，居全国第七位。原煤百万吨死亡率0.27，产量和安全均到历史最好水平。

安徽煤层赋存状况复杂多变，五大自然灾害俱全，以瓦斯灾害最为突出。国家重点监控的淮南、淮北矿业集团生产矿井瓦斯绝对涌出量高达每分钟1555立方米，为全国之罕见；绝大多数煤层具有自然发火倾向；主采煤层上方存在着含水层。

在严重的自然灾害面前，淮南、淮北、皖北、新集四大矿业集团，以及中煤矿山建设集团、煤田地质公司等大型企业，不断推进技术创新，以发展先进生产力解决生产与安全的矛盾。一是大力发展机械化。自20世纪80年代起，综掘、综采等现代化先进技术在全省广泛推广应用，四大矿业集团已建成一大批机械化、现代化矿井。淮南顾桥矿率先实现综采工作面无人值守自动化开采，生产工效44.4吨/工。二是形成以瓦斯治理为重点的高效开采技术体系。创立卸压开采、抽采瓦斯的理论体系，变抽放瓦斯为抽采瓦斯，实现煤与瓦斯共采。三是深入开展水害治理，探索出一套水体下安全开采的技术和经验。在全世界开创大江、大河及其堤坝下安全回采的先例，各大矿业集团基本上建立并完善水文观测系统，200多个水文监测孔涵盖影响安全生产的各个含水层。四是常年不懈地抓好质量标准化建设，形成一批质量标准化矿业集团、质量标准化矿井。以打造本质安全型矿区为目标，以精细化管理为抓手，夯实安全生产基础，建立安全生产长效机制。截至2010年年底，全省已有93对生产矿井达标，四大国有矿业集团全部达标。其中33对矿井达到一级标准，9对矿井达到国家3级标准。五是搞好综合利用，推动全行业可持续发展。中共十六大以来，全省煤炭行业，尤其是四大矿业集团，以科学发展观为指导，正确处理经济和社会、资源和环境的协调发展，依靠煤炭、利用煤炭，延长煤炭的产业链条，充分利用煤矿的伴生资源和废弃物，大力发展循环经济，实施资源综合利用，化害为利，变废为宝，取得良好的经济效益和社会效益。比如瓦斯利用从民用到工业化应用，建立瓦斯发电机组；利用煤矸石发电、制砖、充填、复垦土地。充分实施矿井中水循环利用,做到污水零排放;全面治理采煤沉陷区,建立平原水库,构建湿地公园,达到净化水体、调节气候、观光休闲的多项目的。六是非煤产业与煤炭产业同步增长。自20世纪80年代开始,安徽煤炭行业遵照“以煤为主、多种经营、综合发展”的路子,既带来良好的经济效益,又及时地解决矿区就业问题,为经济发展和社会稳定作出贡献。

中华人民共和国成立60多年来,安徽煤炭工业数十万矿工的生活步步改善,各大矿区的面貌日新月异。2010年,国有煤矿职工年均收入5.98万元。职工住房,从茅草棚到简易房,从平房到楼房,人均居住面积超过15平方米。全民在册职工人人享有养老保险、养老补贴保险、医疗保险、工伤保险、失业保险和住房公积金等社会福利待遇。大病职工享有医病互助,困难职工享有生活救济;社区的各项设施日益完备,职工、家属的物质文化生活水平明显提高。

(五)

中共十六大以来,全省煤炭行业牢牢把握发展这个“第一要务”和“以人为本”这个核心,以全面、协调、可持续为基本要求,做精、做强、做大,安全发展,和谐发展,煤炭工业总体水平上升到一个新台阶。

2010年全省生产原煤1.31亿吨,在全国率先建成亿吨级煤炭能源基地。其中四大矿业集团占全省煤炭产量的99%,截至2010年年底,淮南、淮北、皖北和新集四大矿业集团资产总额2153亿元,固定资产净额666.1亿元,在册职工22.98万人。2010年全年生产经营总值1189.1亿元,上缴税金122.81亿元,利润60.68亿元,职工人均收入5.98万元。中国企业联合会公布的2009年中国企业500强名单中。淮南、淮北、皖北分列第213位、246位和436位。安徽四大矿业集团全部入选全国煤炭企业产量50强。其中,淮南、淮北、皖北、新集分列第6、17、35和40位。2010年,四大集团安全生产形势稳定,百万吨死亡率降到0.174以下,采煤机械化程度达89.88%;掘进机械化程度达93.33%。其余各项技术经济指标也都创历史最好水平。全省有25对矿井被中国煤炭工业协会命名为高产高效矿井。

安徽省地方小煤矿在历史上曾有过鼎盛时期。作为本省和华东能源供应的有效补充,为全省的经济建设,尤其是农村发展和农民就业作出过一定贡献。进入21世纪以后,本省逐步推行地(市)县国有煤矿股份合作制,同时在全省煤炭行业开展“关小上大”的结构性调整,加快淘汰落后产能,加大对小煤矿的治理整顿,10年共关闭801对小煤矿,2007年,芜湖市退出煤炭生产市场。在四大矿业集团稳步发展的同时,地方煤矿也出现矿井数量减少、煤炭产量提升、安全效益好转的局面。

经过60多年的建设与发展,尤其是近30多年的改革与创新,安徽已经成为全国重点产煤省份之一,拥有从勘探、设计、建井建设、生产与洗选加工到机械制造与修配等辅助企业以及教育、卫生等完整的体系，专业配套，装备精良，技术力量雄厚，在国内处于领先地位。两淮矿区已经成为煤炭生产、输出基地、电力供应基地、煤化工基地以及资源综合利用、上下游产业联营的新型能源基地。安徽煤炭工业前景更加广阔。

第一篇　煤田地质与勘探

安徽煤炭资源十分丰富，含煤面积17950平方公里，预测储量1000亿吨，已探明484亿吨。煤类齐全，煤质优良，赋存集中。淮北、淮南煤田属于华北聚煤区，储量占全省总量的99%以上，适于建设大中型矿井；沿江江南煤田属于华南聚煤区，储量小，煤质差，只适合建设小型矿井，进行小规模开采。

第一章 煤田地质

第一节 煤系地层及含煤性

安徽省纵跨华北型聚煤区和华南型聚煤区。北部的淮南、淮北煤田位于华北聚煤区，含煤地层为石炭二叠系。沿江及江南煤田煤系地层包括下二叠统梁山组、上二叠统龙潭组、上三叠统安源组及范家塘组、下早侏罗统钟山组；上泥盆统五通组、下石炭统高骊山组。另外还有志留纪地层中的断裂带沥青煤、下寒武统荷塘组石煤、以及第四系泥炭。

主要含煤地层 本省华北赋煤区内的含煤岩系为华北型石炭、二叠纪地层，岩石地层单位自下而上依次为本溪组、太原组、山西组、下石盒子组及上石盒子组；华南赋煤区内的含煤岩系为华南型二叠纪地层，自下而上有梁山组和龙潭组。它们虽然基本形成于同一地质时代，但由于处在不同的地质构造单元和地理环境，所以两者的含煤性有很大差异。

华北赋煤区石炭、二叠纪含煤地层 主要分布在淮南及淮北两大地区，即通常所称的两淮煤田。淮南煤田主要分布在淮南市、凤台县及阜阳市一线，基本上呈东西向展布；淮北煤田则分布在宿州市、淮北市以及涡阳、萧县等广大地区，含煤地层基本呈南北向展布。两淮煤田含煤岩系除淮北的皇藏峪，淮南的八公山、舜耕山、上窑山有零星出露外，绝大部分为中、新生代地层所覆盖。但在淮南、淮北煤田西部边缘阜阳、亳州一带，有钻探揭露，厚度大于 3000 米。

本溪组（C2b）：在煤田北部的砀山、萧县一带，沉积厚度一般 20 ~ 25 米，而淮南地区一般仅 10 米左右，不含煤层。

太原组 (C2–P1)t: 厚度一般在 90 ~ 160 米，另据有关资料，其两极厚度为 91 ~ 170.30 米，呈现南薄北厚的趋势。本组岩性特征，主要由深灰—灰色石灰岩、砂岩、粉砂岩、泥岩、炭质页岩和煤层等组成，一般含煤 4 ~ 8 层，个别地区达 11 层，但大多薄而不稳定，仅少数点在局部达可采厚度。煤质也差，属于高灰、高硫煤，故无工业价值，在本省不作为资源勘查对象。

山西组 (P1s): 本组岩性以灰色、灰白色各种粒度的砂岩为主(约占 50%)，其次为灰、灰黑色粉砂岩、泥岩和煤层等组成。本组厚度在淮北煤田为 63 ~ 147 米，平均厚 90 米左右；淮南煤田则为 52 ~ 104 米，平均厚 70 米左右。淮南煤田含煤 0 ~ 4 层，该煤组厚度为 0 ~ 10.27 米，一般为 4 ~ 8 米；淮北煤田含煤 1 ~ 2 层， 0 ~ 8.19 米，一般 1 ~ 4 米。本组 1 号煤层为主要可采煤层。

下石盒子组 (P2xs): 本组岩性以砂岩、粉砂岩、泥岩和铝质泥岩等组成。组厚:淮北煤田 10 ~ 29.28 米,一般 24.52 米左右;淮南 10.78 ~ 29.91 米,一般 19.25 米左右。

上石盒子组 (P2 ~ 3ss):本组地层为两淮煤田最重要的含煤地层,厚度比较稳定,变化不大。淮北煤田 634.40 ~ 973.82 米,一般在 836 米左右;淮南煤田为 581.79 ~ 681.58 米,一般 660 米左右。本组地层共含 6 ~ 12 个煤组,含煤 6 ~ 41 层,煤层总厚度 4.09 ~ 38.06 米。其中淮北煤田一般含 6 ~ 9 个煤组,含煤 10 ~ 30 层,可采 2 ~ 13 层,可采厚度平均约 7.89 米;淮南煤田一般含 11 ~ 12 个煤组,含煤 11 ~ 40 层,可采 9 ~ 17 层,可采厚度平均约 27.22 米。

本组沉积韵律清晰,大致可分为六个岩性段,且基本上可与各含煤段相对应,从下而上,各段岩性特征如下:

第一岩性段:,含 4、5、6、7、8、9 煤组,以灰、深灰、灰黑色泥岩、粉砂岩为主,夹灰色、灰白色砂岩、砂质页岩,时呈互层状。泥岩中含有菱铁质结核。本段含煤 5 至 6 组,共 9 层,即淮南 4 至 9 煤组,淮北的 9 至 5 煤组。本组煤层总厚度 2.5 ~ 18.7 米。有由北向南、由西到东厚度增大之趋势。淮北煤田之砀山及闸河向斜北部,含煤 2 ~ 4 层,可采 2 层,可采厚度平均 2.47 米;临涣矿区含煤 10 ~ 13 层,其中可采 5 层,可采厚度平均 8.2 米,宿县矿区含煤 14 层,其中可采或局部可采 7 ~ 10 层,可采厚度为 7 ~ 15 米。淮南煤田含煤 13 ~ 16 层,其中可采或局部可采 8 ~ 12 层,平均可采总厚度 17 米左右。

第二岩性段:含 10、11 煤组,岩性主要为灰 ~ 深灰色泥岩与灰 ~ 灰白色粉砂岩、细砂岩、中砂岩呈互层状产出,偏下部以砂岩为主,时夹菱铁质鲕状泥岩或结核。一般含 1 ~ 2 个煤组,共 4 层,即淮南的 10 至 11 煤组,淮北的 4 煤组。

第三岩性段:含 12、13、14、15 煤组,岩性以灰~深灰色粉砂岩、泥岩为主,夹灰、灰绿色砂岩及灰紫、灰绿色花斑状泥岩和煤层组成,泥岩中含有菱铁鲕粒。该段为上石盒子组的主要含煤段,含有一层较为稳定的 13–1 煤层(即淮北的 3–2 煤层)。但该煤层在淮北煤田仅发育在宿北断裂以南各矿区中;断裂以北的濉萧矿区薄而不可采或尖灭。

第四岩性段:含 16、17 两个煤组,在淮北煤田相当于 2 煤组,岩性以灰绿、灰色砂岩为主,夹灰绿、灰紫色花斑状泥岩及灰黑色粉砂岩、泥岩(泥岩中含有菱铁鲕粒及微量铝质)和薄煤层。该段含煤 2 ~ 6 层,仅有个别煤层达局部可采,如 16–1 煤层,在淮南 0 ~ 3.96 米,平均厚 0.70 米左右,而淮北则为 0 ~ 1.81 米,平均仅 0.27 米。

第五岩性段:含 18、19、20、21 煤组,在淮北煤田相当于 1 煤组,岩性以灰绿、灰色泥岩、粉砂岩为主,夹薄层细砂岩及花斑状泥岩,含煤 2 ~ 5 层,一般均不可采,仅淮南 19 煤有少数点达可采厚度,且煤质差,灰分约在 40% 以上。

第六岩性段:含 22 至 26 煤组。为一套杂色岩系,淮北地区下部以紫红、灰绿色花斑状泥岩为主,夹灰绿、灰色细砂岩,偶含煤线,上部以灰白、浅红色及紫红色、灰紫色粉砂岩和花斑状泥岩等组成,不含煤;淮南地区下部为深灰色粉砂岩、泥岩及灰色砂岩组成,夹花斑状泥岩,含煤 3 ~ 5 层,薄而不稳定,仅 23 号煤、25 号煤出现局部可采,上部以紫红、砖红、灰紫、花斑状泥岩为主，夹灰白色砂岩薄层，不含煤。

华南赋煤区二叠纪含煤地层　本省范围内的华南赋煤区二叠系含煤地层主要分布在长江两岸的安庆、巢湖、芜湖、铜陵、池州及宣城等地。华南赋煤区二叠纪含煤地层岩石地层单位有梁山组、龙潭组和吴家坪组，主要含煤地层为龙潭组和与其基本同期的吴家坪组，其中龙潭组分布占皖南各煤田的绝大部分。

龙潭组　(P2-3l)：由页岩、粉砂岩、砂岩、灰岩、炭质页岩及煤层组成。厚度 6.4 ~ 255.12 米。含煤段在本组上部，含 A、B、C 煤组，含煤 2 ~ 9 层。其中以 C 煤组最发育，含 1 ~ 2 层煤，由下而上称为 C1、C2 煤层，C1 煤层在皖南普遍发育，为主要可采煤层，C2 煤层局部发育煤线或显示层位。

非主要含煤地层

下寒武统　下寒武统石煤是一种形成在滨海环境下的沉积岩，由有机质和无机质两大部分组成。其中有机质一般仅占 10% ~ 15%，主要是由低等生物转化而来。石煤在本省分布比较广泛，但主要分布在皖南休宁、歙县、宁国、黟县、石台、青阳、黄山，东至和泾县一带，长江以北的巢县、滁县、全椒及霍邱等地也有零星出露。

断裂带中的“含钒沥青煤”　是沿断裂带充填的一种脉状煤矿体。据以往资料，“含钒沥青煤”主要充填于志留纪、奥陶纪、震旦纪等地层的断裂带中，但以志留纪地层的断裂中最有意义。该矿体在空间位置上处于“江南隆起”带的绩溪—宁国断裂带和太平断褶带中。在歙县的桂林，绩溪的临溪、洪塘、宁国的虹龙甸、竹铺、平兴以及黄山市的太平县的西山、桃坑等地有零星出露。

上泥盆统　五通组含煤地层主要分布在下扬子地层区，即郯庐断裂以南至东至、石台、宁国一线的广大地区。五通组上段即为含煤地层，其主要岩性为灰 ~ 灰黑色薄层粉砂质泥岩、泥岩、煤层及含炭泥岩与灰白、棕黄色薄层石英细砂岩组成，厚 16.7 ~ 95 米。煤层主要分布在以下地区：巢县的亚父、花山和清溪一带，厚 0.2 ~ 0.3 米，个别地区可达 1 米左右；贵池的凤凰铺，煤厚 0.05 ~ 0.15 米；灌口仰天堂一带含煤一层，厚约 0.50 米左右；怀宁地区也有凸镜状的劣质煤存在；宣城狸头桥以及广德一带，本段上部普遍夹有薄煤层。该组岩性比较稳定，少数地区见有沉积型铁矿、黏土矿等。

下石炭统　高骊山组主要分布在郯庐断裂至石台、东至、宁国、广德一带范围内。为一套碎屑岩沉积，厚 0.50 ~ 45 米。分布在长江以北的巢县、含山、和县、无为一带和长江以南的太平、宣泾、宁国、广德和贵池等地。该组所含煤层的煤质较差，厚度较薄，一般均在 0.5 米以下，个别地区厚度可达 1 米左右，如宣城的王胡村、溪口一带。

下二叠统梁山组　主要分布在郯庐断裂以东，“江南古陆”以西的广大地区，为一套滨海—滨海沼泽相碎屑、含煤碎屑岩沉积，主要岩性为灰、灰黄、灰黑色页岩、炭质页岩夹粉砂岩及灰岩凸镜体组成，局部地区含煤 1 ~ 2 层，煤层厚 0 ~ 3.10 米，组厚 0.10 ~ 15 米。本组地层在本省南部分布较广，但一般为煤线或凸镜体煤，如东至、贵池、泾县等地。东至火花煤矿，据钻孔及井下所见，煤层厚度 0.85 ~ 3.10 米，一般在 2.0 米左右。

贵池的牌楼、天牢洞一带，其煤厚在 0.4 ～ 1.40 米，局部达 2.0 米。但煤厚变化很大，数十米之内即变为煤线。其余如安庆、巢湖、宣城、泾县等地，虽有本组地层，但一般不含煤或见煤线或炭质页岩。

上三叠统含煤地层　安源组主要分布在江南地层分区的歙县、休宁一带，该组厚 138 ～ 361 米。共含煤 5 ～ 7 层，其中有 4 层达可采（0.40 米以上），单层最大厚度 4.20 米，可采煤层总厚度达 6.25 米，但一般较薄，多为不可采，由于煤厚变化大，所以难以形成具有工业价值的煤矿区。

范家塘组省内又称拉梨尖组，主要分布在下扬子地层区内。主要为灰、灰绿、灰黑色砂岩、粉砂岩、砂质页岩及炭质页岩组成，夹不稳定薄煤层。该组含煤性相对较好的地区在无为石罗山及泉塘集一带。据钻孔揭露，该组厚度为 190.84 米。含煤 3 ～ 4 层，层位较为稳定，但其厚度均小于 0.50 米且结构复杂。经取样化验，发热量为 Qad4795 ～ 5323 卡 / 克，Ad32.23 ～ 41.89%，Vdaf15.85%，Sd0.43%。

下侏罗统含煤地层　防虎山组地层仅分布在华北地层区内的肥西防虎山、朝头山一带，厚约 430 米左右，根据岩性特征，又可分为上、下两部分，上部地层偶含煤线。

钟山组又称磨山组，主要分布在下扬子地层区内。本组地层厚度变化较大，在当涂、和县、含山一带约为 410 ～ 989 米，向西至庐江 ~ 枞阳地段为 649 ～ 1174 米，而至宿松地区为 100 ～ 704 米。本组含煤一般 0 ～ 5 层，个别地区多达 10 层，煤层的单层厚度通常在 0.20 ～ 1.00 为左右，个别点达 2.33 米，煤层厚度变化大，多呈鸡窝状、凸镜状，属极不稳定型煤层。

月潭组主要分布在江南地层分区的“江南隆起”带的萍乐凹陷带的东延部分，即休宁县的月潭、黄泥塘、上溪口及汪村一带，出露零星，厚度一般在 7 ～ 150 米。主要为一套灰、灰白色薄 ~ 中厚层粉砂岩、石英砂岩，底部为石英砾岩，在汪村一带为灰、灰黑色石英细砂岩、粉砂质页岩、炭质页岩及薄煤层组成。煤层不稳定，一般厚度为 0.05 ～ 0.50 米。无工业价值的零星煤系存在。

第四纪泥炭　在本省分布面积很广，除阜阳地区尚未发现外，其他地区均有规模大小不一的分布。泥炭主要分布在长江两岸平原及低洼淤积区和江淮之间的低山丘陵南部边缘，以及皖南低山丘陵区的北部，它与现代水系（江、湖、河流）等有着密切的联系。其中以巢湖地区和芜湖、繁昌、宣城、南陵等地区分布面积较大，埋藏量最为丰富。全省分布面积约 1370 平方公里。泥炭层厚度一般在 0.10 ～ 1.50 米之间，个别地段如舒城县范家店的鹰冲达 3.80 米。

第二节　煤田地质构造

安徽省境内的煤系地层分布在华北赋煤区的徐淮赋煤构造带和华南赋煤区的长江中下游赋煤构造带。徐淮赋煤构造带内有淮南煤田、淮北煤田，长江中下游赋煤构造带范围内有巢湖煤田、安庆煤田、芜铜煤田、贵池煤田及宣泾煤田。

淮南煤田 位于华北板块东南缘，北邻蚌埠隆起，南靠合肥坳陷，东起郯庐断裂，西止于商丘－麻城断裂，东西长180公里，南北宽15 ～ 25公里，面积约3200平方公里。煤田主体构造线呈北西西走向，两翼有低山出露太古界五河群、下元古界凤阳群、上元古界青白口系八公山群和震旦系徐淮群、古生界寒武系、奥陶系。区内影响煤系地层赋存的构造运动主要发生在印支、燕山期。燕山运动不仅表现为褶皱、断裂，并伴有岩浆运动。新华夏系构造在本区以断裂为主，一般截接东西向构造。煤田内部可划分为北部上窑—明龙山反冲构造带，中部淮南复向斜构造带和南部阜凤逆冲推覆构造带。

上窑—明龙山反冲构造带 北至淮南煤田北界，南至明龙山反冲断层，主体为明龙山断层的上盘系统。为一滑动无根块体，主要分布在明龙山、上窑山一线，长约60公里的狭长条带内，西窄东宽，走向北西西，由北向南迭置在煤田北部的尚塘—耿村向斜北翼二叠纪煤系之上。滑体主体为宽缓向斜，卷入的地层主要为青白口系—早古生界，石炭二叠系仅残留在滑体前缘的逆冲迭片中。

淮南复向斜构造带 淮南煤田的主体部分。为一复向斜构造，内部发育一系列次级褶曲和断裂。复向斜内部倾角平缓，一般10° ～ 20°，为一系列宽缓褶皱，由南向北有谢桥—古沟向斜、陈桥—潘集背斜，尚塘—耿村集向斜和朱集—唐集背斜，其中陈桥—潘集背斜隆起幅度最大，是复向斜内的主要构造。区域性走向逆断层也较发育，同时，北北东向斜切正断层亦很发育，主要有武店断层、新城口—蔡城塘断层、颍上—陈桥断层、口孜集—南照集断层、阜阳断层等，是一组大致平行于郯庐断裂，向西倾斜的阶梯式构造。

阜凤逆冲推覆构造带 该构造带南至淮南煤田南界，北至阜凤推覆构造，主体为阜凤推覆构造的上盘系统，西起阜阳，沿淮南坳陷南缘向东，经口孜集、风台县、淮南舜耕山延伸至固镇长丰断层附近，阜阳以西，因被巨厚中新生界所掩盖，情况不明，走向北西西，延展长度130公里以上。阜凤逆冲推覆构造是北淮阳褶皱带向北仰冲的前锋部位，在淮南坳陷南缘表现为数条南倾逆冲断层，又因其分叉、合并、构成一些较独立的断夹块（或冲断片）。这些断夹块内煤炭资源亦较丰富，如淮南大通矿、谢家集矿、新集三矿等一些煤矿，都是开采断夹块内的煤层。阜凤推覆构造主要由阜（阳）舜（耕山）、阜凤两大逆冲断裂组成，其他均属其分支，如山王集断裂等。其中阜凤冲断层直接冲覆在谢桥—古沟向斜南翼的二叠纪含煤地层之上。

淮北煤田 位于华北板块的东南部，东部接近华南与华北板块的接合部——郯庐断裂和双沟推覆带，南与板块内部近东西向展布的蚌埠隆起相毗邻。除煤田的东部边缘地区外，区内构造的形成和发展主要表现为板内构造变形，伴有岩浆岩的侵入。而其控煤构造主要表现为断块、褶皱控煤构造和滑脱控煤构造三种形式。其主体构造线有近东西向和北北东向两组，一般北北东向的构造线切割或叠加于近东西向构造之上，自东向西其构造格局的总体特征为东部的逆冲推覆、中部的褶皱变形和西部的断块。

徐宿推覆构造带　位于为徐淮弧的东侧，主要为徐淮弧的上盘系统，即以逆冲推覆构造控煤为主，包括濉萧矿区的东侧和宿县矿区的东侧。该构造带为一个总体呈北北东向、向北西突出的弧形构造。它北起利国，经徐州、符离集，南至宿县，自北向南，构造线发生了北东—北北东—北西向的渐变。南北向上可将其划分为两段，即弧形北段：从山东峄城，经江苏徐州、南至安徽符离集，由寒武—奥陶纪碳酸岩组成，构造走向为北东向，李四光曾称之淮阴山脉；弧形南段：隐伏在新生界以下，延至龙王庙、西寺坡一带，构造走向为北西向，整体呈向西凸出的弧形构造。

童亭—宿南褶断构造带　该构造带位于徐淮弧南段的西侧，大致为西寺坡断层的西侧，构造线以北西为主，且向西凸出。发育有一系列短轴背向斜，如南坪向斜、双堆向斜、宿南背斜、宿南向斜等褶皱构造，主要以褶皱控煤为主。徐淮弧在纵向上被具走滑性质的宿北断裂分开，断裂走向和弧形的切线方向垂直，它将弧形分开成南北两段，后期沿断裂发生伸展裂陷和差异升降。

涡阳—临涣断阶构造带　其主体被东西向与北东向构造相互切割，形成了断块构造格局，包括有涡阳矿区、临涣矿区和濉萧矿区的西部。

沿江江南煤田　处在华北与华南板块在早中生代陆—陆碰撞形成的前陆褶皱冲断带。北部以大别碰撞造山带和郯庐断裂带为界，南部止于江南古隆起。其构造特征为一系列的比较紧密的褶曲构造和逆冲推覆构造，同时伴有岩浆岩的侵入，煤系地层赋存在一系列向斜构造中。

第三节　煤田水文地质

本省境内的淮南、淮北煤田除煤田边缘有基岩裸露的低山、丘陵外，其余均为新生界的松散层覆盖，沿江江南各煤田一般处在丘陵或山区。矿井的充水因素有松散层的孔隙含水层，煤层顶底板的砂岩裂隙含水层和太原组灰岩的岩溶裂隙含水层。根据矿井直接充水含水层的含水类型、地质条件、和自然地理，本省境内的煤田水文地质可划分为四种类型。

裂隙水类型　以濉萧矿矿区的闸河向斜内矿井和岱河—汤庙勘查区为代表。煤系上覆有 30 ~ 100 米的新生界松散层，底部含有隔水层，煤层顶底板砂岩为矿坑水的直接含水层，砂岩裂隙不发育，含水性弱，水文地质条件简单。矿坑涌水量约 100 ~ 300 立方米 / 小时，随着时间推移而减少，呈明显的静储量为物征。

以裂隙水为主，并有大气降水和老窑水渗入影响类型，以沿江江南煤田各矿区为代表，煤系厚度小，砂岩层数少，厚度小，裂隙不发育，煤系含水性较弱，水文地质条件比较简单。矿坑涌水量约 10 ~ 30 立方米 / 小时，受大气降水影响大，雨季可比旱季增大 1 倍以上。开采浅部煤层受老窑水威胁。

孔隙—裂隙水类型　淮北煤田的宿县、临涣、涡阳矿区和濉萧矿区部分地区属此类型。煤系上覆有 100 ~ 400 米厚的松散层，底部第四含水层呈片状直接覆盖煤系，但补给水源不足，含水性为弱至中等，以静储量为主，沿煤系风化带垂直渗透补给；煤层顶底板砂岩中裂隙一般不发育，含水性较弱，透水性较差，矿井涌水量一般在 100 立方米左右。

裂隙—岩溶水类型 淮南煤田各矿区属此类型。煤系上部覆盖有 40 ~ 600 米的松散层，部分矿井有砂层的孔隙水沿煤系风化带渗入补给矿井。煤系中、上部煤层顶底板砂岩裂隙比较发育，其裂隙水为矿井充水的直接含水层，开采下部煤层时，受太原组灰岩岩溶水的威胁。矿井涌水量 100 ~ 300 立方米 / 小时。

第二章　煤炭资源

第一节　煤类及煤质

安徽省各煤田由于所处成煤时代、聚煤环境、构造运动及岩浆活动等因素的不同，煤类及煤质特征有明显差异，煤类从低变质的气煤到高变质的无烟煤和天然焦都有，煤类较为齐全。

煤类　淮南煤田煤类以气煤为主（66.77%），其次为1/3焦煤（26.26%），其余有少量的焦煤（2.22%）、长焰煤（2.51%）、1/2中粘煤（0.57%）、瘦煤（0.38%）、无烟煤（0.27%）、气肥煤（0.1%）、天然焦（0.16%）、弱粘煤（0.02%）、不粘煤（0.01%），未能分煤类的（0.79%）。

淮北煤田煤类以1/3焦煤为主（26.97%），其次为气煤（13.44%）、焦煤（9.96%）、贫煤（8.95　%）、无烟煤（8.79%）、肥煤（8.25%）、天然焦（5.92%），其余有少量瘦煤（1.86%）、气肥煤（1.44%）、1/2中粘煤（0.09%）、不粘煤（0.07%）、弱粘煤（0.04%），未能划分煤类的（13.67%）。

沿江及江南各煤田煤类以无烟煤为主（82.54%），其次为贫煤（8.25%）及气肥煤（6.13%），有少量肥煤（2.05%）及焦煤（0.52%），未分类煤（0.51%）。

煤质

原煤水分　淮南煤田平均值在1.38%～2.03%之间；淮北煤田平均值在0.84%～2.03%之间；沿江及江南各煤田平均值在1.23%～3.62%之间。

原煤灰分　淮南煤田平均值在16.10%～25.68%之间；淮北煤田平均值在15.54%～27.51%之间；沿江及江南各煤田平均值在27.55%。

精煤挥发分　淮南煤田平均值在27.33%～41.21%之间；淮北煤田平均值在17.08%～39.12%之间；沿江及江南各煤田平均值在9.02%～27.33%。

发热量　淮南煤田平均值在24.20MJ/kg～29.87MJ/kg之间；淮北煤田平均值在23.82MJ/kg～24.51MJ/kg之间；沿江及江南各煤田平均值在9.02%～27.33%。

粘结指数　淮南煤田平均值在58.60%～82.05%之间，属中强粘结性～强粘结性；淮北煤田平均值在31.63%～89.40%之间，属中粘结性～强粘结性；沿江及江南各煤田煤类主要为贫煤和无烟煤，不具粘结性。

低温干馏焦油产率　两淮煤田各煤层焦油产率两极值在2.40%～16%之间，其中淮北煤田两极值在2.40%～12.67%之间，一般值在6.27%～7.97%之间，属含油—富

油煤；淮南煤田两极值在4.80% ~ 16%之间，一般值在11.02% ~ 11.81%之间，属富油煤。

煤的可选性　两淮煤田煤层一般为中等可选—极难选。

煤中有害元素　淮北煤田各矿区硫平均值为0.51% ~ 0.68%，均属低硫分煤；淮南煤田各矿区平均值为0.65% ~ 0.68%，亦均属低硫分煤；沿江及江南各煤田原煤全硫含量一般为2.86% ~ 4.07%，属中高—高硫煤。淮南煤田一般为特低磷—中磷煤；淮北煤田一般为特低磷—低磷煤；沿江及江南各煤田为低磷煤。

第二节　煤炭资源储量及伴生矿产

煤炭资源储量　截至2009年年底，全省累计查明资源储量3135913.4万吨，经历年开采后保有资源储量2905166.7万吨。另有334类资源量265449.4万吨。淮南煤田有累计查明资源储量1882537.4万吨，保有资源储量1765354.2万吨；淮北煤田有累计查明资源储量1227403.0万吨，保有资源储量1124841.1万吨；沿江江南各煤田有累计查明资源储量25973.0万吨，保有资源储量14971.4万吨。根据当时勘查成果，预测两淮煤田-2000m以浅、皖南各煤田-1500米以浅共有资源量4461907.25万吨。

伴生矿产　煤系地层中的铝质泥岩大部分达不到铝土矿的最低工业品位，不能开采利用。煤中含有的锗、钍、铀、钒等微量元素含量达不到相应矿产的工业品位要求。煤层中赋存的煤层气可在煤的开采过程中开采利用。本省-1500米以浅共有煤层气资源约有5400亿立方米。

第三章 煤田分布

安徽省含煤地层分布，大致可分为淮北、淮南和沿江江南三大地区。淮北、淮南分别命名为淮北煤田和淮南煤田；沿江江南地区由于地域面积较大，故根据含煤地层分布特点，结合地理概念，又划分为宣泾煤田（宣城、泾县、宁国）、芜铜煤田（芜湖、繁昌、铜陵）、贵池煤田、安庆煤田和巢湖煤田。

煤田之下又可划分为若干个矿区，淮北煤田分为濉萧、涡阳、临涣、宿县四个矿区；淮南煤田划分为淮南、潘谢、阜东三个矿区；皖南地区各煤田由于范围较小，未单独划分矿区。

第一节 淮北煤田

淮北煤田位于安徽省西北部，行政区划属淮北市濉溪县、烈山区、相山区、杜集区，宿州市砀山县、萧县、埇桥区，蚌埠市固镇县，亳州市涡阳县、蒙城县所辖；北起鲁皖和苏皖省界；南至固镇、楚店一线的板桥断裂；东起徐州—固镇一线以西；西至豫皖省界。东西长 40 ~ 120 公里，南北宽约 135 公里，面积约 8825 平方公里。区内地势除煤田北部濉溪、萧县一带为低矮丘陵外，其余为平原地区，即著名的淮北平原区。根据地质构造的发育特点和煤炭资源的赋存状况，淮北煤田以宿北断裂为界大致分为北块和南块，其中北块为濉萧矿区；南块又被南坪断层和黄殷断层分为东段的宿县矿区、中段的临涣矿区和西段的涡阳矿区。

濉萧矿区 位于淮北煤田北部，大致范围是：东起京沪铁路西侧之烈山至永堌奥陶系出露地层，南至宿北断裂，与宿县、临涣矿区相邻，西部与北部至河南、山东、江苏省界。矿区东部濉溪至萧县间为一含煤向斜盆地，称为闸河向斜。盆地内含煤地层保存完整，埋藏较浅。自北至南划分为沈庄、袁庄、孟庄、毛郢孜、朔里、石台、永堌、岱河、张庄、相城、朱庄、李楼、杨庄、烈山、前岭诸矿，其中烈山矿、相城矿、李楼矿、毛郢孜、沈庄矿已采完。在闸河向斜的西面，分布有孙庄、穆集、岱桥、郑腰庄等煤矿和郝庄、义安山、岱桥—汤庙、张宋家、刘桥等勘查区。矿区的东南部，分布有前岭矿及蔡山勘探区。矿区的西南部分布有刘桥一矿、刘桥二矿、百善矿和卧龙湖矿，以及梁花园、火神庙、黄集、刘小庙等勘查区。矿区北部分布有砀山、关帝庙、张大屯、朱楼等勘查区。

涡阳矿区 位于淮北煤田西南部，行政区划属亳州市。其范围大致为：东起黄殷断层与临涣矿区相邻，南至板桥断层，西、北均以河南、安徽省界为界。矿区内现有涡北煤矿、刘店煤矿两座生产矿井以及徐广楼煤矿、花沟煤矿、耿皇煤矿等扩建矿井，并有张楼、单集、古城、大陈集、刘老庄、大杨集、吴桥、牌坊集、花沟西等勘查区。矿区勘查、开发历史虽然比淮北煤田其他矿区相对较晚，但随着近些年来各渠道勘查资金的不断介入，矿区开发建设速度的加快，迅速扩张的规模可以与淮北煤田其他矿区相比肩。

临涣矿区 位于淮北煤田南部之中部，行政区划属于濉溪、涡阳和蒙城三县。矿区面积约1600平方公里，其范围大致为：东以南坪向斜与宿县矿区相隔，西至丰涡断裂与涡阳矿区相邻，南起板桥断裂，北止于宿北断裂与濉萧矿区相望。区内地势较为平坦，地面高程一般23～27米。矿区内有海孜、临涣、童亭、许疃、五沟、赵店一矿、赵店二矿、杨柳、青东和界沟煤矿。

宿县矿区 位于淮北煤田东南部，京沪铁路宿州—任桥站铁路两侧，东起大店—任桥一线，西止南坪断层与临涣矿区相邻，北以宿北断裂与濉萧矿区相隔，南至湖沟、三河集一线，面积约1150平方公里。区内全被180～440米厚的新生界地层所覆盖，地势平坦，地面高程一般约25米左右。除前期建成投产的芦岭、朱仙庄、桃园、祁南、祁东、钱营孜、孙疃等矿外，矿区内邹庄、骑路孙煤矿在筹建，矿区生产能力已达到900万吨的规模。

第二节 淮南煤田

淮南煤田位于华北石炭二叠纪巨型聚煤坳陷的东南隅、秦岭东西向构造带的北缘。地理位置在安徽省北部淮河两岸。地跨淮南、阜阳、亳州三市的凤台、颍上、利辛、蒙城等县、区，其中以淮南市为主体。煤田东部伸入滁县地区，西部延展到阜阳附近。煤田在平面呈北西西向长椭圆状，长约180公里，宽度20～30公里，地域面积约3654平方公里。

淮南煤田划分为三个矿区，分别为煤田东部的淮南矿区、中部的潘谢矿区以及西部的阜东矿区。煤田地处淮北平原南缘，除南部边缘的淮南市、定远县局部为丘陵、低山外，其余均为广阔的冲积平原，海拔高程一般在22～26米，丘陵低山最高点在400米以下。

阜东矿区 位于淮南煤田的西部，东起朱马店—汤店—谢桥镇一线，西至阜阳市，南、北受限于阜凤逆冲推覆构造带与尚塘－明龙山断层之间，地跨阜阳、颍上、利辛和凤台等县市。东西长约100公里，南北宽12～25公里，西部窄，东部宽，面积约1152平方公里。区内各县市之间有公路相连，阜淮铁路在矿区南部通过，矿区北部和南部有淮河支流茨淮新河和颍河，交通尚属方便。矿区现有生产矿井1对，即刘庄煤矿；在建矿井2对，即板集、口孜东矿，杨村煤矿和口孜西矿也均已具备建井条件。

潘谢矿区 主体位于淮河中游北岸，东起常坟—洛河镇一线，西至朱马店、汤店一线与阜东矿区相接；南以谢桥—古沟向斜轴为界与淮南矿区相连，北至常兴镇—唐集镇一线。地跨凤台、淮南、怀远、长丰、凤阳、定远等市县。东西长约70公里,南北宽约30公里,面积约1390平方公里。区内有凤蒙、利凤等公路与土公路相通,南部接淮河水运或渡淮河接矿区的水张铁路通达南北　,交通尚属方便。矿区内现有属于淮南矿业集团有限责任公司的潘集一、二、三矿和顾桥、张集、谢桥、顾桥、丁集、潘四东等煤矿以及属于国投新集能源股份公司的新集一矿、花家湖、八里塘煤矿等生产矿井和在建的朱集东、朱集西煤矿,勘探区有大兴集、罗园—连塘李等。是淮南煤田的主力生产矿区。

淮南矿区　位于淮南煤田东部,主体位于淮河中游南岸及其东部,属淮南市、凤台县、定远、怀远和长丰县管辖。矿区东起定远县城,西至凤台县,南、北分别以八公山、舜耕山脉和谢桥—古沟向斜轴、上窑—靠山乡一线为界。东西长约100公里,南北宽约3～20公里,面积约1112平方公里。矿区内有淮南矿业集团公司新庄孜矿、谢一矿、谢二矿、谢三矿、李一矿、李二矿、张楼矿、李嘴孜矿、孔集矿、望峰岗矿以及淮南市36对地方煤矿,其中谢二矿、谢三矿、李一矿、李二矿、张楼矿、孔集矿已开采结束。

第三节　沿江江南煤田

宣泾煤田　位于安徽省东南部的宣城、泾县、宁国及郎溪一带,取宣城、泾县两地首字,故命名为"宣泾煤田"。其范围西起泾县章渡、宣城县三元和里桥一线,东至鸿门、庙西一线,南临宁国、广德县晋节和独山一线,北至江苏省界。面积5200平方公里,其中-1500米以浅含煤面积793.48平方公里。

芜铜煤田　位于安徽省南部,其范围东起芜湖市郊火龙岗,西至青阳县城和大通镇一线,以九华山断裂与贵池煤田相邻,南邻青阳县城和麻桥一线,北迄长江岸边。由东北至西南延展长度约75公里,平均宽20公里,面积1500平方公里,其中含煤面积425.87平方公里。煤系分布以铜陵市辖地为主体,青阳、繁昌、南陵和芜湖也有分布。

安庆煤田　位于安徽省西南部的长江北岸,其范围东北以枞阳、无为县界与巢湖煤田毗邻,西南至湖北省界,西北至花凉亭、高河埠、义津桥一线,东南至长江和湖网地带。地跨安庆、怀宁、宿松、望江、太湖、枞阳、桐城7个市县。煤田呈北东—南西狭长块状分布,长170余公里,平均宽约20公里,面积3400多平方公里。其中含煤面积116.2平方公里。

贵池煤田　位于安徽省西南部,东北部以九华山断裂与芜铜煤田为界,东南至青阳、梅街、东流一线,西北隔长江与安庆煤田相对,西南部与长江斜交。东北—西南延展长度约100公里,平均宽约25公里,面积约2500平方公里,其中含煤面积306.38平方公里。煤系主要分布在池州市境内。

巢湖煤田　位于长江与巢湖之间,其东北部与江苏省接壤,西南与安庆地区为邻,煤系分布在巢湖地区的和县、含山、巢县、无为、庐江等县境内,呈东北—西南向,长约130公里,平均宽28公里左右,煤田面积约3640平方公里。

第四章　煤田勘探

第一节　煤田地质勘探机构

安徽省煤田地质局成立于1952年，是安徽省从事煤田勘探的专业队伍。其前身为安徽煤田地质勘探公司，隶属于煤炭工业部，驻地蚌埠市。1991年更名为安徽煤田地质局，隶属于煤炭工业部地质总局和其后的能源部中国煤田地质总局领导。1998年7月，因国务院机构改革而下放安徽省，为省直正厅级事业单位，业务上划归省煤炭工业管理局领导。2002年5月，省政府机构改革，业务上划归省国土资源厅领导。2005年，迁址合肥市。2006年，更名为安徽省煤田地质局。该局属地化以后，其主要职责是：承担全省煤田地质行业管理和技术管理，编制全省煤田地质发展规划，组织和实施全省煤炭资源调查、勘查和评价，为全省国民经济和社会发展提供煤炭资源保障和地质技术服务。2010年年底该局下属8个正处级事业单位，分别为第一勘探队、第二勘探队、第三勘探队、物探测量队、水文勘探队、勘查研究院、蚌埠机电技师学院、蚌埠基地管理处，驻地分布在合肥、宿州、蚌埠、淮南、芜湖等地。为适应市场经济发展要求，该局还先后出资组建了安徽两淮地质基础工程公司、安徽两淮建设有限责任公司、安徽两淮置业有限责任公司、安徽两淮科力机械制造有限责任公司、绿寰地能空调公司、安徽煤田光大彩印有限责任公司、安徽天诚工程造价咨询有限责任公司和合肥两淮豪生大酒店有限责任公司。局属各队、院拥有固体矿产勘查、地球物理勘探、液体矿产勘查等各类地质勘查甲级资质23个、乙级资质13个，丙级资质11个。局属各公司拥有市政共用工程、房屋建筑工程总承包一级资质2个，各类专业承包资质6个。2010年，该局拥有事业编制职工3194人，离退休人员2809人，编外聘用人员2278人；拥有各类大型设备3100多台套；拥有固定资产净值3.8亿元。

该局从事煤田地质勘探的下属单位有第一勘探队、第二勘探队、第三勘探队、物探测量队、水文勘探队和勘查研究院。

安徽省煤田地质局第一勘探队　成立于1952年，1971年更名为第一勘探队，现驻地淮南市蔡家岗。主要从事淮南煤田的地质勘查工作，高峰期开动钻机13台。

20世纪90年代，该队成立安徽两淮地质基础工程公司第一工程处，一个机构，两块牌子，同时撤销原来的工区与机关的部分科室，合并成立地质勘察工程公司、桩基工程公司、地鼠公司、油汽公司、地热公司、淮海工贸公司、建筑公司和生活综合服务公司，机关科室也更名为部室，实行事业单位企业化管理，在从事煤田地质勘探的同时，承接油气、地热等其它勘查业务和建筑业工程施工，走出一条综合发展的道路。

截至2010年年底，该队拥有职工680人，各类专业技术人员214人，其中高级职称37人，中级职称43人，另有编外聘用人员360人；拥有各类勘查设备100多台套，其中大型岩心钻机32台套，当年高峰开动钻机64台套，完成钻探工程量117156米。

安徽省煤田地质局第二勘探队 成立于1971年，由第一勘探队划分后组建，现驻地芜湖市化鱼山。主要从事皖南地区的煤田地质勘查工作，高峰期开动钻机8台。

20世纪90年代，该队大幅度消减勘查规模，大钻机由9台消减到3台，人员也消减到百人以内。同时发展多种经营，相继成立安徽两淮地质基础工程公司第二工程处、安美建筑工程公司，开办淮南综合厂皮塑厂汽修厂和山野综合商场等经营实体，分流大批富余人员。2000年以后，地勘市场多元投资体制逐步形成，地勘业务市场需求不断增大，该队逐步扩大地勘公司施工规模，岩心大钻机增加到16台，还增加了数字测井仪、GPS测量仪和陀螺仪等，地勘队伍也扩大到200余人。勘查业务除皖南以外，还在两淮和省外广泛承接勘查项目。勘查矿种除煤炭以外，还有金属、非金属等，先后在河南新蔡和安徽和县发现大型铁矿和特大型石膏矿，走上多种经营和大地质勘查的综合发展道路。

截至2010年年底，该队拥有在岗职工414人，各类专业技术人员111人，其中高级职称15人，中级职称36人，另有编外聘用人员200余人；拥有各类机械设备365台套，其中勘查设备90多台套，大型岩心钻机16台套，当年高峰期开动钻机15台套，完成钻探工程量65585米。

安徽省煤田地质局第三勘探队 成立于1962年，由原煤炭系统全国统一编号的一七八队和一三八队合并而成，更名为第三勘探队，现驻地宿州市北关。主要从事淮北煤田的地质勘查工作，高峰期开动钻机14台。

20世纪90年代，该队打破单纯地勘结构形式，组建安徽华地集团，实行一个机构，两块牌子。机关近20个科室压缩为6部2室，撤销3个工区，成立地勘公司、华星公司、华春公司、化验检测中心、后勤服务公司、测井站、安装队、华联电脑公司、家具厂和华地大酒店等多种经营公司，形成以地质勘探为主，石油钻井、基础工程、多种经营并存的多种产业结构，走上规模化、集约化综合发展道路。2000年以后，该队重新整合全队资源，先后成立16个公司，7个工程处，26个经营实体。业务范围涵盖地质勘探、井筒检查孔勘探、矿井冻结造孔、石油与煤层气勘探、大口径瓦斯抽放井施工、矿井注浆工程、建筑基础工程，水源勘探和地质技术服务（地质报告、设计、测井、测量、化验）等领域。施工区域遍及全国16个省区。经营总收入自2003年突破1亿元大关后，连续稳步增长，2010年总收入达到5.75亿元，连续数年在全国同行业中名列前茅。先后获全国精神文明建设工作先进单位、全国“五一”劳动奖章、全国地质勘查功勋单位、全国地质勘查行业先进集体、全国煤田地质系统两个文明建设先进单位、全国经典地质队等称号。

截至2010年年底，该队共有在岗职工895人，其中专业技术人员290人，另有编外聘用人员242人；拥有各类大型设备800多台套，其中有包括美国T 130大型车载钻机在内的各类勘查设备170台套，大型岩心钻机34台套，当年高峰期开动钻机51台套，完成钻探工程量302712米。

安徽省煤田地质局物探测量队　成立于1962年，1973年更名为物探测量队，现驻地宿州市沱河。主要从事煤田物探专业勘查工作。

20世纪90年代，勘查业务锐减，该队大力发展多种经营。先后利用农场1000多亩耕地发展种植业、养殖业，开发消防报警安装工程产业和建造金三维假日酒店等。至2000年年末，在职职工缩减至604人，保留地震队3个，测量队1个，组建多种经营单位9个，内部承包实体5个，分流富余人员200余人。进入2000年以后，该队及时调整发展思路，对外先后组建了北京、上海、新疆、内蒙、宁夏、山东、福建、贵州等8个驻外办事机构，开拓全国地质市场；对内实行公司化改制，打破原有勘查机构，重新组建6个物探公司、1个测绘公司和1个勘探公司。勘查手段涉及地震、电法、磁法、重力、化探、测绘和钻探等，服务范围涉及固体矿产勘查、油气勘查、水文勘查，工程勘查和考古等领域，勘查业务遍及全国各地。现已成为以煤为主、综合勘查、立足安徽、服务全国的综合性物探专业队伍。

截至2010年年底，该队拥有在岗职工546人，各类专业技术人员286人，其中高级职称29人，中级职称90人，另有编外聘用人员138人；拥有法国、美国、加拿大、德国和意大利等国进口的各类物探仪器28台套，各类测绘仪器39台套，资料处理工作站8套，处理软件20套，各类车辆86台。当年完成各类物理点270820个，完成地形测量7653平方公里。

安徽省煤田地质局水文勘探队　成立于1981年，以原第三勘探队水文工区和原公司机厂为基础组建而成，现驻地宿州市沱河，主要从事煤田水文专业勘查工作。

20世纪90年代以后，该队被确定为“重点结构调整地勘单位”，不再下达地勘计划任务。该队添置部分仪器设备，调整队伍结构，成立安徽两淮地质基础工程公司第四工程处、桩基公司、水井公司、工程勘察公司、机械厂和糖果厂等经济实体，开始面向社会开展地勘延伸业项目施工和多种经营，保持了队伍的稳定。

2000年以后，该队及时调整发展思路，购置地质勘查和地质工程钻机设备，扩大地质、水文勘查队伍，组建6个经济实体，2个服务中心，并对外投资组建了新型建材股份公司，项目涉及煤田地质勘探、水文勘查、基坑降水、井筒冻结造孔、井筒注浆工程、市政工程、基础工程、机械加工和新型建材等。

截至2010年年底，该队拥有在岗职工373人，各类专业技术人员140余人，另有编外聘用人员454人；拥有各类勘查施工设备400余台套，其中岩芯钻机18台套，水文钻机12台套，当年高峰开动钻机41台套，完成钻探工程量58168米。

安徽省煤田地质局勘查研究院　位于合肥市蜀山区科学大道6号，该院是20世纪90年代初期在地勘经费投入减少、人心不稳的形势下，为稳定勘查技术队伍，保留技术骨干，于1995年6月在原局科研所基础上组建成立的。当时该院位于蚌埠市，成立时名称为安徽煤田地质局勘查研究院。1998年地勘队伍属地化后，更名为安徽省煤田地质局勘查研究院。2005年5月随安徽省煤田地质局机关迁至合肥市。勘查院成立之初，人员主要由局机关地质科技处、科研所的技术人员，同时借调局属各勘探队地质科的部分人员组成。2000 年以后，随着地勘行业形势的不断好转、借调人员正式调进，大专院校年轻毕业生的逐年招进，现人员编制 108 人。

第二节　勘探方法

安徽省两淮地区为全隐伏煤田，煤系地层上覆有厚层新生界第三、四系松散层沉积，局部区域覆盖下第三系“红层”。特殊的煤炭资源赋存条件决定着两淮地区煤炭资源勘查必须采用多种勘查手段相结合的综合勘查方法开展工作。

纵观两淮地区煤炭开采的历史，其中淮北地区可以追溯到北宋神宗年间；淮南地区可以追溯到明朝万历年间。淮北地区的萧县孤山附近、淮南地区的舜耕山一带，居民当时曾用土法开挖浅部露头煤用于生活，但直至 20 世纪中叶，两淮地区的煤炭开采技术仍然相当落后，规模很小，由此涉及的煤炭资源勘探技术也相当落后。至 1949 年前，两淮地区仅有淮南九龙岗、大通、八公山、烈山、小孤山等几座正规矿井；煤田地质勘探力量也仅有淮南地区的 1 台美式钻机和 2 台日式钻机，从事煤田地质勘探工作的人数不足百人，台月钻进效率不足百米。

1946 年，地质专家谢家荣在研究总结前人工作成果的基础上，对淮南地区的区域构造规律、煤田边缘地带、煤盆地地质情况等做了详细研究，进一步明确“大淮南盆地”概念。1955 年，安徽省地质矿产局三二五队和华东煤田地质勘探局一二〇队分别在淮北煤田北部和南部开展普查工作。其后的几十年间，以安徽省煤田地质局为主体的煤田地质勘查队伍在两淮地区相继发现了淮南的潘谢矿区、新集矿区和淮北的闸河煤田（即现在的濉萧矿区）、宿县、临涣、涡阳矿区等。

随着两淮地区煤炭资源的大规模开发，煤炭资源勘探工作的技术水平也得到较大提高，勘探方法不断更新。20 世纪 70 年代以前，两淮地区煤炭资源勘查工作的手段主要以比较单一的地质测量、钻探、模拟测井（照相和静电显影）、电法、光点地震等为主，同时配合少量的地质填图工作，煤炭资源综合勘探技术方法的理论框架虽已显雏形，但并未真正确立；进入 70 年代后，人们逐步认识到以钻探手段为主同时配合电法手段的勘查方法在解决煤田构造问题等方面的局限性，因此更加注重物探方法尤其是地面地震方法在两淮地区煤炭资源勘探工作中的应用，以地震勘探解决规模较大的断层，对查明勘查区构造起到重要作用。同时，各种测井方法以及井中物探信息记录方式的改进，使得测井主要用以解决煤层定性、定厚及其它地质问题成为可能，也成为勘探工作中不可缺少的手段。勘探手段的进步和更多的应用于实际工作，使得煤田综合勘探的方法框架日益清晰，它所显示的效率高、成本低、质量好等优点，不仅节省相当的实物工程量，而且能够及时、准确地解决关键地质问题，成为行之有效的勘探方法，并逐步被越来越多的国内外煤田地质工作者所认同。

70 年代后期开始，尤其是进入 90 年代后，随着现代电子技术的逐步渗入，两淮地区煤田地质勘查工作手段技术由半自动进而自动，由模拟进而数字化、计算机化，使得煤田地质勘查手段方法技术水平产生质的飞跃，各勘查手段解决地质问题的精度和效率大大提高。多兵种联合作战，综合勘探新途径，使得煤田地质勘查工作各手段、各环节工作有了新的发展和新的提高。

电法勘探 电法勘探手段方法应用于两淮地区煤炭资源勘查工作起始于20世纪50年代。1955年，原华东煤田地质勘探局一二〇队在淮南地区杨埠子区域，原煤炭工业部地质勘探总局在淮北地区蒙城梁涂山、涡阳石山子区域采用对称四极直流垂向电测探法开展电法工作。在蒙城东北板桥—李楼电法测线的电测深点上布置了01和07钻孔。07钻孔于1956年2月1日在孔深338.51米穿过新地层见二叠纪煤系，在350.05米揭露到可采煤层，这是淮北地区数千平方公里隐蔽区内的第一个见煤钻孔。其后在该测线上施工的钻孔均见到可采煤层，揭开了淮北地区沉睡多年丰富的煤炭资源，为全国煤炭系统在隐蔽地区应用地质、物探、钻探综合手段找煤提供第一个成功的实例。

经过系统的电法勘探，1956年提交的中国煤炭系统第一个电法报告——《安徽蒙、涡、杨地区地面电测报告》确认蒙城、涡阳三条测线上的煤系分布范围，为在该区域找煤钻孔的布置提供重要依据。1957年提交的《安徽省蒙城宿县地区电法勘探工作报告》，是煤炭系统第一件被正式批准的地面物探报告，该报告全面揭示淮北地区4500平方公里隐蔽地区的主要地质构造，探明煤系地层基底起伏形态，圈出石炭二叠纪煤系地层的分布范围和埋藏较浅的含煤区，并利用可以作定量解释的47个电测深点，解释石炭系及其以下石灰岩的埋藏深度。根据定性、定量解释成果绘制推断的地质剖面图，圈定童亭、临涣、许疃、百善等含煤区。

从20世纪70年代开始到80年代中期，是中国煤炭电法勘探技术发展速度最快、推广范围最广、地质成果最多的时期。除应用于资源找煤外，电法方法在两淮地区已开始在诸如探测隐伏煤层露头、探测岩溶裂隙发育带及找水、第四系勘探等方面发挥作用。70年代中后期，交流电磁频率测探仪器和方法在两淮地区得到应用，为在高阻层下普查找煤提供一种更为有效的新方法；使用不同数据库管理软件、针对不同档次微机系统的电法数据管理、处理和解释系统不断地在实际工程中得到应用，1985年，安徽省煤田地质局物测队提交的任楼地区水源电法勘探报告，完全用微机进行反演解释，提高分层能力和解释精度，地质效果明显。

80年代后期至今，随着计算机和计算数学的引入，电法勘探技术开始逐步进入数字化时代，无论从原始数据的有效性、工作环境的适应性还是解决地质问题的可靠性等多方面均有大幅度的提高。1990年，安徽省煤田地质局物测队与中国矿业大学合作开发的“直流电法数据处理及解释系统”使得电法内业数据处理、资料解释和图件编制等工作的数字化程度大大提高。一批新的、地质效果更好、适应面更广的诸如瞬变电磁法、高密度电法、电磁波反射法、地质雷达等方法和设备逐步被引进，提高了电法方法在两淮地区煤田地质勘查工作中解决构造地质、水文地质、工程地质等方面问题的能力。

作为煤田地质勘查工作主要手段之一的电法方法已经成为不可缺少的、不可替代的实用技术。

地震勘探　两淮地区煤田地震勘探工作从早期使用光点仪、模拟仪到数字仪、无线遥测仪；从折射法到反射法，从单次覆盖到多次覆盖，从单波到多波；从二维到三维以至现在的三维三分量，经过几十年的发展，煤田物探地震勘探技术水平已达国内乃至国际先进水平。

20 世纪 70 年代起，煤田地震勘探逐步实现信息保存磁带化和地震资料处理数字化，推广多次覆盖反射地震勘探技术，提高地震勘探手段解决煤田地质问题的能力。

80 年代是两淮地区煤田地震勘探的第二个发展阶段，地震勘探采集设备已实现数字化和资料处理系统化，一系列地震勘探方法、技术日益成熟并得到推广应用。特别是二维高分辨数字地震勘探技术试验获得成功，并在应用过程中不断得到完善和提高。1982 年，中日合作在淮南煤田刘庄井田第一次运用高分辨率数字地震勘探技术进行精查勘探，查明井田一水平内落差大于 15 米的断层，控制煤层露头及煤层底板起伏情况，取得显著的技术和经济效益，由此拉开全国范围的以二维高分辨率数字地震手段结合钻探、测井等多技术手段相结合的综合勘探序幕。

90 年代是两淮地区煤田地震勘探发展的高峰期。地震仪器发展为多道遥测数字地震采集系统，引进了集快速、高精度、多手段于一身的地震资料处理和解释系统。同时提高新建矿井及生产矿井地质勘探程度，为高产高效矿井建设服务，推动煤矿采区高分辨地震勘探技术的发展，成为两淮地区乃至我国煤田地震勘探发展史上的亮点。1993 — 1994 年间，由安徽省煤田地质局、中国矿业大学、淮南矿务局等单位合作在淮南矿务局谢桥煤矿首采区首次进行高分辨三维地震勘探研究，采用小采样间隔小面积组合 (t=1 毫秒，15 米 ×15 米)，10 米 ×10 米 CDP 网格，叠前部分偏移 DMO 叠加技术，获得高分辨率、高信噪比、高密度三维数据体，查明一批埋深 380 ~ 700 米、落差 H ≥ 5 米的小断层，空间定位误差小于 10 米，查清了幅度大于 5 米的褶曲，在 460 米深度上清楚到并分辨开相距 50 米、断面为 32 米 ×38 米相互平行的石门巷道。该方法的应用为采区精细勘探及其它与工程有关的灾害地质预测成功开辟新途径，三维地震勘探技术在全国特别是东部煤田采区得到全面应用，取得巨大的经济和社会效益。

进入 21 世纪后，三维地震勘探技术不断得到发展和提高。2000 — 2002 年间，安徽省煤田地质局物探测量队与中科院地质与地球物理研究所合作在河北开滦钱家营煤矿进行三维三分量多波地震勘探技术的研究和实践并取得成功。三维三分量地震勘探技术在两淮地区的试验表明，其对 3 ~ 5 米小构造、薄煤层及煤岩层裂隙发育方向、密度和裂隙充填物性质等问题已有较好的控制。

地球物理测井　与其他地球物理方法一样，煤田地球物理测井应用于两淮地区煤炭资源勘查工作也是起自于 20 世纪 50 年代。测井工作早期使用的主要是仿苏联的半自动测井仪，使用人工手动补偿方法测量地层各参数响应值，施测参数主要有视电阻率电位、自然电位和激发极化等，不仅设备落后、人为影响大，而且手段方法简单，基本上是作为检验钻探取芯的一种手段，其主要任务是在钻孔剖面上划分煤层，确定煤层的深度、厚度。

60年代，国产GBC系列光点全自动测井仪在两淮煤田开始使用，早期仪器人为因素影响较大的问题得到解决，使得测井资料能够更好地反映地层真实情况。随着电测井方法的不断改进和核测井方法的引进，屏障电流法、屏障接地电阻梯度、屏障电流梯度、双电位、六极电位等双极值方法和自然伽玛得到应用，大大提高了测井曲线纵向分辨率和煤岩层定性解释的可靠程度，提高了测井曲线的解释精度，并开始利用核测井资料进行定量解释。

70年代，国产TYJJ系列静电显影仪得到广泛应用，测井曲线的记录质量得到进一步提高。同时，人工伽玛、声波测井和三侧向方法得到推广使用，增加煤田测井的有效参数，进一步提高核测井参数的纵向分辨率，可以获取接近地层真实电阻率的视电阻率值，为真正实现煤层定量解释打了基础，并为分析岩石力学性质提供有用信息。

80年代初，流量测井仪及测井方法投入使用，该仪器能够准确计算出含水层涌、漏水量，对研究各含水层的补给关系，为解决煤田水文地质问题提供更多的有用信息。80年代中后期开始，数字测井技术及设备问世，两淮煤田测井工作开始逐步引进国产具有国际先进水平的TYSC系列数字测井仪，至90年代中期，几乎所有的煤田勘查队伍都配备数字测井设备，模拟测井手段和方法逐步被淘汰。数字测井技术的使用，实现测井仪器数字化、组合化和资料解释自动化，提高测井资料的分辨精度，煤层定厚、定深精度不大于0.1米。非煤系地层定厚、定深精度不大于0.2米。全孔岩性解释实现计算机自动分层以及煤岩成分、地层产状、岩石强度等各种物理参数的准确计算。同时，密度、井下照相、超声成像等测井方法的引进以及井斜、井径、井温等井中参数测井方法、仪器设备得到不断地改进和提高，为分析研究地质问题提供更多有价值的重要参数。

经过几十年的发展，两淮地区煤田勘查测井工作已实现钻孔岩性全孔自动分层解释，煤岩层定性、定厚、定深以及煤层、煤层夹矸的高精度解释，准确确定煤岩层的厚度和空间位置；通过对测井资料的分析研究，测井曲线典型物性标志层的确定并与钻探取芯资料综合分析，可以较好的帮助人们确定煤岩层层位和断层位置；通过合理选择曲线参数，并利用多参数曲线进行数理统计、分析和计算，解释煤系地层岩石力学性质和评价煤层顶底板稳定性，推算含水层涌水量和判断含水层的补给关系等，较好地解决了诸多煤田勘查工作中的水文地质、工程地质和环境地质问题。测井方法已经成为两淮地区煤田综合勘查工作的重要手段。

钻探工程技术 在两淮地区煤炭资源勘查工作中是最主要的勘查手段之一。通过钻探工程，可以直观、有效地肯定煤层赋存状态，可以获取含煤地层层序、岩性、煤层、煤质、水文地质、工程地质及其他开采技术条件等方面的地质信息，正确评价勘查区煤炭资源的经济价值。根据钻孔施工深度可将钻孔分为浅孔和深孔；根据钻孔在垂直空间的歪斜状况可将钻孔分为直孔和斜孔；根据钻孔完成地质任务的不同可将钻孔分为探煤孔、构造孔、水文孔、水源孔、取样孔、定位验证孔等。实际工作中，常按经济技术合理的原则在一个钻孔中安排多项技术任务，此即为“一孔多用”。

可以查阅到的两淮地区煤炭资源勘查最早使用钻探工程手段的记录是1946年，地质专家谢家荣应邀对淮南地区考察，在发现淮南八公山和山金家含煤地层并提出“大淮南盆地”概念后，使用日本产利根RL-150型钻机在淮南新庄孜施工第一口钻孔，并在距地表19米深处发现近4米厚的煤层，由此揭开淮南煤田的真相。

经过几十年的发展，两淮地区煤炭资源勘探钻探工程在钻探装备、钻探工艺和技术等方面都取得了较大的进步。在保证安全和质量的前提下，钻月效率已由新中国成立初期的不足百米提高到当时的500～600米；较大批量的重型钻进设备及辅助设备逐步装备勘探队伍，深部钻孔钻进、取芯、成孔配套工艺的不断改进，使得实际钻探绝对孔深较早期相比大大增加，总体施工能力能够满足勘探水平不断加深的要求。与此同时，煤矿冻结造孔、大口径瓦斯抽排孔、“S”型钻孔成孔、石油丛式井施工、水平对接井成孔、深部地热井钻孔以及各类大口径非开挖地下穿越辅管等钻孔施工技术工艺的不断成熟，不仅扩大非煤钻探工程的市场份额，同时也丰富两淮煤田资源勘探钻探工程技术的的覆盖面，提升技术含量。

第三节　勘探成果

煤炭资源勘查　中华人民共和国成立后的60年里，在煤田勘探方面共投入钻探工程量790余万米，提交各类地质勘查报告（资料）710余件，累计探明煤炭资源矿产地226处，查明煤炭资源储量313亿吨，为本省煤炭工业发展提供有效的资源保障。除煤炭资源勘查外，“十一五”期间，在安徽和县发现特大型硬石膏矿，初步探明资源量超过200亿吨。

自1986年起，在两淮地区为30多对矿井找到理想的水源地，先后完成水文勘探钻孔800多个，钻探工程量11万米以上，抽水试验300多次，提交大型供水水文地质勘探报告19件，累计探明的地下水B级开采量30余万立方米/吨，为淮南、淮北大型煤炭基地及周边地区提供可靠地下水资源保障。

科研成果　21世纪提交的张油坊、口孜东、杨村井田勘探报告获得中国煤炭工业协会优质地质报告特等奖，邵于庄煤炭普查报告获全国地质找矿项目一等奖，赵集和邵于庄煤炭普查报告获安徽省“十五”重大找矿发现奖。

自1986年以来，累计完成科研项目150余项，其中“宿南矿区松散层四含水文地质条件分析及开采对策研究”“三维三分量地震勘探技术在煤矿生产中的应用”获得安徽省科技进步二等奖，“强反射层屏蔽下薄煤层高精度三维地震勘探方法研究”“煤矿采空区下薄煤层高精度三维地震勘探方法研究与应用”获得安徽省科技进步三等奖，还获得国家煤炭工业科技进步三等奖2项。

第五章 煤田测绘

第一节 测绘队伍及装备

测绘队伍 煤田测绘没有专门的机构，测绘队伍分散在各地质队中，其中主要集中在安徽省煤田地质局物探测量队，截至2010年年底，安徽省煤田地质局物测队从事测绘职工122人，其中：四个物探公司的测量组、28人；三个测绘研究院、78人；测绘公司管理服务人员16人。安徽省煤田地质局其他各勘探队均有测量组，一般有5~10名测量技术人员。丙级资质，主要从事勘查施工中的工程测量工作。

仪器装备 有GPS接收仪26台；手持测距仪20台；各种型号全站仪13台；经纬仪2台；水准仪6台；电子水准仪2台；笔记本电脑16台；台式电脑24台；图形编辑工作站1套；数据编辑工作站2套；绘图仪4台；工程扫描仪1套；图像扫描仪1套；机动车辆8辆。具有测绘甲级资质，主要从事物探工程测量、地籍测量和地形测绘工作。

第二节 测绘技术

两淮地区煤田地质勘查工作早期，测量工作基础测绘网等级较低，满足不了勘查工程布置的需要，常常需要补测大区域范围的三、四等测网和水准测量；测量设备以原始的光学测量仪器为主，其精度低，并受气候、地形、地物的影响较大；室内工作以人工为主，计算过程复杂、误差几率高、效率低下。

20世纪80年代，随着测绘技术的进步，许多先进的地面测量仪器设备如光电测距仪、精密测距仪、电子经纬仪、全站仪、电子水准仪、数字水准仪等逐步被引进，为两淮地区煤田勘查工程测量提供先进的技术设备和手段。三角网被三边网、边角网、测距导线网所替代；光电测距三角高程测量代替三、四等水准测量；具有自动跟踪和连续显示功能的测距仪用于施工放样测量；无需棱镜的测距仪解决了难以攀登和无法到达的测量点的测距工作；电子速测仪为细部测量提供理想的仪器；精密测距仪的应用代替传统的基线丈量。煤田地质勘查工程测量工作的室外和室内工作条件得到改善，传统的测量作业方法得到改进，测量成果的精度和工作效率大大提高。测量工作具备向现代化、自动化、数字化方向发展的有利条件。90年代后期，GPS定位技术的出现和不断发展完善，为两淮地区煤田勘查工程测量提供了崭新的技术手段和方法。

电子经纬仪和全站仪 是两淮地区煤田勘查工程测量技术进步的重要标志之一。

电子经纬仪具有自动记录、自动改正仪器轴系统差、自动归化计算、角度测量自动扫描、消除度盘分划误差和偏心差等优点。全站仪测量可以利用电子手簿把野外测量数据自动记录下来，通过接口设备传输到计算机，利用“人机交互”方式进行测量数据的自动数据处理和图形编辑，还可以把由微机控制的跟踪设备加到全站仪上，能对一系列目标自动测量，即所谓“测地机器人”或“电子平板”野外直接图形编辑，为测图和工程放样向数字化发展开辟了道路。

水准仪 激光水准仪、全自动数字水准仪、记录式精密补偿水准仪等仪器的应用，实现了在几何水准测量中自动安平、自动读数和记录、自动检核测量数据等功能，使几何水准测量向自动化、数字化方向迈进。

GPS 定位技术 多台套静态、动态 GPS 全球卫星定位系统被应用于实际的勘查工程测量工作中，实时差分 GPSRTK 定位技术的出现，使得长期以来用测角、测距、测水准为主体的常规地面定位技术，逐步被以一次性确定三维坐标的、高速度、高效率、高精度的 GPS 技术所代替。GPS 系统以及 GPSRTK 定位技术具有的全球性、全天候、连续性、实时性导航定位和定时功能不仅能够提供实时的三维位置、三维速度和高精度的时间信息，同时还可以较好满足各类复杂地形地质条件下测量工作的需要。传统的逐线定测、端点定测和极坐标法定测已被 GPS 相对测地定位静态、快速静态和 GPSRTK 等作业方式所替代，测量定位效率大大提高，定位精度已达厘米级。

第二篇　煤炭开发与建设

安徽煤炭资源按其赋存特点大致可划分为淮南煤田、淮北煤田（合称两淮煤田）及沿江江南煤田。两淮煤田已探明煤炭储量为484亿吨，占全省总储量99.2%，所赋存的气煤、主焦煤、肥煤等都属于低硫、低磷、中低灰分、高发热量。两淮煤田适宜建设大型矿井，但煤层上覆表土层较厚，并夹有多层流沙层，给矿井建设带来一定难度，所以矿井基建投资大，工期长。沿江江南煤田共探明储量约8000万吨，含煤地层主要为二叠系龙潭组，地质构造比较复杂，煤层薄而不稳定，煤种主要为贫煤和无烟煤，高硫、高灰分，但由于大多出露较好，适宜于地方小规模开采。

安徽煤炭工业开发历史悠久，道路曲折。从公元808年淮北发现煤炭至今历经1200余年，在中国煤炭工业发展史上占有极为重要的一页。安徽煤炭虽然开采较早，但在旧中国发展缓慢。到1948年年底，全省只有淮南大通、九龙岗、新庄孜煤矿；淮北烈山、孤山煤矿和皖南几处小煤窑，年煤炭产量121万吨。

中华人民共和国成立后，安徽煤炭工业发展迅速。截至1985年，经过36年的建设和发展，全省国有统配煤矿（淮南、淮北矿务局）达到24对，在建矿井7对；县以上国营地方煤矿达到21对，其他各类小煤矿近千处。全省煤炭年产量达到2904万吨，其中统配煤矿达到2387.8万吨，地方煤矿达到516.2万吨。

1986年以后，国民经济发展模式由计划经济向社会主义市场经济转变，全省煤炭工业进入新的发展时期，两淮矿务局与煤炭工业部签订产量、盈亏总承包。总承包期间，两淮矿务局坚持挖潜与开发并重，积极调整矿井布局，在稳定老区产量的同时，抓住重点组织会战，扩大新区建设成果，先后建成投产海孜、童亭、潘集二号矿井。加快潘集三号、谢桥、桃园矿井建设。安徽地方煤炭工业继续坚持改革开放搞活方针，加快新区开发。淮南市开发建设的新集矿区，储量丰富，煤质优良，第一对新井新集煤矿设计年生产能力90万吨，被列为全国地方煤矿15个重点建设矿区之一。省属皖北矿务局在1984年组建不久即跨入全国中型矿务局行列。截至1990年年底，全省煤炭产量稳定在3000万吨以上，其中淮南矿务局原煤产量再次突破1000万吨；淮北矿务局原煤产量一直稳定在1400万吨以上；地方煤矿原煤产量达到751万吨。

1992年，全省煤炭企业放开煤价，取消亏损补贴，全面推向市场。1998年3月，淮南矿务局、淮北矿务局按照“产权清晰、权责明确、政企分开、管理科学”的要求，整体改制为国有独资的淮南、淮北矿业（集团）有限责任公司。同年7月，皖北矿务局改制为皖北煤电有限责任公司。2000年5月,变更为皖北煤电集团有限责任公司。淮南新集能源开发有限责任公司，1998年改制为国投新集能源股份有限公司，2002年公司实现债转股,公司由国家开发投资公司以53.56%的股权实现控股,国华能源和煤电总公司分别持股23.22%。2004年8月,由皖北煤电集团控股的安徽恒源煤电股份有限公司在上海证券交易所挂牌上市,创立“安徽煤炭第一股”。2007年，“国投新集” 在上海证券交易所挂牌上市。安徽煤炭工业坚持深化改革,实现了精干主业、多元发展的战略发展目标。全省煤炭工业由单一的煤炭生产,逐步建设成为“煤、焦、化、电、盐、环”的产业体系,走上绿色开发之路。同时,非煤产业涉及化工、建材、电力、房地产、煤炭物流等多个领域,形成以煤业、煤化工、煤炭物流一体化为主的发展格局。

地方煤矿经过治理整顿,全省小煤矿总数由1998年最多时的1011处,减少到2010年底的116处,小煤矿的平均产能由以前的每年不足万吨,提升到每年9.5万吨。2000全省地方煤矿因事故死亡人数74人，2010年死亡14人,相比减少81%。全省煤炭产业结构更为合理,办矿条件进一步改善,办矿标准、防灾能力、安全生产水平等进一步提高。

第一章　矿区开发与建设

第一节　淮南矿区开发与建设

中华人民共和国成立后，淮南矿区开展大规模的新井建设和老井改扩建，对生产方式进行一系列改革，煤炭建设取得较快发展，煤炭产量从1949年的112.4万吨，提高到1986年的953.69万吨。

1980年起，淮南煤矿的经济体制改革逐步深入。1988年实行矿处厂长负责制。1992年放开煤价，取消亏损补贴、走向市场。其间先后经历6年总承包、2年延续承包和3年滚动承包。煤炭生产建设稳步发展。1989年，谢三矿并入谢一矿，同时把李二矿深部资源划给李一矿开采，谢李矿区煤炭产量稳定在400万吨左右。潘二、潘三矿相继投产，潘一矿经过补套后生产能力提高，新区增加生产能力510万吨，矿区结束连续16年产量在900万吨左右徘徊的局面。1990年煤炭产量再次突破千万吨，达到1005.35万吨。

1995年，毕家岗矿与新庄孜矿合并，对新庄孜矿进行全面改扩建。1996年设计生产能力为400万吨的张集煤矿开工建设。1997年谢桥煤矿投产。1998年3月，淮南矿务局改制为国有独资公司——淮南矿业（集团）有限责任公司。同年8月，下放安徽省管理。此间，对3个项目6对矿井进行破产重组，实行债转股，剥离企业办社会职能，并实行一系列改革，生产建设又有所发展，2001年，张集矿建成投产，淮南矿业集团当年煤炭产量达到1800万吨。

2002年，淮南矿业集团确立“一切为了发展，一切为了职工”的企业宗旨和“建大矿、办大电、做资本”的发展战略。张北、顾桥、丁集、潘北、顾北、望峰岗总规模4000万吨的6对新建矿井全面铺开。谢桥、张集、潘一、潘二、新庄孜、潘东公司、生产规模4000万吨的6对矿井改扩建全面启动。启动矿区铁路改造，年运输能力由1500万吨提高到5000万吨。办大电取得突破性进展，田集、凤台电厂首期各2台60万千瓦机组于2005年开工建设。当年煤炭产量达到2367万吨，居全国第8位。2006年，集团公司全面推进企业管理转型，大力开展“岩巷年”活动，建设安全高效矿井，促进企业发展，煤炭产量上升到3353.28万吨；2007年，集团公司坚持科学发展、和谐发展、创新发展，煤炭产量达到4197.83万吨，比上年增产844.55万吨，增幅为25.19%，再创历史新高。2008年，集团公司以“充分发挥生产能力，充分发挥经济效益”“高标准，重展期，增活力、严细实”、“技术要算账，经营要调控，管理要创新”为指导，企业保持较快发展态势。煤炭产量达6043.26万吨，首次超过6000万吨大关，实现历史性突破，跃居全国第5位。2009年，集团公司坚决落实“抢市场，跑项目，争政策，控成本，备资金”五项举措，认真践行科学发展观，推进瓦斯治理和防突创新，促进企业平稳发展。煤矿产量上升到6715.48万吨，比上年增产672.22万吨，增幅11.12%。2010年，集团公司以“保安全，保稳定，保发展”为工作目标，不断提升企业发展能力。煤炭产量达到6619.14万吨，电力权益规模1192万千瓦，销售收入515亿元，上缴税费60亿元，资产总额1027亿元。煤炭产量规模、电力权益规模、房地产规模、资产规模、上缴税费和职工收入都处省属企业第一位。

淮南矿业是国家首批循环经济试点企业、中华环境友好型煤炭企业和国家级创新型试点企业。2010年，企业在中国企业集团500强排名第183位。

第二节　淮北矿区开发与建设

1957年，安徽省和煤炭工业部决定大规模开发淮北煤炭资源。1958年5月5日，淮北煤矿筹备处成立。1959年生产煤炭50.05万吨。1986年，淮北矿务局煤炭产量达到1435万吨。经过20多年努力，淮北矿务局跃居全国重点矿务局行列，成为国家重点的十大能源基地之一。

从20世纪80年代中期起，淮北矿务局实行“投入产出总承包”。对厂矿实行“两包四定”。即包产值、包盈亏；定产量、定品种、定质量、定流动资金周转率。“8年总承包”期间，淮北矿务局年产原煤一直稳定在1400万吨以上，累计生产原煤11327万吨，比承包计划超产450万吨；洗精煤产量由1984年的322.7万吨增加到1992年的420.8万吨。同时，矿务局制定“稳住老区、开发新区、大力发展集体经济”的“三大支柱”战略，对现有生产矿井进行全面技术改造，从调整采掘关系入手，狠抓开拓延深及三个副井、八个风井的重建工作；补还安全欠账，赢得生产经营主动权。新建投产朱仙庄、临涣、海孜、童亭4对矿井和4个选煤厂。1993年，淮北矿务局被国家经委列入“放开煤价、推向市场”的第一批大型国有企业。1995年，桃园矿建成投产。当年，全局煤炭产量突破1500万吨，出口优质煤275万吨。

1998年3月16日，国有独资公司——淮北矿业（集团）有限责任公司挂牌成立。建立并逐步完善规范的法人治理结构，建立董事会、监事会、经理层。按照“总体规划，分步实施”的思路，对下属各矿（厂），坚持成熟一个改制一个，着力培育具有内在动力的利益主体。初步形成以集团公司为母公司，以煤业公司、多种经营公司和各专业化公司为子公司的公司管理格局。

“九五”期间（1996—2000），是淮北矿区发展历史上关键时期。此间，经历向市场经济转轨、闸河老区资源枯竭、矿井生产能力衰减、各种开支因素激增等压力；面对煤炭供求由紧缺到饱和、到滞销、积压等风险，也经受亚洲金融危机的冲击，以及销售煤款拖欠严重、资金极为匮乏的严峻考验。5年间共生产煤炭7246万吨，比“八五”期间(1991—1995)增产704万吨。

进入21世纪以后，淮北矿业集团坚持深化改革，创新管理体制和机制。通过优化资源配置，盘活存量资产，着眼于更大范围内的资产重组，带动淮北矿业的规模扩张和产权制度改革。2000年3月，实行债转股，实施主辅分离、辅业改制以及公安系统、中小学校移交地方管理。2003年完成相城、张庄、沈庄3对矿井的破产重组；2007年，临涣、海孜两矿改制为煤电公司。整合淮北选煤厂、石台选煤厂，组建医疗集团、相王旅游公司；对金蟾药业公司、板业公司等8个单位实行授权管理；关闭12个多种经营厂、点；医疗集团、职工教育中心、设计院完成股份制改制；多种经营总公司、机电装备公司、水泥公司等10余家单位实行改制。并根据国家产业政策和发展循环经济要求，结合矿区炼焦煤资源优势和地理区位优势，提出“做精做强做大煤炭主业、调整巩固发展非煤产业”的发展战略和“适度增量、深度开发、循环发展、以精博大”的发展方针，确立“打造全国一流煤焦化电基地”的宏伟目标，实施“以延长煤炭产业链为核心内容，以资源综合开发利用为主要特色，以煤化——盐化一体化工程为基本标志，以转变经济增长方式为根本目的”，制定《淮北矿业集团公司矿区综合开发规划》，经过专家评审论证并经国家发改委、国资委和安徽省发改委批准实施。规划突出两条主线：一是进一步壮大煤炭主业，按照“大投入、大开发、大跨越”思路，从2004年到2010年，依次建成许疃、涡北、孙疃、杨柳、刘店、青东、袁店一矿、袁店二矿8对矿井，使煤炭主业达到年产3000万吨以上的能力。2004年11月建成投产的许疃矿，经过改扩建，到2007年10月具备年产300万吨的能力，成为皖北第一大矿。设计能力120万吨/年的涡北矿于2007年5月18日建成投产。设计能力180万吨/年的孙疃矿于同年12月27日联合试运转。至2010年年底，“7年建成8对矿井”目标基本实现。二是煤化——盐化一体化工程，被安徽省委、省政府列为振兴皖北经济的“ ·号工程”和省“861行动计划”的重点调度项目。至此，淮北矿业集团已经初步构建“煤、焦、化、电、盐、环”的产业体系，走上绿色开发之路。煤焦化电基地初具规模，循环经济框架基本形成，临涣工业园区实现销售收入50多亿元，淮北矿业企业经济总量大幅跃升，原煤产量、销售收入、利税总额、资产总额分别达到“十五”(2001—2005)末的1.4倍、2.7倍、3倍和2.8倍，五年再造一个淮北矿业集团，连续多年跻身中国企业500强和中国煤炭工业百强。

第三节 皖北矿区开发与建设

皖北矿区开发建设始于20世纪80年代。当时，安徽工业经济亟需强大的能源支撑。“两淮”煤矿虽座落在安徽境内，但安徽没有支配权。为摆脱“坐在煤山没煤烧”的窘境，1984年3月，安徽省委、省政府决定成立皖北煤炭工业公司，统管位于淮北、宿州境内的孟庄矿、百善矿、刘桥一矿、前岭矿、毛郢孜矿5对省属煤矿。1986年1月，皖北煤炭工业公司更名为皖北矿务局。1997年11月，皖北矿务局改制为皖北矿业集团有限公司。1998年7月，改制为皖北煤电有限责任公司。2000年5月，变更为皖北煤电集团有限责任公司。

企业成立之初，所属5对矿井设计生产能力合计只有180万吨/年。20世纪70年代破土动工，因受财力限制，设备简陋，装备差，生产系统不完善。特别是作为国有地方煤矿，一直没有享受国家扶持原统配煤矿发展的一系列优惠政策。又由于地方对建矿井缺乏经验，技术力量薄弱等因素，以致矿井建设速度缓慢，前岭矿长达12年，毛郢孜矿长达8年，孟庄矿长达5年才开始简易投产。毛郢孜和前岭直到1989年和1990年达产。面对重重困难，皖北矿区一手抓老井挖潜改造，一手抓新井开发建设，加速产能扩张。1981年开始对矿井进行技术改造。同年1月，孟庄矿进行工程补套；1982年1月和1986年1月，百善矿先后进行一期和二期技术改造工程，矿井设计生产能力从45万吨分别提高到60万吨和90万吨；毛郢孜矿相继进行一期和二期技术改造工程，矿井年设计生产能力由21万吨分别提高到30万吨和45万吨；刘桥一矿改扩建年设计生产能力由60万吨提高到90万吨；前岭矿扫尾补套，确保年设计生产能力30万吨。抓紧新井开发建设，刘桥二、任楼、祁东3对矿井相继建成投产，成为主力矿井，矿区产量迅速增加，1987年上升到271.25万吨，企业进入国家大二型企业。到“七五”（1986－1990）末，产量达到342.05万吨，建成全国地方煤矿第一个机械化矿务局、质量标准化局。

2003年，皖北煤电集团从可持续性发展的战略高度，确立“整合上下游资源、做大企业；延伸煤电产业链、做强企业”的发展思路，提出“再进中国工业500强、再造一个新皖北”战略目标。确立“三个扩张，两个延伸”（产能扩张、品牌扩张、资本扩张、延伸煤炭产业链和延伸非煤矿山开采暨深加工）的目标实现途径。立足现有资源，推进矿井挖潜改造，加快新井建设步伐，2004—2007年，卧龙湖、五沟、钱营孜、朱集西煤矿相继开工建设，其中卧龙湖、五沟于2008年建成投产。皖北煤电集团原煤生产能力达到1200万吨。

实施精干主业，多元发展的战略。2002年8月，运用市场机制建成第一座煤泥煤矸石电厂。2003年10月，安徽省首个利用瓦斯发电的祁东煤矿瓦斯电厂建成试运行。安徽省最大的煤矸石砖厂——祁东金垣砖厂建成投产，年产烧结折标砖6000万块。随后，恒泰非金属材料科技有限责任公司、雪纳非金属材料有限责任公司、祁东煤泥矸石电厂、淮北新源热电有限公司等骨干非煤企业相继建成投产，改变了矿区单一依靠煤炭生产经营的格局。2003年2月，皖北煤电集团成立永盛发展公司，统一管理非煤骨干企业资产，非煤企业步入快速发展时期。2005年4月，皖北煤电集团投资43677.98万元，增资淮化企业，控股安徽省最大的煤化工生产基地——淮化集团，迈出延伸煤电产业链的重要一步，构建延伸产业链、发展煤化工的发展平台。同时依托淮化集团，以打造全国一流的煤化工基地为目标，同步推进老厂区技改和新项目建设，在煤制油催化剂、甲醇制丙烯等关键技术上取得重大突破。在整合下游客户资源的基础上，先后成立皖煤运销、长江能源2个物流公司，购置自备列车和海轮，逐步构建起铁运、海运、江运共同发展的立体营销网络。煤炭物流业从无到有，从小到大，已经成为皖北煤电集团重要的经济增长点和支柱产业。同时，各矿煤矸石砖厂，恒馨房地产、馨苑房地产等非煤产业项目异军突起。非煤产业涉及化工、建材、电力、房地产、煤炭物流等多个领域，形成以煤业、煤化工、煤炭物流一体化为主的发展格局。

2004年8月，由皖北煤电集团控股的安徽恒源煤电股份有限公司在上海证券交易所挂牌，创立"安徽煤炭第一股"，当期募集资金4.4亿元，构筑链接资本市场的通道和平台。2006年7月，皖北煤电集团成功发行10亿元企业债券。2007年10月，恒源煤电成功发行可转债，实现再融资4亿元。淮化集团组建后，全力推进上市工作。2009年4月2日，皖北煤电集团煤业整体上市方案通过国家发改委审核。

截至2010年年底，皖北煤电集团拥有孟庄、前岭、百善、刘一、刘二、任楼、祁东、卧龙湖、五沟9对生产矿井，钱营孜、朱集西2对在建矿井，控股内蒙古西北能化、智能煤炭2个公司和山西岚县昌恒煤焦公司，取得山西临汾西郭天煜公司雪坪煤矿的委托经营权；拥有淮化集团、4座电厂、石膏矿、高岭土深加工等非煤产业，涉及化工、建材、电力、房地产等多个领域，构建成以采掘业为基础，以煤电化工、煤炭物流、非金属材料开发、金融资本运作为支撑的战略框架。原煤产量连续七年突破千万吨，跨入全国特大型煤炭工业企业行列，跻身中国企业500强行列，从一个省属地方矿务局发展到全国特大型煤炭企业，从单一的煤炭生产企业发展为集煤炭生产、煤炭物流、煤化工、非金属材料等四大板块为主的综合性企业集团，原煤年产量从186万吨发展到1615万吨，集团总资产达317亿元，社会影响力显著提升。

第四节　新集矿区开发与建设

20世纪80年代，淮南市决定开发建设地方煤矿，新集煤矿被批准立项，安徽省计委最初批复的井型为45万吨/年。1988年12月26日，淮南市委印发《关于成立淮南市罗园矿区建设指挥部和淮南市新集煤矿的通知》，批准成立罗园矿区建设指挥部，建设新集煤矿。

1989年2月，淮南市成立新集煤矿建设会战指挥部，新集一矿开工建设，依靠技术与管理创新，新集煤矿仅用3年多时间即建成投产。1993年2月，成立淮南市煤电总公司（后更名为"安徽新集煤电（集团）有限公司"）。为实现矿区规模经济，在新集一矿建成投产后，立即启动新集一矿扩建工程，同时启动新集二矿和新集三矿的建设。

1994年9月，国投公司、国家计委煤代油办公室（"国华能源"的前身）、煤电总公司和合肥市建设投资公司一致同意，成立淮南新集能源开发有限责任公司，注册资本37600万元人民币。其中国投公司和合肥市建设投资公司分别以现金13160万元和

5640万元出资，出资比例为35%和15%；国家计委煤代油办公室以11280万元“煤代油专项贷款”作为出资，出资比例为30%；煤电总公司以新集一矿及在建的新集二矿、新集三矿相关资产及负债作价7520万元作为出资，出资比例为20%。

1997年6月，经过数度股权变更，淮南新集能源开发有限责任公司股东变为国投煤炭、国华能源和煤电总公司，持股比例分别为40%、30%、30%。安徽省国土资源厅于2002年5月原则上同意将口孜集、板集等勘探区探矿权划归国投新集公司。新集矿区探明煤炭资源总储量超过101亿吨。2005年12月，国家发改委批复新集矿区设计生产能力为3590万吨的总体规划。

2007年，由国家开发投资公司、国华能源有限公司、安徽新集煤电（集团）有限公司发起设立国投新集能源股份有限公司。“国投新集”A股于2007年上市。矿区初期建设时拥有各类资产210万元，截至2010年年底，公司共有4对生产矿井、2对在建矿井、2对筹备矿井，资产总额达到194.67亿元，累计生产煤炭1.3亿吨。公司规划建设11对矿井，设计煤炭生产总量达到国家发改委批复的3590万吨/年的总规模，规划建设总装机容量600万千瓦的3座坑口电厂，投资400亿元建设1个年产量40亿立方米的煤制天然气项目。发展成为以煤炭采选为主、煤电并举的大型企业。

国投新集公司建设之初创造闻名全国的新集经验和新集模式，先后受到胡锦涛、李鹏、吴邦国等党和国家领导人的充分肯定和高度评价。新集被作为“煤矿建设中投资省、造价低、建设快的范例”写入《中国的能源政策》。在中宣部举办的“辉煌的历程——建国50周年成就展”中，公司列入中国煤炭工业的“十项第一”。2009年，国投新集公司刘庄煤矿评选为新中国成立60周年“百项经典暨精品工程”，是全国煤炭行业仅有的3家煤矿之一。公司主持的《两淮矿区复杂地层条件下深大井筒特殊法凿井关键技术与应用》科研成果获2009年度国家科技进步二等奖。

第五节　地方煤炭开发与建设

新中国建立初期，安徽地方煤炭工业基础比较薄弱。1949年，只有皖南贵池馒山、宁国灰山等几处小井，年产量1.6万余吨。根据国民经济建设的需要，各市县采取群众合股、公私合营、地方国营等办矿形式，纷纷开办小煤矿。1950年以后，淮北、淮南、巢湖、安庆、徽州、桐城、铜陵、芜湖、池州、阜阳、泾县、宣城、广德、宁国等地都创办了小煤矿。1980年，在改革开放和放开搞活及“国家、集体、个体一齐上”的方针指引下，各地办矿的积极性很高，乡镇、联户、个体煤矿发展很快。1983年，全省乡镇煤矿发展到1000余处。1986年年底全省地方煤矿共有县以上国营生产矿井26处，总设计年生产能力338万吨；县属生产矿井13处，设计年生产能力44万吨；在册乡镇煤矿166个。全省地方煤矿共生产煤炭631万吨。在建矿井3处，设计能力216万吨。

1986年以后，全省地方国有、集体及个体煤矿经历了一个由高峰期到整合整顿期的阶段。1990 年,全省有乡镇煤矿 900 多对,是历史上第二个鼎盛时期。地方小煤矿曾经是本省煤炭供应的有效补充,为全省经济建设,尤其是乡镇经济建设作出较大贡献,也为农村剩余劳动力的转移提供就业岗位。

进入 21 世纪后,随着小煤矿整顿关闭工作的不断深入和瓦斯集中整治工作的不断深化,在全省煤炭行业开展了“关小上大”的结构性调整,加快淘汰落后产能,不断加大安全投入,提高煤炭产业准入条件。加大对小煤矿的整顿关闭力度,省政府出台《安徽省人民政府办公厅关于全省小煤矿整顿关闭工作的实施意见》。至 2010 年年底,全省共关闭各类小煤矿 801 对,批准 55 对小煤矿进行改造升级,芜湖市退出煤炭生产市场。达到了矿井数量逐年减少、煤炭产量连年提升、安全效果持续好转的整顿目标。

淮南市地方煤矿 始于 1981 年,主要开采报废矿井的残余煤、生产矿井报废采区残余煤和大矿遗弃的 D、E 组煤。2009 年年底保有储量约 4000 万吨。1987 年淮南市小煤矿数量高达 284 对。经过多次整顿关闭和资源整合,截至 2010 年年底,全市小煤矿有生产矿井 33 对,核定生产能力 354 万吨 / 年,其中单井生产能力最大为 30 万吨 / 年的矿井有 2 对,分别为八林煤矿和鑫蔡煤矿,基本淘汰生产能力 6 万吨 / 年以下的生产矿井。淮南市小煤矿生产系统完善,井下所有的矿用设备和产品均符合国家要求。“双局扇、双电源”自动切换等一系列新标准和新技术普遍运用在小煤矿生产中。在采煤工艺上,急倾斜煤层主要采用水平分层法开采,缓倾斜和倾斜煤层主要采用走向长壁采煤法,巷道工程和采煤、掘进工作面的支护和维护已基本淘汰木支护,采用单体液压进行支柱。2009—2010 年,淮南市小煤矿年产值 6 亿元,解决当地就业 1.8 万人。

淮北市地方煤矿 1973 年开始复采烈山矿残遗煤,到 1982 年累计生产原煤 74.4 万吨。1983 年以后形成国家扶持、群众集资办矿的新局面,土型煤矿、房庄煤矿、李楼煤矿 3 对矿井 1986 年 5 月后投产。淮北市地方煤矿接受淮北矿务局已报废的烈山一矿,经过技术改造后, 1985 年计划产量 25 万吨,实际完成 41.8 万吨。1986 年,先后筹备开发洪庄、古饶、蔡山、濉溪城北、刘东、窦庄 6 对新矿井,地质储量 5582 万吨,总设计能力 70 万吨 / 年。1989 年全市地方煤矿产量达到 65.6 万吨。1990 年以后刘东煤矿(生产能力 30 万吨 / 年)、北辰煤矿(生产能力 21 万吨 / 年)相继投产,2008 年界沟煤矿(生产能力 60 万吨 / 年)投产。2010 年,全市地方煤矿可采储量为 10895.5 万吨;煤质为低硫、低磷、中低灰分;煤种齐全,有气煤、肥煤、焦煤、瘦煤、贫煤、无烟煤等,共有地方煤矿 19 处。其中生产矿井 18 处,基建矿井 1 处。全市 19 处矿井,核定生产能力为 315 万吨,原煤产量达 300 多万吨。

芜湖市地方煤矿 煤炭资源储量约 1300 万吨。主要分布在繁昌、南陵两县境内。1985—1999 年,繁昌、南陵共有小煤矿 119 余口,均为独眼井,仅繁昌县就有小煤矿 108 口,南陵县 11 处。1999 年,全国开展小煤矿整顿工作,年产能力为 3 万吨及以下的矿井均被列入整顿关闭范围。2001 年全市关闭小煤矿 69 处, 40 对井被列入整顿对象。2002 年对达不到标准化建设要求的小煤矿企业全部关闭到位。2004 年海螺集团收购矿产资源，繁昌县仅剩下5个小煤矿。2005年9月，繁昌建业煤矿发生塌方事故，仅剩下的6个煤矿（其中繁昌县红旗煤矿、茶山煤矿、新和煤矿、陶冲煤矿和建业煤矿5家；南陵张家山煤矿1家）全部停产整顿，至2007年全部关闭。

铜陵市地方煤矿 铜陵地区是安徽省煤炭资源比较丰富的地区之一，铜陵县是国家重点产煤县。到2000年，全市已探明的煤炭总储量约2.5亿吨左右。铜陵地区煤炭开采的历史最早要追溯到明朝末年，当时开采的规模很小，主要是简陋的手工凿采。煤种为无烟煤，其用途为水泥建材和居民生活用煤。煤炭主要销往长江下游江苏、浙江及本省。至1986年先后建成4座国营煤矿、10个乡村煤矿和52个私营个体煤矿。1996年起，市国营煤矿经营状况开始下滑，亏损严重，市政府决定在煤炭系统进行资产重组。2000—2006年，全市三区一县在册合法煤炭生产企业31个，32对矿井，矿井核定生产能力122万吨/年，其中生产能力6万吨/年以上的9个，其余为3万吨/年矿井。全市31个煤矿分别为：铜官山区1个；狮子山区4个；郊区8个；铜陵县18个。至2010年，铜陵市三区一县在册合法煤炭生产企业16个，矿井核定生产能力89万吨/年。全市16个煤矿分别为：铜官山区1个；狮子山区1个；郊区3个；铜陵县11个。

池州市地方煤矿 池州市区域内含煤地层为二叠系龙潭组，呈鸡窝、藕节状分布。煤层厚度0.5～4.1米，煤质以高硫、高灰、低发热量，贫一无烟煤为主。截至2010年年底，区内探明储量3171.25万吨，保有储量2690.49万吨。1986—1996年为地方煤矿快速发展阶段。煤矿矿井数量、产能和从业人员分别由1986年的15对、11.2万吨/年和1297人，发展到1996年底的87对、55.5万吨/年和3110人。1997—2010年，经过治理整顿关闭措施，矿井数量逐年下降。1997年，石台县所有煤矿关闭到位。2010年，青阳县仅保留的独龙煤矿，东至县仅保留四料山煤矿，分别于2010年底前关闭到位。东至、青阳两县结束煤矿开采。到2010年年底，全市保留在册煤矿矿井5对。

宿州市地方煤矿 煤炭资源煤层结构为石炭2迭系，其中：二迭系的山西组和石盒子组为主要含煤地层，煤炭资源分布较为广泛，资源分布主要集中在萧县、砀山县和埇桥区境内。截至2010年年底，全市已查明资源储量约1亿吨，预测储量约2亿吨。煤品种主要为焦煤、肥煤、气煤等。煤质优良，具有中灰、低硫、低磷、高发热值等特点。全市拥有14对矿井，国有2对、山东新矿集团托管3对、乡镇9对。已取得采矿许可证的在建矿井有龙王庙煤矿、金黄庄煤矿设计能力为45万吨/年，郭庄煤矿设计能力为30万吨/年。待建矿井骑路孙煤矿预设计能力90万～120万吨/年，朱楼煤矿预设计能力为45万～60万吨/年，张大屯矿设计60万～90万吨/年、三仙台矿预设计能力为15万～30万吨/年。全面投产后预计年生产能力由原来的206万吨提升到500多万吨。

安庆市地方煤矿 安庆地区煤炭开采历史悠久。据《包拯集》记载，宋宝佑年间，在安庆九曲岭一带，已有人烧石炭。1988年底地市合并以后，原安庆地区煤田中的江南（贵池）煤田划归池州市；江北（安庆）煤田和原安庆市煤田组成新的安庆煤田。安庆煤田含煤地层为上二叠纪龙潭组和下侏罗纪香溪组，龙潭组含煤1～4层，可采1～

2层,煤层厚0.5 ~ 2.5米;香溪组含煤2 ~ 9层,可采1 ~ 3层,煤层厚0.0 ~ 1.5米,煤种为贫煤、无烟煤。到20世纪90年代中期,全区小煤矿数量达30多个,实际年生产能力20多万吨。到2010年年底,全市共有5对矿井,分别是长青煤矿、鑫月山煤矿、月山镇煤矿、奇隆煤矿、高岭煤矿。5对煤矿都是乡镇集体或民办私营矿业。2011年6月,关闭4对煤矿,安庆市仅剩长青煤矿。2013年6月,长青煤矿完成关闭,至此,安庆市退出煤炭开采领域。

宣城市地方煤矿 早在明清时期,宁国县灰山、泾县东乡等地农民已经开始开采露头煤。中华人民共和国成立后,宣城地区煤炭工业发展较快。到1987年年底,共有各类小煤矿130处,煤炭产量69.98万吨。1990年,探明地质储量1.37亿吨。1998年,各类矿井总数194处,煤炭产量达到164.77万吨。1999年之后,煤矿进行专项整治和整顿关闭工作,当年关闭74处矿井。2009年,宣城市共有24处地方煤矿。其中宣州区10处、宁国市5处、广德县6处、泾县3处。2012年6月,全市煤矿全部关闭,结束了宣城煤炭开采的历史。

巢湖市地方煤矿 巢湖地区煤炭开采始于明代。1970年以后,小煤矿发展迅速。至1986年年底,共有各类小煤矿165个,其中纳入主管部门管理的在册矿35个,不在册矿130个。由于布点过密、越层越界、乱采滥挖,伤亡事故频繁发生,经济损失和社会影响非常严重。从1987年开始,市及产煤县政府对乡镇煤矿多次进行清理整顿,先后关闭一批不具备安全生产条件的矿井。1988年之后,企业开展产权制度改革,乡镇、村集体产权退出,改制为股份制或个体办矿。至2010年底,全市仅存的5个小煤矿,除含山县仙踪煤矿产权为集体所有、采取承包经营方式外,其余4个矿为股份制企业。1986—2010年,全市煤矿累计产原煤742.9万吨。2011年,撤销巢湖市后,无为县划归芜湖市,所属4对煤矿于当年底关闭。含山县划归马鞍山市,所属1对煤矿于2012年初关闭。

第二章 矿山建设

第一节 管理机构

1986年,安徽煤矿有淮南、淮北两个煤矿建设公司和淮南、淮北两个建井工程处,以及煤炭工业部两淮煤矿特殊凿井公司。同年7月,淮南煤矿建设公司撤销,所属单位划归淮南矿务局。同时,淮南矿务局重新成立基本建设处、基建技术处,合同预算处负责新井建设施工管理。1993年9月,淮南矿务局组建施工管理处。1995年10月,淮南矿务局撤销施工管理处,成立淮南国能建设工程有限责任公司, 2004年12月撤销。

1987年12月成立淮北矿务局工程处。1999年11月22日,淮北矿业集团工程建设有限责任公司改制。

1989年10月,淮北煤矿建设公司更名为中国统配煤矿总公司淮北煤矿建设公司。1993年,更名为中煤第三建设公司。1998年8月,中煤第三建设公司划归安徽省管理,隶属于安徽省国资委。2001年,中煤第三建设公司更名为中煤第三建设（集团）有限责任公司。

1994年,煤炭工业部两淮煤矿特殊凿井公司改为中煤特殊工程公司,隶属于煤炭工业部。1998年9月,中煤特殊工程公司划归安徽省归口管理,隶属于安徽省国资委。2005年12月,中煤特殊工程公司改为中煤特殊凿井（集团）有限责任公司。

2007年12月18日,中煤矿山建设集团有限责任公司成立。是由原中煤第三建设（集团）有限责任公司和中煤特殊凿井（集团）有限责任公司合并而成,隶属于安徽省国资委。2009年6月1日,中煤矿山建设集团有限责任公司完成重组并正式运营。

第二节 施工队伍

安徽省矿山建设队伍主要有中煤矿山建设集团、淮南国能建设工程有限责任公司、淮北矿业集团工程建设有限责任公司,承担新井建设、老井改扩建、工业与民用建筑和大中型机电设备及输电线路安装工程,具有矿井建设、工业与民用建筑、机电安装综合施工能力。皖北煤电集团、国投新集公司设有新井建设管理部门,主要负责新井建设管理和后备资源管理。

中煤矿建集团 下辖子、分公司21个,资产总额超过100亿元。有施工单位（含房地产、监理）18个,其中,全资子公司7个,分公司10个,直属项目部1个。职工3.8

万人，中级以上职称技术人员3000人，一、二级建造师近700人，全国优秀等级队110个，各类施工装备1.3万台套，拥有国家认定企业技术中心、煤矿深井建设技术、国家工程实验室和博士后科研工作站，通过国家质量、环境、职业健康安全“三标一体”认证。

该公司先后建成矿井340对、选煤厂40座。其中超千吨特大型井架6座，刷新大型钢结构井架吊装4项亚洲纪录和3项世界纪录；建成铁路（含隧道、地铁）810千米，公路及高速公路1130千米，输油气管道200千米，市政工程项目430个，房地产开发面积130万平方米。公司先后获“鲁班奖”3项、全国煤炭行业工程质量最高奖“太阳杯”33项，国家优质工程奖2项、省部级优质工程奖100余项，国家科技进步奖和国家发明奖21项，省部级科技进步奖70余项，国家发明专利及实用新型专利50余项，国家级工法6项，参与10项国家和行业规范标准的编制及修订，保持38项煤炭建设行业中国企业新纪录。企业经济规模和综合实力连续6年在全国煤炭基本建设行业中排名第一，2010年在全国煤炭企业100强中排名第41位。

淮南国能建设工程有限责任公司　成立于1995年10月。2003年3月，对下属四十二处、九十六处、九十七处、建井处、安装处5个施工处按照矿建、土木建筑、机电安装、路桥施工4个专业进行重组整合。2004年12月，撤销淮南国能建设工程有限责任公司，成立淮南矿业集团工程建设分公司。先后建成潘一、潘二、潘三、谢桥、张集、顾桥、顾北、张北、潘北等大型、特大型现代化矿井。同时，承建发电厂、水泥厂、机厂、国家粮食储备库等工业厂房及各类宾馆、酒店、高档住宅小区等民用建筑工程，城市给排水、燃气、污水处理等市政工程、堤防工程，高速公路工程，以及铁路、桥梁、高压输电线路工程。在国外承建摩洛哥矿井工程、伊拉克卡尔巴拉厂房、阿尔及利亚国家公务员住宅楼等一批大中型工程项目。

淮北矿业集团工程建设有限责任公司　1987年12月成立淮北矿务局工程处。1993年4月3日，淮北矿务局工程处对外联系业务、签订合同时称淮北煤矿工程总公司，属淮北矿务局内部核算单位。1999年11月22日，依照《中华人民共和国公司法》改制为淮北矿业集团工程建设有限责任公司，固定资产原值为9507.22万元。工程建设公司主要承担淮北矿区老井改扩建、新井建设、工业与民用建筑和大中型机电设备及输电线路安装工程，具备矿井建设、工业与民用建筑、机电安装综合施工能力。1989年11月，经能源部审查核定为建筑施工二级企业。1995年10月，被建设部核定为“矿山建筑安装施工一级企业”。2001年，工程建设公司经建设部批准为矿山工程施工总承包一级资质。2007年2月，经建设部审查核定，工程建设公司房屋建筑工程施工总承包二级资质达到一级资质，是淮北市首家获得国家房屋建筑工程施工一级资质企业。同时，工程建设公司建筑装修装饰工程专业防腐保温工程专业和机电设备安装工程专业晋升为国家一级资质。能够独立承建60万吨以上大中型煤矿的矿井建设、地面生产系统及机电设备安装工程。从招投标开始到工程施工、机电设备安装及装修交付使用，工程建设公司完全具备所有建筑资质。工程建设公司矿建、土建和机电安装专业全部取得国家一级资质。截至2010年年底，公司下辖22个矿建工区，15个土建工区，8个机电安装工区，16个附属厂及综合经营公司、学校、卫生所等基层单位。公司在册职工5095人。工程处固定资产原值2196.14万元。

公司1987后开挖井筒17个，建设653项矿建工程项目，以及工业建筑、民用建筑和道路建设等。矿建工程项目主要包括井筒、井底车场、硐室、运输大巷、上下山、暗斜井、变电所、水仓、回风巷等。所承建的工程，大部分被列为淮北矿业（集团）公司的重点工程。

第三节　施工方法

井筒施工　两淮煤田煤层埋藏深，上部覆盖深厚冲积压（表土），矿井多采用立井开拓方式，井筒施工方法可分为普通凿井法和特殊凿井法。井筒穿过地层的含水量较小，穿过的岩层或表土层比较稳定，采用凿岩爆破开凿立井筒的施工方法，即普通凿井法。井筒表土段穿过的冲积压较深厚时，通常采用冻结法或钻井法等特殊凿井法。凿岩爆破是在岩体上钻凿一定直径、一定深度及数量的炮眼，并在炮眼中装入炸药，靠炸药爆炸的力量破碎岩体，达到井巷掘进的目的。立井掘进的工序包括凿岩、爆破、通风、安全检查、装岩、清底和临时支护，涌水较大时，还要排水。砌筑混凝土永久井壁包括拆除临时支架、立模板、浇灌混凝土和提升吊盘等工序。立井井筒施工前，应先准确固定井口位置，设置钢木结构临时锁口，以便于井筒施工，并不影响井口永久设施的安装。普通凿井法施工时，在井口地面安装井架，其顶端架设天轮台，用于悬吊各种凿井设备。特殊凿井是不稳定或含水量很大的地层中采用特殊措施和工艺完成井巷开挖和支护。特殊措施和工艺的主要技术措施一般包括临时加固不稳定地层、封堵围岩涌水、降低水平、超前（或同时）支护等，以改善施工作业环境，使掘进和支护可以在安全的条件下正常进行。整个井筒施工根据所穿岩层的情况采取不同施工方案，可选取长段单行作业、长段平行作业、短段单行作业和短段掘砌平行作业。2000年以前，安徽省立井井筒施工多采用长段单行作业、长段平行作业及短段单行作业方式。2000年以后，多采用短段掘砌平行作业方案，随着施工技术的发展及机械化程度的提高，多采用立井机械化作业线施工，采用“四大一深”施工工艺（大绞车提升、大吊桶排矸、大抓岩机抓矸、大模板砌壁）。

巷道施工　包括一次成巷、分次成巷两种。一次成巷是把巷道施工中的掘进、永久支护、水沟掘砌三个分部工程（有条件的还应加上永久轨道的铺设和各种管路线路的安装）视为一整体，有机的联系起来，按照设计和质量标准要求，在一定距离内前后连贯、互相配合、最大限度地同时施工，一次做成巷道而不留收尾工程。分次成巷是先掘进出巷道断面并采用临时支护或初次支护进行维护，待整条巷道掘进完成，或按照施工计划安排掘进一段距离后，再进行二次永久支护和水沟掘砌及管路线路的安装。2000

年以前巷道施工多采用人工钻眼爆破、耙矸机装车、矿车运输、立井改绞罐笼提升矸石；2000年以来，随着施工设备的不断更新，平斜巷施工机械化作业线在巷道施工中广泛应用，综掘机掘进、胶带机运输排矸。

第四节　机电安装

井架安装　1986—1990年，利用钢丝绳捆绑作起吊点，采用单抱杆半翻转法起吊主斜架，吊车起吊副斜架的方法安装井架。1990年后，利用折页和专用起吊机索具作起吊点，大型井架采用双抱杆半翻转—滑动提升法吊装，空中对正焊接，油压千斤顶配合经纬仪找正的施工方法。

提升系统及绞车安装　1986—1990年，提升系统大多为单绳缠绕式提升机，提升绳提升作罐道，施工多采用稳车直接下放钢丝绳和罐笼的方法。提升绞车的安装是利用汽车吊车、采用整体式吊装方法就位安装，基础采用研磨基础进行找平，在设备基础平面上，布设提升机的十字中心线线架进行找正。1990年后，提升系统大多为多绳摩擦式提升机，罐道采用刚性罐道提升罐道，施工多采用稳车同时下放钢丝绳，罐笼和尾绳的施工方法，提升绞车电控多为进口绞车，采用新型灌浆材料，设备基础垫铁采用“座浆法”找平；在设备基础平面上，除布设提升机的十字中心线线架外，在其他各部位（如轴承座、电机底板、制动器底板等）的轴线或中心线也布设线架（线架高度1～1.5米）；设备底板一次找平找正，有别于国产提升机的整体找正方法；采用先进、精密的施工器材，改变过去粗糙的施工方法。

井筒装备安装　井筒施工利用稳车下放4根提升钢丝绳，钢丝绳提升临时加工的3层吊盘，下放施工用4根大线控制安装尺寸，利用封闭吊桶上下人员，从井筒装备第一层开始依次向下施工。

第三章 建设项目

第一节 新井建设项目

淮南矿区新井项目 新建矿井项目7项，即张集二期、顾桥、顾北、丁集、潘北、朱集、望峰岗矿井。2003—2008年，合计投资115.43亿元。新建深部井3项，即潘一深部、潘三深部、顾桥深部井。2008—2010年，合计投资15亿元。

张集矿二期工程设计能力300万吨/年， 2003年7月1日开工，2005年7月1日建成投产。投产当年产量150万吨，2006年300万吨，2007年实现400万吨/年生产能力。

顾桥矿井设计能力500万吨/年，主要系统留有1000万吨/年的条件，2003年11月1日开工，2006年11月1日建成投产。投产当年为300万吨，2007年达600万吨，2008年达到800万吨，2010年实现1000万吨/年生产能力。

丁集矿井设计能力500万吨/年，主要系统留有600万吨/年的条件，2004年7月1日开工，2007年11月1日建成。投产当年产量200万吨，2008年达到600万吨/年生产能力。

望峰岗矿井设计能力300万吨/年，2004年12月1日开工，2007年2月1日建成。2007年产量200万吨/年，2008年达到300万吨/年生产能力。

潘北矿井设计能力400万吨/年，2005年2月1日开工，2007年8月1日建成。投产当年产量100万吨，2008年达到400万吨/年生产能力。

顾北矿井设计能力400万吨/年，2005年3月1日开工，2007年7月1日建成。投产当年产量200 万吨，2008年达到400万吨/年生产能力。

朱集矿井设计能力300万吨/年， 2007年7月1日开工，2011年8月31日建成。

淮北矿区新井项目 祁南矿井设计能力180万吨/年，1992年12月26日开工，2000年12月26日建成。2010年核定生产能力300万吨/年，实际生产287.54万吨。

许疃矿井设计能力150万吨/年，1997年10月开工，2004年11月8日建成。2010年核定生产能力350万吨/年，实际生产336.05万吨。

涡北矿井设计能力120万吨/年，2004年2月1日开工，2007年5月18日建成。2010年核定生产能力150万吨/年，实际生产140万吨。

孙疃矿井设计能力180万吨/年，2004年12月26日开工，2008年6月26日建成。2010年实际生产264.52万吨。

杨柳矿井设计能力 180 万吨 / 年，2005 年 6 月 4 日开工，2011 年 12 月 23 日建成。

青东矿井设计能力 180 万吨 / 年，2007 年 6 月 26 日开工建设，2010 年 12 月 23 日建成。

刘店矿井设计能力 150 万吨 / 年，2005 年 5 月 8 日开工，2009 年 12 月 29 日建成。

袁店一矿设计能力 180 万吨 / 年，2006 年底开工，2011 年 12 月 23 日建成。

袁店二矿设计能力 90 万吨 / 年，2007 年 6 月 1 日开工，2011 年 12 月 23 日建成。

皖北矿区新井建设项目　祁东矿井设计生产能力 90 万吨 / 年，1997 年 10 月 1 日开工建设，2002 年 5 月 22 日建成投产。2010 年核定生产能力 240 万吨 / 年，实际生产 240 万吨。

卧龙湖矿井设计生产能力 90 万吨 / 年，2004 年 7 月 1 日开工建设，2008 年 6 月 13 日建成投产。2010 年实际生产 90 万吨。

五沟矿井设计生产能力 60 万吨 / 年，2007 年底建成投产。2010 年核定生产能力 150 万吨 / 年，实际生产 150 万吨。

钱营孜矿井设计生产能力 180 万吨 / 年，2006 年 12 月 16 日开工建设，2010 年 6 月 6 日建成投产。

朱集西煤矿设计生产能力 400 万吨 / 年，2009 年 6 月 16 日开工建设。

新集矿区新井建设项目　新集一矿设计生产能力 90 万吨 / 年，1989 年 12 月 26 日开工建设，1993 年 7 月 1 日建成投产。2010 年核定生产能力 390 万吨 / 年，实际生产 367.6 万吨。

新集二矿设计生产能力 300 万吨 / 年，1993 年 7 月 1 日开工建设，1996 年 7 月 1 日建成投产。2010 年核定生产能力 290 万吨 / 年，实际生产 268.36 万吨。

新集三矿设计生产能力 30 万吨 / 年，补套设计 60 万吨 / 年，1994 年 3 月 6 日开工建设，1996 年 10 月 25 日建成投产，2007 年核定生产能力为 75 万吨 / 年。2012 年末剩余可采储量 513 万吨。

刘庄煤矿设计生产能力 300 万吨 / 年，2003 年 3 月开工建设，2007 年 6 月 23 日建成投产。2010 年核定生产能力 800 万吨 / 年。

口孜东矿设计生产能力 300 万吨 / 年，2007 年 7 月 16 日开工建设。

板集煤矿设计生产能力 300 万吨 / 年，2005 年 10 月开工建设。

杨村煤矿设计能力 500 万吨 / 年，矿井正在筹建之中。

罗园煤矿矿井初步设计生产能力为 90 万吨 / 年，后调整为 180 万吨 / 年。矿井正处在筹建之中。

第二节　改扩建项目

淮南矿区改扩建项目　淮南矿业集团矿井改扩建项目 9 项，即潘一、潘三、谢桥、张集矿、潘东公司、新庄孜、谢一矿、谢李公司、孔李公司。设计生产能力 2225 万吨 / 年，实际生产能力 3870 万吨 / 年。2004—2007 年，合计投资 51.33 亿元。

淮北矿区改扩建项目 淮北矿区改扩建项目 3 项，即祁南、许疃、桃园矿井。设计生产能力 630 万吨 / 年。

祁南矿井扩建工程项目设计生产能力为 240 万吨 / 年，2003 年开工。

许疃矿井扩建工程项目设计生产能力为 300 万吨 / 年，2004 年 12 月 22 日开工，2007 年 1 月建成。

桃园矿井改建包括二水平延深和北部井工程，设计生产能力 90 万吨 / 年，2006 年开工。

皖北矿区改扩建项目 孟庄煤矿原设计生产能力为 30 万吨 / 年，1999 年被批准为无生产能力矿井。2003 年，矿整合矿井资源，进行以生产系统改造为主要内容的二次创业。2006 年核定生产能力为 40 万吨 / 年，2008 年产量达 46 万吨，创历史最好水平。

百善煤矿原设计生产能力 45 万吨 / 年，1983—1986 年进行第一次技术改造，工程总投资 1154.03 万元，矿井设计生产能力由 45 万吨 / 年增至 60 万吨 / 年，1986 年原煤产量突破 100 万吨。当年起又进行第二次技术改造，工程总投资 2002 万元，矿井设计生产能力由 60 万吨增至 90 万吨。

刘桥一矿原设计生产能力为 60 万吨 / 年，1985 年扩建后，生产能力达 90 万吨 / 年。1991 年进行第二期工程改造，年生产能力增至 120 万吨。2004 年对主井数控定量装载进行改造，矿井实际核定生产能力为 140 万吨 / 年。

恒源煤矿原设计生产能力为 60 万吨 / 年。1986 年进行技术改造，生产能力达到 120 万吨 / 年，2002 年再次进行扩建和技术改造，核定生产能力达到 200 万吨 / 年。

任楼煤矿原设计生产能力 150 万吨 / 年，经 2002、2005 年两次改扩建，矿井生产能力核定为 280 万吨 / 年。

祁东煤矿原设计生产能力 90 万吨 / 年，经过优化设计，矿井生产能力提高到 150 万吨 / 年。经过改扩建，至 2008 年，矿井核定生产能力达 240 万吨 / 年。

新集矿区改扩建项目 新集一矿原设计生产能力 90 万吨 / 年，1997 年扩建为 300 万吨 / 年；2003 年核定生产能力为 400 万吨 / 年，矿井正在按 500 万吨 / 年生产能力进行改扩建。建设工期为 88 个月，改建工程概算总造价 178269.49 万元，工程自筹资金为 48560.33 万元，约占总投资的 30%，申请银行贷款 113307.44 万元，约占总投资的 70%。

刘庄煤矿安全改建项目概算总资金为 66276.57 万元，其中静态投资为 62437.72 万元。

第四章　煤矿设计

第一节　管理机构

1986 年,安徽省有 2 个煤矿设计院(煤炭工业部合肥煤矿设计研究院、安徽省煤炭工业设计院)和 2 个设计处(淮南矿务局设计处、淮北矿务局设计处)。

1988 年 5 月,淮北矿务局成立淮北煤矿设计院(设计处),对外称“淮北煤矿设计院”,对内称“设计处”。1993 年 9 月,淮南矿务局设计处改为经济实体单位,成立淮南煤矿勘察设计研究院。2002 年 2 月,淮南矿业集团将勘察设计业务从勘察设计院分离,成立淮南地质研究工程勘察院。

1988 年 9 月,淮南矿务局成立淮南煤矿勘察设计院,与设计处一个机构,两块牌子。2005 年 12 月,淮南矿业集团成立淮南煤矿安全开采管理研究总院,总院下设瓦斯管理研究院、地质管理研究院、设计管理研究院。2010 年 6 月,淮南煤矿设计管理研究院从煤矿安全开采管理研究总院划出,与淮南煤矿勘察设计院一个机构,两块牌子,是淮南矿业集团煤矿建设项目矿井设计等相关技术管理部门和自主设计业务承担部门。

1988 年,煤炭工业部合肥煤矿设计研究院更名为合肥煤炭设计研究院。1993 年更名为煤炭工业部合肥设计研究院。2004 年,煤炭工业部合肥设计研究院更名为煤炭工业合肥设计研究院。同时,安徽省煤炭工业设计院并入煤炭工业合肥设计研究院。

1992 年 5 月,淮南新集矿区设计院成立。2002 年 4 月,淮南新集矿区设计院更名为淮南新集矿区设计有限公司。2004 年 4 月,重新组建国投新集公司设计研究院。

截至 2010 年底,全省有 4 个设计研究院,共有设计人员 760 人,其中工程技术人员 576 人,专业技术人员占职工总数的 75%。

第二节　设计成果

1986—2010 年,安徽省煤炭工业迅猛发展。煤炭工业合肥设计研究院为安徽省煤炭工业布局及发展做出大量的技术和基础工作。编制完成新集矿区总体规划、淮南矿区总体规划、淮北矿区总体规划、皖北矿区总体规划,总体规划总规模 1.6 亿吨;编制完成安徽省煤炭工业发展“九五”“十五”“十一五”“十二五”规划;编制完成安徽省淮南、淮北煤炭国家规划矿区矿业权设置方案;安徽省天然气(煤气层)“十一五”“十二五”规划。安徽省两淮矿区 85% 以上矿井设计项目由该院承担。

矿井设计 1986—1999年，是安徽省煤炭工业的稳步增长期。煤炭工业合肥设计研究院先后承担两淮矿区潘二、潘三、谢桥、张集、新集、花家湖、八里塘、刘二、祁东9对矿井设计项目，设计生产能力分别为210万吨/年、300万吨/年、400万吨/年、400万吨/年、90万吨/年、300万吨/年、60万吨/年、60万吨/年、90万吨/年，其中潘二、潘三、谢桥、新集、花家湖、八里塘、刘二7对矿井，分别于1989、1992、1997、1993、1996、1996、1993年建成投产，张集和祁东2对矿井分别于2001、2002年建成投产。

对新集矿井的设计进行大胆改革和创新，因地制宜将井田精查勘探分期实施，对矿井规模进行由小到大、滚动发展的构思，并根据井田推覆体构造特点，将井位设在井田浅部，主、副井按“长、短”腿布置，依靠科技攻关设计研究出新型井壁结构，成功解决井筒穿越80米断层破碎带的技术难题。建井工期42个月，吨煤投资330元，1999年，新集矿井设计获国家优秀工程设计银奖。

花家湖矿井（新集二矿）仅用3年的工期，建成300万吨/年特大型矿井，创造中国煤炭建设史上特大型矿井建设周期最短、投资最省和投产当年达产三项记录，改写两淮建矿“工期马拉松，投资无底洞”的历史，创造安徽建矿史上的最快速度和最好效益，2004年，花家湖矿井设计获国家优秀工程设计铜奖。

淮南张集矿井，1996年7月1日开工建设，2001年11月8日投产，建设工期57个月，井田开拓布置首次突破两淮矿区原有模式，采用分区开拓、分区通风、集中出煤的开拓方式，提高矿井生产的安全性和可靠性，探索出适合淮南矿区特点的瓦斯综合治理方法，矿井机电系统设计采用国内及国际领先的技术，创造全国深厚表土层、高瓦斯、高地温、构造发育等复杂地质条件下矿井建设的奇迹。国家验收委员会的报告指出“张集矿井设计先进，具有前瞻性。”省政府授予其“安徽省金桥工程示范基地”称号。张集矿井设计获2004年国家优秀工程设计金奖。

皖北祁东矿井于1997年10月开工建设，2011年11月投产。是安徽省地方煤矿建设的重点项目。祁东矿井地处淮北煤田，表土厚、瓦斯大，以中厚、薄煤层为主，水大、构造发育且复杂，矿井投产时，布置1个综采面和1个高档普采面，形成厚、薄搭配，既提高生产效率，又兼顾井田薄煤层和次一级构造较多的特点。该矿井位处冲积层厚达370余米，其冲积层底含水砂砾层厚度达40米，具有典型的可能出现负摩擦力的水文地质特征。主、副井采用冻结法施工，井壁结构采用双层混凝土塑料夹层复合井壁，在外层井壁的变断面处及“底含层”处设置若干层软–PVC可压缩层；风井采用大钻机钻井，井壁结构采用双层钢筋混凝土复合型式。实践证明设计是成功的。优化建设安全、高效、绿色环保型的工业场地，建立合理明确的功能分区，方便实用，注重环保，美化环境。将居住区建在宿州市，可依托城市公共设施，提高员工生活质量。

淮南煤矿勘察设计院先后承担淮南矿区谢一、李一、新庄孜、潘一、潘二、潘三、谢桥等矿的瓦斯通风系统改扩建工程的设计；潘一、潘二、潘三、张集矿瓦斯抽彩系统改扩建工程设计；潘一东翼、潘一中央区、张集北区、谢桥矿、谢李公司、潘三矿东翼、谢一矿二九风井、张集矿的通风系统改造设计；谢李公司、孔李公司、谢一矿收缩性开采设计；潘一、潘三矿西翼等运输系统改造设计；新庄孜矿四、五、六水平，李嘴孜矿 -400 米和 -530 米水平，李二矿 -660 米水平，谢一矿 -780 米水平，谢二矿 -780 米水平，潘三矿二水平等开拓延深设计；潘三、张集、顾桥矿安全改建及二水平延深工程技术方案设计；新庄孜矿七水平及李嘴孜矿四水平延深工程技术方案设计；谢一、新庄孜矿、潘一、潘二、潘三矿系统优化简化工程方案设计；潘一、张集、谢桥、潘二矿的采区设计；淮南矿业集团内部和淮南市地方小煤矿资源调查及矿井整合设计等。至 2010 年年底，淮南煤矿勘察设计院，共完成各类大中型技术咨询 54 项；大中型初步设计及施工图设计 300 余项；各类单项施工图设计数万项。其中获煤炭工业部优秀工程设计二等奖一项；中国工程咨询协会优秀工程咨询成果三等奖一项。

淮北煤矿设计院完成 8 对大型矿井的扩建、延深和初步设计。其中完成朱仙庄、芦岭矿扩建设计；石台、桃园、临涣矿水平延深设计；亭童矿陈楼块段、海孜矿一水平、二水平、杨庄矿三水平初步设计。同时完成黄集、刘东、郑腰庄、蔡山二、大演武、窦庄、大学山、建业等地方煤矿及小型矿井的设计。

2000—2010 年是安徽省煤炭工业的高速增长期。合肥设计研究院先后承担安徽两淮矿区张集煤矿（二期工程）、刘庄、界沟、望峰岗、顾桥、卧龙湖、孙疃、潘北、顾北、五沟、刘店、青东、口孜东、钱营孜、朱集东、板集矿等 16 对矿井设计项目，设计生产能力分别为 300 万吨 / 年、800 万吨 / 年、60 万吨 / 年、300 万吨 / 年、1000 万吨 / 年、90 万吨 / 年、180 万吨 / 年、300 万吨 / 年、300 万吨 / 年、60 万吨 / 年、150 万吨 / 年、180 万吨 / 年、500 万吨 / 年、180 万吨 / 年、400 万吨 / 年、300 万吨 / 年，其中张集煤矿（二期工程）、刘庄、界沟、望峰岗、顾桥、卧龙湖、孙疃、潘北、顾北、五沟、刘店、钱营孜 12 对矿井分别于 2005、2007、2007、2007、2007、2007、2007、2008、2008、2008、2008、2009 年建成投产，青东、口孜东、朱集东、板集矿 4 对矿井至 2010 年底均为在建矿井。

合肥设计研究院在省外承担内蒙古鄂尔多斯麻地梁煤矿、泊江海子矿，宁夏宝丰集团红四矿井、丁家梁矿井，中电投宁夏红三矿井，山西新工矿井等设计项目，设计生产能力分别为 500 万吨 / 年、1500 万吨 / 年、240 万吨 / 年、60 万吨 / 年、240 万吨 / 年、120 万吨 / 年。6 对矿井至 2010 年年底均为在建矿井。

选煤厂设计　1986—2010 年，煤炭工业合肥设计研究院先后承担皖北百善、任楼、刘二、五沟选煤厂、国投新集花家湖选煤厂、界沟矿业公司界沟选煤厂、淮北矿业集团桃园、祁南选煤厂、江西丰龙矿业有限公司丰龙矿井选煤厂等设计项目，设计原煤入洗能力分别为 60 万吨 / 年、150 万吨 / 年、90 万吨 / 年、90 万吨 / 年、400 万吨 / 年、120 万吨 / 年、150 万吨 / 年、240 万吨 / 年、90 万吨 / 年。至 2010 年年底，除江西丰龙矿井选煤厂外，所设计选煤厂均建成投产。其中，皖北煤电集团百善选煤厂获煤炭工业协会2000年优秀工程设计三等奖;国投新集能源股份有限公司花家湖选煤厂二期工程获安徽省2001年城乡建设优秀专业工程设计二等奖。

淮北煤矿设计院承担岱河煤矿选煤厂、朱庄煤矿选煤厂、许疃煤矿选煤厂设计项目,设计原煤入洗能力分别为120万吨/年、180万吨/年、150万吨/年(后扩建为300万吨/年)。淮南煤矿勘察设计院承担选煤厂设计项目10项。

电厂设计 1986—2010年,煤炭工业合肥设计研究院完成的主要电厂项目设计有:1987年合肥化工厂热电站(35T锅炉1500KW发电机组),1995年安徽佳安轮胎公司热电站(1×35T+3×75锅炉2×6MW发电机组),1996年安徽省三星化工集团公司化肥厂热电站(1×75T锅炉12MW抽凝机组),1999年淮北芦岭煤泥煤矸石电厂(2×12MW发电机组),2003年福建省安溪煤矸石电厂(2×220T锅炉2×50MW发电机组),同年蚌埠丰原热电厂(3×260T锅炉1×C60MW+1×B25MW发电机组),2004年福建晋江矸石电厂(2×220T锅炉2×C50MW发电机组),同年合肥南区集中供热热源一、二期工程(5×75T锅炉1×C12MW+1×C12MW+1×B12MW+1×B6MW发电机组),2005年淮南矿业集团谢桥、潘一、张集、新庄孜、潘三等5座矿井瓦斯发电站(规模分别为2×1412KW、2×1360KW、2×1360KW、1×1360KW、2×1360KW),2006年阳泉煤业集团公司神堂嘴、贵石沟、煤气公司等3座瓦斯发电站(规模分别为8×3000KW、8×1800KW、8×1800KW),2007年江西丰城矿务局曲江煤层气发电站(15×500KW),2008年山西西山煤电集团公司杜尔坪瓦斯发电站一、二期工程(7×1703KW),2009年山西西山煤电集团公司屯兰矿瓦斯发电站(11×3000KW)等。该院矿井瓦斯发电工程设计技术水平全国领先、国际先进,已先后完成设计国内外不同型式、不同厂家机组的瓦斯发电站20多座,已有20余座瓦斯电站安全正常运行,效果良好。该院积累丰富的设计经验和现场施工、运行经验,积累很多有价值的数据,不仅在安徽两淮获得较多的瓦斯发电设计项目,而且在山西、贵州、江西、四川等省开展大量的瓦斯发电设计业务。

2008—2009年,该院成功完成淮南潘一矿井井下降温工程、丁集矿井井下降温工程与矿井瓦斯发电、余热利用相结合的热电冷工程设计,经过调试,系统顺利投入运行,为矿井安全生产提供有效保证。2010年,该院完成淮南顾桥、朱集东、朱集西、潘一东、谢桥、潘三矿及山东多座矿井井下降温工程设计,提升井下降温工程领域的知名度。

淮南煤勘察设计院承担矿区大中型地面辅助设施与各类工厂的新建和改扩建工程设计100余项。其中按项目类别分:机电修配厂设计项目18项;水泥厂设计项目8项;煤矸石发电厂设计项目5项;矿井储煤场改造设计8项;其他大中型设计项目等50多项。1988年设计谢一矿采煤沉陷区活动地层辅助提升立井时,结合-480米井底车场,将井口和工业场地选择在北一采空区上方,地表受采动影响已下沉8.1米,预计还要下沉0.56米,设计采用混凝土砌块塑料泡沫板复合井壁,井筒顺利到底,建成国内第一口采空区活动地层提升立井,且多采出煤炭545.22万吨,节省土地14万平方米,该项设计获煤炭工业部优秀工程设计二等奖。

淮北煤矿设计院 1995 年承担的《北京煤矿总医院设计》获煤炭部优秀工程设计二等奖;2002 年 7 月承担的《岱河煤矿选煤厂设计》获安徽省级优秀专业工程设计三等奖;《石台矿整治塌陷区地面亭子桥设计》获安徽省优秀工程设计三等奖;《淮北实验高级中学综合楼设计》获安徽省城乡建设优秀勘察设计奖等。

国投新集设计研究院,先后完成新集一矿 180 万吨 / 年、300 万吨 / 年、400 万吨 / 年改扩建设计;完成新集二矿 300 万吨 / 年改扩建设计;完成新集三矿 45 万吨 / 年、60 万吨 / 年、90 万吨 / 年、改扩建设计;完成新集一矿 –550 米水平延深设计;完成新集二矿 –750 米水平延深设计;完成新集三矿二水平延深方案设计。建院 20 年来,共计完成矿区较大工程设计项目 350 多项。

1986—2010年安徽省国有重点煤矿新井建设统计表

表 2-4-1

矿区	矿井	设计单位	开工时间	投产时间	原设计产量（万吨/年）	设计概算（万元）	地质储量（万吨）	可采储量（万吨）	工、民、建建筑面积（平方米）
淮南矿业集团	潘集三矿	合肥设计院	1976.6.10	1992.11.1	300	104060.46	93903.5	54207.4	266183
	谢桥煤矿	合肥设计院	1983.12.20	1997.5.14	400	269798.58	72182	56292.4	309887
	张集煤矿	合肥设计院	1996.7.1	2001.11.8	400	161756.92	168318	68589	118770
	顾桥煤矿	合肥设计院	2003.11.1	2007.4.28	500	281300	182331.1	109883.5	221920
	丁集煤矿	济南设计院	2004.6.28	2007.12.26	500	330678	115057	66462	167813
	潘北煤矿	合肥设计院	2004.12.26	2008.3.5	240	267830.16	362991.7	165582.3	195826.8
	顾北煤矿	合肥设计院	2005.1.28	2007.12.28	300	304754.67	68105.44	28622.83	270490
	朱集煤矿	合肥设计院	2007.7.1	–	400	400926	94716	44874	171401
淮北矿业集团	海孜煤矿	兖州煤炭设计院	1979.2	1987.1021	150	30725	23058	12825	190490
	童亭煤矿	邯郸设计院	1979.10	1989.11	90	23962	11166	4928	112551
	桃园煤矿	兖州煤炭设计院	–	–	90	38307	20120	12102	124360
	祁南煤矿	兖州煤炭设计院	–	–	180	163666	54027	30909	129848
	许疃煤矿	南京设计院	1997.10	2004.11.8.	150	82129	40305	21386	128398
	涡北煤矿	南京设计院	2004.2.1	2007.5.8	120	73365	11784	4281	107270
	孙疃煤矿	合肥设计院	2004.12.26	2008.6.26	180	152449	24110	11975	78152
	刘店煤矿	合肥设计院	2005.5.8	2009.12.29	150	174649	18556	10408	92672
	杨柳煤矿	南京设计院	2005.6.4	2011.12.23	180	193300	32185	18460	99353

续表 2-4-1

矿区	矿井	设计单位	开工时间	投产时间	原设计产量（万吨/年）	设计概算（万元）	地质储量（万吨）	可采储量（万吨）	工、民、建建筑面积（平方米）
淮北矿业集团	袁店一矿	南京设计院	2006	2011.12.23	180	197452	30697	10956	141739
	袁店二矿	南京设计院	2007.6.1	2011.12.23	90	150721	17683	7902	70387
	青东煤矿	合肥设计院	2007.6.26	2011.12.23	180	180425	47246	13132	153224
皖北煤电集团	恒源煤矿（刘桥二矿）	合肥设计院	1984.9.28	1993.12.26	60	22744.76	11571.6	7266.9	94307
	任楼煤矿	兖州煤炭设计院	–	1997.1230	150	60980.49	22343	17660.6	176247
	祁东煤矿	合肥设计院	1997.10.1	2002.5.22	150	48257.96	34071	18907.2	60045
	五沟煤矿	合肥设计院	–	2007	60	105534	12591	4034	65797
	卧龙湖煤矿	合肥设计院	2004.7.1	2008.6.13	90	96308	8146	4853.2	40950
	钱营孜煤矿	合肥设计院	2006.12.26	2010.6.8	180	174645	45931	21800	7.42 × 107
	朱集西煤矿	南京设计院	2009.6.16	–	400	500357	89200	43164.6	3.71 × 107
	麻地梁煤矿	合肥设计院	2008	–	500	337918	68000	44200	2.2 × 107
	赵集煤矿	–	2009	–	300	355000	43889	36000	5.66 × 107
国投新集公司	新集一矿	合肥设计院	1989.12.26	1993.7.1	90	21018.08	75864.1	26361.81	182357
	新集二矿	合肥设计院	1993.7.1	1996.7.1	150	–	53350	14971.9	–
	新集三矿	合肥设计院	1994.3.6	1996.10.25	30	8698.3	12787.89	3005.64	182357
	刘庄煤矿	合肥设计院	2003.3	2006.10	800	268258.35	156381.6	68662.7	82574
	板集煤矿	合肥设计院	2005.8	–	300	249495.63	54094.25	19915.2	63641
	口孜东煤矿	合肥设计院	2007.7.16	–	500	660357.54	73494.8	40685.9	1304928

第三篇　煤炭生产与发展

随着改革开放和现代化建设的深入,安徽省煤矿技术装备及采掘工艺进步很快。20 世纪 80 年代,安徽省煤炭的采煤方法、巷道支护、瓦斯治理等技术已处于国内领先水平,机械化程度、装备水平大幅度提高,开拓方式、巷道布置更加经济合理,安全条件和工作环境进一步改善。随着综掘、综采等先进技术的推广应用,原煤产量也有很大提高,到 2010 年,全省年生产原煤 13149 万吨,居全国第七位,原煤百万吨死亡率 0.27,产量和安全均达到历史最高水平。

第一章　煤炭生产

第一节　开拓与掘进

开拓方式　2000年以前,安徽省煤炭的开拓方式主要为立井、斜井和混合式等开拓方式,多采用中央石门、集中大巷、分采区开拓。水平运道的布置,由原整阶段煤层大巷逐层开采逐渐向分组集中运输大巷的布置方式演变。随着开采深度增加,采用延深水平或增加辅助水平的开拓方式。在采区开拓布置上,逐渐采用按煤层群分组联合布置,开拓采区上（下）山和集中巷,实行分段开采,集中生产。

2000年以后,随着淮南潘谢矿区顾桥煤矿、顾北煤矿、丁集煤矿、潘集三矿、潘二煤矿、潘集一矿、张集煤矿、谢桥煤矿、刘庄煤矿及淮北矿区钱营孜煤矿、杨柳煤矿、青东煤矿、袁店一矿、袁店二矿等现代化矿井的陆续建成投产,普遍采用立井、主要石门、集中运道、上下山、分区开拓方式。井筒位于储量中心,一般用前进式开采,胶带机连续运输,同时加大采区走向长度。

在煤层群分组开采上,淮南矿区一般采取两种形式,一是大联合:共分三大组（A1～A3，B4～B9，B10～C15煤组）;二是小联合:分五组（A1～A3，B4～B5，B6～B9，B10～B11b，C13～C15煤组）,每个煤组划为一个采区开采,多采用大联合布置。淮北矿区一般划分三个煤层组联合开采,即二叠系下石盒子组3煤层组,下石盒子组5、6、7、8、9煤层组和山西组10、11煤层组。

皖南煤矿除采用立井、斜井开拓外,个别矿井还使用过平峒开拓。

掘进　本省煤矿巷道掘进施工主要分为综掘和炮掘2类,其中小型煤矿以炮掘为主,其它煤矿煤巷以综掘为主,岩巷以炮掘为主。炮掘施工工艺流程有:

锚网支护:交接班→安全检查（顶底板、煤帮、瓦斯、工程质量、探头位置等）→打上部眼→挂迎脸防护网→出矸→打下部眼→装药、爆破→敲帮问顶→临时支护→打顶部锚杆（锚索）眼→安装顶部锚杆（锚索）→打帮部锚杆眼→安装帮部锚杆→喷浆→收尾。

架棚支护:交接班→安全检查（顶帮、煤帮、瓦斯、工程质量、探头位置等）→打上部眼→挂迎脸防护网→出矸→敲帮问顶→栽棚腿、腰帮→打下部眼→装药、爆破→敲帮问顶→临时支护（移前探梁）→放棚梁→背顶。

综掘施工施工工艺流程有:

锚网支护:交接班→安全检查（顶底板、煤帮、瓦斯、工程质量、探头位置等）→切割（出矸）→敲帮问顶→临时支护→打顶部锚杆（锚索）眼→安装顶部锚杆（锚索）→打帮部锚杆眼→安装帮部锚杆→喷浆→收尾。

架棚支护:交接班→安全检查(顶帮、煤帮、瓦斯、工程质量、探头位置等)→切割(出矸)→敲帮问顶→临时支护(挪移前探梁)→架棚梁、上拉条→背顶→栽棚腿、上棚卡→腰帮。

由于采煤机械化程度的快速提高,开采强度不断加大,对掘进工作面单进要求越来越高,特别是一些综采机械化程度高的矿井更加突出。综掘的发展可保证工作面特别是综采工作面的正常接替,较大地提高煤巷单进和掘进工作效率,安全效果好,为矿井稳产高产奠定基础。

淮南矿区　老区(淮河以南)的掘进方式仍以炮掘为主,新区煤巷采用综掘施工。老区煤巷掘进大部分采用煤电钻打眼,放炮落煤。李嘴孜矿、谢一矿浅部井仍有部分煤头采用风镐落煤,出货方式为刮板机跟至迎头或采用矿车装煤,推车出煤,断面形式有梯形和半圆拱形。新区煤巷全部实现了机械化作业,综掘机以佳木斯 S150、三一 EBZ160 等机型为主。2001 年潘一矿引进 4 台 S-100 型掘进机, 2003 年谢桥矿引进 EBS-160 型掘进机、张集矿引进 S-150 半煤岩掘进机在 11-2 煤层进行试掘,均取得初步成功,综掘头出货方式为皮带跟至迎头。张集矿 2003 年,在 1222(3)轨顺进尺达到 758 米,创集团公司综掘单头月进度最高记录。2005 年装备管理中心引进 EBZ-160C 半煤巷掘进机在谢桥矿使用,取得成功。2007 年引进 EBZ-200 型半煤巷掘进机和 ABM20 型掘锚一体机在张北矿 14118 轨顺试掘, 2007 年 8 月掘锚一体机最高煤巷月进尺 603 米。2008—2010 年引进 EBZ-200、EBZ-160、EBZ150 型掘进机在淮南矿区使用。

2006 年以前,新老区岩巷均为炮掘,采用 7655 型风锤打眼, 3# 岩石乳胶炸药全断面一次放炮破岩,采用 PB30 或 PB60 型扒矸机扒矸,接矿车、人工推车或电机车牵引出矸,断面形式基本为半圆拱形。2006 年开始,新区基本实现机械化掘进,装备是掘进机和液压钻车作业线。装备管理中心从英国引进 MK3 型第一台岩巷掘进机由矿业公司在潘二矿南一采区胶带机石门进行试掘,取得初步成功。

2007—2008 年又从英国引进 4 台 MK3 型岩巷掘进机由矿业公司分别在潘一矿、潘三矿、潘北矿、顾北矿项目部使用,在潘北矿 -633 米西翼回风大巷最高月进尺达到 201.6 米、顾北矿 -648 米南翼回风大巷最高月进尺达到 208 米。同年引进 EBZ-200H、EBZ-220、EBZ-230 掘进机分别在谢一矿、潘三矿、谢桥矿、张北矿、矿业公司、朱集项目部使用。2009—2010 年引进 EBZ-255 岩巷掘进机在潘一东、顾桥矿及南区、顾北矿和 EBZ-260 型掘进机在朱集项目部、顾桥矿南区使用,均取得成功。

截至 2010 年底,半煤岩掘进机截割功率达到 200 千瓦。岩巷掘进机截割功率达到 260 千瓦。集团公司各项岩巷单进记录:

大断面岩巷炮掘单进纪录:张集矿中央区开拓 313 队施工的东一 13-1 上采区轨道上山, 2008 年 9 月进尺 180 米。

小断面岩巷炮掘单进纪录：张集矿矿业210队施工的17256底抽巷，2009年5月进尺270米。

大断面岩巷综掘单进纪录：顾北矿矿业162队施工的南翼Y型通风浅部边界巷，2010年4月进尺236米。

中等断面岩巷综掘单进纪录：张集矿323队施工17236-17256底抽巷联巷，2010年10月进尺366米。

液压钻车单进纪录：顾桥矿矿业133队施工的南二胶带机巷，2010年3月进尺110米。

2010年掘进装载机械化程度88.51%，其中综掘机程度44.57%，综合单进130.74米/个/月。

淮北矿区　1986—2005年，淮北矿务局所用综掘机主要为煤巷综掘机，重点在地质条件较简单的煤巷掘进工作面使用。主要有：日本MRH-S50-13，1980年投入使用，共3台；南京晨光ELMA-40、ELMB-55、ELMB-75，均为纵轴式切割头，切割臂可伸缩，1985—1992年投入使用，共8台；淮南AM-50，切割功率100千瓦，横轴式切割头，1986—2003年投入使用，共11台；辽源EBJ-120，切割功率120千瓦，纵轴式切割头，切割臂可伸缩，2003—2004年投入使用，共6台；淮南EBZ-160HN，切割功率160千瓦，纵轴式切割头，2005年投入使用，共2台。

2006—2010年，集团公司加大设备投入，共引进掘进机73台，促进了矿区综掘进机械化发展。期间投入机型及台数有：上海天地EBZ-160SH掘进机5台；太原EBZ132TY掘进机5台、EBZ160TY掘进机1台、EBZ220TY掘进机2台；鞍山EBZ160掘进机12台、EBZ200综掘机2台；三一重装EBZ200C掘进机17台、EBZ200H掘进机3台、EBZ260H掘进机1台、EBZ318H掘进机4台；上海创力EBZ220掘进机18台、EBZ315A掘进机2台；山河矿业EBZ200掘进机1台。

1990—1997年，淮北矿务局引进4套以CTH10-2F钻车配合ZC-2侧卸式装岩机为主的岩巷机械化作业线，在朱庄、芦岭、海孜、桃园矿进行推广应用。但由于钻车使用成本高、体积大、性能单一，只能在宽度大于4米的大断面岩巷使用，综合效率不高，1997年后停止使用。

2010年，集团公司有综掘机70台。包括上海天地EBZ-160SH掘进机2台，切割功率160千瓦；太原掘进机8台，其中EBZ132TY型5台，切割功率132千瓦，EBZ160TY型1台，切割功率160千瓦，EBZ220TY型2台，切割功率220／160千瓦；鞍山掘进机14台，其中EBZ160型12台，切割功率160／80千瓦，EBZ200型2台，切割功率200／110千瓦；三一重装掘进机25台，其中EBZ200C型17台，切割功率200／110千瓦，EBZ200H型3台，切割功率200／150千瓦，EBZ260H型1台，切割功率260／200千瓦，EBZ318H型4台，切割功率380千瓦；上海创力掘进机20台，其中EBZ220型18台，切割功率220／132千瓦，EBZ315A型2台，切割功率315千瓦；山河矿装EBZ200掘进机 1 台，切割功率 200 / 110 千瓦。

1986 年以后，淮北矿务局掘进装载设备主要为耙矸机，机型主要有 P-15B、P-30B、P-60B、P90B 四种。P-15B 耙矸机电机功率 11 千瓦，耙斗容积 0.15 立方米，用在煤巷掘进工作面；P-30B 耙矸机电机功率 17 千瓦，耙斗容积 0.3 立方米，用在岩巷掘进工作面；为提高大断面岩巷装载效率，1989 年投入使用 P-60B 耙矸机，2006 年投入使用 P90B 耙矸机。P-60B 耙矸机电机功率 30 千瓦，耙斗容积 0.6 立方米，装载效率比 P-30B 提高 1 倍；P90B 耙矸机电机功率 45 千瓦，耙斗容积 0.9 立方米，装载效率比 P-60B 提高 30% 倍。

2005 年以来投入使用 10 台江阴 ZMC-30 全液压侧卸式装煤机和 3 台南京 ZMY100 / 45 全液压蟹爪式装煤机，为解决高瓦斯区域、煤与瓦斯突出危险区域煤巷掘进工作面多年来一直采用人工装载问题。

2008 年 7 月，从三一重装引进第 1 台 EBZ200H 岩巷掘进机在桃园矿北八大巷使用，到 2010 年底已有 4 条岩巷综掘线，岩巷综掘处于初步试用阶段。

2010 年，集团公司装载设备有耙矸机和装煤机 2 种类型。耙矸机共使用 380 台，其中 P-15B 耙矸机电机功率 11 千瓦，耙斗容积 0.15 立方米，用在低瓦斯煤巷掘进工作面；P-30B 耙矸机电机功率 17 千瓦，耙斗容积 0.3 立方米，用在岩巷掘进工作面；P-60B 耙矸机电机功率 30 千瓦，耙斗容积 0.6 立方米，用在净高大于 2 米，净断面大于 9 平方米岩巷掘进工作面；P90B 耙矸机电机功率 45 千瓦，耙斗容积 0.9 立方米，用在净高大于 3 米，净断面大于 12 平方米的岩巷掘进工作面。ZMC-30 装煤机 4 台，用在高瓦斯区域、煤与瓦斯突出危险区域煤巷掘进工作面。

皖北矿区　该公司岩巷掘进基本采用钻眼爆破破岩技术，特殊条件下（如遇到地质构造、围岩破碎、揭穿老空区等情况）辅助采用风镐掘进。岩巷掘进断面一般超过 8 平方米，2006 年以前平均月进尺在 60 米左右，2006 年以后逐步达到 80 米以上，截至 2008 年底最高月进尺 152 米。

1986 年以前，煤巷在正常条件下全部采用钻眼爆破破岩技术，辅助采用风镐掘进。1986 年，矿务局首次引进英国道斯科公司 DT-90 型煤巷掘进机。1987 年，百善矿开始使用该型掘进机掘进。2003 年以前，集团公司先后引进南京晨光机械厂的 ELMB-55、ELMB-75 型煤巷掘进机。

2003 年以前，半煤岩巷道在正常条件下全部采用钻眼爆破破岩技术，特殊条件下（如遇到地质构造、围岩破碎、揭穿老空区等情况），辅助采用风镐掘进。2003 年以后，皖北煤电集团先后引进 EBJ-120S 型、EBZ-110SH 型、EBZ-120 型、EBZ-132 型、EBZ-135 型、EBZ-160 型掘进机，分别在刘桥一矿、刘桥二矿、任楼煤矿、祁东煤矿、五沟煤矿半煤岩巷道中投入使用，实现半煤岩巷道掘进的机械化作业。

2003 年以前，掘进装载设备主要以耙斗装岩机为主，型号有 15 型、30 型、60 型。2003 年以后，随着矿井机械化程度的不断提高，巷道断面的逐步加大，耙斗装岩机选型也向大规格、大功率方向发展，新建矿井引进 90 型、120 型耙斗装岩机。综掘装载机械化的比例也逐年提高。同时，在具备系统出货的地点，特别是突出煤层掘进工作面，采用链板机紧跟迎头装载，后跟皮带机的方式也逐步推广。2006 年，集团公司又在突出煤层掘进工作面引进新型装载设备，先后试用侧卸式装煤机和蟹爪式装煤机。

1994 年以前，掘进装载机械化水平均在 40% 以下，1995 年突破 60%，1996—2005 年，基本保持在 85% 左右，2006 年突破 90%，2008 年达到 96.5%。

从 2007 年底开始启动快速掘进队建设。2008 年开始，以岩巷快速掘进为突破口，通过组织召开快速掘进动员会、座谈会、聘请专家讲座、外出考察学习等形式，寻找制约岩巷单进水平的短板，探索岩巷快速掘进队伍建设模式，针对岩巷爆破工艺、支护设计、装备、劳动组合、工时利用、后运系统等制约瓶颈因素进行课题攻关，快速掘进理念逐步扎根，快速掘进队伍建设工作全面向前推进。快速掘进队建设标准：独头月进尺岩巷 100 米、煤巷炮掘 200 米、煤巷综掘 400 米。2008 年全公司共有 150 队次达到快速掘进队标准，快速掘进达标率逐步提高，平均每月达标率 28.4%，最高 49.2%。

截至 2008 年年底，全公司掘进机在籍共 23 台，其中 AM-50 型 1 台、ELMB-75 型 3 台、EBZ-110 型 1 台、EBZ-120 型 9 台、EBZ-132 型 3 台、EBZ-135 型 4 台、EBZ-160 型 2 台。掘进机进尺总量约占煤巷进尺 32%。掘进机一般月进尺 230 米，最高月进尺 720 米。

截至 2008 年年底，皖北煤电集团掘进单进水平最高纪录为：

岩巷：最高纪录为 152 米 / 月 / 头，创建时间为 2008 年 12 月，创建地点为祁东矿西翼总回风巷西段，断面为 17.3 平方米，支护形式为锚网喷。

煤巷综掘：最高纪录为 720 米 / 月 / 头，创建时间为 2003 年 3 月，创建地点为任楼矿 8225 机巷，采用 ELMB-75 型掘进机，支护形式为工字钢对棚。

煤巷炮掘：最高纪录为 405 米 / 月 / 头，创建时间 2006 年 8 月，创建地点为百善矿 6537 沿空机巷，采用耙斗装岩机后跟皮带机“双机联动”作业，支护形式为工字钢棚。

国投新集　公司第一对矿井新集一矿在 1993 年投产后，1994 年新集一矿引进 4 台 ELMB-75 型煤巷掘进机，随后 1996 年新集二矿引进 3 台 AM-50 型煤巷掘进机，2005 年刘庄矿引进 2 台 S-150 型半煤巷掘进机，2007 年在新集二矿引进 EBZ-120、新集一矿引进 EBZ-120TY 综掘机，均处于当时国内领先地位。2009 年开始，国投新集公司以大功率、重型化为方向，加快综掘机更新换代步伐，先后在新集一矿引进 6 台 EBZ-160TY 和 2 台 EBZ-220TY 半煤巷、岩巷掘进机，在新集二矿引进 8 台 EBZ-160、4 台和 EBZ-200 半煤巷掘进机，2010 在新区刘庄矿、口孜东矿引进国内先进水平的三一公司 EBZ-200 型综掘机 16 台、综掘单进均取得很好的效果。2008 年刘庄矿创出煤巷月进尺 1715 米、新集一矿和新集二矿也创出煤巷月进尺 1500 米以上。按公司标准化掘进队建设要求，形成煤巷、半煤巷的掘进机 + 侧卸式装岩机 + 皮带机 + 无极绳绞车和岩巷的液压台车 + 单轨吊 + 架棚机 + 进口侧卸式装岩机 + 皮带机两种快速掘进作业线配套模式，为煤矿掘进工效的提高提供全新的思路和解决方案。

巷道支护　本省煤矿煤巷、半煤岩巷支护历史上主要有木支护、钢（矿用工字钢、U型钢等）支护、水泥支架支护、锚杆支护和锚梁网支护等几种，岩巷支护主要有砌碹支护、砼支护、水泥支架支护、锚喷支护等，很少有裸露巷道。

1996年，淮南矿务局选派有关人员赴澳大利亚考察学习，并从澳大利亚进口40台锚杆钻机，开始在部分矿井进行煤巷锚杆支护尝试。2002年以后，淮南矿业集团新区在煤巷及半煤岩巷掘进方面，基本采用综掘机施工，实现机械化作业，支护形式以锚杆支护为主，特殊地点采用架棚支护，锚杆支护技术在矿区得到大量应用，已经成为煤岩巷支护的主导技术。2010年集团公司煤及半煤岩巷进尺180829米，煤巷锚杆支护率67%。

1999年年初，淮北矿业集团在朱庄和海孜矿选点进行煤巷高强锚杆支护试验，达到预期效果并在全矿区进行推广，当年集团公司煤巷锚杆进尺完成18500米。2002年，淮北矿业集团锚杆支护率达到68%，建成朱庄、杨庄、朔里、海孜、桃园矿企业级支护锚杆化矿井，2001年、2002年连续两年在中国煤炭工业协会召开的全国国有重点煤矿锚杆支护会议上被评为全国锚杆支护先进单位。

2004年，"淮北矿区煤巷高强预应力控制技术及其工程应用研究"获得中国煤炭工业协会科技进步一等奖和安徽省科技进步一等奖。该项目以淮北矿区复杂的煤巷条件为依托，深入系统的开展了煤巷高预应力控制技术及其工程应用研究，在煤巷锚杆支护理论、支护手段和应用技术方面都有创新，其对煤巷顶板结构分析、小煤柱护巷和高强预应力控制支护体系的整体研究，达到国际先进水平，具有广泛的推广应用价值。2005年11月，"煤矿极易离层破碎型顶板预应力控制理论研究及工程应用"项目，获得2005年度国家科学技术进步二等奖，实现历史性突破。

淮北矿区多属"三软"（软的顶板岩层，软的主采煤层，软的煤层底板岩层）煤层，顶板类型差异很大，直接顶多为页岩，厚度小，弱面发育，离层现象普遍，属破碎性不稳定顶板。以南部矿井为代表，开展高地压软岩巷道支护综合治理技术以及采动影响时高地压软岩巷道的支护与修复技术的研究。岩巷治理主要采用优选巷道层位、改进支护方式、优化支护参数、改进施工工艺，加大支护初期投入，改变岩巷反复维修的局面。支护方式从单一锚喷支护改进为以锚喷+U型棚、全封闭U型棚为主，局部锚注的复合支护形式。1996年10月，祁南矿首次在高应力构造复杂区域软岩巷道采用锚注技术取得成功，经专家鉴定达到国际先进水平。以芦岭、朱仙庄、祁南、桃园、孙疃为代表的南部高地压矿井软岩巷道因底臌造成巷道破坏的，占失修巷道的30%以上，部分矿井围岩受水泥化膨胀、崩解。自2009年开始研究应用底板钻锚注一体支护技术，取得良好控底效果，到2010年底共完成巷道底臌治理15700米。自主研制的大功率架柱式底板锚杆（索）钻机获得国家专利，2009年，淮北矿业集团自主研制的大功率架柱式底板锚杆（索）钻机获得国家专利，在此基础上，应用浅孔＋深孔钻锚注一体化工艺，应用预应力中空螺纹钢注浆锚杆，预应力中空注浆锚索，双液水泥浆等材料，对底板软岩进行有效控制，底臌变形得到有效控制，巷道维护周期延长，改善巷道安全生产环境，促进矿井安全高效生产。该局研究应用底板钻锚注一体支护技术，取得良好控底效果，泥岩渗水巷道围岩强化控制技术体系及应用研究获中国煤炭工业科学技术二等奖。

1986年，百善矿、刘桥一矿先后开始在煤巷中进行锚杆支护实验，并获得成功，1987年在全矿区全面推广。2001年，任楼煤矿引用锚柱加固技术，注浆加固因压力大、变形失修严重的主要巷道，取得良好效果，后在任楼矿、祁东矿等条件复杂的矿井得到推广应用。2003年，任楼矿开始在"三软"煤层试用"锚杆+钢筋梁+金属网+锚索"联合支护技术并取得成功，随后锚梁网索联合支护技术在全矿区"三软"煤层巷道中逐步推广应用，取得显著的经济效益和社会效益。经过不断改进，皖北矿区巷道支护形式日益优化。岩巷主体支护方式为锚喷（包括锚杆喷、锚网喷、锚梁网喷、锚梁网索喷4种）。岩性较差地段采用U型棚喷浆或"U型棚喷浆+锚索+锚柱"等联合支护方式，局部特殊地段采用砌碹支护。截至2008年年底，锚喷支护比例达83%。煤巷支护改革于2007年开始大力推进，支护方式由原来以工字钢棚为主逐步转变为以锚杆支护为主（包括锚杆、锚网、锚梁网、锚梁网索4种）；煤巷锚杆支护比例达66%，工字钢支护比例为25%，U型棚支护比例为9%。

国投新集公司新集一矿投产时主要支护方式为锚喷支护和架棚支护，两种支护方式比例基本持平。1997年随着新集二矿投产，公司在各矿强力推进锚网支护方式，在开拓巷道和准备巷道除顶板破碎地方采用架U型棚支护方式，其他处全部使用锚网支护，一次采全高面回采巷道支护也基本实现锚网化。从1997年以后公司锚网支护率逐年提高，公司的锚网支护率达到93%。2006年随着刘庄煤矿、口孜东矿这些深部矿井的开发，新集一矿、新集二矿和新集三矿这些老矿井向深部延伸，强烈地压成倍加大矿压显现，为解决深部巷道失修问题，公司在提高支护材料升级在同时，也进行了支护方式的创新，形成锚网索支护、锚吊梁支护、锚网索喷支护和锚网喷注架棚支护等。

截至2010年，安徽省地方小型煤矿采煤、掘进工作面巷道和已基本淘汰木支护。

第二节　采　煤

采煤方法与装备　从20世纪80年代中期开始，安徽煤矿的采煤方法大多数采用综合机械化采煤、机械化采煤、炮采，很少有人工落煤。采煤工作面绝大多数是长壁式布置，在小型地方煤矿还有巷采等不正规采煤方式。

淮南矿区　矿井生产系统具备条件、走向大于400米的块段全部采用综采，对于边角块段和急倾斜煤层积极采用悬移支架放顶煤和掩护支架采煤法。"三软"地质条件下，实现了硬度系数小于1的5米左右煤层一次采全高综采的安全高效开采，2007年3月潘一矿1521（3）综采工作面首次试采成功，2010年在潘一矿2141（3）、谢桥矿

1116（3）工作面实现煤厚6.5米一次采全高综采。在谢一矿5121（0）、5121（5）、潘二矿12125、11125、新庄孜62114等工作面，与科研院校合作攻关，研究制造了可以开采煤厚0.9米的极薄煤层的综采配套装备。潘北矿12128、李嘴孜3232（3）工作面，开展大倾角综采技术试验研究，实现了复杂地质条件下短壁、长壁、厚、薄煤层的大倾角综采成功开采。顾桥矿井综采工作面装备先进的P立方米1电液控制系统，探索数字化、信息化技术在煤矿的应用，实现综采工作面自动化开采。

1995年以前，综采工作面配套设备功率小、生产能力低，年产量一般都在40万~50万吨，其设备配套：采煤机以MLS3H-2×170为主，支架有ZY-35B、ZY28以及波兰BY35，运输机以SGZ-320为主，并进口英国及波兰运输机。1995年以后，综采（放）工作面逐步完善三机配套，采煤机装机功率从375千瓦、475千瓦发展到2010年装机功率提高至1935千瓦，牵引方式由液压牵引升级到电牵引，实现自动控制；液压支架工作阻力由4000KN提高至10800KN，采高由3.8米提高至6.5米，操作方式由手动控制升级到电液控制；刮板输送机槽宽由724毫米提高至1000毫米，功率由500千瓦提高至2000千瓦，中部槽由框架式升级到整体铸焊形式。2005年装备管理中心从德国引进SL300型采煤机，为淮南矿区1.0米薄煤层装备技术在潘一矿、潘三矿、谢桥矿五个工作面得到成功应用。2006年从德国引进SL750型采煤机在顾桥矿1117（1）首采面实现安全高效回采，该工作面为淮南矿区第一个自动化工作面，产量达到507万吨。2005—2010年共从德国、美国引进采煤机27台，为谢桥矿、张集矿、顾桥矿产量的大幅度提升奠定装备基础。谢桥矿1232（3）工作面引进美国7LS6型采煤机，最高月产达46.72万吨。2009年大倾角装备50°以上在李嘴孜3232（3）工作面、潘北矿12128工作面和首次在淮南矿区“三软”、高瓦斯矿井使用6.5米大采高装备在潘一矿、谢桥矿回采取得成功，谢桥矿最高月产达到49.88万吨，为集团公司特殊条件难采煤层回采提供装备保障。

淮南矿业集团综合机械化采煤设备经过多年，特别是2002年以来的更新、升级，适应采煤工艺的日益发展，逐步满足安全高效生产的需要，总体向装备大功率、大型化、高可靠性、高开机率、工作面无人化（远程控制）方向发展。普通综采液压支架的工作阻力，由原来的4000千牛、4400千牛、4800千牛提高到6400千牛、8800千牛、9200千牛、10800千牛；支护形式由原来的支撑掩护式发展为支撑掩护式和掩护式共存，更能适应各支护煤层的顶板岩性和矿压显现。集团公司在顾桥矿首采工作面投入p立方米1电液控制系统，并配置工作面集中控制系统，实现工作面全自动采煤，并通过井上集成系统主机将整个系统的数据发布到矿局域网上，使生产管理人员能够就地获得工作面的相关信息，便于对工作面生产的管理。

采煤机方面，先后淘汰牵引结构复杂、故障率高、机械传动效率低的液压牵引采煤机，改用电牵引采煤机，电牵引采煤机可以在负载特性坐标系中四象限运行，能向采煤机提供牵引力和制动力，机械传动效率高，采用多电机和独立驱动、模块式结构设计，使传动系统和结构简化。根据所采煤层的厚度、工作面的长度，合理配置电牵引采煤机的功率，将原来的300千瓦、475千瓦提高到920千瓦、1400千瓦、1715千瓦、1880千瓦及1935千瓦等。潘一、潘三、张集、顾桥等矿引进国外艾柯夫的SL300、SL750、久益7LS6等型号的高性能采煤机，使采煤机能力大幅提高。

工作面刮板输送机采用整体铸焊封底式中部槽，“日”字环或哑铃销联接，提高中部槽的结构强度和使用寿命，加大整机的装机功率，由400千瓦、500千瓦提高到1400千瓦、1710千瓦、2000千瓦，提高设备的可靠性，杜绝压车事故；使用平行布置行星减速器、磨擦限力矩偶合器、双速启运，减化传动系统，并具备一定的启运性能。

综采工作面其他配套的设备如转载机，顺槽皮带机都采用大功率、高可靠性传动，较以前的开机率有很大提高；高产的工作面转载机还配备破碎机，保证运转的连续性；工作面设备的控制开关采用组合开关和负荷中心，减化供电系统并保证供电的可靠性。

淮北矿区　1986年以来，随着单体液压支柱的推广使用，淮北矿区高档普采陆续应运而生。由朱仙庄、杨庄矿率先起步，张庄、朱庄、芦岭、朔里、石台、岱河等矿先后上了高档普采工艺。其中朱庄、张庄极破碎顶板条件下高档普采工艺与装备项目分别于1990年先后通过部级和省级鉴定，在装备与支护技术上有新的突破。

1991—1992年是高档普采工艺的鼎盛时期，全局年平均工作面个数分别为10.41、11.68个，高普产量也达到最高，1992年全年高普产量为292.28万吨，其主要工艺为：MG-150采煤机割煤，SGB-220型运输机运煤，单体液压支柱配合HDJA-1000铰接顶梁和2.8米长Π型钢梁联合支护顶板。单产水平约2.0万吨/个/月。

同时，综合机械化开采（简称综采）也同步快速发展，朔里矿自1981年投入使用ZY-35型综采机组，分别于1990年10月、1992年10月达到月产量90995吨、102016吨，创全省同类型机组单产最高记录。

1993年，全局机械化程度为40.81%，2001年全局机械化程度为39.81%，8年时间，机械化程度未升反降一个百分点，其间，采煤机械化程度最低年份（1999年）仅为27.39%，淮北矿区采煤机械化处于徘徊低潮阶段。其原因主要是生产投入严重不足，设备更新较慢。呈现老、旧、杂状态，适应性较差。其间，由于高普工艺相对综采不具先进性，高普产量逐年递减，至2001年高普产量仅占全公司机采产量的20.5%。

1997年，淮北矿务局开始推行采煤工艺改革，先后试验了网格式迈步支架炮采放顶煤、网格式迈步支架机采放顶煤、Π形梁简易放顶煤、轻型支架放顶煤等新技术、新工艺，虽然当时在单产上未能取得重大突破，但积累了一些开采经验，锻炼出一批机械化专业人才，为机械化的发展奠定基础。2002年，集团公司14对矿井中，有8对矿井采用机采工艺，机采产量829.9万吨，采煤机械化程度44.07%，创出矿区历史新水平。

2003年，在桃园矿8241综采工作面试验大倾角较薄煤层综采工艺取得成功。2004年，海孜、童亭矿先后推广使用高档普采工艺，进一步扩大机采范围。同年9月，在芦岭矿Ⅱ824-2工作面试用综采放顶煤工艺，取得成功。

2004 年，杨庄矿Ⅲ 514 工作面因综采支架适应性差导致生产被动，集团公司与煤炭科学研究总院北京开采所共同攻关，研制 ZY4600-18/38 型液压支架，使“三软”煤层综采开采取得突破，在配套设备不变的情况下，平均月产 92850 吨，最高日产 4402 吨，为矿区机械化发展开辟新的思路。

2004 年，芦岭矿《极软、高瓦斯突出、易燃、特厚煤层综放开采关键技术研究》取得阶段性成果。

2005 年 6 月，祁南矿 349 工作面首次将工作面电压从 1140 伏升级到 3.3 千伏，采用 ZY4600-19/40 型液压支架，MG400/920-QWD 型采煤机，SGZ800/800 型刮板输送机。10 月，该工作面月产原煤 148520 吨，创淮北矿业集团公司记录。

2005—2010 年厚及特厚煤层放顶煤综采技术取得突破性进展：2005 年，朱仙庄矿应用重型支架放顶煤技术取得成功，为矿井原煤 200 万吨以上奠定基础。2006—2007 年，《涡北矿近距离煤层大采高综合机械化放顶煤开采技术》中的多项技术填补国内空白，放顶煤工作面月单产水平达到 10 万吨以上。

皖北矿区　总体以走向长壁区内后退式采煤方法为主，1990 年后，在百善矿、刘桥二矿、祁东矿煤层倾角较小的区域采用倾斜长壁回采。20 世纪 90 年代后期，受搬迁成本的制约，孟庄矿、毛郢孜矿、前岭矿 3 对矿井开展村庄下条带开采试验并取得成功。早期采煤工作面均采用三巷布置，工作面长度一般不超过 150 米。倾斜长壁采煤法是工作面回采巷道沿煤层倾向布置，采区生产系统简单，工作面搬家次数少，掘进率低，工作面长度一般大于 150 米，多采用机械化采煤。

1984 年，皖北煤矿务局所属的 5 对生产矿井均采用炮采工艺。为提高工效，皖北矿务局不断探索采煤新工艺。1986 年 6 月，在百善矿 662 工作面首次采用综采工艺获得成功。1991 年，刘桥一矿在 651 工作面首次使用高档普采工艺，150 链牵引采煤机落煤，单体液压支柱配合 1 米金属铰接顶梁支护，但没有成功，拆除后又改用炮采；1992 年 5 月，刘桥一矿在 471 试用用链牵引刨煤机落煤，单体液压支柱配合 1 米铰接顶梁支护，穿插长钢梁超前管理煤壁成功；1993 年，刘桥二矿在 610 工作面使用滚筒式采煤机高档普采工艺，取得成功。1996 年，在任楼矿 7212 工作面首次使用综放工艺回采并取得成功。2007 年 2 月，在任楼矿 Ⅱ7211 工作面首次使用 5 米大采高综采支架一次采全高工艺，取得成功。2007 年 12 月，在刘桥一矿 Ⅱ362 工作面首次使用螺旋钻采工艺进行薄煤层开采，设备型号为 BSHK-2DM 三轴螺旋钻采煤机，从乌克兰引进。

截至 2008 年年底，皖北煤电集团在籍综采液压支架及配套设备共有 22 套，其中液压支架数量为 2657 架，包括：

ZZ4000/17/35 型液压支架 3 套，计 312 架。主要配套设备：MG150/375-W 型液压牵引采煤机 3 台，SGZ730/320 型整体铸焊式刮板运输机 2 台，SGZ730/400 型整体铸焊式刮板运输机 1 台，SZZ730/160 型桥式转载机 2 台，SZZ764/200 型号箱体桥式转载机 1 台，PLM1000 型轮式破碎机 3 台，集中控制采用 CK-2 监控系统 1 套，KTC2 监控系统2套。

ZZ4400/17/35型液压支架7套,计923架。主要配套设备:MG250/600-WD型交流变频机载式电牵引采煤机2台，MG250/600-QWD型交流变频四象限机载式电牵引采煤机3台，MGTY300/700-1.1D型交流变频机载式电牵引采煤机2台;SGZ764/400型整体铸焊式刮板运输机2台,SGZ764/630型号整体铸焊式刮板运输机3台,SGZ764/500-ZH型整体铸焊式刮板运输机2台;SZZ764/200型桥式转载机2台，SZZ730/160型桥式转载机2台，SZZ764/160型桥式转载机3台;PLM1000型号轮式破碎机7台;集中控制采用CK-2监控系统5套，KTC2监控系统2套。

ZY4000/09/21型液压支架2套,计240架。主要配套设备:MG200/456-QWD型号交流变频四象限机载式电牵引采煤机2台，SGZ764/630型号整体铸焊式刮板运输机2台，SZZ764/200型号箱体桥式转载机2台，PLM1000型号轮式破碎机2台,集中控制系统采用KTC2监控系统2套。

ZY5000/13/28型液压支架4套,计540架。主要配套设备:MG250/601-QWD型号交流变频四象限机载式电牵引采煤机4台，SGZ764/630型号整体铸焊式刮板运输机4台，SZZ764/200型号箱体桥式转载机4台，PLM1000型号轮式破碎机4台,集中控制系统采用德国PROMOS公司生产的KJ50监控系统3套，KTC2监控系统1套。

ZY6000/18.5/38型液压支架2套,计270架。主要配套设备:MGTY400/930-3.3D型号交流变频四象限机载式电牵引采煤机1台，MG400/920-QWD型号交流变频四象限机载式电牵引采煤机1台，SGZ800/800型号整体铸焊式刮板运输机2台，SZZ800/250型号箱体桥式转载机2台，PL平方米000型号轮式破碎机2台,集中控制系统采用德国PROMOS公司生产的KJ50监控系统1套，KTC2监控系统1套。

ZY7600/24/50型液压支架（架间距为1.75米）3套,计236架。主要配套设备:MG400/920-QWD型号交流变频四象限机载式电牵引采煤机3台，SGZ800/800型号整体铸焊式刮板运输机3台，SZZ800/250型号箱体桥式转载机3台，PL平方米000型号轮式破碎机3台,集中控制系统采用德国PROMOS公司生产的KJ50监控系统1套，KTC2监控系统2套。

ZFS4400/15.5/27L型液压支架1套,计136架。主要配套设备:MG160/375-W型液压牵引采煤机1台，SGZ630/320型整体铸焊式刮板运输机1台，SZZ730/160型桥式转载机1台，PLM1000型轮式破碎机1台,集中控制采用CK-2监控系统1套。

ZT2×3200型巷道超前支护支架3套（8组/套）。

随着综采设备在全集团统一调配使用管理的不断完善和深入,设备使用率和效益同各矿分散使用相比显著提高,由此带动集团公司综采安装专业化队伍的建设步伐。从2007年开始,集团公司着手进行综采安装专业化队伍建设,先后在百善、刘二、任楼、祁东4对矿井各建设一支综采安装专业化队伍。通过考察调研,吸取其他矿区经验教训,没有成立专业化管理机构,日常管理协调工作由集团公司生产技术部负责。采用“专业化队伍属矿管理,服从集团公司统一调配”的管理模式。

2007 年 9 月,首次跨矿综采专业化安装由刘桥二矿安装区承担,负责刘桥一矿Ⅱ 463 工作面安装工作,标志着综采安装专业化队伍建设正式拉开序幕。截至 2008 年年底,共完成 5 个综采工作面安装和 2 个综采工作面拆除。其中,2008 年 8 月,百善矿、任楼矿的安装区为五沟矿 1016 工作面安装大采高支架 104 架,用时 17 天,平均每天安装 6 架,创集团公司综采专业化安装最好成绩。

20 世纪 80 年代,皖北煤电集团单产水平在 1 万吨 / 月 / 面左右。随着机械化装备投入的逐步加大,单产水平有了较大幅度的提高。2008 年,集团公司单产水平已突破 5 万吨 / 月 / 面。

截至 2008 年年底,皖北煤电集团采煤单产水平最高纪录为:

综采:最高纪录为 181180 吨 / 月 / 面,创建时间为 2006 年 1 月,创建地点为任楼矿 8210 工作面。

高档普采:最高纪录为 91301 吨 / 月 / 面,创建时间为 2004 年 6 月,创建地点为刘桥二矿 627、628 对拉工作面。

炮采:最高纪录为 52600 吨 / 月 / 面,创建时间为 2004 年 10 月,创建地点为刘桥二矿 412 工作面。

国投新集 集团开采方式主要为普通综采一次采全高工艺和悬移支架炮采工艺,新集一矿在 20 世纪 90 年代在安徽率先采用综采放顶煤开采工艺。新集三矿属于急倾斜煤层,采取柔性掩护支架形式开采。

地方煤矿 淮北、宿州、淮南市地方煤矿急倾斜煤层主要采用水平分层法开采,缓倾斜和倾斜煤层主要采用走向长壁采煤法。沿江江南地方煤矿多采用走向短壁后退式采煤法,单体液压支护,风镐采煤。

回采工艺 1986 年起,国有煤矿炮采工作面开始推广使用单体液压支柱,至 1992 年末,全面淘汰金属磨擦支柱,实现“穿铁鞋”“铺顶网”,推广应用微差爆破技术等,使炮采的破、装、运、支、控等工艺有较大进步。

1986 年 11 月,淮北朱仙庄、岱河矿各上一个高档普采工作面:双滚筒采煤机取代 MLQ2-80 系列采煤机,大功率刮板运输机取代 SGW-40T 运输机。1988 年,张庄矿安装使用 MGZ × 70 双滚筒采煤机, SGB-150 型刮板运输机;在破碎顶板“三软”煤层条件下,使用单体液压支柱与“Π”型钢梁联合支护的高档普采工艺试验成功,并通过部级鉴定。至 1992 年年末,淮北矿区张庄、朱庄、岱河、石台、芦岭、朱仙庄等 8 对矿井推广应用高档普采。

1986 年 6 月,在百善矿 662 工作面首次采用综采工艺获得成功, 1992 年 5 月,刘桥一矿在 471 试用用链牵引刨煤机落煤,单体液压支柱配合 1 米铰接顶梁支护,穿插长钢梁超前管理煤壁, 1993 年,刘桥二矿在 610 工作面使用滚筒式采煤机高档普采工艺。

1996 年任楼矿 7212 工作面首次使用综放工艺回采并取得成功。1998 年淮北推行

2.8 米液压支柱大采高回采工艺，2003 年推行 3.15 米液压支柱大采高回采工艺。2007 年 2 月，皖北任楼矿 7211 工作面首次使用 5 米大采高综采支架一次采全高工艺，取得成功。

2004 年 9 月，在芦岭矿Ⅱ 824–2 工作面采用 ZF3600–16/25 型综采放顶煤支架，在高瓦斯极软特厚煤层使用获得成功。该矿《极软、高瓦斯突出、易燃、特厚煤层综放开采关键技术研究》取得阶段性成果，获中国煤炭工业协会 2007 年度科学技术一等奖。

2006 年 2 月，朱仙庄矿 873 工作面采用 ZF6000–17/28 型综采放顶煤支架，在高瓦斯极软特厚煤层使用，平均日产达 3500 吨以上，获得成功。

2007 年 12 月，在刘桥一矿 362 工作面首次使用螺旋钻采工艺进行薄煤层开采，设备型号为 BSHK–2DM 三轴螺旋钻采煤机，从乌克兰引进。

2007 年，《涡北矿近距离煤层大采高综合机械化放顶煤开采技术》中的多项技术填补国内空白，该成果获安徽省 2008 年科学技术二等奖，放顶煤工作面单产能力达到 10 万吨以上。

2008 年 7 月，祁南矿 714 首次采用 ZY10000–26/56 型大采高综采液压支架，对厚煤层实行一次采全高。2009 年 12 月，大采高开采技术在许疃矿 7219 工作面进行推广，采用 ZY11000–28/63 型大采高综采液压支架，将最大采高提到 6 米以上。

2009 年 4 月，祁南矿 7122 综采工作面首次采用薄煤层综采开采工艺技术，选用 ZY5000–09/20 型液压支架，最小采高为 900 毫米，对厚煤层实行一次采全高。该项薄煤层开采工艺技术分别于 2009 年 10 月和 2010 年 4 月在海孜矿 425 工作面和朱庄矿Ⅱ 646 工作面推广使用。

2009 年，芦岭矿高瓦斯极软特厚 8 煤层顶分层综采工艺取得重大进展；2010 年 3 月，芦岭矿 924 极软煤层综采工作面投入生产。

至 2010 年年末，淮北矿区 17 对生产矿井除袁庄、岱河矿外均采用综合机械化采煤工艺。地方煤矿中淮北市的界沟矿也已实现了综采、综掘。

“三下”采煤 “三下”采煤是指在建筑物下、铁路下和水体下采煤方法的统称。安徽淮南、淮北矿区地势平坦，河流纵横，村庄稠密，交通发达。井田大多为第四系松散层所覆盖，其中普遍含 1 ~ 4 层含水砂层。淮北矿区芦岭矿、朱仙庄矿地质条件复杂，水、火、瓦斯、煤尘、顶板、地压六害俱全，尤其是两矿的 8、9 煤层极为松软，属厚—特厚煤层，使用炮采工艺，工作面单产低、安全环境效果差、煤层易自燃。1997 年以后，先在 8 煤进行简放工艺试采，然后扩展至 9 煤，通过工艺改革，效果明显。为解决工作面支架稳定性问题，淮北矿业集团公司和中国矿业大学进行《极软松散煤层简放工作面矿压规律及支护系统安全可靠性研究》。简放工艺有工艺简单、工人劳动强度低、工作环境好、适应性强、回收率高等优点。淮北矿业集团公司采用简放工艺以后，没有发生一起轻伤以上事故，也没有发生一起顶板冒顶垮棚事故，单产提高一倍以上。

1995—2000 年，孔集矿开展《淮南孔集煤矿复合水体下急倾斜 A 组煤层开采水害防治法试验研究》，确定“小流量、长历时、疏水控砂、疏干开采”的十四字技术方针。自 1995—2003 年，已安全采出 A 组煤 60.5 万吨。

1996 年淮南矿业集团在潘谢新区开展《淮南潘谢矿区缩小防水煤柱试验研究》，在原设计 80 米防水煤柱的情况下，对 3 对特大型矿井、7 个采区、4 个主要可采煤层、24 个工作面防水煤柱缩小到 60 米以下，最小防水煤柱 40 ～ 27 米，实现安全采煤 337 万吨。

2000—2003 年，开展《谢二矿深部 -660mA 组煤底板岩溶水防治方法研究》，拟定的“疏采结合，带压开采，巷道截流，综合治理”十六字技术方针已初见成效，并安全采出 A 组煤 149.4 万吨，该技术方针已扩大到谢一矿 -480 米以下的 A 组煤开采。

皖北煤电集团任楼煤矿Ⅱ 1 采区 72、73 煤合成区域煤层达 5 米左右，属“三软”高瓦斯煤层，开始采用综放安全威胁大，煤炭采出率低，2006 年以后采用一次采全高，解决上述问题，提高煤炭资源回收率。

安徽省所有煤矿在试采水体下煤层时，均严格执行国家煤炭工业局 2000 年 5 月制定的《建筑物、水体、铁路及主要井巷煤柱留设与压煤开采规程》。矿井在生产中获得相应的参数和经验后，可以调整设计的回采上限，但采前须编制工作面开采设计，并经省经信委组织的专家评审。

安徽煤田主要分布在淮河两岸及淮北平原地带，地面村庄稠密，平均每平方千米就有一个村庄。农村房屋多为浅地基，结构简单。采后地面塌陷时，房屋会下至水面以下，一直以来，淮南、淮北矿区为保证地面村庄安全，采取先搬迁村庄后开采的措施。

矿区河流较多，淮南矿区的淮河，淮北矿区的闸河、岱河、雷河等均贯穿矿区。采煤后，河坝塌陷下沉，需对其加高修复。淮南矿区内的淮河防护堤坝长约 44.40 千米，其中受采动影响的约有 16 千米。为确保河流安全渡汛，淮北矿区每年也都对采后下陷的河堤进行加固，以确保堤下采煤安全。

2007 年，淮北矿业集团在杨庄煤矿开展建筑物下采煤研究，使用房柱式采煤方法，采空区使用煤矸石添加水泥等填充。

皖北煤电集团和中国矿业大学合作，在五沟煤矿四含承压水下开展《矸石充填提高回采上限试验研究》，把五沟煤矿煤炭回采上限由 -280 米提高到 -255 米，2012 年 1 月开始回采的 CT101 工作面，至今已回采煤炭资源 30 多万吨。充填开采工艺的成功运用，可在五沟煤矿四含承压水下开采煤炭资源 1000 余万吨。

20 世纪 80—90 年代，淮南、淮北矿区内的部分国家铁路支线及矿区铁路专线在铁路压煤量大，留设煤柱影响采区合理布置时，采用不留设煤柱面随陷落下沉填高路面的办法，在淮南李郢孜一矿、李郢孜二矿、谢家集一矿、谢家集二矿，淮北矿区的张庄、朱庄、杨庄、朔里、石台、芦岭、朱仙庄等煤矿回采大量的煤炭。在确保铁路下安全生产，同时保证铁路的正常运行。矿区专门设置铁路管理机构，健全专业施工队伍，随时对路基填高加固，维修铁路设施。

皖北煤电集团前岭煤矿建筑物下压煤量大，该矿从2003年开始进行建筑物下采煤，已采出煤炭资源80余万吨。皖北矿区的部分国家铁路支线及矿区铁路专线压煤量大，采用不留设煤柱而随陷落下沉填高路面的办法，在刘一、恒源、百善、前岭等煤矿回收大量资源。

第三节 生产系统

提升 立井提升大体上有以下三种方式：一是主副井均采用落地式绞车提升，如顾桥矿、顾北矿、丁集矿、潘北矿和谢一矿望峰岗井；二是采用落地式多绳摩擦提升机提升，如童亭矿、桃园矿、祁南矿、许疃矿、涡北矿、孙疃矿、朱集矿、祁东矿、卧龙湖矿、五沟矿，任楼矿采用塔式多绳摩擦提升机提升；三是采用双滚筒单绳绕式箕斗提升，如百善矿、刘桥一矿、前岭矿、恒源矿等。

淮南矿业集团顾桥矿中央区主副井均采用落地式绞车。主井井架为钢结构，高78米，2台国产型号JKMD5×4（Z）绞车，2台5300千瓦同步机拖动，有效载荷32吨，组合罐道提升速度13米/秒。电控由北京金自天正公司制造，传动部分采用西门子SIMADYND数控系统，闸控系统采用瑞典ABB公司产品，可实现恒减速全自动化提升。主绳直径52毫米根，尾绳216毫米×34毫米扁尾绳4根。井井塔高度58米，2台国产绞车双罐型号为JKMD4×4（Z）和单罐型号为JKMD4.5×4（Z），为二层四车罐笼，单罐配平衡锤，双罐电机1700千瓦，单罐电机1700千瓦。电控为上海华菱有限公司全数字直流调速系统，传动部分采用西班牙C30系统，液压盘形制动器。设计速度10.5米/秒。主绳直径双罐40毫米，4根，尾绳166毫米×26毫米扁尾绳2根，单罐主绳直径48毫米，4根，尾绳196毫米×31毫米扁尾绳2根，提升高度808米，组合罐道。南区副井井塔高度58米，2台国产绞车，双罐型号为JKMD-4×4（Z）和单罐型号为JKMD-4.5×4（Z），为二层四车罐笼，单罐配平衡锤，双罐电机1700千瓦，单罐电机2200千瓦。电控为上海华菱公司全数字直流调速系统，传动部分采用西班牙C30系统，液压盘形制动器。设计速度11.5米/秒。双罐主绳直径44毫米，4根；尾绳187毫米×29毫米，扁尾绳2根；单罐主绳直径50毫米，4根；尾绳206毫米×33毫米，扁尾绳2根，提升高度821.6米，组合罐道。

顾北矿主副井均采用落地式绞车。主井井架为钢结构，高69.5米，2台国产型号JKMD-4X4（Ⅲ）绞车，1台3000千瓦同步机拖动，有效载荷20吨，组合罐道，提升速度设计12（现用10）米/秒。电控由ABB公司制造，传动部分采用ACS6000系统，闸控系统采用瑞典ABB公司产品，可实现恒减速全自动化提升。主绳直径42毫米，4根，尾绳177毫米×28毫米扁尾绳2根。副井井塔高度58米，2台国产绞车双罐型号为JKMD-4X4（Ⅲ）和单罐型号为JKMD-4.5X4（Ⅲ），为二层四车罐笼，单罐配平衡锤，双罐电机1700千瓦，单罐电机2200千瓦。电控为上海华菱公司全数字直流调速系统，传动部分采用西班牙 C30 系统,液压盘形制动器。设计速度 11 米 / 秒。主绳直径双罐 39 毫米, 4 根,尾绳 166 毫米 ×26 毫米扁尾绳 2 根,单罐主绳直径 46 毫米,尾绳 187 毫米 ×29 毫米扁尾绳 2 根,提升高度 675.6 米,组合罐道。

丁集矿矿主、副井均采用落地式绞车。主井井架为钢结构,高 67 米, 2 台国产型号 JKMD4.5×4(III)-(DJ) 绞车, 2 台 4000 千瓦同步机拖动,有效载荷 25 吨,组合罐道提升速度 12.84 米 / 秒。电控由 ABB 公司制造,传动部分采用 ACS6000 系统,闸控系统采用瑞典 ABB 公司产品,可实现恒减速全自动化提升。主绳直径 48 毫米, 4 根,尾绳 196 毫米 ×31 毫米扁尾绳 2 根。副井井塔高度 56 米, 2 台国产绞车,双罐型号为 JKMD-4×4（III）-(DJ),单罐型号为 JKMD-4.5×4（III）-(DJ),为二层四车罐笼,单罐配平衡锤,双罐电机 1700 千瓦,单罐电机 2000 千瓦。电控为上海华菱公司全数字直流调速系统,传动部分采用西班牙 C30 系统,液压盘形制动器,设计速度双罐 10.9 米 / 秒,单罐 11.07 米 / 秒。双罐主绳直径 40 毫米,4 根,尾绳 166 毫米 ×26 毫米,扁尾绳 2 根;单罐主绳直径 45 毫米, 4 根,尾绳 206 毫米 ×33 毫米,扁尾绳 2 根;提升高度 851 米,组合罐道。

潘北矿主井采用落地式绞车。主井井架为钢结构,高 67 米, 1 台国产型号 JKMD-4.5×4(Ⅲ)绞车, 1 台 4000 千瓦同步机拖动,有效载荷 27 吨,组合罐道提升速度 12.5 米 / 秒。电控由瑞典 ABB 公司制造,传动部分采用 PLC 控制 / 交直交拖动系统,闸控系统采用瑞典 ABB 公司产品,可实现恒减速全自动化提升。主绳直径 47 毫米 4 根,尾绳 196 毫米 ×31 毫米扁尾绳 2 根。副井井塔高度 58 米, 2 台国产绞车,双罐型号为 JKMD-4×4(Ⅲ)和单罐型号为 JKMD-4.5×4(Ⅲ),为二层四车罐笼,单罐配平衡锤,双罐电机 1700 千瓦,单罐电机 2200 千瓦。电控为上海华菱公司全数字直流调速系统,监（主）控和传动部分分别采用 PLC 控制和 C30 控制的直流拖动系统,液压盘形制动器。设计速度 10.5 米 / 秒。主绳直径双罐 39 毫米,4 根,尾绳 166 毫米 ×26 毫米扁尾绳 2 根,单罐主绳直径 46 毫米,尾绳 187 毫米 ×29 毫米扁尾绳 2 根,提升高度 673.22 米,组合罐道。

谢一矿望井主副井均采用落地式绞车。主井井架为钢结构,高约 960 米, 2 台国产型号 JKMD4×4（Ⅲ)绞车, 2 台 3300 千瓦同步机拖动,有效载荷 20 吨,组合罐道提升速度 13 米 / 秒。电控由 ABB 公司制造,传动部分采用 ACS6000 系统,闸控系统采用瑞典 ABB 公司产品,可实现恒减速全自动化提升。主绳直径 42 毫米 4 根,尾绳 177 毫米 ×28 毫米扁尾绳 2 根。副井井塔高度约 55 米, 2 台国产绞车,双罐型号为 JKMD4×4（Ⅲ)和单罐型号为 JKMD4.5×4（Ⅲ),为二层四车罐笼,单罐配平衡锤,双罐电机 1700 千瓦,单罐电机 1700 千瓦。电控为上海华菱公司全数字直流调速系统,传动部分采用西班牙 C30 系统,液压盘形制动器。设计速度 11 米 / 秒。主绳直径双罐 39 毫米, 4 根,尾绳 170 毫米 ×28 毫米扁尾绳 2 根,单罐主绳直径 47 毫米,尾绳 196 毫米 ×31 毫米扁尾绳 2 根,提升高度 849.2 米,组合罐道。二副井采用塔式提升系统,井塔高度 75 米，2 台国产绞车，双罐型号为 JKMD4×4（Ⅲ）和单罐型号为 JKMD4.5×4（Ⅲ），为二层四车罐笼，单罐配平衡锤，双罐电机 1700 千瓦，单罐电机 2200 千瓦。电控为上海华菱公司全数字直流调速系统，传动部分采用西班牙 C30 系统，液压盘形制动器。设计速度 11 米/秒。主绳直径双罐 40 毫米，4 根，尾绳 157 毫米 ×25 毫米扁尾绳 2 根，单罐主绳直径 50 毫米，尾绳 196 毫米 ×31 毫米扁尾绳 2 根，提升高度 991 米，组合罐道。

朱集矿主井井架为钢结构，高 72.2 米，配备 2 台国产型号 JKMD-5×4-（Ⅲ）-（ZJD）落地式多绳摩擦式提升机，2 台 2200 千瓦同步机拖动，有效载荷 27 吨，组合罐道，设计速度 13.5 米/秒，电控采用 ABB 公司交—直—交变频电控系统，传动部分采用 ABB 公司 ACS6000 系统，闸控系统采用瑞典 ABB 公司产品，可实现恒减速全自动化提升。主绳直径 48 毫米，共 8 根，尾绳 206 毫米 ×33 毫米，扁尾绳共 4 根，提升高度 995 米。副井井架为钢结构，高 60.2 米，2 台国产绞车双罐型号为 JKMDJKMD-4x4(III) 和单罐型号为 JKMDJKMD-5x4(III)，为二层四车罐笼，单罐配平衡锤，双罐电机 1800 千瓦，单罐电机 2200 千瓦。电控为上海华菱公司全数字直流调速系统，传动部分采用西班牙 C30 系统，闸控系统采用瑞典 ABB 公司产品。设计速度 11.5 米/秒。双罐主绳直径双罐 40 毫米，共 4 根，尾绳 166 毫米 ×26 毫米，扁尾绳共 2 根；单罐主绳直径 50 毫米，尾绳 206 毫米 ×33 毫米，扁尾绳共 2 根，提升高度 930 米，组合罐道。矸石井井架为钢结构，高 66.5 米，1 台国产绞车型号为 JKMD-5×4-（Ⅲ）-（ZJD），为二层四车罐笼，一宽罐，一窄罐，电机 2200 千瓦。电控为上海华菱公司全数字直流调速系统，传动部分采用西班牙 C30 系统，闸控系统采用瑞典 ABB 公司产品。设计速度 11.5 米/秒。主绳直径 50 毫米，尾绳 206 毫米 ×33 毫米，扁尾绳共 2 根，提升高度 1009 米，组合罐道。

2010 年 11 月，潘一矿将运行 26 年的主井提升系统 4# 车进行改造，原 16 吨箕斗，改造为 18 吨箕斗，可控硅直流电控改造为 IGCT 交—直—交电控，功率为 2100 千瓦直流主电机更换为功率为 2300 千瓦同步电机。

淮北矿业集团矿井提升系统分为单绳缠绕式和多绳摩擦式两种方式，交流单绳缠绕式绞车电控分为转子串电阻和 6 千伏多电平串联拓扑结构的交流变频调速系统两种方式，多绳摩擦式提升机多部分为直流调速绞车，采用西门子公司生产的 6RA70 或 ABB 公司生产的 DCS-600 直流调速装置，极少数采用交交变频调速的交流电机拖动装置，电机与滚筒的连接方式为通过减速机或同轴低速直联方式两种，保护实现双线制。大部分矿主井提升系统实现定重装载制。

童亭煤矿主井提升系统采用立井多绳磨擦提升，JKMD2.8×4 型提升机，配 9 吨非标准加长箕斗，负责提升煤炭；副井提升系统采用塔式立井多绳摩擦提升，JMK-2.8×4（I）型提升机，提升方式为立井双勾，人物混合提升，负责提升人员、矸石和材料。

孙疃煤矿主井提升选用 1 台 JKMD-4×4（Ⅲ）型落地式多绳摩擦轮式提升机，由 1 台 2300 千瓦直流电机拖动。采用晶闸管直流供电。副井采用 JKMD-4×4（Ⅲ）型落地式多绳摩擦轮提升机1台,由1台1500千瓦低速直流电机拖动。采用晶闸管直流供电。

皖北煤电任楼煤矿主井采用立井塔式多绳摩擦提系统,采用JKM-4×4(Ⅰ)(LR)数控绞车,电机功率2000千瓦,电控系统采用PLC系列全数字直流控制系统,提升高度550米,提升能力为280万吨/年。副井为立井塔式多绳摩擦提系统,安装2台JKM-2.8×6(Ⅰ)绞车。1#绞车电机功率1000千瓦,提升罐笼为2层,每层2辆1吨矿车;2#绞车电机功率为630千瓦,提升容器为2层,宽罐笼配平衡锤,矿车规格为1吨。提升一水平为-520米,2004年延伸至-720米。

祁东矿主井采用立井落地摩擦式箕斗提升,使用JKMD3.5×4(Ⅲ)型多绳摩擦式数控提升机。电机型号:ZKTD250/53-P,功率1700千瓦,采用ABB公司电控系统,实现自动化运行,提升能力为240万吨/年。副井为立井落地摩擦式提升,提升机型号:JKMD3.5×4(Ⅲ),电机型号:ZKTD215/45-P,功率1000千瓦,提升容器为2层4车宽窄罐各1个,罐笼2层,每层罐笼装车2辆,矿车规格为1吨。

卧龙湖煤矿主井、副井提升系统各安装JKMD-3.5×4(III)落地式多绳摩擦提升机1台,电动机功率分别为1700千瓦和1250千瓦。采用锥孔直联悬臂式低速直流电机拖动,正常提升速度10米/秒。引进ABB直流调速系统。主井筒内布置1对12吨箕斗,副井提升机挂1吨2层4车4绳宽、窄罐笼各1台。

五沟矿煤矿主井安装JKMD-2.8×4(Ⅲ)E型落地式多绳摩擦提升机1台,电机功率800千瓦,提升速度为8.5米/秒。井筒内布置1对7吨箕斗,2个天轮直径2.8米。副井井筒直径6.0米,安装JKMD-3.5×4(Ⅲ)型落地式多绳摩擦提升机1台,电动机功率为1000千瓦,提升速度为9米/秒。装备1套1吨2层4车宽、窄罐笼,2个天轮直径为3.5米。

2004年2月,国投新集公司首次在新集一矿使用洛阳矿山机械厂生产的E141A液压站,提高提升制动系统的安全性。2004年6月,首次引进ABB提升电控系统,完成新集一矿和新集二矿的提升系统改造。

2006年9月,刘庄煤矿2台主井提升机成功投入使用。提升机由煤炭工业合肥设计研究院设计,中煤三建机电安装工程处安装,是当时两淮地区设计提升能力最大、最先进的提升机。2台提升机均采用德国西玛格公司生产的六绳内装电机式提升机,型号为KoepeWinder;液压制动系统采用德国西玛格公司生产的ST3-D型液压站,配有18副BE100制动闸。提升机电机采用德国生产的1DM6042-6RA10-Z型双绕组同步电动机,功率:5500/11000千瓦。主电机冷却系统采用55千瓦电机并配有交—交变频装置传动的拖动离心式风机。提升机控制部分由德国西门子公司提供,采用全数字控制系统和PROFIBUS通讯的提升机控制器,设置双PLC系统及基于FM458的提升机控制器,并利用双通道控制技术,矢量控制原理进行控制。提升机主回路采用反并联12脉动,具有12/6脉两种运行方式,可通过切换柜手动切换实现全载半速6脉动运行。提升机传动部分采用交交变频阵列式设计的可控硅柜装置，并利用矢量控制技术实现调速。

2008 年 8 月，国投新集公司首次引进合康亿盛科技有限公司生产的 6 千伏高压变频控制系统，在新集三矿主副井使用，效果良好。

煤层埋藏比较浅的地方煤矿及小型矿井多采用斜井串车提升。

运输 20 世纪 80 年代后期以后，淮南、淮北等国有煤矿采煤工作面刮板运输机向大功率发展，先后有 SGZ-630/220 型、SGZ-764/400、500、630 型、SGZ-830/200、SGZ-830/800 型、SGZ-800/1050、SGZ-1000/1400、SGZ-1000/1710、SGZ-1000/2000 型刮板运输机投入使用。1988 年以后，胶带输送机开始作为主要运输系统大量使用，大多数使用 STJ800/80 型、STJ1000/2×250 型、SSJ1000/2×110 型、SSJ1000/2×132 型、SSJ1200/2×315 型皮带运输机。井下辅助运输多采用架线式机车（非煤与瓦斯突出矿井）和防爆特殊型蓄电池电机车运输。地方煤矿大多数以人力运输为主。

淮南矿业集团新庄孜矿从 2003 年开始使用 PLC（可编程序控制器）控制具有 CST 技术的落地可伸缩钢绳芯胶带运输机。同时使用国产转载机 SZZ-730/110 型、SZZ-764/160 型、SZZ-800/200 型、SZZ-800/315。2005 年后，转载机开始使用大功率的 SZZ1000/400 型。胶带机 2004 年后，使用 IGBT 变频系列、液粘软起动 YNRQD 系列软起动控制技术，采用大功率、大运量胶带输送机 DSJ120/200/4×355、DTL140/200/3×450、DTL140/200/3×900。2011 年潘一矿东区采用地面直接供电的主运胶带机 DTL140/300/4×1250（带速 4.6 米 / 秒、电压 6 千伏）。2007 年，在新庄孜矿煤炭行业首次采用大倾角（260）上运胶带机运送矸石。2010 年，新庄孜矿三号主井改造采用线摩擦助推胶带机。

1994 年后，运输上下山开始使用国产 JKY 型防爆液压绞车提料。2003 年后，张集井下运输上下山装备使用 PLC 控制的防爆变频提升绞车。20 世纪 90 年代末，张集矿采区上下顺槽开始使用国产 SQ-1200 型无极绳绞车运输，2005 年以后，采用磁阻开关控制 SQ-90、变频控制的 SQ-160 无极绳绞车。顾桥矿在 2004 年首次采区上下山采用适用小坡度、多起伏的卡轨车运输。2002 年，谢桥矿采区上下山首次使用 JZK71A 型架空乘人装置运送人员，2009 年使用液压牵引的架空乘人装置。2011 年，顾桥矿首次在综采工作面上下山、运输顺槽使用无极绳绞车牵引的 RQ15-6（9）/50 型起伏巷普轨乘人装置。当前，使用的为国产电机车，地面多为架线式（型号 ZK7/10-6/250、ZK7/10-9/250、ZK14-9/550、CJY10/9B 等），井下为防爆特殊型蓄电池式（型号有 CDXT-2.5、CDXT-5、CDXT-8、XK8-6/120KBT、CDXT-12、CTL 系列蓄电池机车），电机车控制器从 80 年代末，开始使用可控硅脉冲调速装置。2004 年以后，采用 IGBT 脉冲调速和变频调速装置，2011 年开始试用 IGBT 模块控制的永磁同步电机新型机车。80 年代初，蓄电池充电机使用 KGCA 系列，90 年代初，开始使用快速充电机 MKC、KGCK 系列。2008 年使用 IGBT 模块智能控制充电机。矿车为国产“U”“V”型或底卸式，装载量 1 ~ 3 吨。2010 年推广使用 MGC1.7-9 型 U 型矿车的改进型 MGC2.3-9。2011 年，平板车已使用 MPC50–9 型（载重量达 50 吨）。

淮南矿区的立井（副井和矸石井）井口使用绳式、链式操车系统，2000 年后，开始使用 PLC 控制的液压操车系统。2007 年后，立井上下口开始使用液压弯道推（补）车机，斜井上口均设有阻车器、挡车栏，井身安装雷达感应式或轨道传感器式斜井跑车防护装置。2005 年，斜井使用采用轴角编码器控制的自动跑车防护装置，现已推广到采区小绞车牵引的提料斜巷。2010 年斜井开始安设斜井视频监控系统。立井、主（副）提斜井 1993 年开始使用具有数码记忆、屏幕显示、安全闭锁及上下通话多功能提升信号装置。90 年代后期，使用具有 PLC 技术的信号系统。人员上下井，平巷使用 PR 型人车，斜井使用插爪式 (XRC 型) 和抱轨式 (XRB 型) 人车。运输通话联络除使用有线电话外，架线电机车使用载波电话，斜井人车配备专用信号装置，井下轨道由轻轨（30 千元 / 米及以下）型向重轨（30 千元 / 米以上）型发展。2006 年开始，平巷、斜巷轨道使用司（遥）控道岔。2004 年新建矿井轨型不低于 30 千元 / 米，轨距为 900 毫米。

20 世纪 90 年代初，淮南矿区机车运输安装简易信号闭塞系统。潘一矿安装了与合肥工业大学共同研制的 KJ–15A 型矿井机车运输监控系统（即“信、集、闭”）。已升级至 KJ293（A），2012 年，潘一矿将装备矿井车辆监视跟踪系统。井下机车运输通讯使用国产的漏泄通信系统，2000 年开始，KDLT 型漏泄通信系统在潘三、谢桥、张集等矿使用。

淮北矿区辅助运输系统平巷采用电机车运输、采区上下山和联络斜巷及工作面顺槽采用绞车运输，装置局部地区采用无极绳运输方式，斜巷行人上山采用架空乘人器。副井口操车系统采用液压传动 PLC 控制系统，实现阻车器、安全门、摇台、信号等联锁。大巷运煤实现皮带化，跑车防护装置实现自动常闭化，道岔、挡车栏操作实现远控（气动）化，轨道重轨化、标准化。

童亭煤矿大巷运输使用蓄电池电机车 XK12–6/192 型，使用 3 吨底卸式矿车，矸石和材料运输使用 1 吨固定车厢式矿车和 MC1 型料车，大巷人员运输使用 R–12 型平巷人车。大巷行车信号使用 KJ15a 型机车运输监控系统，电车司机使用 KT18 机车通讯系统。采区主运斜巷使用 JYT–1.6 型液压绞车、JKB–2×1.5P 型和 JTPB–1.6 型变频绞车，采区内部使用 JD–25、JD–40 和 JD–55 型调度绞车，完成各采区的矸石、材料的提升、运输任务。

许疃煤矿井下运输为东西翼双巷运输。西翼为 81 采区煤炭由 ZK10–6/550 型架线式电机车牵引 3 吨底卸式矿车运至 82 采区卸载站，与 82 采区煤炭一起由 –500 米水平西翼胶带输送机石门直接运到井底 1 号煤仓；东翼为 33 采区煤炭由 –500 米水平东翼胶带输送机大巷直接运到井底 2 号煤仓。大巷辅助运输由 ZK10–6/550 型架线式电机车牵引 1 吨底卸式矿车。采区煤炭运输采用胶带输送机，辅助运输采用液压绞车；顺槽煤炭运输采用可伸缩胶带运输机，辅助运输采用无机绳或小绞车。矿井大巷煤炭运输采用强力皮带拉运，–500 米西翼主运运输石门安装 1 部 DTL100/110/3×280s 型强力胶带输送机，-500 米东翼安装 1 部 DTL100/80/2×200s 型强力皮带，2 条强力皮带所拉的煤进入 1 号、2 号煤仓。81 采区原煤通过运输上山 81 煤仓上口对头铺设的 2 部 SDJ150 型皮带拉入 81 煤仓，再经过 3 吨矿车拉运至 82 卸载坑，下口经一部 DT Ⅱ型转载皮带与 -500 米西翼主运强力胶带输送机搭接。82 采区原煤通过 82 采区运输上山的 DTL100/68/110X 型皮带拉入 82 煤仓，进入 -500 米西翼主运强力胶带。33 采区原煤通过 33 采区运输上山的 DTL100/80/3×355s 型强力皮带，再由 -500 米东翼强力皮带拉入 2 号煤仓。

涡北煤矿大巷煤炭运输采用强力胶带输送机，辅助运输采用 10 吨架线式电机车牵引 1 吨标准系列矿车；采区上山煤炭运输采用 PVC 系列胶带机，辅助运输采用液压绞车；顺槽煤炭运输采用可伸缩胶带运输机，辅助运输采用连续运输车。井底车场为南北翼两个方向进出车的卧式环形车场，主井装载系统采用“全抬高”布置方式，车场内设有容量 1150 立方米的大型井底煤仓。

皖北矿区各矿采区上下山运输，承担矿井矸石、物料、人员运输任务，采用提升绞车提升，轨距 600 毫米，使用矿车组串车提升。20 世纪 80 年代初期，主要采用水阻式绞车，1983—1995 年，主要采用电阻式绞车，1994 年后，运输上下山开始使用国产防爆液压绞车提料，90 年代末祁东矿开始在采煤工作面风巷使用无极绳绞车运输。2003 年后逐步采用防爆变频提升绞车。

20 世纪 80 年代初期，大部分矿井人员运送主要靠步行，后开始使用电机车牵引普通矿车运送人员。从 1994 年起，刘桥一矿开始在南部主要运输大巷采用 PR-12A 型平巷人车运人，后在中型及大型以上矿井平巷均使用人车运送人员。斜井使用插爪式和抱轨式人车。1993 年，刘桥一矿在 65 轨道上山使用斜井人车运送人员，人车型号为 XRC15，65 轨道上山参数：斜长 360 米，倾角 15°。1997 年，任楼矿在中一回风上山成功使用架空乘人装置。中一回风上山参数：倾角 17 度、斜长 760 米。2007 年，皖北煤电集团祁东煤矿在三采区轨道上山也成功使用了架空乘人装置，之后，各矿架空人车已向多变坡回采两巷道延伸使用。矿区主要斜巷运人设备型号：斜巷人车型号：XRC10、XRC15、XRB15，架空人车型号：RJHY37-18、RJY37-35。

2006 年 8 月，刘庄煤矿在国投新集公司第一家使用煤矿轨道运输信集闭的防爆特殊型蓄电池电机车的井下运输监控系统。2007 年 4 月，刘庄煤矿在 121105 综采工作面风巷首次使用无极绳绞车打运 ZY10000 型液压支架。2007 年 6 月，刘庄煤矿在地面安装调试德国沙尔夫的防爆柴油机单轨吊和绳牵引液压驱动的卡轨车，并取得煤安证，在东二的 11 煤轨道上山，安装单轨吊轨道 900 多米，使用防爆柴油机单轨吊机车进行运人、运料近 3 个月。2007 年 8 月，刘庄煤矿东二采区的 13 煤行人上山首次采用架空乘人装置运送人员，创建井下一流的生态文明大巷。

通风 安徽煤矿全部采用机械抽出式通风，通风方式主要有中央式、中央并列式、中央边界式、中央分列抽出式、中央边界混合式和两翼对角式。

淮南矿区矿井的主要扇风机有离心式和轴流式两种。该集团公司共有各类风机50台，其中备用25台，总供风量约为40万立方米/分，矿区绝对瓦斯涌出量约为1332立方米/分，其中风排瓦斯量约为500立方米/分。

20世纪80年代，淮南矿区基本上靠风排来解决瓦斯问题，加上矿井质量标准化水平不高，巷道断面小，通风阻力大，风机效率低。进入90年代后，潘三、张集、谢桥、顾桥、丁集、顾北、朱集、潘北矿等新建矿井都选用比较先进的风机。但随着淮南矿区的发展，产量大幅度的提高，采场的下移，矿井通风流程的不断增加，矿井瓦斯压力瓦斯含量的大幅度上升，自1997年淮南矿务局两次大的瓦斯事故后，淮南矿区吸取教训，加大投入，提高装备水平，除在抽排上摸索出符合淮南矿区实际的新办法外，对谢一、李嘴孜、潘三、潘一、谢桥矿等通风系统进行大改造，通过扩大通风断面、优化通风系统、更换陈旧风机等措施，改变矿区通风面貌。同时，对局部扇风机也进行改进，"双突"掘进工作面及长距离掘进工作面，装备大功率对旋局扇。采煤工作面及长距离掘进工作面，装备大功率对旋局扇。采煤工作面主要采用U型通风，个别瓦斯浓度较高，难以解决的工作面，采用Y型通风，以解决工作面上隅角瓦斯。

淮北矿区共安装矿井主要通风机74台，运行风机37台，配备电机功率达25675千瓦；矿井需要风量3815立方米/秒，矿井实际进风量4025立方米/秒，矿井总排风量4126立方米/秒，平均外部漏风率3.05%，矿井有效风量率达90.5%左右。各矿矿井通风正规合理、稳定可靠，没有不合理的串联通风。在现有的37个回风井通风系统中，最大通风流程为12250米，通风负压在3000帕以下的有36个，3000～4000帕之间的1个。

童亭煤矿中央风井主要通风机为2009年2月更换完成的AGF606-2.55-1.47-2型轴流式风机，风机电机功率800千瓦，截至2010年年底，风机叶片运转角度为-7.5°；风量为5801立方米/分，负压为2000帕，陈楼块段主要通风机为2010年6月更换完成的FBCDZNO27-2×400型轴流式风机，电机：YBF560平方米-8-2×400，截至2010年底，叶片角度为-5°，风量为5735立方米/分，负压为2800帕。许疃煤矿矿井投产初期通风方式为中央分列式，扩建后全矿井通风方式为混合式。后期在许疃断层以北设置北风井。矿井总风量为295立方米/秒，投产20年时310立方米/秒。西风井、中央风井两处回风井。西风井通风机房装备2台上海鼓风机厂制造的GAF25-12.5-1型轴流式矿井通风机，配备YR5601-6型电动机，电机额定功率1000千瓦，2台风机1台使用1台备用，风量为609840立方米/时，静压3103.4帕。中央风井通风机房装备2台湘潭平安电气公司制造的BD-II-10-NO29型对旋式通风机，配备YBF-630S1-10型电动机，电机额定功率2×400千瓦，2台风机1台使用1台备用，最大风量为215立方米/时。孙疃煤矿矿井通风选用FBDCZNO34型对旋轴流式风机2台，1台工作，1台备用。每台风机配2×400千瓦（后期2×630）防爆电机1台。

皖北矿区祁东煤矿主、副井进风，风井回风，井下实行分区通风；2005年开始施工东风井，补做一条中央进风石门，东风井选用2台直径2.8米的离心式风机及相关电控设备、供电设备。任楼煤矿主、副井进风，风井回风，井下实行分区通风；2006年更换中央风井风机及配套电控设备，完成新增的 -315 总回风巷，2007年完成通风系统改造。刘二矿主、副井进风，风井回风，井下实行分区通风；2006年通风系统改造，施工北风井，2007年完成改造。前岭、卧龙湖、五沟煤矿主、副井进风，风井回风，井下实行分区通风。百善煤矿从主井、副井进风，东、西风井回风，井下实行分区通风。

国投新集公司新集一矿由副井、混合井、中央主井进风，新中央风井、西风井回风，为混合式通风方式。两风井主扇各有1台使用，1台备用。新中央主扇型号为 MAF-3300/1850，西风井主扇型号为 GAF26.6-15-1。二矿矿井采用中央并列式通风，主井、副井进风，中央风井回风，安设 GAF28-14-1 型轴流式通风机2台，配套电机2500千瓦，1台运转，1台备用。矿井总进风量为18067立方米/分，总回风量为18970立方米/分，通风负压为2250帕。三矿为中央并列抽出式，由副井入风，主井回风。由于井田东翼暂未进行开采，通风方式为中央并列单翼通风。主井地面安装2台轴流抽出式主扇进行机械通风，1台运行，1台备用。刘庄煤矿矿井东、西为分区式通风。东区由主井、副井、矸石井进风，中央风井回风，为中央并列式通风；西区由进风井进风，西回风井回风，为中央并列式通风。矿井东、西区由东西区胶带大巷、东西区轨道大巷连接。中央风井和西风井各安装2台同等能力的 ANN-2884/1400N 型轴流式通风机，1台工作，1台备用，配套电机型号 T-K2000-6/1430，转速1000转/分钟，功率2000千瓦。

排水　安徽煤矿井下涌水主要来自第四系砂层（孔隙水），太原组石灰岩（裂缝岩溶水）和煤系砂岩（裂缝水），局部来自大气降水和老窖水对矿井的渗入。随着矿井水平的不断延深，各矿区的排水方法和排水具也不断更新。

20世纪80年代，淮南矿务局新建潘一、潘二和矿井延深水平排水泵房，主要使用高效耐磨泵 MD450 多级泵，用原煤炭部节能改造资金，对老矿井各水平泵房的部分水泵进行更新改造。80年代末，全局主要排水系统的 MD 系列占总数的43.2%。水泵最大功率为潘一、潘二矿中央泵房使用的 MD450-60×10 水泵，扬程550米，流量450立方米/时，配电机功率1050千瓦。

90年代，新建潘三矿中央泵房使用北京水泵厂生产 DS450-100/8 型水泵，并在1992年对该型号水泵的轴承润滑系统和电控系统进行技术改造。1994年，引进上海水泵厂生产的 PJ200 型水泵2台，替换 DS450 型水泵进行排水试验。潘三矿中央泵房使用的 PJ200×8 型水泵，扬程682米，流量450立方米/时，配电机功率1250千瓦。对新建的谢桥矿井的 -610 水平中央泵房，选用 PJ200×8 水泵，配电机功率1600千瓦。全局11对生产矿井主排水泵房安装排水泵115台（含运转、检修、备用），总排水能力3.65万立方米/时。

2000年后，新建张集矿中央泵房投入使用 PJ200×8 水泵5台，新集集团公司7对生产矿井和3个生产公司安装井下主排水泵增至120台，总排水能力38750立方米/分。

2004—2010年，淮南矿业集团公司报废李二矿，同时建成张集北、张集西、顾桥、顾北、丁集、潘北和朱集矿，潘一东区正在建设之中。矿井通过整合和老水平的报废，集团公司共有13对矿井和1个矿建项目部，安装离心式水泵129台，总排水能力47840立方米/时，谢一矿望井-960泵房安装HDM420-96×12水泵，扬程682米，流量420立方米/时，配用电机功率2000千瓦。按照煤矿安全监察总局28号令《煤矿防治水规定》要求，集团公司首先对即将进行A组开采的潘北和潘二矿增设大流量、高扬程深井潜水电泵，扬程800米，流量550立方米/时，配用电机功率1900千瓦。井下泵房正朝着无人值守，地面集控的方向发展。

淮北矿业集团公司童亭煤矿矿井井下排水采用集中排水系统，主要有中央泵房排水系统、-715采区泵房和陈楼块段107采区泵房。中央水泵房安装4台MD500-57×10型和1台M500-57×10型离心式水泵，其中2台工作、2台备用、1台检修，每台水泵平均流量为410.28立方米/时，矿井设内、外水仓，水仓总容量为6888.6立方米/时。-715水平排水系统、陈楼块段107采区泵房均安装3台泵（泵型号为MD280-43/84×7），双趟排水管路，双回路供电，排水方式与中央泵房相同。孙疃煤矿矿井排水选用MD420-93×7型水泵5台；正常、最大涌水时2台工作，2台备用，1台检修；突出涌水时4台工作。

皖北煤电集团公司所属各矿由于水文地质条件不同，矿井涌水量差别较大，其中刘桥二矿涌水高达590立方米/时，居全集团公司之首。任楼煤矿涌水为70立方米/时，全集团公司最小。

矿井排水系统包括雨水、污水及井下排水系统。排水采用雨污分流制。雨水经道路边沟和雨水管道汇集就近排入附近水体，矿井堆煤场地面雨水收集处理后排放。生活污废水收集后排入相应的污水处理站，经工艺处理达标后，排入附近水体或经深度处理后回用。

井下排水除孟庄、刘一矿为二级排水外，其余各矿均为一级排水。矿井水排入污水处理站，经絮凝、沉淀、澄清等工艺处理后作为矿井主要生活用水、选煤厂用水和煤泥煤矸石电厂用水等。

排水一般为2～3趟直径250～350毫米管路，排水能力达800～2600立方米/时，排水深度一般为-300～-500米。排水设施多为MD450-60×8-65×10水泵，少量为其他型号。任楼矿、祁东矿发生突水淹井灾害后，均进行矿井扩排改造，水泵由原先的3台增加至6台，水仓容量及排水管路亦相应增加，矿井抗水灾能力得到提升。

各矿在井下均建有水仓，容量一般均达到4000立方米。其中刘桥二矿水仓容量为8424立方米。全集团公司最大。

国投新集能源股份有限公司有4对生产矿井，新集一矿井下主排水系统分两级排水，泵房内共安装D500-57×3水泵5台，配套电机为佳木斯电机厂生产的YB2400-4，355千瓦电机。-550水平中央泵房设内外水仓，总容量为5737立方米，按照矿防水部门提供正常涌水167立方米/时，最大涌水306立方米/时。新集二矿2个排水泵房，

其中 -550 米中央泵房安装 5 台 PJ200×7 型水泵，流量为 420 立方米 / 时，扬程 645.9 米。配套 YB710S1-4 防爆电动机，功率为 1250 千瓦，5 台水泵运行方式为 2 台工作，2 台备用，1 台检修，主排水管路 Φ273 毫米排水管。新集三矿有 -340 米中央水泵房和 -550 米中央水泵房，矿井涌水量为 130 ~ 150 立方米 / 时。-340 米水仓容量为 2400 立方米，配备 HDM-300×8 分段式多级离心泵 3 台、MDS300-68×8 分段式多级离心泵 1 台，最大排水能力为 1200 立方米 / 时，排水管径为 DN200。-550 米水仓容量为 4200 立方米，配备 MDS300-60×10 分段式多级离心泵 3 台、MDS420-96×7 分段式多级离心泵 2 台，最大排水能力为 1740 立方米 / 时，排水管径为 DN250。刘庄煤矿中央泵房配置 5 台 HDM420×10 型水泵，2 台工作，2 台备用，1 台检修，该型号水泵功率 1700 千瓦，扬程 886.9 米，额定流量 420 立方米 / 时，。排水系统主排水管路采用 D325×17 的无缝钢管。

供电 安徽煤矿供电方式，各矿区均在地面、井下建有多座变电所。电源主要取自 220 千伏、110 千伏变电所，从地面 35 千伏变电所 6 千伏母线上，分段电缆经井筒引入井下中央变电所。中央变电所向采区变电所供电，采区变电所再向生产设备供电。

2009 年，淮南矿业集团将矿井电源线路及风井线路专业化维护单位，由电力公司划归安装工程分公司管理。谢桥、张集、顾桥、丁集、顾北、潘北、朱集、潘一东项目部、望峰岗井工广变电所均为 110 千伏电压等级变电所。丁集、顾桥矿开始及以后所建矿井其向井下供电压由 6 千伏升级为 10 千伏。

2002—2009 年，淮南矿业集团投入大量资金，对所属各矿井电力设备进行升级改造。淘汰老化落后电力设备。用真空断路器、六氟化硫断路器，替代油断路器。井下油浸纸绝缘高压电缆全部更换为交联电缆。矿区实现电力设备的无油化。各矿工广变电所全部实现监测监控。

井下局部通风机供电实现“双三专”即从不同母线段各取一路专供电源、专用变压器、专用开关，并实现自动切换。对部分高瓦斯头面，实行“4321”供风模式，即 4 台局扇，3 路供电、2 路风筒，1 个局扇风机。

2010 年，淮南矿业集团有地面工广变电所 21 座，其中 110 千伏电压等级 12 座，35 千伏电压等级 8 座，6 千伏电压等级 1 座。

维护矿井电源线路共 52 条，总计 475 千米，其中 110 千伏线路 18 条，计 247 条，35 千伏线路 30 条，计 202.4 千米；10 千伏线路 2 条，计 20.4 千米，6 千伏线路 2 条，计 5.2 千米。

淮北矿区变电所主接线多数为 35 千伏全桥结构 6 千伏单母线分段结构，保护皆实行微机化，井下供电实现无油化。

童亭煤矿矿井供电电压等级为 35/6 千伏，矿井设有大井变电所和陈楼变电所。2008 年以前电源从海孜 110 千伏变电站引双回路 35 千伏专用线路，2008 年 7 月改从杨柳区域变电所引双回路 35 千伏专用线路，线路为 LGJ-150 型，长度分别为 7.11 千米和 7.56 千米，1 路运行，1 路备用。陈楼变电所有 2 条 35 千伏电源线路，分别引自大井变电所 35 千伏两段母线，线路为 LGJ-70 架空导线，长度均为 6 千米，正常时两回路带负荷分列运行。大井变电所和陈楼变电所各有 2 台主变压器，型号分别为 SZ11-8000/35 千伏和 SLZ-6300/35 千伏。孙疃煤矿矿井 2 回 35 千伏电源线路均引自杨柳变电所，每回全长 4 千米，导线选用 LGJ-240。矿井工业场地设 35 千伏变电所，所内设 SZ9-12500/3535/6.3 千伏主变压器 2 台。下井电压采用 6 千伏。

皖北矿务局建企初期，矿井供电均来自淮北供电公司下属区域变电所。随着矿井增多，矿井供电来源增加。祁东矿由宿州供电公司供电，朱集西煤矿由淮南供电公司供电，其余各矿均由淮北供电公司供电。各矿均采用双回路供电，1 路主用、1 路充电备用。

皖北煤电集团有煤泥矸石发电厂 3 座，装机总容量 88 兆瓦。其中任楼电厂采取自发自用，多余上网方式，祁东、刘二矿电厂均实行直接上网。有瓦斯发电厂 2 座，装机总容量 6600 千伏，均采取自发自用方式。2005—2006 年，分别对孟庄、前岭、任楼、百善矿 35 千伏变电所进行改造。截至 2008 年年底，皖北矿区电网共有 13 座变电所，26 台变压器，总变电容量 32.39 万千伏安。其中 110 千伏变电所 2 座，110 千伏变压器 4 台，容量 12 万千伏安；35 千伏变电所 11 座，变压器 22 台，容量 20.39 万千伏安。拥有 110 千伏线路 4 条，长约 50 千米；35 千伏线路 20 条，长约 281.22 千米，线路总长度 291.22 千米。

新集一矿 35 千伏变电所、新集一矿西风井 35 千伏变电所均为双回路电源进线，分别引自张集 220 千伏变电站 35 千伏不同母线段，主变容量分别是 2×16000 千伏安和 2×8000 千伏安，均为 1 路主用、1 路充电备用，35 千伏采用全桥接线，6 千伏母线分两段，中间设有联络开关，地面高压 6 千伏供电均由地面 35 千伏变电所馈出，重要用户如变电所、主、副井绞车、压风机房、扇风机房、瓦斯抽排站均采用双回路供电。

新集二矿 35 千伏变电所双回电源进线，分别引自张集 220 千伏变电所 35 千伏不同母线段，主变容量 3×16000 千伏安，2 路主用、1 路充电备用，35 千伏采用全桥接线，6 千伏母线分两段，中间设有联络开关，地面高压 6 千伏供电均由地面 35 千伏变电所馈出，重要用户如变电所、主、副井绞车、压风机房、扇风机房、瓦斯抽排站均采用双回路供电。

新集三矿 35 千伏变电所双回路电源进线，分别取自凤台 110 千伏变电站和芦集 220 千伏变电站，主变容量 2×8000 千伏安，1 路主用、1 路充电备用。35 千伏采用全桥接线，6 千伏母线分两段，中间设有联络开关，地面高压 6 千伏供电均由地面 35 千伏变电所馈出，重要用户如变电所、主、副井绞车、压风机房、扇风机房、瓦斯抽排站均采用双回路供电。

刘庄煤矿东区 110 千伏变电所双回路电源进线，分别引自张集 220 千伏变电站 110 千伏双母线的不同母线段，主变容量 2×40000 千伏安，1 路主用、1 路充电备用，刘庄煤矿西区 110 千伏变电所双回路电源进线，主变容量 2×20000 千伏安，1 路主用、

1路充电备用。110千伏采用全桥接线，10千伏母线分两段，中间设有联络开关，地面高压10千伏供电均由地面110千伏变电所馈出，重要用户如变电所、主、副井绞车、压风机房、扇风机房、瓦斯抽排站均采用双回路供电。

口孜东矿110千伏变电所双回路电源进线，分别取自220千伏邢集变电站和220千伏花园变电站，主变容量2×31500千伏安，1路主用、1路充电备用。110千伏采用全桥接线，10千伏母线分两段，中间设有联络开关地面高压10千伏供电均由地面110千伏变电所馈出，重要用户如变电所、主、副井绞车、压风机房、扇风机房、瓦斯抽排站均采用双回路供电。

板集煤矿110千伏变电所双回路电源进线（三电源供电），其中2个电源分别引自茨淮220千伏变电站110千伏不同母线段，另一电源由110千伏阚疃变电站"T"接线路为板集提供110千伏电源，主变容量2×31500千伏安，1路主用、1路充电备用。110千伏采用全桥接线，10千伏母线分两段，中间设有联络开关，地面高压10千伏供电均由地面110千伏变电所馈出，重要用户如主、副、风井绞车、压风机房均采用双回路供电。

杨村煤矿110千伏变电所双回路电源进线，分别取自220千伏茨淮220千伏变电站110千伏母线段和新顾桥110千伏变电站，主变容量2×40000千伏安，1路主用、1路充电备用，110千伏采用全桥接线，10千伏母线分两段，中间设有联络开关，地面高压10千伏供电均由地面110千伏变电所馈出，重要用户均采用双回路供电。

各矿井双回路电源进线的正常运行方式：一回路运行，另一回路热备；线路上没有分接任何负荷，也没有安装负荷定量器，符合《煤矿安全规程》的要求。

设备管理与维修 安徽煤矿四大矿业集团设备管理，均由机电处或设备租赁公司、装备中心负责。对各单位国有设备资产实行宏观管理和业务指导，包括设备的调剂、调拨、租赁、报废和封存。

设备调剂指企业固定资产中连续停用一年以上或新购进（含自制）两年以上不能投入使用或因技术方案变更企业不需用但仍有使用价值的设备，包括生产设备、非生产设备及配件、附件等。符合上述规定的设备，使用单位可向集团公司闲置设备调剂中心申报，经现场鉴定、确认、价格评估，在公司内外调剂使用。

集团公司内部，设备资产转移需办理设备调拨手续。机电处设备科开出设备调拨单（盖章），由调出和调入方单位部门及集团公司财务资产部盖章后，调入方持调拨单到调出方领取设备，资产转移结束。

设备租借由机电处办理租借单，经双方签字盖章，由需方凭租借单到设备所在单位提取。

各基层单位接集团公司设备报废通知后，向集团公司填报报废申请单。经机电处组织有关处室人员成立设备报废鉴定小组，现场逐台鉴定，符合条件的同意报废。审批后，使用单位作减资处理。

设备封存由使用单位提出封存设备申请。机电处组织财务、计划等部门现场监定，符合条件即同意封存。审批后财务作不需用处理，停提折旧。如需用，则由使用单位报告机电处，批准后拆封使用，财务次月计提折旧。

2010 年，各矿业集团的设备台账进入物资信息化系统，实现信息化管理，报表按月自动生成，主要有："矿井主要机电设备状态情况（月报）""新增设备（月报）""移动设备机电状态和机电事故月报表"等，安徽煤矿各矿业集团均有机厂或机修厂，各矿（公司）也有修理厂对设备进行定期检修。

各矿需要进行设备大修时，由机电科提出设备大修报告，报矿审批后下达大修计划，由机电科（机电办、企管科）组织实施。对突发故障急需大修的设备，使用单位填写修理报告，由矿主要领导批准后，列入大修计划修理。列入大修计划的设备，矿组织有关部门做大修前鉴定，确定由矿自修、集团公司内部修或外委修理的项目以及修理内容。对矿自修的设备要有开、竣工报告，编制修理预算和配件材料明细表；对送集团公司内部修理的设备，承修厂家要有"检修许可证"或"大修资格证"；送外委修理的设备，要选择有修理能力的厂家或公司，经集团公司生产部审批后方可外送，外修的设备还要由生产技术部牵头组织修前鉴定和修后验收。

淮南矿业集团对部分大型固定设备（主通风机，绞车主电机，天轮，导向轮，矿井主变等），由集团公司出资大修，生产矿修理时要经集团公司审批后方可外送。送厂解体后由机电运输部牵头组织修前鉴定，确定修理项目和修理内容，并负责年终结算的审核。2007 年后，部分大型固定设备大修资金的下放，对各矿外修设备不再进行审批。

1987—2007 年，淮北矿区各矿停产检修和重点项目检修共计 64 项，其中朱庄矿 7 项，岱河、杨庄、石台各 6 项，双龙公司、芦岭、朔里、朱仙庄、临涣、海孜矿各 4 项，桃园、祁南各 3 项，童亭 2 项、许疃 1 项。

皖北煤电集团大型设备维修主要由机械总厂负责，小型设备维修由各矿自己修复。

第四节 技术装备

普通综采装备 1987 年以后，安徽煤矿综采装备先后使用的一次采全高支架有 QY250-13/32、ZZ3200-14/28、ZYY4100/18/32、ZZ4000-17/35、ZQ4000-17/35、ZZ3600-13/32 及 ZY4600/18/38、ZY4600/19/40、ZY3800/13/28、ZY4600/13/28、ZY6800/14/28、ZY6800/19/40 型液压支架。

1987—2002 年，安徽煤矿综采装备先后使用的采煤机主要机型：使用鸡西煤机厂生产的 MLS3-170 型有链牵引，MG300-W 和西安煤机厂生产的 MXA300-W 无链牵引。

1987—1999 年，安徽煤矿装备先后使用的工作面刮板输送机主要机型：使用 SGD-730/320 型。从 2000 年开始使用 SGZ-730（764）/400（630）型，中部槽整体铸焊封底板、中双链式刮板输送机，直至 2007 年年底。

放顶煤综采设备 1999年，安徽煤矿使用的轻型支架放顶煤工艺，设备为ZF2400-16/24BF型液压支架。2004年使用ZF3600-16/25。2006年，使用ZF6000/17/28型中部架和ZFG6800/17/28型端头支架。当年还使用ZF5000/16/27Y型中部架和ZFG5200/19/28Y型端头支架。2007年，使用高工阻大采高综放支架，型号为ZF6800/19/38型中部架和ZFG7360/21/34型端头支架。

1999—2001年，安徽煤矿轻型支架放顶煤工作面使用无锡采煤机厂生产的MG200-W型采煤机。2002年，该机型报废，开始使用上海天地公司生产的MG160/375-W型采煤机，其后主要使用无锡采煤机厂生产的MG160/375-W型采煤机，2005年开始使用上海天地公司生产的MG300/720-WD、无锡盛达机械有限公司生产的MG300/700-WD型采煤机。

1999—2002年，安徽煤矿轻放前、后配置SGD-630/220型。2002—2005年使用SGZ-630/220型。从2005年始，使用张家口煤机厂生产的前后部SGZ764/630型。

高档普采装备 1987年以后，安徽煤矿高档普采装备先后使用的采煤机主要机型为KSGBZY-315/660/6、KSGBZY-500/1140/6、KSGBZY-630/1140/6、KSGBZY-800/1140/6、KSGBZY-1600/3300/6。2005年，工作面采煤机、刮板机、乳化液泵站中开始使用3300伏主电压供电，先后使用天津贝克生产的KE3002、山西博太科生产的8SKG-9215-1800A型3.3千伏组合开关。

装备的更新升级 2002年以来，安徽煤矿综合机械化采煤装备进行更新升级。普通综采液压支架的工作阻力，由原来的4000千牛、4400千牛、4800千牛提高到6400千牛、8800千牛、9200千牛、10800千牛；支护形式由原来的支撑掩护式发展为支护掩护式掩护式共存。

逐步淘汰液压牵引，采用电牵引采煤机。并根据采煤层的厚度、工作面的长度，合理配置功率，由原来的300千瓦、475千瓦提高到920千瓦、1400千瓦及1715千瓦、1880千瓦、1935千瓦等。

工作面刮板输送机采用整体铸焊封底式中部槽，“日”字环或哑铃销联接，提高中部槽的结构强度和使用寿命，加大整机的装机功率，由400千瓦、500千瓦提高到1400千瓦、1710千瓦、2000千瓦。提高设备可靠性，杜绝压车事故。

第二章　生产技术

第一节　采区设计

1986 年以来，各矿区先后制定一系列有关设计工作的管理规定和指导性意见，使老采区的生产系统进一步完善、新设计采区主体系统完整正规，为矿区的安全生产打下坚实的基础；同时设计中大量使用新技术、新工艺、新材料，为矿区的采掘机械化发展创造条件。

1986—1995 年，设计工作主要执行《采区设计方案、采区设计、回采和掘进作业规程技术管理规定（试行）》。力求采区的开采实现高产、高速、高回收率、高效、低消耗、低成本、安全好。

2002—2007 年，设计管理工作逐步走上规范化、标准化的轨道，设计工作发生革命性变革，实现设计手段自动化、设计工作标准化。

2007—2010 年，安徽煤矿积极推进设计管理创新，力保矿井的安全高效生产，促进经济效益的提高。

设计管理　各生产矿井新开拓采区在开始施工前，编制采区方案设计上报集团公司生产技术部，由生产技术部组织审查，经集团公司总工程师批准后执行。矿根据审批的采区方案设计及时编制采区施工图设计。采区施工图设计编制完成后，由矿总工程师组织审批并报集团公司生产技术部备案。如需要修改采区方案设计，由矿总工程师负责组织修改，并报集团公司总工程师审批后贯彻执行。

工作面设计编制完成后，由矿总工程师负责组织相关人员审查批准执行。在施工过程中需要修改、完善采掘设计时，生产技术科设计组提出修改意见，报矿总工程师批准执行。

新建矿井重大设计方案的优化、调整、修改等工作，由矿总工程师负责组织人员会同设计单位共同进行修改，完成后上报集团公司，由总工程师组织有关部门对方案进行审查批准。

作业规程与措施的编制、审批和贯彻　施工单位负责编制。编制人员根据技术科下达的编制业务联系书、设计图纸和有关资料的要求，到现场勘测施工条件并广泛征求施工区队意见后进行编制。编制完成后由单位主管技术人员、区队长审查签字后，在开工前 10 天上报技术科会审。

技术管理部门负责审批。矿总工程师（分管副总）负责组织技术、地质、通风、机电、调度、安监、煤质和施工单位等技术负责人进行共同会审，提出会审意见，进行会审签名；经矿总工程师签字批准后下发贯彻执行。

施工单位完成实施。在工程开工前，施工单位技术人员向本单位管理人员、工人进行贯彻，轮休和请假的工人必须补贯。作业规程贯彻后施工单位组织考核，员工经考核合格后方可参加作业。对分期施工或因故停工的工程，当恢复施工时，必须有复工报告，并重新贯彻作业规程与措施；施工队伍调整时，应办理技术资料移交手续。新进入队伍按照新开工工程的要求贯彻作业规程与措施。

作业规程在执行过程中，如遇情况变化或现场施工同作业规程不一致时，由施工单位技术人员对作业规程与措施及时进行修改、补充，编制有针对性的安全技术措施并按规定进行审查、贯彻。每月底，矿分管副总工程师组织技术科、安监处、通风区、调度所、施工单位等有关部门，依据现场具体情况，对作业规程及补充措施进行一次全面复审，并提出复审意见。

第二节　矿井地质测量

管理机构　1986—1998年，淮南、淮北、皖北矿务局均设有地质测量处。1998年，淮南矿业（集团）有限责任公司下设生产技术部地质测量科，原地质测量处、测量队划归科技开发中心管理。淮北矿业（集团）有限责任公司下设生产管理部，地质测量处并入生产管理部，设立地质科、测量水文科。2003年，淮南矿业集团设立瓦斯地质管理研究院，下设地质测量科，负责矿区地质、测绘管理工作。2005年6月，淮北矿业集团地质测量处设立地质科、测量科、水文科、资源管理科。2007年，淮南矿业集团设立安全开采总院，下设地质管理研究院地质测量科。至2010年底，安徽煤矿各大集团公司均设有地质测量机构，负责矿区测量和测绘管理工作。

矿井测量　1986年，安徽煤矿地质测量工作在全国煤炭系统率先建立第一条光电测距仪检测基线，基线全长1176米。1987年，各大矿区大部分矿井的井下测量都使用防爆红外测距仪和激光指向仪。1990年，引进全站仪、电子水准仪。微机在地测系统普遍使用。

2001—2002年，为保护淮南矿业集团破产矿井资产重组顺利进行，先后对谢二、谢一矿；孔集、李嘴孜矿；李一、李二矿6对矿井进行两井间的大型贯通工程测量。采用的主要技术是：地面平面控制采用GPS全球卫星定位方法，建立D级控制网连测井点、高程控制采用三等水准测量方法连测。

1987—2010年，淮北矿业集团矿山测绘工作重点是解决生产矿井、基建矿井的近井点升级改造，对老矿井井下导线控制网进行改造。完成闸河、宿县、临涣三大矿区的矿井上下控制网改扩建工程，确保井上、下坐标系统的统一。并完成许疃、涡北、孙疃、杨柳、刘店、青东、袁店、袁店二矿等近井点建设和地面GPS控制网建设。

测绘成果　1986 年,安徽煤矿采用航空摄影测量法,对潘集一、二、三、四号井田范围测绘 1/2000 比例尺地形图 321 平方千米。

1986—1989 年,淮南矿务局编绘老区 1/5000 和新区 1/10000 比例尺矿区地形地质和井巷关系图,编绘 1/10000 比例尺"三下"开采工程系统图。

1991 年,安徽省测绘局对望峰岗—孔集矿区重新测绘 1/2000 比例尺地形图 77 平方千米,测绘方法采用大平板仪测图。

1992 年,安徽省测绘局对谢桥矿区测绘 1/2000 比例尺地形图 154 平方千米,测绘方法采用大平板仪测图。并根据 1：2000 比例尺地形图编绘 1 ：5000 和 1 ：10000 地形图及井上下对照图(地形、地质与井巷关系图)。

1997—2000 年,安徽省测绘局测绘张集矿区 1/2000 比例尺地形图 70 平方千米,测绘方法采用大平板仪测图。并根据 1 ：2000 地形图编绘 1 ：5000 和 1 ：10000 地形图及井上下对照图。

2000—2003 年,先后多次编绘、修改"淮南矿区规划发展图""淮南矿区井田边界划分图""淮南矿区地面规划发展图"等。

从 2004 年起,采用航测数字化的方式,对原有矿区进行更新和完善,先后测绘新区和老区 950 平方千米 1 ：2000 地形图的基础上分别编绘成 1 ：5000 和 1 ：10000 地形图。

2004—2005 年,安徽省测绘局采用航测数字化的方式,对原有淮南矿区地形图进行更新和完善,先后测绘新区和老区 1015 平方千米 1:2000 地形图;并在 1 ：2000 基本地形图的基础上分别编绘成 1 ：5000 和 1 ：10000 地形图。

2005 年用航测数字化方式,测绘泉山至大通地区 1 ：10000 地形图 25 平方千米,并分别缩编成 1 ：2000 和 1 ：5000 地形图。

2010 年,安徽省测绘局采用航测数字化的方式,对淮南矿区 1103 平方千米进行测绘。

1987—2010 年,淮北矿区完成闸河、宿县、临涣矿区(含临涣工业园区)地形图航空摄影测量和数字化测绘以及许疃、涡北、孙疃、杨柳、青东、刘店、袁店、袁店二井 8 对新井的地形图数字化测绘和控制网改造与建立。测绘更新矿区 22 对生产矿井的工业广场 1 ：500、工人村 1 ：1000 大比例尺数字化地形图,编绘矿井必备的 8 大矿图的电子版图纸。地测处与西安煤航联合研发的《淮北矿区采工图动态管理系统》已成功在淮北矿业集团各地测部门中应用,通过公司局域网矿图管理中心与各矿成功实现传送对接,实现微机制图、数据库共享,该项目获安徽省科技进步一等奖。由于引进微机管理,集团公司各生产矿井已有不同比例尺数字地形图并编制《临涣煤焦化电基地平面图》《淮北矿区水系分布图》《淮北矿区生产建设规划图》等各类专业用图。

1987—2007 年,淮北矿业集团对祁南、桃园、许疃、涡北矿井测绘资料进行验收移交,确保矿井有序生产。完成临涣、朱庄、芦岭、祁南、石台矿、绿原公司、海孜矿等地质环境治理项目的可行性研究与设计报批,取得国家两权价款补贴费用 1730 万元,项目的实施改善了矿区的生态环境。完成石台、岱河矿、双龙公司、临涣煤电公司等新村址基建用地的地质灾害评估，为在煤矿采煤塌陷区回填后恢复建设用地创造条件，既节省新征建设用地的费用，又缓解地矿矛盾，促进搬迁工作的顺利实施，取得良好的经济效益和社会效益。

第三节　矿井储量及“三量”平衡

矿井储量　截至2010年年底，安徽全省生产矿井158对，核定生产能力13394万吨/年，其中，四大集团公司共有生产矿井45对，可采储量992101.1吨，生产能力12360万吨/年，其中，淮南矿业集团有生产矿井13对，可采储量447466.7万吨，生产能力6001万吨/年；淮北矿业集团有矿井18对，可采储量391000万吨，生产能力3304万吨/年；皖北煤电集团有矿10对，可采储量61150万吨，生产能力1500万吨/年；国投新集公司有生产矿井4对，可采储量92484.4万吨，生产能力1555万吨/年。

安徽煤矿共有在建矿井13对，设计能力2250万吨/年，其中，淮南矿井集团2对，设计能力640万吨/年；淮北矿业集团在建矿井5对，设计能力675万吨/年；国投新集公司在建矿井2对，设计能力800万吨/年。

“三量”平衡　1986—2010年，安徽各煤矿加强“三量”（开拓煤量、准备煤量、回采煤量）管理，注重调整采掘比例，合理调整开拓煤量、准备煤量、回采三个煤量比例关系，使“三量”管理步入良性循环，并使“三量”管理经常化、系统化、制度化，不断建立健全统计、台账等资料管理制度，逐步实行微机和信息化管理，定期检查“三量”比例及资源回收情况，使采区回收率达80%以上。

截至2010年年底，淮南矿业集团生产矿井三量为：开拓煤量34099.17万吨，可采期5.2年；准备煤量10010.15万吨，可采期18.4月；回采煤量3486.5万吨，可采期7.4月。淮北矿业集团生产矿井三量为：开拓煤量35907.8万吨，可采期12.5年；准备煤量4005.5万吨，可采期16.7月；回采煤量1950.9万吨，可采期8.1月。皖北煤电集团生产矿井三量为：开拓煤量13634万吨，准备煤量7397.5万吨，回采煤量1287.5万吨，符合储量管理规定。国投新集公司生产矿井三量为：开拓煤量6122万吨，可采期3～5年；准备煤量2611.45万吨，可采期12个月；回采煤量748.65万吨，可采期4～6月。

第四节　矿井调度及信息化

管理机构　1986年，淮南矿务局调设室隶属生产技术处，淮北矿务局调度室为职能处室，皖北矿务局生产调度室为正处级建制。1989年，新集煤矿成立调度室。

1998年企业改制时，淮南矿业集团调度室划归生产技术部管理为正科级编制，淮北矿业集团调度室并入生产管理部，皖北煤电集团调度室划归生产技术部管理，为副处级建制。2000年7月,国投新集总部生产调度指挥中心建成。

2005年10月,淮北矿业集团成立安全生产监控中心,与生产管理部调度室一个机构,两块牌子。至2010年底,安徽煤矿四大集团公司调度管理机构未变。

调度通讯与信息化建设　1990年,淮南矿务局调度信息化建设,调度报表软件是由调度室和局计算机中心联合设计的,实现用计算机处理日常报表,全系统调度报表更加规范、统一,但由于当时条件限制不能实现联网。1995年,该局在此基础上与北京仙岛新技术公司合作开发计算机网络报表管理系统(NTM),实现新庄孜、谢一、潘一和潘三矿调度所计算机与局调度室计算机联网,联网采用调制解调器对接方式,新庄孜矿安全监测信号也能适时地在局调度室的计算机上显示出来。1998年,集团公司计算机公用平台建成使用。实现调度办公自动化和资源信息的共享。2001年,淮南矿业集团引进一套基于WEB方式的计算机网络报表管理系统,实现调度办公无纸化。2002年以来,淮南矿业集团先后开发建成视频会议系统、协同办公系统、安全监控联网系统、全面物资管理系统、井下人员定位系统等29个信息系统,实现信息化创新和突破。2004年以来,淮南矿区连续多年入围中国企业信息化500强。2005年,《淮南矿业集团信息化总体规划》出台。2008年,淮南矿业集团进一步完善皮带秤系统联网,同时在该系统中增加地面选煤厂皮带秤系统。2010年对计算机网络报表管理系统进行升级,增加报表的自定义、编辑、发布,以及信息实时传输功能。

1997—1999年,淮北矿区完成计算机网络一期工程,总投资300.97万元,在公司机关主办公楼和通讯计算机楼之间建立起千兆交换以太网络为主干的机关计算机网络平台。2000年3月,计算机网络一期工程通过省级鉴定。计算机二期工程(国家电子贴息贷款)项目通过立项。2001—2002年,淮北矿业集团完成计算机网络二期工程,建成光纤主干IP广域网络,建立淮北矿业集团总部机关、二级单位网络子系统,示范连通井下安全监测、工业电视系统,开通视频会议系统。2003—2005年,淮北矿业集团计算机网络完成三期工程《大型企业集团模式综合信息管理系统》,该项目是安徽省企业信息化建设的重点工程,总投资为2500万元。该工程通过煤炭工业协会组织的省部级鉴定,并获科学技术一等奖,该成果被列入煤炭行业十大科技成果,被省企业信息化领导小组授予示范项目,集团公司被煤炭工业协会信息化分会评为先进集体;《分布式安全生产调度指挥系统》被省信息化领导小组评为成功项目;《大型分布式办公信息化平台系统》被省企业信息化领导小组评为优秀项目。2006—2007年,淮北矿业集团投资600万元对信息网络平台进行大规模改造,以适应安全生产实时系统传输需要。在管理信息化方面,制定一整套全局范围内的信息代码规范,并开发编码管理平台,实行对集团公司各类信息编码的统一管理。集团公司还先后投入4000万元,加强煤矿安全、生产综合信息化建设。

1989年12月,国投新集煤矿调度室成立,当时信息化装备只有1台电话和1台无线联络对讲机。2000年7月,国投新集总部生产调度指挥中心建成。建成后的生产调度指挥中心集成公司所有生产矿的工业视频，建立 OA 办公系统，并开发建成生产调度管理系统。2001 年 5 月，国投新集总部生产调度指挥中心瓦斯监控系统投入使用。2004 年 8 月，国投新集总部生产调度指挥中心建立信息集群发送系统、ERP 系统。实现无纸化办公，提高工作效率。2010 年 3 月，国投新集在淮南市山南总部建成远程自动化集控中心（包含生产调度指挥中心功能）。在自动化集控中心不但可以实现对公司各矿的全方位信息化自动化生产调度指挥，还可以实现对各生产矿井采煤工作面、皮带运输系统等 14 个生产子系统、12 个生产车间进行远程监视和控制；同时在集控中心可实现对矿井调度电话、行政电话、无线通讯等语音联络系统的互连互通，实现工业视频系统、安全监测监控系统、井下人员定位系统、考勤系统、无线通信等系统的远程监控和信息集成；在集控中心还可实现对国投新集核心传输系统、网络系统、数据中心机房设备及各类信息化系统的运行状况进行远程监控。2010 年 9 月，国投新集开发出安全生产监控应急救援指挥系统，可以及时查看矿井通风系统、供电系统、排水系统、轨道运输系统、瓦斯抽放系统、采掘等系统工程图，进行事发地点的快速定位，查看事发场所突发事故的基本情况和救援物资，及时启动相应的救援预案。并将已建成的自动化系统、矿井安全监测监控系统、国投新集办公系统（OA）、企业资源计划管理系统（ERP）、协作信息平台（CIP）、人员定位及井下移运通信系统、视频监控、地理信息系统（GIS）等系统成功集成到该平台之中。

2003 年以前，皖北煤电集团采用纸质资料的形式将日报、旬报、月报、专题简报等报表材料送报有关领导和部门。从 2004 年开始，利用调度网络平台等形式向集团公司领导、基层生产单位和有关部室及时提供生产活动信息。2005 年 8 月，皖北煤电集团由合肥开元精密工程公司施工的生产实时监视系统运行。局（矿）调度可直接在调度室对各矿主要生产系统、提升系统、瓦斯等动态进行实时监控。2006 年起，全矿区安全生产调度业务管理手段全面升级，各单位都安装以调度报表、调度业务管理、专题调度等为主要内容的调度系统管理软件，日常安全生产信息在集团内部网内运行，日常调度管理由原来的纯人工手写发展到以计算机管理为主、人工为辅。

第五节　煤质管理

1988 年后，煤炭销售执行以质计价政策，调整了原煤基价和煤种比价及地区价差，使不同质量煤种的价差拉大，产品质量对企业的经济效益影响明显。煤炭行业逐步把抓煤炭质量管理作为提高企业经济效益的重要措施。

管理机构　各矿务局和各生产矿井建立各级领导分工负责的煤质管理体系，运销处设立煤质管理部门，统配煤矿在运销科配备分管煤质管理的专职副科长和专职煤质技术员，实行从采场设计、开拓掘进，工作面开采到修护、运输全过程的煤质管理，先后制定一系列加强煤质管理的规定和办法，并对各矿实行超灰扣产，煤质与经营者年薪挂钩。

1990年,企业升级要求煤质管理必须达标。各矿对煤质管理达标活动非常重视,出台许多管理制度,煤质管理逐步走向正规化。随着煤炭市场逐步放开,市场竞争激烈,煤炭质量在市场竞争中显得尤为重要。2002年,在煤炭工业部发布商品煤质量和牌号抽查方法企业标准(即MT176-88标准)的基础上,国家颁布商品煤抽查和验收方法即GB/T18666-2002标准,对煤炭质量提出更高的要求。各集团公司按照ISO 9002国际质量认证标准,实施流程式全过程质量控制管理。实行生产矿和选煤厂分离,界清原煤、商品煤质量责任。对煤质考核政策进行调整,生产矿考核原煤灰分、全水分、全硫分、挥发分、焦渣特征、发热量、哈氏可磨性指数。选煤厂考核灰分、全水分、全硫分、挥发分、胶质层最大厚度、粘结指数,煤炭质量得到进一步巩固和提高。

1991年,淮南矿务局从局到矿建立各级领导分工负责的煤质管理体系,由矿长、总工程师、分管矿长具体实施,成立煤质监管抽查组,对各矿发运的煤炭在铁路编组站、港口和用户储煤场进行煤质抽样检查。随着潘谢新区的开发,新建矿井相继配套动力煤选煤厂,对保证和提高外运商品煤质量起到重要作用。

1997年2月,淮北矿务局煤质选煤处和运销处合并,成立煤炭运销分公司,各矿随之成立煤质运销科,同年成立煤质监督稽查队,隶属煤炭运销分公司管理。2001年12月,集团公司统一销售权,成立驻矿销售科,各矿成立煤炭管理科。2004年12月,集团公司将商品煤采、制、化工作从各矿(厂)分离出来,集中统一管理,归口煤炭运销分公司,入洗矿井的质量检验由驻厂销售科负责。

2005年,按照煤炭贸易国际惯例,委托有煤炭检测资质的第三方对经港口转运的煤炭产品质量进行检测,以第三方检测结果作为贸易结算依据,维护企事业的利益和信誉,减少质量纠纷发生率。

每年末,省煤炭厅按照原煤炭工业部颁布的《生产矿井煤质管理工作标准及检查评分办法》的要求进行年度检查,矿务局煤质管理部门每季度按照《标准》的要求进行一次业务检查。

煤质检验 1986年,全国煤炭实行发热量计价,淮南矿务局作为全国试点单位,由于煤质化验室在煤炭发热量测试分析上做了大量工作,保证全国煤炭计价方案改革的实现,为企业赢得较好的经济效益。

煤质管理连续30年不超标,1980—2000年的出口煤全部符合出口煤合同要求,数次获集团公司“煤质管理先进单位”,1990年12月获得“煤炭工业国家二级企业产品质量合格证”,2002年在第8届亚太质量组织会议上获得质量信得过上榜企业。

1988年以后,年年被评为煤炭部质量标准化试验室。1989年,在煤炭部组织的全国煤质化验统检中取得总分第一名,在煤炭部召开的总结会上介绍经验,受到表彰。受煤炭部委派,到兄弟局进行技术交流指导和检查。1990年,在煤炭行业青工大比武中,淮南矿务局参赛选手在煤质检测类的五个分项赛中取得采制样、元素分析、焦化分析三项冠军和化学分析亚军，受到煤炭部通报表彰。1991年，经煤炭部考核获二级企业煤炭试验室资格。1999年，化验室依据ISO导则25和ISO 9000编制《化验室质量管理手册》，依据国际通行规则进一步规范化验室的质量管理体系。2000年3月，首家通过国家煤炭质量监督检测中心复审，获“煤炭行业二级试验室”称号。2004年，在国家煤检中心组织的煤炭检测能力验证中成绩优秀，检测能力和准确度得到国家权威机构的认可，被选为国家一级标准煤样的定值。为了对第三方煤质检测机构实施监督，每月对第三方留存样进行复验和统计分析工作。负责矿区煤质化验工种的技术比武和技能鉴定工作。截至2005年年底，经培训和技术比武产生多名矿区煤质化验技术能手，煤质化验高级工已达58.73%。

第三章　煤炭加工与利用

截至 2010 年年底，安徽煤矿共有选煤厂 33 座，其中淮南矿业集团 12 座，淮北矿业集团 11 座，皖北煤电集团 7 座，国投新集公司 3 座。总计设计年处理原煤能力达 11354 万吨，其中淮南矿业集团 6500 万吨，淮北矿业集团 1280 万吨，皖北煤电集团 874 万吨，国投新集公司 1600 万吨。

第一节　煤炭洗选

煤矿洗选工艺　各生产矿井及选煤厂均有筛选作业，筛选作业大体可分为两种情况：

第一种是矿井原煤经筛选作业（筛孔 50 ~ 100 毫米），筛下物直接作商品煤销售或进入选煤厂进一步加工处理。选煤厂所用筛分设备种类较多，有固定筛、直线振动筛、园振动筛等。筛分机面积小，由于工作条件恶劣，筛分机使用寿命较短。

第二种是选煤厂原煤筛分分级作业，矿井原煤进入筛分机进行分级，分级粒度从 6 ~ 18 毫米不等，筛上物供选煤厂洗选；筛下物可进行洗选或者直接上仓与洗选煤掺合后作商品煤销售，动力煤选煤厂均采用这种形式。选煤专业化管理以后，逐步采用筛分效率高的博后筛淘汰原有的筛分设备，并持续引进筛分效率高的设备，充分发挥筛选作用。在筛板的材质上，先后采用弹性杆、不锈钢、聚氨酯等材料，单台处理原煤能力及筛分效率大幅提高。

炼焦煤选煤厂：以大直径无压三产品重介旋流器分选为主导工艺，强化煤泥重介操作及两段脱泥工艺；推广浮选精煤再洗的二次浮选工艺，提高精煤产率。通过一系列优化，两个炼焦煤选煤厂数量效率均能稳定在 92% ~ 95% 之间。

动力煤选煤厂：以产品质量自动控制为目标，强化原煤筛分环节，采用重介浅槽 + 重介旋流器 + 螺旋及大型不脱泥有无压三产品旋流器的分选工艺。选煤专业化管理以来，选煤分公司一直在摸索原煤煤质、商品煤质量与入洗比例之间的关系，力争通过建立相关数学模型，逐步实现动力煤入洗量的自动化控制。

推广三段浓缩工艺，践行“清水洗煤”的理念。结合压滤能力的增加，推广三段浓缩工艺后，重介厂循环水浓度控制在 30 克 / 升以内，跳汰厂控制在 80 克 / 升以内，澄清水浓度控制在 3 克 / 升以内，所有厂均达到洗水一级闭路循环标准。

完善介质制备、回收系统。在新厂建设中，逐步推广弧形筛 + 水平直线振动筛的脱介工艺，并对喷水、筛板及挡水坝、磁选机操作等细节进行规范。

主要新技术应用 大型无压三产品重介旋流器的应用，该工艺系统简单、可靠，设备台数少，操作方便，质量效率高，运营成本低；同时将不脱泥大直径无压三产品重介分选工艺应用到动力煤分选。

在顾桥末煤车间改造中，在世界上首次采用直径 1500 毫米的有压三产品重介旋流器工艺，并成功应用于生产。

采用国产 FJC20-4 喷射式浮选机替代德国洪堡公司生产的充气式浮选机，取得显著效果。

在推广应用博后筛提高筛分效率、降低筛分下限的基础上，又引进 2 台驰张筛，用于原煤细粒筛分实践。

无极调灰选煤工艺应用，该工艺可根据原煤质量和产品质量要求，调整原煤入洗量，产品灰份可在 14% ~ 24% 之间任意调整，工艺灵活，产品结构多样，质量调整范围大，适应市场能力强。

引进德国生产的具有国际领先水平的巴达克跳汰机，该机能够适应产品质量调整幅度大的要求，分筛精度达到同类机械的领先水平。

煤泥系统采用先进的三段浓缩、分级回收工艺，提高煤泥水的处理能力，为选煤厂生产能力的发挥提供保障，该系统能自动调节洗水平衡，确保洗水闭路循环。

原煤筛分分级粒度进一步降低。淮南、淮北矿区原煤具有细粘特点，筛分分级困难，为提高筛分效率，降低进入洗选系统的煤泥量，先后采用筛分机组、进口的梯流筛和博后筛，分级粒度从 25 毫米降到 13(6) 毫米。

粗煤泥回收系统走向成熟。粗煤回收一直是选煤生产中的难题，通过不懈努力，形成一套完善的回收工艺，采用进口煤泥离心机和高频筛，粗煤泥回收粒度可达到 0.2 毫米，产品水份在 16% ~ 18% 之间，掺入最终产品中，提高产品附加值。

第二节　坑口电厂

2010 年年底，安徽煤矿共有坑口电厂 16 座，其中淮南矿业集团 5 座，淮北矿业集团 6 座，皖北煤电集团 3 座，国投新集公司 2 座，共计装机总容量为 1050.697 兆瓦，其中，淮南矿业集团 360 兆瓦，淮北矿业集团 605.497 兆瓦，皖北煤电集团 61.2 兆瓦，国投新集公司 24 兆瓦。

安徽省各矿区电厂建设一览表

表 3-3-1

矿区	电厂名称	装机规模	开工时间	建成时间	投资运营情况
淮南矿区	淮浙凤台电厂	2×60MW	2006 年 7 月	2008 年 9 月	淮南矿业集团与浙江电力有限公司均股
	淮沪田集电厂	2×60MW	2005 年 6 月	2007 年 10 月	淮南矿业集团与上海电力有限公司均股
	新庄孜电厂	2×13.5MW	1994 年 8 月	1999 年 8 月	2# 机组 2000 年 4 月，3# 机组 2001 年 4 月
	潘三电厂	2×13.5MW	2005 年 12 月	2008 年 1 月	至 2010 年,累计发电 45.32 亿度,总投资 14.23 亿元
	顾桥电厂	2×33.0MW	2009 年 12 月	–	项目总投资 27 亿元
淮北矿区	宇能电厂	0.687MW	1992 年 9 月	1996 年 12 月	总投资 8032.73 万元
	芦岭电厂	1.44MW	1999 年初	2000 年底	总投资 1.47 亿元
	力源电厂	0.73MW	1997 年 12 月	2002 年 1 月	总投资 9561 万元
	杨庄电厂	1.44MW	2003 年 5 月	2005 年底	总投资 1.7 亿元
	中利电厂	2×300MW	2007 年 1 月	2008 年 6 月	总投资 27.5 亿元
	临涣电厂	1.2MW	2001 年 2 月	2002 年 12 月	总投资 3.77 亿元
皖北矿区	任楼电厂	1.2MW	2001 年 2 月	2002 年 12 月	注册资本 3500 万元
	祁东电厂	2×15MW	2004 年 5 月	2006 年 6 月	至 2008 年 12 月底,累计发电 3.69 亿度
	刘桥电厂	2×15MW	2005 年 3 月	2006 年 12 月	至 2008 年底,累计发电 4.3 亿度
新集矿区	新集电厂	2×6MW	1996 年	1998 年	总投资 27.5 亿元
	花家湖电厂	1×12MW	2003 年	2006 年	–

第三节 煤化工

淮北矿区煤化工 安徽淮北临涣焦化股份有限公司是由淮北矿业（集团）有限责任公司与上海焦化有限公司、南京钢铁股份有限公司、杭州钢铁股份有限公司、五矿发展股份有限公司共同发起组建的。淮北临涣焦化股份有限公司注册资本 6 亿元人民币，总股本 6 亿股。淮北矿业有限公司出资 3.06 亿元，持有 51% 的股份，上海焦化有限公司、南京钢铁股份有限公司、杭州钢铁股份有限公司、五矿发展股份有限公司4家共同参股49%，分别持股15%、14%、10%、10%。淮北临涣焦化股份有限公司主营业务为焦炭、化工产品的生产、销售和相关产品的开发。项目分两期建设，一期工程为年产220万吨焦炭、联产20万吨甲醇；二期工程使项目翻番，达到年产440万吨焦炭、联产40万吨甲醇的规模。同时，发展30万吨煤焦油加工项目、8万吨粗苯加氢精制项目和40万吨甲醇深加工项目，总投资40亿元。焦化工程是"煤化——盐化一体化"工程的龙头项目，安徽省"861"行动计划的重点项目，也是国内规模最大的独立焦化项目。

2004年11月，淮北矿业集团《煤焦化综合利用项目一期工程环境影响报告书》通过国家环保总局环境工程评估中心专家评审。2005年2月3日，临涣焦化与中冶焦耐公司签署总承包框架协议；4日，省政府在淮北矿业集团召开"煤化——盐化一体化"工程专题会议，全力推进"煤化——盐化一体化"工程的实施，并确定其为振兴皖北经济的"一号工程"。 4月，煤化——盐化一体化工程正式立项。6月26日，焦化一期工程开工典礼在临涣焦化项目工地举行。9月19日，1号焦炉开工仪式在临涣焦化项目工地举行。10月27日，2号焦炉破土动工。3月8日，筛焦楼工程开工。

2006年12月28日，煤化——盐化一体化焦化一期工程建成投产。截至2007年9月底，临涣焦化一期工程1号焦炉出焦33万吨。2号焦炉于2005年底开工建设，2007年10月2日建成投产。3号、4号焦炉于2008年上半年全部建成出焦。

2010年3月28日，热电站一期工程动土开挖，标志着安徽大型盐化工项目全面进入施工建设期。近20个一级施工企业、13个设计院、10个监理公司、上万名施工人员陆续进场，氯碱装置、电石装置、水泥装置、公铺工程、石灰石矿山工程先后开工建设。2011年10月16日，盐化项目一期工程投料试车仪式在工地举行。标志着盐化项目一期工程进入收尾阶段。

截至2011年年底，项目总投资67.6亿元。热电项目，1#机组、2#机组具备冲转条件，220千伏变电站具备倒送点条件；氯碱项目，氯碱各装置安装在进行，部分进行单机、联动试车；电石项目，8#电石炉进行调试，其他电石炉工程进展顺利；水泥项目，各系统安装基本完成，调试工作在进行；公铺项目，安装接近尾声，调试工作有序开展；矿山项目，工程已基本结束，进入试生产阶段。

皖北矿区煤化工 安徽淮化集团始建于1958年，是全省最大的煤化工企业，多次入选中国肥料制造业30强、安徽工业50强。2005年，皖北煤电集团注资控股组建新淮化，加快建设安徽煤化工（淮南）基地的步伐。

2008年，该集团主要产品市场紧缩，价格下降，企业亏损394万元。集团成立经济应急委员会，制定"效益优先，以产促销；强化管理，降本增利；严控开支，保存实力；抢抓机遇，乘势而上"的经营思路，作出控制库存、限产或停产亏损产品、满负荷生产边际利润产品等十项措施，有效降低经营风险。当年1—9月，集团实现销售收入18.2亿元、利税15396万元，实现利润2745万元，比上年增长7136万元。

2009 年 1 月,淮化集团与清华大学合作建成煤化工高端技术项目 3 万吨甲醇制丙烯工业实验装置。5 月,淮化主要生产原料消耗比上年下降 1516 万元,尿素、硝酸等主要产品的单位成本比上年每吨下降 400 ~ 900 元。上半年,合成氨产量、煤耗等均创出新的纪录。7 月,安徽省煤化工（淮南）基地奠基,配套建设的朱集西矿开工建设。

淮南矿区煤化工　煤的热电气焦油多联产项目:淮南矿区煤种以气煤、1/3 焦煤为主,焦油含量高达 10% ~ 15%,在全国属于富含焦油煤种。

该项目在燃烧之前,将煤中富氢成份提取出来用作优质燃料（煤气可进一步加工生产燃料油的焦油）或高附加值化工原料;剩下的低品质半焦通过燃烧产生热量,再去供热和发电。可实现煤的分级转化和分级利用,大幅度提高煤的利用价值。淮南矿业集团在煤的综合利用方面做大量探索性研究,分别做淮南煤的焦化、气化、液化试验,均没有取得满意结果。为充分利用煤炭资源,提高其利用价值,淮南矿业集团和浙江大学达成合作协议,进行热电气焦油联产技术的开发与推广应用。按技术开发计划,首先在 1 兆瓦实验台上对淮南烟煤进行热电气焦油联产实验基础上,再对现有 75 吨 / 时循环流化床锅炉进行改造,进行 12 兆瓦热电煤气焦油联产工业示范实验,最后进行 135 兆瓦热电煤气焦油联产工业化。该项目被列为 2007 年安徽省科技攻关项目和淮南市科技重点项目。

第四篇　安全生产与环境保护

1986年以后,安徽煤炭系统建立和完善了一系列安全生产管理机制,不断强化安全生产管理。2000年安徽煤矿安全监察局成立后,认真贯彻国家安全生产各项法律、法规,坚持管理、装备、培训并重的原则,狠抓“一通三防”工作,特别是整顿治理关停一批小煤矿,加强对煤矿瓦斯和水的综合治理与利用,改善矿井安全生产条件。

第一章　监察与监管

第一节　煤矿安全监察监管机构

1986年，安徽省煤炭工业厅设立安全监察局。淮南、淮北、皖北矿务局均设安全监察局。

1998年5月，淮南、淮北矿务局安全监察局更名为淮南、淮北矿业集团安全质量监察局，皖北矿务局安全监察局更名为皖北煤电集团安全质量监察局。同年，国投新集公司安全监察局和中煤矿山集团安监局相继成立。

淮南矿业集团安全质量监察局，副厅级单位，设有综合、通风、机电运输（代管商检中心）、采掘监察、技术监督处。

淮北矿业集团安全质量监察局由董事长领导，准局级机构，下设采掘监察处、机电运输监察处、通风防尘监察处和办公室。

皖北煤电集团及新集矿业集团安全质量监察局为正处级机构，下设采掘科、机运科、通修科、办公室、皖北矿区工程质量监督站。

安全质量监察局向各矿、处、厂、队均派驻安全监察处（站）。派驻生产矿的安监处设处长、主任工程师、副处长和专职安监人员；派驻地面生产单位的安监处（站）设处（站）长，副（处）站长和专职安监员；派驻的安监处（站）机构随矿、处、厂、队机构的调整而调整。

国投新集能源股份有限公司安全监察局为副厅级单位，设有采掘监察室、机运监察室、“一通三防”监察室、安全质量标准化监察室、综合监察室、安全督察大队。

1999年12月30日，国务院办公厅印发《关于煤矿安全监察管理体制改革实施方案的通知》，改革煤矿安全监察体制，实行垂直管理，设立国家煤矿安全监察局，与国家煤炭工业局一个机构、两块牌子，承担由国家经贸委负责的煤矿安全监察职能。“通知”将安徽省等19个省（自治区、直辖市）煤炭工业管理局改组为煤矿安全监察局，为正厅级机构，承担原劳动部门负责的煤矿安全监察职能。并明确规定，省（自治区、直辖市）煤矿安全监察局可在大中型矿区设立煤矿安全监察办事处，作为其派出机构。

2000年4月30日，安徽煤矿安全监察局成立，并举行安徽煤矿安全监察局（安徽省煤炭工业局）挂牌仪式，国家煤矿安全监察局副局长赵铁锤、安徽省人大常委会副主任张春生、安徽省人民政府副省长田维谦、安徽省政协副主席季家宏出席并揭牌。徐安崑任安徽煤矿安全监察局（安徽省煤炭工业局）党组书记、局长；王贞燮任党组副书记、副局长、纪检组长；周开才、李忠任党组成员、副局长；计承法任党组成员、总工程师。下设办公室、财务处、政策法规处、科技装备处、安全监察一处、安全监察二处、事故调查处、人事培训处 8 个职能处室和纪检监察室、机关党委及离退休干部管理处 3 个管理处室；下设淮南、淮北、皖南 3 个监察分局，为省局派出机构。另有救援指挥中心，统计中心、机关服务中心和安全技术中心 4 个事业单位。全局煤矿安全监察员编制 120 人，其中局机关编制 50 人，淮南、淮北、皖南监察分局编制 70 人；事业单位编制 58 人。

2000 年 5 月 10 日，中央机构编制委员会办公室、国家煤矿安全监察局发出《关于各地煤矿安全监察局行政编制分配和办事处设置方案的通知》，确定安徽煤矿安全监察局机关编制 50 人，办事处编制 70 人，合计编制 120 人。办事处设置为淮南、淮北、铜陵 3 个办事处。

2000 年 6 月 15 日，国家煤矿安全监察局办公室发出《关于印发安徽煤矿安全监察局职能配置内设机构和人员编制方案的通知》，将安徽煤炭工业管理局改组为安徽煤矿安全监察局，由国家煤矿安全监察局垂直管理。安徽煤矿安全监察局设 5 个职能处室，即办公室（财务办公室）、安全监察一处（事故调查和行政复议处）、安全监察二处、安全技术装备保障处（职业危害防治处）、人事培训处。安徽煤矿安全监察局机关行政编制 50 人。安徽煤矿安全监察局加挂安徽省煤炭工业局牌子，内设机构增加规划发展处、行业管理处、企事业改革处。淮南、淮北、铜陵煤矿安全监察办事处为安徽煤矿安全监察局的派出机构。

2000 年 5 月 25 日，安徽省机构编制委员会办公室发出《关于安徽煤矿安全监察局加挂安徽省煤炭工业局牌子的通知》，在安徽煤矿安全监察局加挂“安徽省煤炭工业局”的牌子，在实现政企分开的基础上，履行行业管理职能。煤矿安全监察业务以国家煤矿安全监察局管理为主，煤炭行业管理职能以安徽省人民政府管理为主。

2000 年 7 月 13 日，根据安徽煤矿安全监察局文件，于宗立任淮北煤矿安全监察办事处主任、党总支书记；桂来保任淮南煤矿安全监察办事处主任、党总支书记；吴卫龙任皖南煤矿安全监察办事处副主任。

2000 年 8 月 1 日，淮南、皖南煤矿安全监察办事处正式挂牌办公。

2001 年 6 月 16 日，中央机构编制委员是发出通知，决定撤销加挂在安徽等省级煤矿安全监察局的省（区、市）煤炭工业局牌子。

2001 年 11 月 7 日，国务院总理朱镕基签署第 296 号国务院令，发布《煤矿安全监察条例》。《煤矿安全监察条例》规定，设立国家煤矿安全监察机构。

2002 年 2 月，安徽煤炭工业行业管理职能划入省经贸委，在省经贸委设置煤炭工业办公室。4 月 3 日，省政府第 25 号专题会议纪要（《关于安徽煤矿安全监察局与省煤炭工业局机构分离有关问题的会议纪要》）。该纪要确定：撤销加挂在安徽煤矿安全监察局的安徽省煤炭工业局的牌子，将省煤炭行业管理职能划入省经贸委；原核定的省煤炭工业局人员编制、职数和现有工作人员全部划转省经贸委；原煤炭工业局所属企事业单位、煤炭产业工会划归省经贸委管理；从安徽煤矿安全监察局办公大楼内调剂出一层给省煤炭工业管理机构及其相关单位集中使用，水电费和电话费按规定收取；原省煤炭工业局机关离退休人员及工作机构、服务人员随安徽煤矿安全监察局上划国家煤矿安全监察局管理，省财政厅负责与财政部联系落实上划工作；机构分离工作采取先下文后移交、逐步进行的办法。

2003 年 8 月 26 日，国家煤矿安全监察局下发《关于同意成立安徽煤矿安全监察局煤矿救援指挥中心的批复》，同意成立安徽煤矿安全监察局煤矿救援指挥中心。

2005 年 2 月 4 日，安徽煤矿安全监察局根据中编办通知精神下发了《淮南、淮北、皖南煤矿安全监察办事处更名为监察分局的通知》，淮南、淮北、皖南煤矿安全监察办事处更名为淮南、淮北、皖南监察分局。

第二节　小煤矿治理整顿

安徽小煤矿发展于 20 世纪 80 年代中期，到 1998 年曾一度达到 1100 多处，成为本省煤炭供应的有效补充，为全省经济建设，尤其是县域经济的发展做出了较大的贡献。20 世纪末，全国煤炭产能过剩，开展了第一轮小煤矿整顿关闭工作。本省小煤矿经过 1999 年和 2000 年的整顿关闭，至 21 世纪初，小煤矿数量锐减到 395 处。全部产能 885.95 万吨 / 年，平均产能不到 2.5 万吨 / 年，实际产量平均不到 1 万吨，集中分布在 9 个产煤市，其中 1 万吨 / 年以下的煤矿有 124 处，1 万 ~ 3 万吨 / 年的煤矿 192 处，二者占当时小煤矿数量的 80%。进入 21 世纪，省委、省政府进一步加大关闭不符合安全生产条件的小煤矿，至 2005 年年底，全省小煤矿数量下降到 262 处，地方煤矿安全生产形势明显好转。

2005 年，国务院开展新一轮煤矿整顿关闭工作，淘汰落后产能，继续关闭不符合安全生产条件的煤矿，进一步提高煤矿准入门槛。2006 年上半年，省政府根据国务院安委会办公室《关于制定煤矿整顿关闭工作三年的指导意见》精神，结合本省小煤矿实际，出台《关于全省小煤矿整顿关闭工作的实施意见》。2006 年 9 月，省政府在宣城市召开全省煤矿整顿关闭工作会议，全面部署全省地方煤矿整顿关闭工作。全省把小煤矿整顿关闭工作与落实《国务院关于预防煤矿生产安全事故的特别规定》、国务院安委会办公室《关于制定煤矿整顿关闭工作三年规划的指导意见》及《安徽省小煤矿整顿关闭工作规划》紧密结合，利用现场监察、座谈、研讨等各种途径，宣传国家和省委、省政府煤矿整顿关闭法律法规和政策，让地方政府和煤炭企业了解政策，掌握政策。

2006—2008 年，重点淘汰 3 万吨 / 年及以下的小煤矿。根据煤矿安全生产实际条件，坚持“政策宣传主动退出一批，关闭整顿依法淘汰一批，资源整合优化整合一批，升级改造巩固提高一批”的原则，分阶段、分类推进整顿关闭工作。确保生产能力 3 万吨 / 年以下的煤矿，采矿许可证到期一个整顿关闭一个；3 万吨 / 年及以下的煤与瓦斯突出矿井,不具备安全生产条件的,依法予以关闭;3 万吨 / 年以上且资源枯竭的煤矿,采矿许可证到期即关闭,同时实行安全托管机制。

2009 年以后,重点加强地方煤矿安全基础工作。省政府有关部门相继出台《安徽省地方煤与瓦斯突出煤矿安全管理若干规定(试行)》、《关于进一步加强地方煤矿安全基础和深化煤矿整顿关闭工作的意见》等政策,对保留下来的地方煤矿在管理机构、安全设施设备、质量标准化等方面提出了更高的要求。对地方煤与瓦斯突出矿井,必须由具备瓦斯治理理论知识、技术水平和实践经验的国有大矿托管;不能实现托管的,督促退出煤炭开采业,或将采掘作业范围退出突出区域。同时积极建立关闭矿井剩余采矿权价款、安全生产风险抵押金等费用返还制度,妥善做好关闭矿井的后续工作。

经过多年的煤矿整顿关闭,安徽省小煤矿总数由 1998 年最多时的 1011 处,减少到 2010 年底的 116 处,小煤矿的平均产能由以前的不足万吨提升到 9.5 万吨 / 年。安徽省煤炭产业结构更为合理,办矿条件进一步改善,办矿标准、防灾能力、安全生产水平等进一步提高。2000 安徽省地方煤矿因事故死亡人数 74 人, 2010 年死亡 14 人,相比减少 81%。

第二章　安全生产管理

第一节　安全工作

煤矿安全工作制度建设　安徽省政府先后出台《安徽省安全生产条例》《安徽省煤矿安全生产联合执法实施办法》《安徽省人民政府办公厅关于印发安徽省构建煤矿瓦斯综合治理工作体系实施办法的通知》《安徽省地方煤与瓦斯突出煤矿安全管理若干规定》《安徽省煤矿安全供用电监督管理暂行规定》《安徽省煤矿建设项目安全管理规定》《安徽省煤矿瓦斯治理与利用办法》等。制定了煤矿瓦斯综合治理专项基金、安全费用提取、整顿关闭、安全风险抵押金、安全责任保险等政策。安徽省安全生产监督管理局、安徽省经济和信息化委员会、安徽煤矿安全监察局等部门联合印发《安徽省煤矿瓦斯治理规定》《安徽省地方煤与瓦斯突出矿井瓦斯综合治理能力审查标准》《关于进一步加强地方煤矿安全基础管理和深化煤矿整顿关闭工作的意见》等110多项煤矿安全生产规章制度，涉及煤矿瓦斯综合治理、整顿关闭、防治水、隐患排查治理、安全评价、安全责任考核、应急救援等多个方面。

为了规范监察执法行为，安徽煤矿安全监察局结合实际制定《安徽煤矿安全监察执法工作规范》《安徽省煤矿建设项目安全设施设计审查和竣工验收实施办法》《安徽煤矿安全监察局对地方政府煤矿安全监管工作监督检查实施办法》《安徽省煤矿矿长安全生产责任记分考核办法》等160多项煤矿安全监察规范性文件，形成符合安徽实际、具有安徽特色、相对健全的煤矿安全生产制度和政策体系，其中《安徽省构建煤矿瓦斯综合治理工作体系实施办法》《安徽省煤矿瓦斯治理规定》《安徽煤矿安全监察执法工作规范》等11项标准、制度得到国家安全监管总局和国家煤矿安监局等国家部委的充分肯定，并转发全国。

煤矿瓦斯综合治理措施　瓦斯灾害是煤矿安全生产最严重的威胁，瓦斯综合治理是煤矿安全生产工作的重中之重，也是煤矿安全工作的第一要务。通过安全生产的实践，安徽省煤矿企业先后探索出了“先抽后采、监测监控、以风定产”瓦斯防治“十二字”方针，在全国得到推广，积极构建“通风可靠、抽采达标、监控有效、管理到位”瓦斯综合治理“十六字”工作体系，坚持“可保必保，应抽尽抽，以用促抽”的瓦斯治理利用制度。安徽煤矿安全监察局同时开展了驻矿监察、调研监察、解剖式监察等手段，认真查找瓦斯治理过程中存在的突出问题和矛盾。在煤与瓦斯突出矿井强力推进“先抽后采”的区域瓦斯治理措施，落实瓦斯治理“科技、投入、培训、管理”四个并重和“时间、空间”两个保障措施。

随着全省煤矿开采深度增大和开采强度的提高，矿井瓦斯涌出量增大，抽采瓦斯已越来越成为高瓦斯采掘工作面、突出煤层开采解放层的一个不可缺少的重要环节，并为瓦斯利用提供重要条件。对富含瓦斯的煤层开采时，通常采用以下几种瓦斯抽采方法：开采层瓦斯抽采、邻近层瓦斯抽采、采空区瓦斯抽采等。开采层瓦斯抽采主要分为预先抽采、边掘边抽和强化抽采（松动爆破）；邻近层瓦斯抽采主要分为上邻近层和下邻近层瓦斯抽采；采空区瓦斯抽采主要有插管抽采、预埋管抽采、顶板巷道抽采、顶板高位钻孔抽采和地面钻孔抽采等方法。

近年来，高瓦斯矿井采空区瓦斯抽采也进行过许多研究，试验了多种瓦斯抽采方法，采空区抽采比例正在逐步增大。在工作面回采过程中采空区瓦斯抽采方法主要有插管抽采、预埋管抽采、顶板巷道抽采和顶板钻孔抽采等。

从 20 世纪 80 年代末开始，随着机采、综采和综放采煤技术的发展和应用，采区巷道布置方式有了新的改变，采掘推进速度加快、开采强度和开采深度增大，使工作面绝对瓦斯涌出量大幅度增加，尤其是存在邻近层的工作面，其瓦斯涌出量的增长幅度更大，采区瓦斯涌出来源比例也发生了很大变化。实施立体综合抽采瓦斯方法成为必然选择，即把开采煤层瓦斯采前顺层矿孔预抽、卸压邻近层瓦斯高位（巷）钻孔边采边抽及采空区（封闭或半封闭、地面钻井）瓦斯采后抽等多种方法在一个采区内综合使用，在时空上为瓦斯抽采创造更多的有利条件，在工艺及方式方面，将钻孔抽采与巷道抽采相结合、井下抽采与地面钻孔抽采相结合、常规抽采与强化抽采相结合、垂直短钻孔抽采与水平长钻孔抽采相结合的技术措施。采用立体综合抽瓦斯方法后可最大限度地利用时空增加瓦斯抽采量、提高瓦斯抽采率，瓦斯抽采效果不断提升，缓解了抽、掘、采接替的紧张状态。

煤矿安全生产源头治理　认真执行煤矿安全生产许可证制度，严格按照标准、条件和程序颁发煤矿安全生产许可证；加强日常监督管理，对颁证后安全生产形势滑坡、不再符合安全许可条件的，安徽煤矿安全监察局实施依法暂扣、吊销、注销煤矿安全生产许可证。2006 年底前，完成安徽省所有合法矿井安全生产许可证的颁发工作。2010 年，安徽省煤矿安全生产许可证延期工作相对集中，为了切实做好复核换证工作，严格按受理、复核、现场审查、领导小组讨论、局长办公会批准等程序审查审批。不论是申请延期还是符合条件直接延期的，一律进行现场审查。主要采取由省局牵头，分局交叉互查的方式，确保现场审查客观、公正、公平，纪检监察部门参与具体审查和发证，实行全过程监督。

认真执行煤矿建设项目“三同时”（同时设计，同时施工，同时投产使用）制度和安全生产“一井一制”，严格安全设施设计审查和竣工验收，严格矿井施工队伍资质管理，加强对建设项目的监察执法，不断提高煤矿安全生产的初始条件。凡是建设项目未经核准、安全设施设计未经审批的，不准开工建设；安全设施未通过竣工验收的，建设项目不得进行竣工验收、不审理颁发安全生产许可证。

煤炭企业安全基础管理 截至2010年年底，安徽省高瓦斯矿井、煤与瓦斯突出矿井均设立专职通风副总工程师，设置通风、防突、抽采、安全监控专业机构，突出矿井配备地测副总工程师，重点加强以瓦斯治理为重点的安全管理工作。安徽省国有重点煤炭企业吨煤提取安全费用从2006年33元，2008年提高到50元。10年来，安徽省煤炭企业安全投入累计超过220亿元。

实施煤矿安全质量标准化建设，按照国家关于煤矿安全质量标准化建设的部署和要求，安徽煤矿安全监察局制定实施意见和考核细则，每年度组织1次综合考评，淮南、淮北、皖北、新集四大矿业集团公司均评为安全质量标准化企业，所属煤矿均达标。实施国家科技发展规划中煤矿安全重点科技项目。国家发展和改革委员会依托淮南矿业集团组建煤矿瓦斯治理国家工程研究中心。深井“三软”中厚煤层综采工作面安全高效综合技术、煤矿瓦斯细水雾输送及发电技术、煤矿保护层开采、地面钻井抽采、顺层钻孔抽采、工作面抽采、突出煤层掘进消突等一批先进技术得到较好运用，逐步走上产、学、研相结合的新路子。10年来，安徽省煤炭企业获得国家和省（部）级科技进步奖119项，申请专利64项。

煤矿安全生产支撑体系建设 加强煤矿安全培训机构和信息化建设，强化煤炭企业“三项岗位”人员（主要负责人、安全管理人员和特种作业人员）的培训教育。安徽省共建成6个二级、8个三级、65个四级煤矿安全培训机构，并加强对培训机构的资质管理和审查，自2000年以来累计培训“三项岗位”人员35万人次，企业各类从业人员安全意识得到进一步强化。

加强煤矿应急救援工作，成立安徽煤矿救援指挥中心；建成1个国家矿山救援基地；1个国家矿山排水基地；组建淮南、淮北、皖北、新集、皖南5个覆盖安徽省煤矿救护基地；建立淮南、淮北、铜陵3个煤矿医疗救护中心。形成救护、医疗和培训“三位一体”的煤矿应急救援体系。成立安徽煤矿救援指挥中心以来，安徽省煤矿救护大队共成功营救煤矿遇险人员225人。

加强煤矿安全生产中介机构建设，安徽省共建成5家煤矿安全评价中介机构和5家安全检测检验机构，初步形成类别较齐全的安全中介服务体系。煤矿安全支撑体系在促进煤矿安全生产工作中发挥重要的作用。

推进煤矿安全文化建设，淮南矿业集团以瓦斯治理为企业安全文化的核心定位，培育20种瓦斯治理理念。淮北矿业集团形成具有矿区特色的安全人性化管理18法，皖北煤电集团公司突出安全精细化、深入推行15种安全管理方法，安徽省煤矿企业逐渐形成具有自身特色的安全文化。

煤矿安全生产联合执法 安徽省政府建立煤矿安全联合执法工作通报、联席会议、联合执法、信息发布四个机制，明确安徽煤矿安全监察局、安徽省安全生产监督管理局、经济和信息化委员会、发展和改革委员会、国土资源厅、工商行政管理局等11个部门为省级煤矿安全联合执法成员单位，深入开展以瓦斯治理、整顿关闭、建设项目、水害防治、隐患治理等为重点的煤矿安全生产联合执法检查活动。安徽煤矿安全监察局主动与各成员单位沟通协调，及时通报情况、交流信息，协商解决煤矿安全生产中的重大问题，形成齐抓共管的工作格局和强大合力。淮南监察分局与淮南市煤炭管理局联合制定《贯彻落实国务院办公厅关于完善煤矿安全监察体制的意见的实施细则》；淮北监察分局与淮北市煤炭管理局建立了联合执法沟通协调机制；皖南监察分局与所在地煤矿安全监管部门建立《煤矿安全监察、煤矿安全监管工作通报与信息交流制度》《煤矿安全监察与监管联席会议制度》和《煤矿安全监察与监管联合执法制度》3个协调工作制度。2000年后，安徽煤矿安全监察局累计向有关地方政府及部门提出加强和改进煤矿安全生产工作建议书、意见书426份，收到较好成效。

煤矿安全监察　煤矿安全监管监察工作体制和机制逐步完善，以煤矿瓦斯治理、整顿关闭、隐患整改、基础管理等为重点的安全监管监察工作深入开展。安徽煤矿安全监察局及淮南、淮北、皖南监察分局牢固树立国家监察理念，紧紧抓住影响和制约煤矿安全生产工作的难点问题、焦点问题和突出矛盾，深入基层，深入井下，始终保持对煤矿安全监察的高压态势。突出加强对煤矿企业决策层、管理层、技术层的监察执法，推动落实安全生产主体责任；定期对产煤市县（区）政府煤矿安全监管情况开展监督检查，推动落实政府安全监管责任。针对煤矿灾害严重、问题突出、重大隐患整改迟缓等情况，组织开展超前监察、驻矿监察、解剖监察、调研监察等形式多样的执法活动，提高针对性和实效性。把重点监察、专项监察、定期监察与矿长安全责任考核、企业负责人专题汇报、安全质量标准化、安全生产许可证颁发管理、煤矿建设项目安全准入等有机结合，进一步强化监察手段，全面推进监察执法工作。2000年后，全局累计监察矿井1.96万矿次，查处各类事故隐患15万条，下达各类执法文书4.2万份，责令360台（套）设备停止使用、3068个采掘工作面停止作业、605矿次停产整顿；查处各类煤矿事故691起并按期结案，处理事故责任人5020人。

煤矿安全监察队伍建设　围绕“政治坚定、业务精通、敢抓敢管、公正廉洁、务实高效”的目标，加强监察队伍建设，树立国家监察的权威和良好形象。通过政治理论学习，以及每年1～2个专题的学习教育活动，加强党性锻炼和修养，树立宗旨意识、大局意识和责任意识。加大干部交流力度，近几年共交流处级干部26人次，全局干部交流比例达90%以上。开展“五型”机关和精神文明创建活动，推进机关效能建设，安徽煤矿安全监察局监察员人均年工作日达270天以上，局领导平均每年下基层101天、深入井下现场39次，监察分局监察员平均每年下矿145次，机关业务处室监察员平均每年下矿96次；2007—2010年安徽煤矿安全监察局连续四年被评为效能建设良好单位，局机关连续4次被评为“三优文明单位”。

坚持“一季度一专题、一月一辅导”的业务学习制度，定期开展监察工作研讨、执法工作交流、案例分析、执法文书评比等岗位练兵活动，同时采取驻矿监察、异地交叉监察和调研式监察、解剖式监察等多种形式，提高监察效能，增强解决实际问题的能力，鼓励监察员加强自学和继续教育，进一步提高监察执法人员的综合素质。截至2010年年底，全局共有28人获得硕士学位、9人在读，31人取得注册安全工程师资格，41人获得高级工程技术职称、占在职公务员的36.6%。

在各级党委、政府的领导下，各煤炭企业共同努力，安徽省煤矿安全生产状况呈现了总体稳定、趋于好转的发展态势。2000年，安徽省煤炭产量4783万吨，工业总产值114.1亿元，煤矿发生事故93起、死亡131人，百万吨死亡率2.74；2010年，安徽省煤炭产量13150万吨，工业总产值1189.1亿元，煤矿发生事故33起、死亡36人，百万吨死亡率0.274。2010年与2000年相比，煤炭产量增加8376万吨，增幅174.93%；工业总产值增加1075亿元，增幅942%；事故起数减少60起，减幅64.52%；死亡人数减少95人，减幅72.52%；煤炭百万吨死亡率减少2.466，减幅90%。“十五”（2001—2005）期间，安徽省煤炭产量34409万吨，工业总产值989亿元，煤矿发生事故381起，死亡550人。“十一五”（2006—2010）期间，安徽省煤炭产量55144万吨，工业总产值3308.5亿元，煤矿发生事故249起，死亡290人。“十一五”与“十五”相比，煤炭产量增加20735万吨，增幅60.26%；工业总产值增加了23195亿元，增幅达234.5%；事故起数减少132起，减幅34.65%；死亡人数减少260人，减幅47.27%。2003年6月以来，安徽省煤矿杜绝了30人以上特别重大事故；2006年2月以来杜绝了10人以上重大事故；其中2004年、2007年杜绝了3人以上较大事故。

第二节　安全设施与设备

通风设施与设备　20世纪80年代，安徽煤矿潘一、潘二矿井使用的L8-60/8压风机，配电机功率350千瓦。90年代，新建的潘三、新桥矿井使用的是2D12-100/8、D-100/8压风机，配电机功率550千瓦，并陆续对老区矿井早期使用的日本、加拿大生产的压风机进行更换。到90年代末，全局11对生产矿井安装使用的压风机63台，总额定排气能力为3818立方米/分。

2000年以后，张集矿地面压风机为D-100/8型，配电机功率550千瓦。淮南矿业集团7对生产矿井和3个生产公司安装使用的压风机66台，总额定排气能力为4118立方米/分。

截至2007年年底，淮北矿业集团先后对矿区一些老、旧、杂和超期服役的扇风机和通风能力不能满足生产需要的风机进行改造。全矿区16对生产矿井有12对矿井共改造和更换风机72台(套)。在用通风系统35个，在用主扇风机35台，备用扇风机35台，其中轴流式风机40台，离心式风机30台。总进风量为每分200431立方米，总回风量为每分217915立方米，担负着全公司16对生产矿井的51个回采工作面148个掘进工作面和233个硐室的通风任务。

2010年，淮南矿业集团报废李二矿和李一矿，同时建成张集北、张集西、顾桥、顾北、丁集、潘北和朱集矿，潘一东区正在建设之中。淮南矿区共有13对矿井和1个矿建项目部，安装使用的压风机95台（其中：离心式20台，螺杆式22台，活塞式50台）总额定排气能力为8040立方米/分。随着压风机的更新改造，将逐步淘汰活塞式压风机，采取离心式与螺杆式。

皖北煤电集团9对生产矿井，共有扇风机20台，在用主扇机10台，其中轴流式扇风机4台，离心式扇风机2台，电机额定功力5295千瓦，总进风量为66095立方米/分，总回风量为68804立方米/分。

国投新集集团5对生产矿井中央风井或西风井，安装主扇风机14台，井下安装局扇220台和传感器2245个，各矿井均有安全监控系统。

排水设施与设备　2010年，淮南矿业集团13对生产矿井和1对在建矿井，安装离心式水泵129台，总排水能力每分47840立方米，谢一矿望峰岗井-900泵房安装HDM420-96×12水泵，扬程682米，流量420立方米/分，配用电机功率2000千瓦。

淮北矿业集团16对生产矿井有主排水泵房31个，安装水泵142台，总装机容量102665千瓦，大部分矿井安装D型或MD型高效耐磨泵，除袁庄、杨庄、岱河、海孜矿采用接力排水外，其余矿都采用一级排水。

皖北煤电集团，排水一般为2～3趟直径250～350毫米管路，排水能力达800～2600立方米/时，排水深度一般为-300～-500米。排水设施多为MD450-60×8及MD280-65×10水泵，少量为其他型号。

第三节　安全承包与联保

安全承包　1989年，安徽煤炭企业，将风险抵押承包制引入安全生产管理，实行安全风险抵押承包，矿务局副总以上领导、纪委书记、工会主席；各矿副处以上干部；局机关生产技术处、机运处、通风处、基建处、调度室、安监局等业务处室的正副处长、正副主任工程师均为安全风险抵押范围。并制定抵押金奖罚标准，其中，局领导每人抵押500元，矿领导抵押460元，机关正处级抵押380元，季度兑现。

1990前，扩大安全风险抵押范围，将地面厂纳入抵押范围，补充奖励办法和标准，除个人抵押不变外，增加对单位的兑现。

2004年始，安徽煤矿进一步加大安全抵押承包力度，将安全抵押金大幅度提高。其中正局级抵押1万元，副局级、副总工程师按0.9、0.7系数抵押；机关各业务处室领导干部按系数抵押；其他单位处级干部按规定抵押。

安全联保　各矿业集团实行安全生产四级联保机制。即个人保班组，班组保科区，科区保集团公司。通过层层承包和联保，把安全生产和管理与职工的经济利益挂起钩来；把责、权、利落实到每个干部、工人；制定安全承包办法和标准，加强考核，奖罚分明。

2004年始，各集团公司机关各单位与各矿结对子，进行安全联保，定期到结对子单位开展安全活动，安全奖金与结对子单位安全效果挂钩，季度兑现。各矿机关也与基层单位结对子，确保安全生产。

第四节　群众安全监督

职工群众监督　1987年后，安徽煤矿系统群众安全监督检查工作按全国总工会颁布的劳动保护“三个条例”要求，建立健全三级劳动保护群众监督检查网络。

1993年新集煤矿成立第一支跟班安全质量监督员队伍，身兼放炮员、灭尘员、质量验收员和安检员四项职能，归矿安监科管理。

1996年，淮南矿区工会劳动保护部撤销，其业务并入生产部，成立生产劳动保护部。该部除参与事故调查，开展劳保知识教育外，主要参与国家《劳保防护用品》配备标准执行情况和职业病防治状况的监督检查。

1998年后，淮北矿业集团成立劳动保护监察检查委员会。由矿区工会、安监局、机关有关职能部门人员组成。办公室设在矿区工会劳保部，负责日常群众劳动保护，群众安全监督监察业务指导工作，各矿、厂也都成立劳动保护监督检查委员会，委员5～7人。各矿、厂、队、科区、车间工会中均建立劳动保护群众监督领导小组，每个班组聘用一名群监网员

2007年，淮南矿区工会生产部撤销，其业务并到权益保障部，主要开展以“安康杯”竞赛活动为载体的群众安全生产活动，促进集团公司安全生产。潘一、潘三、李一矿获“安康杯”优胜企业；张集矿获全国“五一”奖状企业；集团公司2008—2010年连续3年获全国“安康杯”竞赛优胜企业。

2008年底，皖北煤电集团共有10个群监会，井口汇报站10个，群监小组112个，群监员718人，协管小组140个，煤矿特聘安全群众监督员318人，协管员656名。

女工家属协助安全管理　1987年前，安徽煤炭企业妇女协安工作比较松散。1987年11月，各矿区建立矿区女工家属协管安全委员会，妇女协安工作逐步走上正轨。淮南矿务局、矿、处、厂有13个单位成立家属协管安全委员会。这些单位在车间和居民村成立协管分会69个，协管小组573个，协管员2116人，基本上形成安全协管网络。

1989年，《淮北矿区妇女协安工作条例》和《妇女协安工作手册》印发，就妇女协安会的性质、任务、组织机构、人员配备、工作制度、经费来源等方面明文规定。

1990年年底，皖北煤电集团的生产矿井全部成立女工协安会，共有协安员320人。

2000年，淮南矿业集团对女工家属协安组织进行调整充实，配备专职协管员，9个生产矿井单位都建立井口宣传帮教室。2003年以来，皖北煤电集团每年7、8、9三个月，矿区工会坚持开展以“珍爱生命，让安全成为我们的习惯”为主题的“送安全小红色”活动，深受一线职工欢迎。2004年，淮南矿区工会评选出女职工委员会27个，先进协

管委员会23个，安全协管好矿嫂23人。

2005年，淮南矿区以“心系职工，关爱生命”为主题，围绕安全生产，开展形式多样、主题鲜明的冬送温暖、夏送清凉慰问活动，先后投入资金800万元。

2006年，皖北矿区刘桥二矿女工家属协管会被评为全煤系统先进女工家属协管会，百善矿协管员吴正凤被评为全煤系统优秀协管员，任楼矿女职工郭春梅获2007年“平煤杯”全国煤炭系统“巾帼话安全”演讲大赛一等奖。

国投新集能源股份有限公司长期以来，一直通过女工“半边天”的特殊作用，积极开展“妇女协安”工作，让矿工们牢记安全生产理念，从“要我安全”自觉向“我要安全”转变，减少矿井“三违”率，降低安全生产事故发生率，力求达到“人人为安全操心出力，个个为安全献计献策”的良好氛围，最终达到矿井的安全高效生产。每年都开展井口协安活动，井口送温暖、送清凉活动，夫妻共签安全生产承诺书活动，“三违”职工家属现身说教活动，安全月女工派发安全生产“双二十六条”宣传单活动，大手牵小手活动等。

青年安全监督　1987年，皖北煤电集团共青团系统设立青年监督总岗6个，分岗59个，有青安岗员526人，顾问105人。

1993—1995年，各矿务局团委在广大团员青年中开展“保安全、创效率、争立功”“争当优秀青监岗员创安全生产一流”和安全责任区活动。

1997年，淮南矿务局团委开展“上标准岗、干标准活、反三违、创一流”百日安全竞赛活动。2000年，开展青岗互查活动。2001年开展加强安全整治，“四查四看”活动。2003年，举办120人参加的青监岗长培训班。2004年，举办300人参加的青监岗员培训班。张集、谢桥矿通风队防突班被评为安徽省青年安全示范岗。淮南矿业集团团委挑选聘请出2968名工作责任心强、懂安全生产知识的青年，在井上下主要生产辅助部门建立青年安全监督岗768个，对煤矿安全生产起到很大作用。

淮北、皖北、新集和中煤矿建团委组织以矿、科区为单位，开展青年安全生产监督岗工作。国投新集公司共有青年安全监督总岗18个，分岗100余个，青年安全监督岗位在安全生产、经营管理等方面找准工作切入点，参与矿井安全管理工作。

第三章 煤矿自然灾害治理

第一节 瓦斯治理

安徽煤矿始终把瓦斯灾害作为煤矿安全生产最严重的威胁，把瓦斯治理作为煤矿安全生产工作的重中之重。

历史上淮南是瓦斯灾害重灾区，至2010年底共发生瓦斯爆炸事故27次，其中，1997年11月13日和27日，潘三和谢二矿在半个月时间内连续发生两起特大瓦斯爆炸事故，分别造成88名和45名矿工遇难，震惊全国。矿区共发生煤与瓦斯突出142次，突出类型以倾出和压出为最多，突出强度多为中、小型。突出起始深度在-127米（谢二矿），普遍发生突出的标高为-500米。突出多发生在掘进和石门揭煤工作面。对有突出危险煤层的采掘工作面都采取“四位一体”综合防突措施。1998年，淮南矿务局提出“瓦斯不治，局无宁日”，确立“抽放治本，综合治理”原则，2003年，淮南矿业集团提出“可保尽保，应抽尽抽”战略举措。常用的防突措施主要有：开采保护层并抽放被保护层卸压瓦斯，对突出煤层采取“四位一体”防突措施，建立独立回风系统，采用双局扇、双电源；煤巷掘进采用边掘边抽措施，回采面采用穿层孔抽放、顺层孔抽放和煤层注水；石门揭穿突出煤层时，先进行抽放，然后根据抽放卸压情况采取防突措施。该集团公司成立瓦斯研究所，公司及矿都有专人收集资料，掌握分析突出规律，进行预测预报工作。全公司生产矿都进行瓦斯抽采工作，各矿都建立地面抽放泵站，现有地面永久抽采泵站22个，分别安设2BE-505、605、705、2BEF-72及2BE3-720泵等；全公司井下共安设移动泵60台，分别为2BE-253、353泵。1995年全公司瓦斯抽放量为500万立方米/年，2003年为1.3万立方米/年，2004年为1.5亿立方米/年，2009年为3.2亿立方米/年，2010年为4.0亿立方米/年。

淮北矿业集团有18对矿井进行瓦斯抽采，共建有抽采系统63套，其中地面瓦斯抽采系统10套，芦岭、朱仙庄、海孜矿矿各2套，桃园、祁南、许疃、涡北各1套；井下移动抽采系统53套。瓦斯抽采量1.62亿立方米。淮北矿区瓦斯抽采发展大致分为两个阶段，第一阶段是自1973年芦岭矿建立抽采系统，初期抽采泵站装备2台SZ－4型水环式真空泵，为适应生产发展的需要，矿井瓦斯抽采系统曾进行过两次大的技术改造，到1996年年底20多年的时间内，矿区的年瓦斯抽采量始终徘徊在500万立方米以下。第二阶段，1997年，制定矿井瓦斯抽采奖惩办法，并加大了瓦斯抽采投资和管理力度，当年矿区瓦斯抽采量就超过600万立方米，特别是从1998年开始，开展了以芦岭矿为代表的矿区瓦斯综合治理会战,矿区瓦斯抽采工作迅速发展。2005年,全公司瓦斯抽采量为8064万立方米，2006年全公司瓦斯抽采总量为10262万立方米，2007年全公司瓦斯抽采总量为12145万立方米，2008年全公司瓦斯抽采量可达1.3亿立方米，2009年瓦斯抽采量1.47亿立方米，2010年瓦斯抽采量1.62亿立方米。

截至2008年年底,皖北煤电集团已有5对矿井建立了地面集中抽采系统,并有43台移动抽采系统,总额定抽采能力为2065立方米分。

截至2010年年底,安徽省国有重点煤矿已建立瓦斯抽采系统182套,其中地面永久瓦斯抽采系统72套、井下临时瓦斯抽采系统110套,总额定抽采能力达到45111立方米/分;地方煤矿基本实现双电源、双风机和实时安全监控。2000—2010年安徽省累计抽采瓦斯31.8亿立方米,抽采率由2000年的19%上升到2010年的53%。保护层开采个数由2005年的25个上升到2010年的46个,提高幅度达76%。煤矿瓦斯超限的次数由2004年的近3000次减少到2010年的22次,不少矿井实现零超限,瓦斯事故大幅度下降。2000年安徽省煤矿发生瓦斯事故7起、死亡31人,2010年发生瓦斯事故2起、死亡2人,事故起数和死亡人数分别减少71.43%和93.55%。

第二节　水害防治

1980年起,淮南矿务局开展解放A组煤底板岩溶水水文地质条件及防治方法研究。通过52个A组煤工作面的试采,确定“因地制宜、疏水降压、限压开采、综合治理”16字岩溶水防治方针。

1995—2000年,淮南矿务局开展复合含水体下急倾斜A组煤层开采水害防治方法试验研究,对底板岩溶水害防治措施是用震波“CT”探测A组煤开采后围岩破坏情况、底板塌陷角等,采用疏干底板塌陷波及范围的岩溶含水层;并采用“小流量、长历时、疏水控砂、疏干开采”的十四字方针,实现安全开采。该研究成果被煤炭工业技术委员会评为2001年度十大科技成果。1996—2000年,淮南矿务局选择潘一矿西二采区进行缩小防水煤柱试验,改综采为高档普采,先采一分层,限制采高,抑制导高的发展,从下向上逐步缩小防水煤柱。其后该矿有22个工作面安全出煤337万吨,防水煤柱由原来的80米逐步缩小到40米,最小为33～27米;对25个工作面进行提高上限开采,最小防水煤柱22.2米,安全出煤2970万吨,其中柱内采出量579万吨。

淮北矿区对水害威胁较大的杨庄、朱庄、海孜、桃园等矿建立抗灾排水泵房,扩大矿井排水能力;开展灰岩水文地质勘探和各种水文地质试验,进一步查明矿井水文地质条件;建立健全地下水动态观测系统,实现自动观测。开展松散含水层下安全开采技术研究,解放上限煤炭资源;大力开展灰岩水害治理,建立地面、井下注浆系统,灰岩水治理手段和安全效果不断提高。2000年,《临涣矿区10煤底板灰岩水防治技术实验研究》项目获安徽省科技进步三等奖。2007年,《海孜矿巨厚整体结构岩层下动力突水机理与防治技术研究》项目获中国煤炭工业协会科技进步一等奖。2010年，《高承压岩溶水上开采水害治理模式与关键技术研究》获安徽省科技成果三等奖、煤炭工业协会技术开发二等奖，《复杂地质条件下掘进巷道前方水体瞬变电磁探查理论与技术研究及应用》获煤炭工业协会技术开发三等奖。

皖北煤电集团防治水害主要有6项措施，重点解决防治水中的地下水赋存规律、探查治理、回采上限上提等重点、难点问题。百善、任楼、祁东、五沟煤矿回采上限上提，安全回采防水煤柱量793.8万吨；刘一、恒源、五沟煤矿煤层底板灰岩水治理、底板进行注浆加固，安全回采受灰岩水威胁的煤量450万吨。

国投新集公司各矿成立防治水机构，配备防治水副总工程师及专职人员；完善矿井防排水系统；按规定留设防水煤（岩）柱；采用“物探超前、钻探验证”的方法超前探明地质构造；采用瞬变电磁法和高密度直流电法探测煤层顶、底板的赋水性，针对性地疏放；分析老空区积水情况，采用“先探后掘、逐步降压”方法探放采空区积水。

中煤矿山建设集团坚持“预测预报，有疑必探，先探后掘，先治后采”的16字原则和“防、堵、疏、排、截”5项综合治理措施。建立健全水害预测预报制度、水害隐患排查治理制度、水害防治技术管理制度，不断促进矿井防治水工作制度化、规范化。各单位配备防治水专用的探水钻机、TST探水仪、排输、注浆等设备，并制定水害应急救援预案和现场处置方案。

第三节 火灾防治

1980年起，安徽煤矿防火措施逐步完善，大部分矿井建立防火灌浆系统，但防火措施主要是采用灌黄泥浆水，由于浆水浓度不够，灌浆量达不到要求或灌浆设施不齐全，局部地点无法实施灌浆等，自燃发火事故仍未得到有效控制。

进入20世纪90年代，淮南、淮北、皖北矿务局大力推广应用综采综放及各种放顶煤新技术，给矿井防火提出新的要求。各种检测预防措施应运而生，如红外线测温、束管监测系统的建立、各种阻化剂材料的推广。注氮系统的建立以及高分子材料的应用等。从管理到装备形成有效的防火体系，传统有效的工作面随采随灌埋管灌浆继续执行。同时，结合顶（底）板抽放钻孔进行先抽后灌，提高灌浆效果，并应用束管监测系统加强对采空区的监测。对局部高冒地点通过注凝胶、罗克休等进行严密封闭，并在黄泥浆中掺入高分子材料，自燃发火事故得到有效控制。

2000年以后，淮南矿业集团建立大型现代化高产高效矿井，由于瓦斯综合治理的需要，各种抽放方法的应用给防火带来新的课题，他们从管理到装备，人员培训进一步加强，通过各种防火检测预防措施进行综合利用，煤炭自燃发火事故很少发生。

淮北矿业集团18对生产矿井中有9对矿井建立13个灌浆站，铺设灌浆管路总长度为98023米，其中干管长度为53374米，支管长度为44649米。

皖北煤电集团逐步建立完善的矿井灌浆系统、预测预报保障系统和防治措施保障系统，对工作面停采线采取预防性灌浆措施，工作面回采结束后，立即进行永久性封闭。矿井总进、回风巷及采区轨道上山、采区各车场内均铺设主管路，采区运输上山、回风上山及采区内部所有运输巷道、掘进巷道、采煤面机、风巷均铺设支管路。防火队定期进行自燃发火普查，凡温度超过40℃的高温点都视作自燃发火发生，及时采取措施进行处理。

国投新集公司已经建立完善的灌浆、注氮和火灾监测系统。在矿井生产技术防灭火措施方面，各矿井采用集中石门、分区布置、设置独立通风系统及专用回风巷，采取不燃性材料支护；采用后退式开采方法，全部陷落法管理采空区顶板，不存在采空区通风等不正规开采；在矿井防灭火系统建立情况方面，各单位为防止自燃发火灾害发生，矿井建立消防水管道系统，在各工作面、采区、总回均设置自然发火观测站，安设CO、温度传感器等监控系统，建立防火普查处理分片包干责任制度，月末、月初换片普查制度，防火隐患分级处理制度等，对温度超过35℃、CO浓度达到100ppm以上的煤体氧化区及时采取措施。

第四节 粉尘防治

1980年以来，安徽煤炭系统隔爆设施主要为塑料水棚和防自燃、防静电软质水袋两种，填装材料分别为岩粉和水两种。1990年后，各矿务局（矿业集团）安排各矿（公司）在每年必须编报的《矿井灾害预防及处理计划》中设立专项规定，对粉尘按标准进行防治，并逐年进行修订完善。各矿（公司）还相继成立专门的测尘、防尘队伍，采取深化治本的措施，岩巷掘进打眼完全改为湿式，采掘工作面由原有一道净化喷雾改为多道喷雾，并使用移架喷雾。矿井各转载点均安装净化喷雾。主要大巷、石门的净化水幕均按质量标准化要求安装，并要求风、水雾化效果达标和全断面覆盖。综采、综掘工作面的采、掘机内喷雾必须达标。煤层回采前规定必须采用煤层注水湿润煤体（深、浅孔动、静压注水等），放炮前后采用洒水灭尘，放炮采用自动封口式水炮泥。工作面严格限制风速（＜4米/秒＝风巷定期洒水灭尘，钻机打眼采用湿式并配备降、除尘装置）。按照《煤矿安全规程》第155、156条规定，对具有煤尘爆炸性的矿井必须使用隔爆岩粉棚、水棚等，隔爆水袋的安装必须按巷道断面及规定进行设置，矿井主要进、回风大巷规定，每平方米不低于40升，采区进、回风巷每平方米不低于20升，主要巷道要定期采用压风喷刷白灰浆方式进行刷白，大中型矿井年刷量均达万米以上。对各采掘面，都必须做到防尘管路随推进紧跟迎头，各矿（公司）投入在用的防尘管路，均达数万米以上。

淮南矿业集团对防尘工作的各个环节进行随时监控并要求编制技术报表，每月按时上报，要求入井职工必须佩戴防尘口罩。在监督检查方面，规范定性、定量的检查标准；综合防尘方面，井下巷道不得有超过2毫米连续长度超过5米的煤尘堆积，超过此规定，安全监察部门有权挂停止作业牌，立即停止其采掘作业。

淮北矿业集团各矿的井下防尘供水系统于2002年全部实现联网。全公司共有防尘供水系统38个。其中：地面净化水池28座总容量为23950立方米、利用塌陷区供水系统8个、利用井下钻孔水3个。共敷设各种管径防尘管路781.8千米；防尘供水系统干管的管径不小于4寸，阶段巷道支管的管径不小于3寸，采煤工作面煤巷和综掘工作面的防尘供水管路管径不小于2寸，井下消灭1寸以下的防尘供水管路。综采工作面割煤机、综掘工作面综掘机均安设内外喷雾；综采、轻放工作面支架安设架间、放顶喷雾装置；做到设施齐全，水压符合要求，雾化效果好。

皖北煤电集团各矿井有完善的防尘供水系统，采用地面蓄水池集中供水，蓄水池水量850立方米，防尘管路总长度20606米。矿井主要大巷、运输机巷每隔50米安设一个三通阀门，其他巷道每100米安设一个三通阀门。矿井主要进风巷、采区进回风巷、各装煤点、运输机转载点，都分别安设净化喷雾装置。采煤工作面风机巷距工作面30米内分别安装2道以上喷雾设施，掘进工作面距迎头50米内，煤巷、半煤巷、岩巷分别安设1、2、3道以上喷雾设施。同时对巷道及采煤工作面坚持每天洒水一次。

国投新集公司对井下所有的主要进、回风大巷，采区上下山，采区进、回风巷，采、掘工作面等按要求安设隔爆水袋、水槽、岩粉棚等，敷设防尘供水管路；掘进工作面采用湿式打眼，使用水泡泥和放炮喷雾，放炮前后洒水和冲洗巷帮等综合防尘措施；井下所有运煤转载点设有喷雾装置，工作面进、回风巷安设净化水幕，综采支架安设移架自动喷雾；进行煤层注水。

中煤矿建集团矿井建立完善的防尘供水系统，没有防尘供水管路的采掘工作面不准生产。井巷工程的施工，采取湿式凿岩、水炮泥、放炮喷雾、洒水出矸、冲刷岩帮、加强通风等综合防尘措施，对主要进风大巷、掘进工作面及局部通风机的入风口附近设置水幕。井巷工程的施工，采用机械通风，风速、风量均符合国家现行安全规程的有关规定。2006年，该集团公司与兖州科技公司合作，成功研制伞钻除尘装置，获国家发明专利，获兖州市科技进步一等奖；2007年中国煤矿建设协会在该公司召开会议，向全国推广经验。

第五节　顶板事故防治

掘进顶板事故防治　20世纪80年代，安徽煤矿岩巷顶板管理，开始推广光爆锚喷新技术，并取得成功。1986年，淮南矿务局连续4年被煤炭工业部命名为“光爆锚喷标兵局。”1987年该局又被命名为“光爆锚喷先进局”。使用锚杆品种有：杂木锚杆、压缩木锚杆、倒楔锚杆、楔缝锚杆、钢丝绳砂浆锚杆、钢筋砂浆锚杆和树脂锚杆等。1989—1991年，潘三矿等单位试验使用过管缝锚杆，后由于这种锚杆易锈蚀失效停止使用。1991年以后，主要使用小直径全长锚固钢筋锚杆。

1997 年以后，淮北矿区淘汰水泥锚固剂、圆钢、建筑螺纹钢锚杆等，采用高预应力的左旋无纵肋高强锚杆和树脂锚固剂，锚喷支护也随着施工设备、支护材料的更新升级，祁南、朱仙庄、袁庄等矿井对围岩采用注浆加固支护工艺，工程质量进一步提高。2004 年开始，淮北矿业集团开展以南部矿井为重点的巷道围岩综合治理工作。2006 年，针对高地压、大变形量的岩巷支护难题进行攻关，大直径长锚索、长短锚杆联合支护技术的应用，推动岩巷锚喷支护的发展；锚喷支护与 U 型钢全封闭联合支护技术的应用，有效控制底臌破坏，提高巷道的整体稳定性。2010 年，淮北矿区岩巷进尺 96867 米，岩巷进尺比例 38.6%。岩巷支护以锚网喷支护、U 型钢支护为主，具体有锚网喷、锚带网喷、锚锚联合、锚架复合、U 型钢棚架喷等支护形式。

1999 年，淮南矿业集团进行煤巷支护改革。与中国矿大共同在谢桥矿进行煤巷锚杆支护研究，试验使用高强锚杆配合 M 钢带、预应力锚索和金属网（简称“锚索网”）进行煤巷支护，取得成功。

皖北煤电集团严格执行“敲帮问顶”制度，严禁空顶作业。每班每茬工作人员经常检查顶板、煤壁、老塘、支架情况，发现险情立即采取措施排除。

国投新集公司制定详细的采掘工作面顶板事故防治措施，根据各煤层采煤工作面顶板支护要求，严格按照支护选型设计布置合格支撑阻力的液压支架，执行敲帮问顶管理制度，各单位还根据实际情况制定顶板安全管理制度及最小控顶距方式和打木垛加强支护等措施，取得良好效果。

采煤顶板事故防治　1986 年，淮南、淮北、皖北矿务局均使用单体液压支柱逐步取代摩擦支柱。同当年，淮南矿务局在谢桥矿开始使用综采放顶煤液压支架，并且在潘三、张集等新区矿井先后使用。1997 年前，淮南矿务局先后使用铰接顶梁、II 型钢梁以及掩护支架等。1998 年，李二矿使用“悬移支架”的支护形式。到 2003 年，经过改造的悬移支架具有部分液压自移功能，有的还加装能够超前控制顶板的伸缩梁。

1990 年始，淮北矿务局全面开展顶板管理会战，加强顶板管理。当年，该局与中国矿业大学组成联合课题组，在朱仙庄矿开展“单体支柱回采工作面支护质量与顶板动态阻力监控法”的研究获得成功。顶板管理会战中，“顶板监控”“软底穿鞋”处在同行业前列，并被中煤总公司指定在全国顶板管理专业会上作经验介绍。1992 年年末，淮北矿务局各采煤工作面全部实现支护液压化，并实现穿铁鞋、铺顶网，推广使用微差爆破新技术。2005 年 8 月，淮北矿业集团与中国矿业大学联合开展“单体面支护质量监测及专家系统研制”项目，系统研究单体支柱工作面顶板事故的早期预测、顶板控制参数的优化设计、回采阶段支护质量监测评估以及开发研制一套顶板控制的专家系统，从而有效地降低煤矿顶板事故的发生，保证回采工作面的安全生产实现高产高效，取得显著的经济和社会效益。

2003 年，皖北煤电集团全矿区取消摩擦支柱在回采工作面使用，全面采用单体液压支柱、液压支架等支护。

国投新集矿区完善支护设计；执行“敲帮问顶”制度，使用超前支护和防片帮网；加强过断层、破碎带、地质异常区的顶板管理；设置顶板离层观测仪；改造升级支护材料，提高支护强度。

中煤矿山建设集团在冲击地压防治上执行预测预报、卸压解危、效果检验、安全防护“四位一体”综合防冲措施。对有冲击地压危险性的掘进巷道在顶板条件允许情况下，采用宽巷掘进，同一工作面双巷同时掘进，两掘进工作面的前后错距不得小于100米。相向掘进的巷道相距50米时，必须停止一个头掘进。停掘的巷道要加固，继续掘进的巷道除加强支护外，冲击地压危险严重时，还必须采取解危的措施。巷道支护采用柔性、可缩性支护方式，严禁采用混凝土支架和金属刚性支架。在巷道交叉口、回采工作面煤壁前方超前压力影响的巷道、冲击地压特别危险区加强支护。爆破作业时，要延长躲炮时间，扩大撤人范围，防止冲击地压事故的发生。

第四章　矿山应急救援

第一节　救护队伍

2004年3月31日，经国家煤矿安全监察局批准，成立安徽煤矿安全监察局煤矿救援指挥中心。负责安徽省煤矿应急体系建设、应急救援，以及煤矿救护队资质认证、技术培训等工作。

2005年，各矿山救护大队按照矿山救护队资质认定管理规定实施细则内容进行自查和互查，对查出的问题及时进行整改。通过努力，淮南、淮北矿山救护大队取得一级资质；皖北、国投新集公司矿山救护大队取得二级资质；皖南矿山救护大队取得三级资质。

2009年，煤矿救援指挥中心投入培训经费1805万元，安排参加全国的大中队长培训班学习；2010年对安徽省矿山救护队133名中小队长进行复训。与此同时，各救护大队全面开展全员自主复训，参训率100%，合格率为100%，指战员的综合素质有较大提高。新集救护大队从全公司中招考60名队员组建2个中队；淮北救护大队从全公司中招考49名队员，完成李槽坊救护消防中队的筹建工作；淮南救护大队坚持每年招收一部分新队员，保持新老交替；皖北救护大队招考19名新队员，并坚持每年招考更新人员。

截至2010年年底，安徽省煤矿共有5个救护大队，分别是淮南矿业集团救护大队、淮北矿业集团救护消防大队、皖北煤电集团救护大队、国投新集公司救护大队、皖南区域矿山救护大队。5个救护大队共有25个中队、80个小队，救护队员1085人，承担安徽省115对煤矿和部分非煤矿山的应急救援工作。中心成立以来，矿山救护队共处理各类矿山事故336起，其中较大以上事故26起，抢救遇险遇难人员260人，成功营救遇险人员139人。开展预防性检查和技术服务工作，共开展各类检查25689次，查出各类隐患37196条，排放瓦斯478次，启封火区1347个，为安徽省煤炭工业安全发展做出应有的贡献。

第二节　应急救援器材与装备

应急救援设备　安徽5个矿山救护队共有救护车77辆、指挥车20辆、化验车3辆、正压呼吸器931台、正压校正仪96台、破拆装置15套、灾区电话64套、惰气灭火机8套、高泡灭火机16套、潜水泵30套、多功能测定仪31套、通信设备19套。同时，装备生命探测仪、红外线测温仪、红外线成像仪、多功能气体测定仪等。近5年来，共投入24250万元用于增加BG-4正压呼吸器、多种气体检测仪等，淘汰落后的负压呼吸器。

应急救援基地建设 皖北救护大队率先在“十一五”期间投入资金5400万元，建成占地90亩、建筑面积6000平方米的应急救援基地。2010年6月，新集应急救援基地占地150亩，建筑面积8000平方米，总投资8600万元，主体设施包括大队和直属中队办公楼、高温浓烟巷道、氧气充填室、体育训练馆、拓展训练基地、室外运动场等。铜陵市在矿山安全救护大队基础上，筹建铜陵市安全生产应急救援指挥中心基地，总投入资金2500万元，建筑面积8600平方米，2010年，应急救援指挥中心正在建设之中，已完成投入1800万元。淮北矿业集团救护消防大队又新建李槽坊救护训练基地。该基地占地12公顷，建筑面积1万平方米，总投资12600万元，设计方案已批准。淮南矿业集团救护大队列为国家级矿山救援基地和排水基地，总投资达6.2亿，设计方案已批准。

第三节　救护方法与措施

应急救援制度 2004年3月31日，安徽煤矿救援中心成立后，即成立煤矿事故灾难应急工作领导小组。由局长任组长，分管调度、应急管理、事故调查副局长任副组长，办公室、政策法规处、事故调查处（调度值班室）、安全监察一处、安全监察二处、科技装备处、省煤矿救援指挥中心、监察分局各单位负责人为成员。领导小组按照《安徽省安全生产事故灾难应急预案》《安徽省煤矿安全生产事故应急救援预案》分级响应的要求，结合发生事故灾难的具体实际，启动该预案进行响应。

为加强煤矿生产安全事故报告及应急处置工作，下发《安徽煤矿安全监察局煤矿生产安全事故报告及应急处置暂行规定》，对煤矿发生一般事故、较大以上事故（较大涉险事故）报告做出具体的要求。并先后制定《安徽省煤矿生产安全事故通报制度》、《安徽省煤矿生产安全事故约谈制度》《安徽省煤矿生产安全事故现场分析制度》等。

2008年，制定《安徽省煤矿较大涉险事故信息报告暂行规定》，2009年，制定《安徽煤矿安全监察局煤矿生产安全事故报告及应急处置暂行规定》，有效地规范事故报告及应急处置工作，减少事故报告及应急处置工作中容易出现的问题。同年，根据安徽省煤矿应急救援队伍的现状，就如何加强煤矿应急救援队伍建设，积极向省政府主管部门提出《关于加强安徽省煤矿应急救援队伍建设的意见》，要求各驻矿救护中队必须由救护大队直接领导，统一指挥、统一调动、统一人财物管理，确保煤矿应急救援队伍行动迅速、救灾得力。2010年，与省经信委、省政府应急办联合下发《关于加强煤矿安全生产应急管理工作的指导意见》，提出健全煤矿安全生产应急管理组织体系和工作机制、推进预案体系建设等方面的具体要求。

预案体系建设和管理 各产煤市煤矿安全监管部门、四大矿业集团加大对所属各矿应急预案的管理工作,按照“突发事件应对法”“安全生产法”“生产安全事故管理办法”及“生产经营单位安全生产事故应急预案应急预案编制导则”,制定相应的应急预案。针对本企业的风险隐患特点,以事故灾难应急预案为重点,编制综合应急预案。并根据实际需要,编制专项应急预案。

同时建立企业预案的评估管理、动态管理和备案管理制度。根据不断变化的实际情况,及时评估和补充修订完善预案。煤矿企业应急预案按照“分类管理、分级负责”的原则进行备案。各矿山救护大队按照《矿山救护规程》并结合企业灾害的特点,编制处理各种事故的应急预案和救护处置方案。

事故应急演练和训练　各产煤市煤矿安全监管部门、四大矿业集团分别制定应急演练计划,有计划地组织开展应急预案演练。按照“加强战备、严格训练、主动预防、积极抢救”的原则,开展应急演练。在抓好事故应急演练的同时,各大队狠抓队伍的业务技术训练,参加预防性检查和技术服务工作。

质量标准化达标检查　按照《矿山救护规程》和《矿山救护质量标准化考核规范》的要求,每年都组织开展安徽省矿山救护队质量标准化达标检查。通过标准化达标工作,实行奖罚兑现,充分地调动广大指战员的积极性,推动军事化达标活动深入持久地开展。在每年的安徽省救护队质量标准化互查活动中,抽查的直属中队得分均在95分以上,达到矿山救护队特级标准,四大矿业集团救护大队达到国家质量标准化特级救护大队标准。

华东地区矿山救护协作网　华东地区矿山救护协作网从1986年开始。2009年,安徽煤矿安全监察局作为华东地区矿山救护协作网的牵头单位,按照协作网工作计划和章程,召开协作网工作会议,制定下发2009年华东地区救护协作网工作意见。组织开展对江西省煤矿应急救援队伍质量标准化达标检查,同时迎接浙江省对安徽省的应急救援队伍质量标准化达标检查。当年12月在巢湖市召开华东矿山救护协作网应急救援工作会议。来自安徽、江西、浙江、福建、上海、山东、江苏协作网各成员主要单位分管矿山救护工作负责人及25个矿山救护大队的领导近百人参加会议。通过自查、互查、会议交流等方式,协作网各成员单位及有关救护大队质量标准化工作有进一步提高。

煤矿救援技术竞赛　从2006年开始,安徽省煤炭系统每两年举办一届矿山救护技术竞赛。2010年6月20—23日,由省煤监局牵头,省经济和信息化委员会、省安全生产监察局、省人民政府应急管理办公室、省总工会、省共青团委员会6家联合在国投新集能源股份有限公司举办第三届安徽省煤矿救援技术竞赛。同年9月7—10日,全国第八届矿山救护技术比武在安徽省淮南市国投新集救援中心举行,达到预期目的,是举办这类赛事以来最有影响的一届。这次竞赛成绩创造许多新记录,涌现出一批明星救护队和年轻的技术尖子。特别是代表安徽省参赛的国投新集救护大队和皖北煤电集团救护大队在竞赛中均取得优异成绩。国投新集救护大队获团体第一名,同时获个人全能第二名、第七名,模拟救灾第一名,理论考试个人第一名,两项呼吸器操作和医疗急救三等奖，个人综合体能第二名、优秀组织奖。国投新集救护大队获全国“五一”劳动奖状，该大队童文生、皖北煤电集团救护大队郭杰、彭金河分别获全国“五一”劳动奖章和全国青年岗位能手称号。本次竞赛安徽省获奖人数、名次、项目全面超越历届安徽参赛队的成绩，而且位列全部32支参赛队之首，国投新集公司将代表中国参加2012年在南非举办的国际矿山救援技术竞赛。

第五章　重大安全事故

第一节　瓦斯事故

淮南矿务局潘一矿“12·9”特大瓦斯爆炸事故　1987 年 12 月 9 日 22 时 8 分，淮南矿务局潘集第一煤矿西一采区 301 队施工的 1241（3）工作面腰巷，排放瓦斯时发生特大瓦斯爆炸事故（简称“12·9”事故），造成 45 人死亡，4 人重伤，6 人轻伤，经济损失达 199.28 万元，其中直接经济损失 80.57 万元。

芜湖县火龙岗镇煤矿“1·14”重大瓦斯爆炸事故　1989 年 1 月 14 日上午 8 时 10 分，芜湖县火龙岗镇煤矿发生重大瓦斯爆炸事故，造成 12 人死亡，5 人受伤，直接经济损失约 9.8 万元。

淮北市濉溪县土型煤矿“8·23”重大瓦斯爆炸事故　1990 年 8 月 23 日 2 时 30 分，淮北市濉溪县土型煤矿在井下－182516 轨道巷采掘工作面发生重大瓦斯爆炸事故，这次事故造成 10 人死亡，3 人受伤，直接经济损失 15 万元。

淮南矿务局水泥厂多种经营公司小煤井“4·27”重大瓦斯爆炸事故　1991 年 4 月 27 日 1 时 43 分，淮南矿务局水泥厂多种经营公司小煤井在已封闭的－80 米水平发生重大瓦斯爆炸事故，死亡 17 人（退休工 5 人，协议工 12 人），伤 4 人，直接经济损失约 16.4 万元。

淮南矿务局潘一矿“1·20”特大瓦斯爆炸事故　1993 年 1 月 20 日 16 时 18 分，潘一矿西三采区 201 队施工的 1662(3) 下顺槽内，发生一起特大瓦斯爆炸事故，死亡 39 人，重伤 2 人，轻伤 11 人，直接经济损失 76 万元。

马鞍山市金圳贸易公司独山一矿“3·16”重大瓦斯爆炸事故　1995 年 3 月 16 日 12 时 40 分，广德县境内马鞍山金圳贸易公司独山一矿－200 米水平上山眼掘进工作面发生一起重大瓦斯爆炸事故，死亡 15 人，重伤 1 人，轻伤 2 人，直接经济损失约 70 万元。

淮南矿务局谢一矿“6·23”特大瓦斯爆炸事故　1995 年 6 月 23 日零时 16 分，淮南矿务局谢一矿 44 采区 4462C13 层采煤 6 队顶层回采工作面发生特大瓦斯爆炸事故，死亡 76 人，伤 49 人，直接经济损失 327.8 万元。

淮南矿务局潘三矿“11·13”特大瓦斯爆炸事故　1997 年 11 月 13 日 19 时 20 分，淮南矿务局潘三矿东四采区 203 掘进队施工的 1772（3）轨道顺槽，发生一起特大瓦斯爆炸事故，死亡 88 人，其中抢救事故过程中有 2 名救护队员遇难，伤 13 人。

淮南矿务局谢二矿“11·27”特大瓦斯爆炸事故 1997年11月27日3时9分，淮南矿务局谢二矿43采区北翼C13槽4312顶区采煤工作面上风巷发生一起特大瓦斯爆炸事故，死亡45人（包括井下灾区因封闭未救出的43人，已无生还可能，其中有抢救过程中遇难的2名救护队员和1名矿副总工程师。伤后死亡2人）。受伤12人，其中重伤4人。直接经济损失218.5万元。

宣城地区港口二矿“11·8”重大瓦斯爆炸事故 2000年11月8日10时30分，宣城地区港口二矿北二采区244残采工作面外切眼发生一起重大瓦斯爆炸事故。当时该矿井下有作业人员45人。事故共造成12人死亡（其中当场死亡10人，后有2人在医院经抢救无效死亡），12人受伤，其中重伤1人，直接经济损失96.5万元。

淮北矿业集团芦岭煤矿“4·7”重大煤与瓦斯突出事故 2002年4月7日4时18分，淮北矿业集团芦岭煤矿Ⅱ818-3#溜煤岩石斜巷掘进工作面发生一起重大煤与瓦斯突出事故，死亡13人，重伤1人，直接经济损失809.06万元。

淮北矿业集团芦岭煤矿“5·13”特大瓦斯爆炸事故 2003年5月13日16时3分，淮北矿业集团芦岭煤矿发生一起特大瓦斯爆炸事故，造成86人死亡，28人受伤，直接经济损失1940.63万元。

淮南矿业集团望峰岗矿井“1·5”重大煤与瓦斯突出事故 2006年1月5日13时40分，淮南矿业集团望峰岗矿井主井揭C13-C12煤层时发生一起重大煤与瓦斯突出事故，突出煤量2700吨、瓦斯量29.27万立方米，现场12名工人遇难，直接经济损失483.3万元。

第二节 其他事故

火灾事故 1991年12月22日18时3分，皖北矿务局刘桥一矿65采区下部变电所着火，引燃运输上山皮带，酿成重大火灾事故，致使27人遇难，造成直接经济损失48万元。

水灾事故 1987年3月2日18时5分，淮南市八公山区沈巷乡蔡洼村朱海甫联户小煤矿发生严重透水事故，造成7个小煤井被淹，井下12名采掘工死亡，13.7万立方米的积水灌入大矿采空区，迫使新庄孜矿停产59天，谢一、谢三矿井下部分掘进队、修护队停止作业，经济损失9855万元。

2009年4月18日10时15分，国投新集能源股份有限公司板集煤矿副井井筒发生突水涌砂事故，井下621人安全升井，1人失踪，风机停止运转，矿井被淹，造成直接经济损失912万元。

第六章　环境保护

第一节　管理机构

1986 年，淮南矿务局设立环境保护办公室（处级建制），由一名副局长分管环保工作。同年 10 月，由煤炭工业部投资 105 万元建设的环保监测大楼交付使用，环保办迁入办公。1987 年 1 月，淮南矿务局所属各矿、厂、院、工程处等单位相应设立环保专、兼职机构，整个矿区环保管理工作纳入正常的管理轨道。同年，淮北矿务局科研所和环保办公室合并，成立科研环保处。1998 年，淮南矿业集团环保办隶属安全质量监察局，为副处级单位。2004 年 3 月，淮南矿业集团成立资源环境管理部，由集团公司一名副总工程师兼任部长，资环部环保专职管理人员 19 人，其中高级职称 5 人，中级职称 3 人，初级职称 4 人。基层各单位不断充实环保工作力量，全矿区从事环保工作人员 99 人，形成完整的矿区环境保护体系。

1986 年前，淮北矿务局建设环保大楼，总投资 200.68 万元，建筑面积 2870 平方米。当年环境保护办公室改为处级单位。1999 年，淮北矿业集团恢复环保处。2007 年，淮北矿业集团征迁复垦处和环保处合并成立征迁环保处。2010 年，淮北矿业集团征迁环保处有职工 31 人，其中高级职称 11 人，中级职称 14 人。

1994 年，新集总公司成立环境保护委员会。1996 年，新集总公司成立环保处。新集一、二、三矿和其他单位均成立环保领导小组。1998 年，新集股份有限公司成立科研环保所。2001 年，新集公司成立总工办，专门设置科研环保业务主管岗位。2004 年，新集公司成立设计研究院，将总工办科研环保业务划归设计研究院。2008 年，新集公司成立资源利用与环境保护部。

1996 年 2 月，皖北矿务局成立环境保护办公室。1998 年，皖北煤电集团环保办合并到生产技术部。2004 年 6 月，皖北煤电集团成立综合管理部，下设环境保护办公室。

第二节　管理措施

制度建设　20 多年来，安徽煤矿环境保护制度建设从无到有，逐步完善，建立一系列适应矿区不同阶段的环境保护管理制度。从时间上大体分为两个阶段：20 世纪 80 年代至 90 年代中期，为基本建立阶段。根据国家颁布实施的相关环保法律、法规及管理规定，结合矿区环保工作实际，建立矿区环境保护基本制度，使环保管理工作有章可循。主要建立环境保护管理、环境监测、排污费交纳管理、污染源监督管理等管理办法。90年代后期至2010年，为发展阶段。主要根据国家对环保工作在不同时期提出的新要求，进一步对原有环保管理制度进行修改和完善，促进环保工作制度化、标准化管理。

环保目标管理 自20世纪90年代以来，安徽煤矿环境管理始终坚持以环境保护目标责任书为龙头。每年年初，各集团公司资源环境管理部门结合实际编制目标责任书，对各单位的污染物排放控制指标、建设项目的环保管理、环保设施运行管理、污染防治、资源综合利用、辐射安全管理、环保宣传教育等方面制定任务目标，由集团公司总经理与各单位行政一把手签定环保目标责任书，再由各单位把各项环保指标层层分解、落实。资源环境管理部对目标责任书的落实情况进行检查，检查方法采取集中检查和动态抽查相结合，年底进行考核评比。考核评分达到90分以上的单位，命名为环境保护先进单位，由集团公司进行通报表彰；考核评分达不到要求的单位，给予通报批评和经济处罚。通过坚持实施环保目标责任管理这一制度，保证每年环境保护工作目标任务的完成，促进矿区生产建设与环境保护协调发展。

建设项目管理 安徽煤矿各矿区所有的新建、改建、扩建项目中，都认真执行环境影响评价制度和“三同时”制度，坚持环境保护设施竣工验收，执行率达到100%。所有建设项目污染防治措施做到与主体工程同时设计、同时施工、同时投入运行，并顺利通过国家和省、市环保主管部门组织的环境保护竣工验收。

1987年，潘谢矿区总体开发规划环评通过原国家环保总局的审批。1992—2004年间，潘一、潘二、潘三、张集、谢桥、顾桥、张桥二期等矿井及选煤厂项目陆续通过国家、省环保局的审批。2005年集团公司委托合肥煤炭设计院编制新的潘谢矿区总体开发规划环评报告书，并通过国家环保总局的审批，丁集、顾北、潘北、望峰岗、张集煤矿西风井、朱集等项目环评也陆续通过环保主管部门审批。

淮北矿业集团在建设项目管理方面，积极开展清洁生产。2010年袁庄、朱庄、杨庄、芦岭、朱仙庄、桃园、祁南、童亭、临涣、海孜、许疃、涡北、孙疃、刘店矿、临涣、淮北选煤厂、淮北选煤厂涡北分厂、杨庄煤矸石热电厂、临涣焦化股份有限公司、临涣中利发电有限公司等20多家单位开展清洁生产审核工作，并通过安徽省环保厅的清洁生产审核。

新集矿区从开发建设伊始就认真贯彻环境影响评价制和“三同时”制度，在后期的改建、扩建和技改项目中均认真执行，同时做到及时申请环境保护竣工验收，所有环保项目均与主体工程同时设计、同时施工、同时投入运行。

污染治理 为改善矿区环境质量，减少污染物的排放，淮南矿业集团从20世纪80年代，就开始多方筹措资金，有计划、有重点、分轻重缓急，逐年安排对废水、废气、噪声、固废进行治理。治理资金来源主要有：基本建设投资、维简资金和从市环保部门争取的环境保护补助资金。至2010年共计投入资金70806万元，其中1980—1995年投入资金7135万元；1996—2000年投入资金5470万元；2001—2005年投入资金9400万元；2006—2010年投入资金48801万元。

淮北矿业集团1987—2007年矿区环保设施投资已达15亿元,其中设备投资9.9亿元,土建投资5.1亿元。环保设备340台(套),其中水处理设备90台、大气处理设备216套、噪声处理34套。2008—2010年环保投入2983.35万元,用于“三废”及噪声的治理。

皖北煤电集团每年都投入大量资金进行污染治理和生态整治,1996—2000年在环保方面的投入达2亿多元。

新集矿区2010年矿井水处理量为1019万吨,矿井水利用量达706万吨,综合利用率69.3%。

辐射安全监管 2003年10月1日,各矿业集团贯彻实施《中华人民共和国放射性污染防治法》和中央机构编制委员会办公室《关于放射源安全监管部门职责分工的通知》精神,对公安、卫生、环保部门的放射源安全监管职责进行调整,明确环保部门负责组织开展生产、进出口、销售、使用、运输、贮存、处置放射源单位的申报登记,负责核查和办理放射源安全许可证件,负责放射人员的培训,负责组织对涉源单位放射源安全状况的现场检查,负责废弃放射源的强制收贮,协助公安部门追缴丢失、被盗的放射源,负责汇总放射源数量、种类、分布等情况。通过清查、建档、摸清放射源的管理使用现状,处置闲置的放射源,清除时刻威胁公众安全健康的隐患。2005年12月1日,《放射性同位素与射线装置安全和防护条例》施行。2006年3月1日,《放射性同位素与射线装置安全许可管理办法》施行。同年4月开始颁发辐射安全许可取证工作,成立辐射安全监督管理办公室,制定一系列管理制度,组织涉源单位开展辐射安全许可取证工作前的环境影响评价报告报表的编制及现场调查工作。经过上下共同努力,取得省环境保护部门颁发的“辐射安全许可证”,并举办多期辐射管理培训班,对放射源安全使用、进口、转让、转移等辐射管理知识进行培训,培养一批熟练掌握辐射源安全使用与管理方面的技术人员。

环境监测 淮南矿业集团环境监测站自成立以来,先后承担潘一、二、三矿、张集、谢桥等大型项目和多项中小型项目环境影响评价的监测任务,提供水、气、噪声等方面的监测数据。1987年8月,监测站获安徽省城乡建设环保厅颁发的“建设项目环境影响专项评价”资格证书。自1990年后,监测站坚持矿区大气、外排水例行监测制度,为矿区环境保护管理提供基础保证。1989年,获“全国煤炭行业甲级监测站”、1995年获“煤炭行业质量标准化监测站”、1997年,获国家环保局“全国环境监测网络先进监测站”称号。

淮北矿业集团1986年建立监测站,1989年,被煤炭部授予“甲级环境监测站”称号。2007年,该集团公司环境监测站有监测化验人员11人,拥有气相色谱、离子色谱、大气采样器等监测设备。并通过省质量技术监督局“计量认证、审查认可”。可对矿井废水、选煤废水、生活污水、医院污水、电镀废水、化工废水、大气、锅炉废气、废渣、噪声、土壤等进行监测。先后完成“试剂处理生产废水方法研究”“活性氧化铝再生处理技术研究”“矿井瓦斯抽排系统用水处理技术研究”“一步法处理电镀综合废水技术研究”等科研项目。同时，为“环评”、环保工程及污染纠纷提供数据。

皖北煤电集团于2006年设置矿区环境监测站，配置紫外线可见分光光度计、原子吸收分光光度计、噪声频谱仪等监测仪器，每季度对公司各单位废水、废气排放情况进行监测，每月对两到三个单位进行抽查。

新集公司1996年成立矿区环境监测站，自2006年起在各污染物排放口均安装在线监控设施。

排污费征收管理 随着国家排污收费制度的改革，安徽省地方政府环保主管部门对企业排污收费标准发生较大的变化。自2003年7月1日起，地方政府环保主管部门对企业排污收费，则依据国务院发布的《排污费征收管理条例》执行，主要收费原则有以下转变：由超标收费向排污收费转变，实行“排污收费、超标处罚”的原则；由单一浓度收费向浓度与总量相结合的收费转变，以排放污染物的数量收费；由单因子收费向多因子收费转变，视排放污染物的种类，分别计算，叠加收费；由低收费标准向高于治理成本的收费。

四大矿业集团在执行旧的征收制度时，企业的排污费缴纳数额呈逐年递减趋势，是由于各排污单位经过多年的治理，均达到达标排放；而在执行新的征收制度后，排污费缴纳数额呈逐年上升趋势，这是由于新的收费制度实行的是“排污即收费”原则；此外，排污总量虽然得到控制和削减，但现在实行的是多因子叠加收费且收费标准也有较大幅度的提高，使得排污费用并未随之减少。

总量控制 1988年国家环保局发布的《水污染排放许可证管理暂行办法》第十二条规定：地方环境保护行政主管部门，根据当地污染排放总量控制的指标核准排污单位的排放量；《国务院关于环境保护若干问题的决定》中规定：要实施污染物排放总量控制。到2000年全国所有工业污染源排放污染物要达到国家或地方规定的标准。《中华人民共和国大气污染防治法》第三条规定：有计划的控制和逐步削减各地方主要大气污染物的排放总量。对不超出排污总量控制指标的排污单位，颁发“排放许可证”；对超出排污总量控制指标的排污单位，颁发“临时排放许可证”，并限期削减排放量。

第三节 “三废一沉”治理

安徽煤矿立足于建设全面小康、绿色环保、科学管理、和谐文明的新型能源基地，对煤电开发形成的废气、废水、废渣及采煤沉陷地进行综合治理与利用，构建循环经济产业链，实现节能、减排、降耗、增效的有机统一。

瓦斯综合利用 淮南矿业（集团）有限责任公司瓦斯抽采起步于20世纪70年代后期，较大规模的利用是从2002年年底开始的，瓦斯抽出总量的增加，瓦斯利用和环境保护被提高到重要的议事日程。集团公司提出“可保尽保，应抽尽抽，以抽促用，以用促抽”的战略决策，把瓦斯作为一种能源来开采，变被动的瓦斯抽放为主动的瓦斯抽采。2002 年 10 月，淮南矿业集团组建瓦斯综合利用项目部，开始瓦斯利用工程建设。2003 年 12 月，随着瓦斯利用项目的发展组建瓦斯利用分公司。淮南矿业（集团）有限责任公司瓦斯利用技术的不断提高，努力扩大民用，瓦斯发电逐步实现热、电、冷联供，改造燃气锅炉，积极推进 CDM 项目开发，充分利用低浓度瓦斯，瓦斯利用率逐年提高。2005 年瓦斯利用量 820 万立方米，2006 年瓦斯利用量 2157 万立方米，2007 年瓦斯利用量 2526 万立方米，2008 年瓦斯利用量 3023 万立方米，2009 年瓦斯利用量 5191 万立方米，2010 年瓦斯利用量 6858 万立方米。

截至 2010 年年底，已在潘一、潘三、谢桥、谢一、顾桥等 7 个矿井建成 11 座瓦斯发电站，采用内燃式瓦斯发电机组，总装机规模 30832 千瓦。其中，低浓发电机组 11500 千瓦，移动电站 2000 千瓦，高浓度瓦斯电站 17332 千瓦。潘三发电站同步建成余热利用系统，热能送至该矿办公场所供冬季取暖，采暖面积达 2.8 万平方米。在新庄孜、谢一、潘一、潘三等 8 个矿井建成总规模为 23 万立方米的储气站，同时配套建设中低压输配管网。居民燃气用户已达 57009 户。在新庄孜、谢一、潘一等矿改造 8 台共 28 吨燃煤锅炉为燃瓦斯气锅炉。

2005 年，淮北矿业集团利用瓦斯 1450 万立方米，2006 年为 2921 万立方米，2007 年为 2647 万立方米。截至 2007 年年底，淮北矿业集团有 2 对矿井抽采利用。芦岭矿地面老瓦斯抽采系统抽采的高浓度瓦斯进集气罐加压后供工人村居民作燃料。新建成低浓度发电厂，利用新瓦斯抽采系统抽采的瓦斯进行发电。

2003 年，皖北煤电集团投资 1800 万元在祁东煤矿建成全省第一座瓦斯发电厂。电厂占地 1.6 万平方米、装机容量 6×1200 千瓦的瓦斯电厂（其中一期工程为 3×1200 千瓦）。2004—2008 年底，已有效利用瓦斯（100%浓度）1950 万立方米，累计发电 5803.8 万千瓦时，销售收入 2950.1 万元。2008 年 9 月，投资 2060 万元建成。该厂占地 15.44 亩，总电站装机总容量为 3000 千瓦，安装 6 台 500GF1-3RW 型低浓瓦斯发电机组，配套 6 台烟气型针形管换热器。该项目利用矿井抽排的低浓度瓦斯发电，年发电量为 181 万千瓦时，年消耗纯瓦斯 60 万立方米。

2006 年，在新集二矿安装 2 台 500 千瓦低浓度瓦斯发电机组；2008 年、2009 年分别在新集二矿、新集一矿安装 4 台、6 台低浓度瓦斯发电机组，截至 2010 年年底，两矿累计综合利用瓦斯 4126 万立方米。

矿井水综合利用　淮南矿业集团将矿井水的处理利用和减少排污、保护环境与节约水资源结合起来，推广应用矿井水井下清污分流、地面净化处理技术；坚持分级处理，分质利用；先井上、后井下、先工业、后生活、最后是农灌的利用原则。矿井水主要用于矿井生产、选煤补充用水、井下洒水灭尘、防火灌浆、地面绿化、道路洒水灭尘及生活杂用等方面。该集团公司现有 12 座矿井水处理站，设计日处理能力 15.5 万立方米。新建矿井按照环保“三同时”要求，矿井水处理及配套利用管网工程与矿井同时设计、同时施工、同时投入使用。矿区矿井水综合利用系统已成规模，年利用矿井水约2000万立方米，矿井水利用率已超过80%。

淮北朔里煤矿于20世纪80年代建成矿区第一座水厂。对矿井水进行综合处理，到2010年共建成9座水厂，矿井水利用率逐年提高。

皖北煤电集团利用矿井水500多万立方米，矿井水利用率达80 %以上。

2006年以来，国投新集公司对部分矿井水处理站进行扩容改造，改造后矿井水处理站处理能力6万立方米/年。2008年，又新建生活污水处理站1座，处理能力为3000立方米/年，每年削减COD排放123吨。2009年，刘庄煤矿新增生活污水处理站1座，处理能力为3000立方米/年。2010年，矿井水综合利用率为69.3%。该公司原有生活污水处理站10座，总处理能力为6600立方米/年。

废渣利用 主要是对煤电开发过程中产生的煤矸石、粉煤灰和炉渣进行综合利用。淮南矿区煤矸石主要用于煤矸石发电、烧制矸石砖和作为建筑材料修路、充填塌陷区。粉煤灰和炉渣主要作为建筑材料进行销售。煤矸石发热量在500到700焦耳的矸石，烧制新型墙体砖。已建成年产2.5亿块（折标砖）的生产能力，建成潘三2×13.5兆瓦和新庄孜2×13.5兆瓦煤矸石电厂，顾桥2×30兆瓦煤矸石电厂一号机组已运行，年产煤矸石综合利用率已达到90%，年产粉煤灰渣综合利用率达到95%。

淮北矿区的固体废弃物主要是矸石及生活、医院垃圾。淮北矿业集团各矿的矸石主要是回填造房、挖深垫浅造田，以及矸石生产建筑用砖。其中工程建设公司、朱仙庄、芦岭矿等单位建有煤矸石砖厂，年产建筑用砖5000万块。对医用垃圾在医院建小型焚烧炉进行处理。至2006年，全矿区共有2座医用焚烧炉。对生活垃圾均采用清扫后，排入指定垃圾场处理或掩埋。

1985年，淮北矿业集团获“安徽省环境保护先进集体”；1989年，获中煤总公司“环境保护先进集体”；1990—1992年，连续3年获中煤总公司“完成环境保护指标考核责任书先进单位”；1991年，被中煤总公司评为“环境保护先进单位”；2007年度，被中华环保联合会评为“中华环境友好能源企业”；2008年，被安徽省环保联合会评为“安徽省环保创新试点单位”；2009年，被安徽省环保联合会评为“安徽省环保创新单位”。同年，被中华环保联合会评为“中华环境友好企业”。2010年，被安徽省环保联合会评为“安徽省环保创新示范单位”。

皖北皖北煤电集团煤矸石综合利用量达78万吨，综合利用率78%。

国投新集公司“十一五”（2006—2010）期间，公司煤矸石综合利用率达90%以上，该公司于1998年建成新集低热值燃料电厂，2008年建成花家湖煤泥煤矸石电厂。其中新集低热值燃料电厂配3×35吨/时锅炉，2×6兆瓦发电机组；花家湖煤泥煤矸石电厂一期为1×75吨/时循环流化床锅炉，1×12兆瓦发电机组。2座煤矸石电厂年均消耗矿井洗选矸石30万吨。

沉陷治理 淮南矿业集团坚持煤炭资源开发与地质环境保护并重的原则，对采煤沉陷区受损的各种建（构）筑物及时地维护维修或重建。2000—2010年，淮南矿业集团对采煤沉陷区内道路、水利水系等建（构）筑物实施维护加固或重建工程累计投入近5亿元，保证塌陷区农民正常的生产生活；2004—2008年，在张集、新庄孜和潘一矿稳沉地实施的3个国家矿山地质环境治理项目，2009年3月，通过安徽省国土资源厅、省财政厅组织的专家评审验收，累计治理总面积1151.69亩，完成土石方202.58万立方米，累计完成投资4763.93万元，复垦的土地主要作为建设用地和农林用地；2008—2009年，在全矿区按照可栽尽栽、全面绿化的原则大面积实施绿色工程，种植乔、灌木近百种共29.2万株，草坪2.4万平方米，投资2730万元，有效修复沉陷区地质生态环境；对已报废30年历史遗留的22平方千米泉水资源枯竭矿区进行环境修复与开发，该区域由于历史变迁、法人灭失、地貌、水系等生态环境遭到严重破坏，形成大面积的“城市荒地”和废弃地，2006年后，共投入4.39亿元，修复水库、山林、湿地生态区10.4平方千米，初步建成以“山、水、林、居”为特征的煤矿最佳人居环境，其中大通矿山地质环境治理项目、老龙眼废弃矿山地质环境治理项目国家投入750万元，项目通过省国土厅组织的现场验收。

1994年，淮北矿务局开始采煤塌陷区土地复垦。当年，选取朱仙庄矿1062、1064工作面采煤塌陷地67.02亩和临涣矿1012工作面采煤塌陷地107.608亩作为“以复代征”的试点。朱仙庄矿67.02亩塌陷地域1994年6月10日签订土地复垦协议，8月批准实施，支付土地复垦费用377885元。临涣矿107.608亩塌陷土地于1995年1月17日签订土地复垦协议，5月批准实施，支付土地复垦费用751642元。截至2007年年底，淮北矿业集团复垦土地1.886万亩，支付费用21468.38万元。利用矸石回填造地10120亩；复垦回填5343亩塌陷地作为新村宅基地。

皖北煤电集团自建企以来，全矿区累计塌陷地面积8.4万亩，其中已征用塌陷地4.8万亩，已治理复垦塌陷地1.4万亩，累计搬迁村庄110多个，安置人口6万多人。

2008—2010年，国投新集累计投入地质环境综合治理费用9537多万元，其中2010年投入4340万元。

第四节　矿山绿化

1993年，淮北矿务局在全国绿化造林300佳评选中，获省部级以上花园式单位称号的单位有32家。2003年朔里矿、2004年淮北选煤厂分别获“全国绿化模范单位”。张清华等4人还获全国绿化奖章。至2007年年底，淮北矿业集团绿化面积已达2326868平方米，绿化覆盖率34%，职工家属人均绿地12.25平方米。在矿区大力开展“创建绿化模范单位”活动，朔里矿、淮选厂、祁南、许疃矿获全国绿化模范单位称号，袁庄、杨庄、祁南、许疃、涡北矿、铁运处获省绿化先进单位称号。

2006—2010年，淮南矿业集团投资约2.5亿元，新增绿化面积204.61万平方米。全矿区拥有绿地面积1590万平方米，其中矿厂绿化面积593.2万平方米，山林绿地面积996.8万平方米。矿区绿化覆盖率由2005年的25.14%提高到34.3%，提高9.16个百分点。集团公司12个单位获省级“绿化模范单位”称号，职防院、顾桥矿获“全国绿化模范单位”称号，董事长、党委书记王源获2009年度“全国绿化奖章”。

第五节 节能减排

安徽煤炭企业针对不同的原因采取一系列措施避免和降低电能浪费现象。各矿业集团首先理顺管理体制，将监督管理和生产分开。其次完善层层考核的用电管理体系，实现责任和利益挂钩。并制定用电管理考核办法，每年下达各单位用电单耗，奖惩兑现，调动积极性。各矿从煤矿生产各环节抓起，多方面采取措施，优化井下采区设计，做到合理布局，集中生产。副井低于规定人数不走钩。对压风管道全面处理，减少跑漏风。做到集中供风，减少多台压风机同时开车时间，还采用移动压风机。修整通风巷道减少通风阻力。清理水仓，淘汰高耗能水泵。采用核子秤，考核皮带机空运转率，杜绝开空车现象。

淮北矿区推广节电新产品、新工艺，改造、淘汰高能耗的用电设备。综合电耗由1997年的72.82千瓦时/吨降至2005年的49.81千瓦时/吨，原煤电耗由1997年的37.66千瓦时/吨降至2005年的29.87千瓦时/吨。2010年4月淮北矿业COD排放量758吨，比2005年减排244吨，减排率达到24.3%，二氧化碳排放量1330吨，比2005年减排168吨，减排率达到11.2%，煤矸石产生量1078吨，利用量926吨，利用率86%，矿井水抽排量3773吨，利用量2716吨，矿井水达标率100%，利用率72%。

国投新集公司获2009年度安徽省节能先进单位和“十一五”安徽省节能先进单位。

安徽煤矿减排的主要措施：加强企业污染深度治理，调整工业结构。对于污染治理不合格、不达标的，要求实行永久性关停；加强对企业各类污染治理设施的监督管理，规范各类管理制度，建立健全设施运行和污染物排放记录和管理统计台账，实现稳定运行，确保减排；提高矿井水利用率，减少污染物排放总量，加强处理设施运行操作管理，降低污染物排放浓度；开展水污染物治理减排，新建矿井均配备矿井水处理站及工厂生活污水处理站，改造老矿井现有的矿井水处理站及增设工厂生活污水处理站，达到减排COD的目的；进行大气污染物治理减排，包括锅炉消烟除尘、烟气脱硫，对新安装的锅炉均要求各项环保指标达标，对现有工业锅炉除尘、脱硫设施进行技术改造，切实提高污染处理设施的除污效率；加强电厂脱硫设施的建设和运行管理，已建成的电厂脱硫设施综合脱硫率目标值不低于70%，在实际操作中，经CEMS反映出的实际脱硫率已达85%，有效促进污染物减排。

第五篇　经营管理

中国共产党十一届三中全会以后，安徽煤炭工业经营管理进入一个崭新阶段。在“改革、开放、搞活”方针和社会主义初级阶段理论指导下，安徽煤炭工业逐步实行对外开放，对内搞活，扩大企业自主权，推行责、权、利结合，推行多种形式经营承包责任制、投入产出总承包、企业重组和改制，以及管理体制改革一系列措施，逐步建立起一套社会主义集中统一的经营管理体制和管理机构，包括计划管理、人事工资管理、财务管理、物质供应管理、煤质运销管理等，开始从单纯生产型向内部经营型转变，煤炭企业由封闭式生产经营转入外向型企业发展，实现人、财、物、产、供、销一条龙的管理模式，经营管理更加正规化、科学化，增强了企业活力。

第一章 管理体制与机构

第一节 管理体制

1978年前，安徽煤矿管理机构虽有变更，但一直是在中央和地方收权和放权上反复，企业管理体制始终保持高度集中、统一的计划模式。

1980年1月，安徽省人民政府将省煤炭工业局改为省煤炭工业厅。1982年1月，根据国务院关于试办安徽煤矿工业公司批复精神，安徽省人民政府决定保留省煤炭工业厅，组建安徽省地方煤炭工业公司，一个机构两块牌子，分别管理统配煤矿和地方煤矿。

1985年2月，煤炭工业部决定对两淮煤矿由部直接领导和管理，实行产量、盈亏总承包，两淮矿务局向煤炭部签定6年总承包合同，实行生产、基建、多种经营三位一体管理体制，是独立经济实体，按生产、基建、集体三种资金渠道分别核算，进行投入、产出总承包，包煤炭产量，包基建规模与投资，包盈利与亏损额，企业自主经营。皖北矿务局实行“三包三保一挂钩”，完善充实承包经营责任制。此后，各单位又延续2年承包和3年滚动承包。企业内部建立了多层次的承包经营责任制，各项经济指标纵横层层分解落实到局属各生产经营单位，人、财、物、产、供、销等权利都集中在局。1993年后开始转换企业经营机制，进行模拟法人经营，实行利润总承包。在生产和经营中实行局、矿（处、厂）两级管理，矿务局是全局生产、经营指挥中心和管理中心，局属各矿（处、厂）是局内部组织生产和实施管理基本单位，主要根据下达生产任务和各项技术经济指标，组织生产和进行现场管理。

1996年7月，省政府撤销安徽省煤炭工业厅，在原煤炭工业厅的基础上成立安徽省煤炭工业局，并加挂在安徽省煤炭工业管理局，负责全省煤炭行业管理。两淮煤矿仍由煤炭部直接管理，皖北矿务局由省煤炭工业局直管，淮南新集集团公司业务上接受省煤炭工业局指导，其他煤矿由所在市管理。

1998年后，煤炭企业进行改制，建立公司法人治理结构。1998年3月以后，淮南、淮北、皖北、新集等国有煤矿本着精简、效能原则，撤并、重组煤炭企业机管理机构，成为国有独资法人企业。同时对具有经营职能的单位实行改造，对下属有增长潜力，有内在动力的利益实体组建为专业化子公司和控股公司，以适应市场经济的要求。

2000年4月，根据《国务院办公厅关于印发煤矿安全监察管理体制改革实施方案的通知》，成立安徽煤矿安全监察局，负责国家监察职能。同时，撤销安徽省煤炭工业管理局，加挂安徽省煤炭工业局，负责全省煤炭行业管理职能。

2002 年 4 月，省政府决定撤销加挂安徽煤矿安全监察局的省煤炭工业局牌子，将全省煤炭行业管理和安全监管划归省经济贸易委员会，在省经贸委设置煤炭工业办公室，高配副厅级。2004 年 5 月，省政府机构改革，撤销省经贸委，将煤炭行业管理和煤矿安全监管职能划归省发改委。2006 年 2 月，安徽省政府成立省经济委员会，并设立煤炭工业办公室，高配副厅级，负责全省煤炭行业管理和煤矿安全监管职能。至此，煤炭企业“国家监察、地方监管、企业负责”的管理格局基本形成。

安徽省省级煤炭管理机构一览表

表 5-1-1

时间	机构名称	内设机构
1985 年 2 月	安徽省煤炭工业厅	办公室、政治部、安全局、生产技术处、地方煤矿处、机电处、基本建设处、劳动工资处、计划财务处、运销处、供应处（公司）、进出口办、纪检监察室、机关党委
1996 年 7 月	安徽煤炭工业管理局 安徽省煤炭工业局	办公室、人事教育处、政策法规处、安全处、生产协调处、基本建设处、规划财务处、调运进出口处、多种经营处、审计处、调度信息处、纪检监察室、机关党委、离退休处
2000 年 4 月	安徽煤矿安全监察局 安徽省煤炭工业局	办公室、人事培训处、行业管理处、企事业改革处、规划发展处、调度信息处、安监一处、安监二处、科技装备处、纪检监察室、机关党委、离退休处
2002 年 4 月	安徽省经济和贸易委员会	煤炭工业办公室
2004 年 5 月	安徽省发展改革委员会	能源局
2006 年 2 月	安徽省经济委员会	煤炭工业办公室
2009 年 5 月	安徽省经济和信息化委员会	煤炭工业办公室

第二节　企业管理

安徽煤矿经营管理的经验和成绩，主要体现在淮南、淮北、皖北、新集四大国有煤炭企业集团。

淮南矿业集团　1980—1984 年，中央提出“党委集体领导，职工民主管理，厂长行政指挥”的企业管理原则，相继颁发《中国共产党工业企业基层组织工作暂行条例》。根据该条例要求，淮南矿务局逐步健全组织机构，确立职责范围；配备总工程师、总会计师、总经济师，经营管理工作走向正轨。1985—1998 年年初，矿务局经营管理体制仍为党委领导下的局、矿（处、厂）负责制和职工代表大会制度。在生产和经营中实行局、矿（处、厂）两级管理。实行联产承包责任制后，矿务局是全局生产、经营指挥中心和管理中心，人、财、物、产、供、销等权力都集中在局。局属各矿（处、厂）是局内部组织生产和实施管理基本单位，主要根据下达生产任务和各项技术经济指标，组织生产和进行现场管理。1998年3月至今，淮南矿务局改制为国有独资公司——淮南矿业（集团）有限责任公司。企业实行董事会（党委）、监事会、经理层、职工代表大会制度。

淮北矿业集团 1978年淮北矿务局开始恢复和健全经营管理体制，重新实行党委领导下的局矿（长）分工负责制，并恢复和健全职工代表大会制度。1980—1984年，淮北矿务局在企业整顿中逐步建立健全管理工作机构，经营管理走上正轨。1985年1月，淮北矿务局向煤炭部签订6年总承包经营合同，把各项经济指标纵横层层分解落实到局属各生产经营单位，人、财、物、产、供、销等权利都集中在局。1991、1992年，淮北矿务局贯彻经营责任制，1993年后开始转换企业经营机制，进行模拟法人经营。1996年之后实行利润总承包，1998年3月8日，淮北矿务局改制为国有独资淮北矿业（集团）有限责任公司，建立公司法人治理结构。煤炭工业部派出监事会，对公司国有资产实施监督。职工代表监事需经民主选举推荐，行使监管职权。2000年3月，成立多元投资主体的淮北矿业（集团）煤业有限责任公司。煤业公司各职能管理机构与集团公司相应部门合署办公，初步形成以集团公司为母公司，以煤业公司、多经总公司、专业化公司为子公司的母子公司管理格局。2007年，加快推进“主辅分离”，多种经营系统整体改制，成立淮海实业集团公司，并将部分非煤企业划转至淮海实业，经过三年过渡时期，2010年淮海实业公司正式分立，成为省国资委直属企业。

皖北煤电集团 1984年3月，省委、省政府决定成立皖北煤炭工业公司，统管位于淮北、宿州境内的5所省属煤矿。1986年1月，皖北煤炭工业公司更名为皖北矿务局。建企初期，实行“产量、亏损包干，一定五年”的承包经营责任制，各矿分单位、分工种普遍建立了以岗位为中心和以指标承包为内容的多种形式的经济责任制。1988—1990年，承包实行“三包三保一挂钩”，完善充实承包经济责任制。1989年4月，下达《关于推行承包经济责任制的几项暂行规定》，采取适当集中统一的措施，使经营者责权利相结合。煤炭产量实行增产加奖的政策，煤炭销售实行全局煤炭集中运销，超产煤加价收入承包；储备供应实行局矿七三储备分工，局矿相结合储备供应包干。1988年5月起，矿长统一掌握行使经营决策权、生产指挥权和用人权，负责抓好“两包五定”等各项目标。1997年11月，皖北矿务局改制为皖北矿业集团有限公司。1998年7月，改制为皖北煤电有限责任公司。2000年5月，变更为皖北煤电集团有限责任公司。推行矿长竞聘与风险抵押承包经营责任制相结合的承包方式。进入21世纪以来，皖北煤电集团创新经营管理模式，实行煤炭销售、物资供应、资金、审计等业务垂直管理；推行项目投资、非煤骨干企业、机关会计核算集中控制，强化内控制度建设。集团公司成立经营考核领导小组，建立并完善三级绩效考核体系，促进各单位抓管理、增效益，使考核工作实现与生产经营无缝对接,全员覆盖。2004年8月,公司在上海证券交易所上市,首次公开发行A股股票4400万股,股票简称“恒源煤电”,代码600971,成为安徽省第一家上市的煤炭企业。2007年,公司发行4亿元可转换债券,于2009年完成重大资产重组,并实施15亿元定向增发。截至2009年年底,公司总股本为3.94亿股,总资产为107.83亿元。公司所有者权益为30.51亿元,每股净资产为7.74元,实现每股收益1.41元。

国投新集公司　建矿初期实行项目法人责任制,即由项目法人对建设项目从筹划、筹资、建设直至生产经营、归还贷款以及资产的保值增值实行全过程管理。这是煤矿基建史上一项根本性的变革,打破了煤矿生产与基建分割的旧格局,把企业管理提高到资本运营的高度,使企业能够自主决定组织机构、人事制度和工资制度,大大缩短建设周期。在施工管理方面,引进竞争机制,强化施工管理和监理,既不是大承包,也不是甲乙双方核算制,而是切块承包,将各单项工程和单位工程分别发包,以合同形式明确双方责权利,乙方对甲方负责,按甲方要求施工。在实施过程中,实施灵活激励,对矿、土、安三类工程平衡排队,各项工作以“效益至上”为原则。在机构设置上“精兵简政”,结合煤矿企业特点和客观实际,实行“三个分离”“四个减少”,即生产服务、生活服务、多种经营从矿里分出来,从而减少编制、减少定员、减少人数、减少机构,实现精兵简政。1998年8月改制后,公司以明晰产权关系为先导,实现企业所有权与法人财产权的两权分离。公司以所属矿井资产作为法人财产,依法自主经营。通过股东会、董事会、监事会和经理层的“三会一层”组织形式,建立权责明确、管理科学、激励和约束相结合的法人治理结构和企业领导体制。公司推行扁平化管理,实行公司、矿井、区队“三个中心”的管理模式。公司行使决策中心、经营中心、利润中心的职能,对安监、财务、供应、销售实行垂直管理,财务统一核算,资金统一运营,利润统一分配,供销统一对外。各矿井行使生产中心职能,内部运用市场机制,确定内部核算体系,实行模拟项目法人负责制,最大限度的实现内部经济关系的市场化,优化配置人、财、物等资源,实现生产经营的高产高效。管理人员竞聘上岗、能上能下,职工择优录取、能进能出,岗变薪变,收入能增能减。2007年,国投新集公司上市,“国投新集”A股(股票代码:601918),首次公开发行3.52亿A股,上市后股本结构为:国投煤炭持股比例43.38%,国华能源和煤电集团持股比例均为18.80%,社会公众股股东持股比例为19.02%。2009年,国投煤炭将其持有42.36%的股份无偿划转给其国家开发投资公司。截至2010年年底,公司股本结构为:国家开发投资公司持股比例为42.36%,国华能源18.65%,煤电总17.25%,国投煤炭1.02%,其他社会公众股股东持股比例为20.72%。

中煤矿建集团　管理体制实行“三级管理”“四级核算”制度,“三级管理”即公司—工程处—工区;“四级核算”即公司—工程处—工区—队组。利润管理实行“利改税”制度,按规定大中型国营企业从以往上缴利润的制度改为按实现利润的55%向国家缴纳企业所得税,税后余利较大的企业与主管部门再实行利润分成。资金使用实行二级承包经营责任制度,即公司年初对工程处下达承包经营责任书,对年度工程进度、工期、安全质量管理、施工产值等作为经营责任的内容对工程处班子进行考核，工程处班子缴纳一定的经营风险抵押金，完成任务公司给予一定的奖励，完不成承包经营责任书规定指标的，则给予一定的资金、行政上的处罚。1993—1998年，实行“三线分离、各业并举、分灶吃饭、扭亏增盈”政策。2000年以后，改革“三级管理”体系，实行“三级核算”制度。逐步撤销工区建制改为项目部制，由原来工区资源固化体制改变为动态的资源有效配置机制；由原来的单位利润核算机制改为以项目为单位的利润核算机制并沿用；逐步和市场经济的游戏规则并轨，采用目标经营考核的“三级考核”机制，即年初由集团与工程处签订目标经营考核责任书，对工程招投标、营业收入、利润、上缴费用、工资总额、资金回收、安全质量管理、科技创新等进行分值考核，工程处按年初签订考核目标确定年薪，并按基本年薪一定比例上交风险抵押金，工程处再根据其目标经营考核责任书对项目部进行分解，制定考核办法和规则。

第三节　投融资管理

淮南矿业集团　2000年2月，淮南矿业集团实施债转股。2001年融入资金总额7.7亿元；投资总额1000万元，其中参股1000万元。2002年融入资金总额19.79亿元；2003年融入资金总额8.49亿元；投资总额36万元，其中参股36万元。2004年融入资金总额13.86亿元；投资总额1018万元，其中独资、控股（包括相对控股）1018万元。2005年融入资金总额51.92亿元，其中直接融资12亿元；投资总额45049万元，其中独资、控股（包括相对控股）15049万元、均股30000万元。2006年融入资金总额58.65亿元，其中直接融资12亿元；投资总额33311万元，其中独资、控股（包括相对控股）18031万元、均股13000万元、参股2280万元。2007年融入资金总额91.95亿元；投资总额96246万元，其中独资、控股（包括相对控股）79746万元、均股16500万元。2008年融入资金总额164.29亿元，其中直接融资48亿元；投资总额523501万元，其中独资、控股（包括相对控股）231990万元、均股160301万元、参股131210万元。2009年融入资金总额144.77亿元，其中直接融资29亿元；投资总额378166万元，其中独资、控股（包括相对控股）180342万元、参股197824万元。2010年融入资金总额85.55亿元，其中直接融资25亿元；投资总额834111万元，其中独资、控股（包括相对控股）699100万元、参股135011万元。

截至2010年12月31日，淮南矿业集团融资余额277亿元，其中间接融资208亿元，直接融资69亿元。融资机构主要包括大型国有商业银行（中国银行、农业银行、工商银行等）、国家政策性银行（国家开发银行）、股份制商业银行（民生银行、光大银行、招商银行、等）等多家金融机构。由淮南矿业集团直接投资的独资、控股（包括相对控股）、均股、参股企业37家，投资总额1912438万元，其中独资、控股（包括相对控股）1225276万元、均股219801万元，参股467361万元。

淮北矿业集团　1999年，集团公司按国家政策开始债转股工作，将矿业集团原欠国家银行的部分贷款转为对集团公司的投资。2000年3月，淮北矿业集团公司分别与国家开发银行、中国信达资产管理公司、中国华融资产管理公司签订债转股协议，集团公司以全部生产矿井、中央选煤厂、机械总厂、水泥厂、铁运处等29个单位的优质资产作为出资，联合上述三家单位，形成多元投资主体的淮北矿业（集团）煤业有限责任公司，公司注册资金48.53亿元。2002年12月，在省政府的主持下，集团公司与国家开发银行达成股权转让协议，国家开发银行将持有煤业公司22.67%（11亿元）的股权转让给集团公司。2004年4月18日，集团公司所属子公司雷鸣科化股份有限公司在上海证券交易所成功上市，当时是淮北市第一家上市公司。2005年9月20日，集团公司发行15亿元短期债券。当年，完成临涣焦化股份公司的设立筹备，完成金岩高岭土公司从雷鸣科化的剥离，完成雷鸣科化股权分置改革，完成临涣中利发电公司的注册筹备工作。2006年11月底，煤业公司的股权结构为：淮北矿业集团公司持股比例为83.59%，信达资产管理公司持股8.82%，中国建设银行安徽分行持股6.72%，华融资产管理公司持股0.87%。

皖北煤电集团　1998年10月，成立投资融资部，隶属皖北煤电集团董事会，主要职责为股权管理、证券交易、投资融资方案论证与设计等。1999年10月，该部门划归资产财务部管理。2000年6月，重新成立投融资部，下设管理科和投资科。2001年6月，投融资部再次被撤消。2004年9月，再次成立投融资部，下设上市办公室、融资科、投资科和股权管理科。

2000年12月29日，集团母公司作为发起人，以所属刘桥二矿经营性资产和对应负债出资，联合安徽省燃料总公司、合肥四方化工集团有限责任公司、合肥开源精密工程有限公司、深圳高斯达实业有限责任公司等四家企业，共同设立安徽省恒源煤电股份有限公司。公司注册资本8160万元，其中皖北煤电集团出资7760万元，其他四家企业分别各出资200万元、100万元、50万元、50万元。2004年8月2日，恒源煤电公司通过上海证券交易所发行人民币普通股（A股）4400万股，发行价格9.99元/股，扣除发行费用2462.54万元，实际筹集资金41493.46万元。

2004年10月，皖北煤电集团开始与合肥创亿置业有限公司就外商俱乐部的股权转让事宜进行商谈。《股权转让协议》约定，皖北煤电集团受让外商俱乐部98%股权，分两次受让：第一次受让80%股权，一年后第二次受让18%股权，两次转让股权的资产评估价值均以第一为基数。2005年3月31日，以净资产总额29601.27万元为基数计算股权转让价款，股权交割，完成收购。

2005年年初，皖北煤电集团对淮化集团进行股权收购商务洽谈。皖北煤电集团投资货币资金43677.98万元增资淮化，控股51.03%。2005年4月19日，两企业签订股权转让合同，淮化集团成为皖北煤电集团控股子公司。

2005年3月，皖北煤电集团启动企业债券发行工作，债券发行推荐人为国元证券有限公司。企业债券发行组将债券发行申请资料报送省发改委，经审核后转报国家发改委。9月，获得国家发改委审核通过，纳入2006年债券发行总规模，报请国务院批准。2006年1月13日，省发改委转发国家发改委文件，批准皖北煤电集团发行规模为人民币10亿元。同年7月，规模10亿元、期限10年、利率4.35%的皖北煤电集团企业债券在银行间市场成功发行。扣除发行费用，实际筹集资金98750万元。

2006年10月，皖北煤电集团先后控股鄂尔多斯市香江华研资源有限责任公司、内蒙古智能煤炭有限责任公司、山西岚县昌恒煤焦有限公司、托管山西临汾土门雪坪煤矿有限责任公司。

2007年10月，皖北煤电集团统筹安排恒源煤电股份有限公司成功发行4亿元可转换债券，收购新建卧龙湖煤矿和五沟煤矿两子公司100%股权。

2009年4月2日，皖北煤电集团煤业整体上市方案通过国家发审委审核。同年6月18日，获得中国证监会正式核准。

国投新集公司 国投新集公司证券部具体负责公司投、融资管理工作，制定并实施《募集资金管理办法》《信息披露管理办法》《投资者关系管理制度》《内幕信息知情管理制度》等管理办法。

1994年9月9日，国投公司、国家计委煤代油办公室（“国华能源”的前身）、煤电总公司和合肥市建设投资公司设立淮南新集能源开发有限责任公司。注册资本37600万元人民币，其中国投公司和合肥市建设投资公司分别以现金13160万元和5640万元出资，出资比例分别为35%和15%；国家计委煤代油办公室以11280万元“煤代油专项贷款”作为出资，出资比例为30%；煤电总公司以新集一矿及在建的新集二矿、新集三矿相关资产及负债作价7520万元作为出资，出资比例为20%。1995年12月，原国家计委以煤代油办公室为基础设立国华能源，原煤代油办公室持有的30%股权改由国华能源持有。

2007年12月19日，国投新集在上海证券交易所上市，首次以5.88元/股的价格公开发行3.52亿A股，募集资金总额202113.27万元，用于建设板集煤矿。上市后股本结构为：国投煤炭持股比例43.38%，国华能源和煤电总持股比例均为18.80%，社会公众股股东持股比例为19.02%。

第二章　计划与统计

第一节　计划统计体制

安徽煤炭工业系统从省煤炭工业厅（局）到基层矿、厂都设置专门计划　机构（处、科或组），专门从事煤炭生产建设和经营管理计划编制、管理和统计。

1986 年 7 月，淮南煤矿建设公司撤销，原矿建公司计划处管理的基本建设、更新改造和大修理基金及施工等计划业务并入淮南矿务局计划处。1987 年 2 月，为加强全局月、季度基建施工作业计划管理和内务管理，计划处增设施工计划和综合科。当年 5 月，计划处内部决定将两科建制保留，人员合并办公。1998 年，淮南矿务局改制为淮南矿业（集团）有限责任公司，各类计划业务归到新成立的企业管理部，下设综合计划科，定员 5 人。2007 年 3 月，集团公司按大部制管理，撤销企业管理部，将其计划、统计、资产等管理业务归到财务部，其中计划科更名为预算管理科，业务范围比以前有所扩大，定编 6 人。

淮北矿业（集团）公司常设计划部门，对全公司各生产经营单位、专业化公司实施管理。1998 年 5 月，计划处与基本建设处合并，成立淮北矿业集团公司计划建设部，计划和基本建设实行集中统一管理。2002 年 6 月，计划建设部分立集团公司规划发展部、煤业公司计划建设部。2003 年 12 月，集团公司规划发展部和煤业公司计划建设部合并，成立集团公司建设发展部。2007 年 5 月，集团公司优化管控模式，机构再次精简，使业务流程与机关职能更趋科学合理，经营计划与统计由建设发展部划入企业管理处，企业管理处更名为经营管理部，经营管理部职能在原企业管理处的基础上得以扩充与加强，主要具有经济运行监控、综合经济责任分析与考核、经营计划编制与管理、统计管理、管理创新等职能。

皖北煤电（集团）公司于 1985 年 8 月 8 日设立计划财务处，具有计划管理和财务管理两种职能。1988 年 2 月 24 日，计划财务处撤销，分设为计划处、财务处。计划处下设生产、工程、统计等科，专司生产、经营、工程计划管理。1998 年，矿务局改制，计划处随之更名为规划发展部，下设生产计划科、工程计划科、基建工程科、综合统计科、预算管理科、项目发展科 6 个科室。

国投新集公司于 1989 年成立现场指挥部，计划、统计业务最初由计财科负责。2001 年年末，公司撤销经营部，成立公司财务中心（部）。2006 年 9 月，公司对管理流程进行再造，计划管理职能发生变化，企管部成为计划管理的主管部门，计划管理变过去的多头管理为目前的集中式管理。计划的编制、审查，到计划的下达执行、绩效考核的全过程，形成一套科学的计划管理模式。

中煤矿山建设（集团）公司于1986—1997年，设置计划预算处，公司从根据国家下达计划任务编制施工计划，过渡为依据公司承接施工项目的情况编制施工计划。1998—2010年，公司设置工程管理部（2008年后为经营管理部），配置计划统计2人，集团公司主要依据行业竞争力及市场细分的专业配量能力确定年度经营目标和中长期经营规划，并以经营目标承包体系取代原上批下达的计划体系。

第二节　计划编制与实施

计划编制　基本建设计划。1985年前，基本建设项目恢复建设单位与施工单位甲、乙方关系，建设项目投资由建设单位包干，计划由安徽省煤炭厅审批。1985年始，基本建设投资全部由拨款改为贷款，由无偿使用改为有偿使用。

生产计划。生产计划编制程序是各生产矿井编制生产建议计划，经局组织审查后，汇总上报安徽省煤炭厅，由安徽省煤炭厅下达控制指标。局计划部门根据控制目标分解到各矿（厂）后，再上报安徽省煤炭厅，然后下达正式生产计划，由各矿执行实施。由于省属煤矿"六五"期间实行产量增长和政策性补亏总承包，省对矿务局的生产计划自1986年起只管原煤产量、开拓进尺、亏损三项指标，其余指标由矿务局自行安排。1996年起，生产计划由各集团公司生产技术部根据生产实际负责编制，主要对生产矿井年度、季度、月度的生产情况进行部署。

工程计划。自1985年以来，维持简单再生产资金计划、大修理计划及单项工程计划均由安徽省煤炭厅概算中列出后，根据当年筹集的资金额，由各矿、厂提出后，局初审上报，由安徽省煤炭厅批准实施。省煤炭厅撤销后，由集团公司审批后实施。工程计划分为基本建设、维简、大修、国债、安全技术改造。

长远规划。长远规划是10年以上，或更长一段时间的规划。长远规划由集团公司统一组织制定，规划发展部承办，生产技术部、资产财务部等相关单位协助。

五年规划。一般根据国家各个五年经济发展计划的要求编制，主要内容包括各集团公司未来五年的指导方针、基本思路、奋斗目标、发展目标等指标。编制一般由总工程师负责，规划发展部承办，财务、安全、生产、机电等部门共同参与。编制的程序为：先由各矿上报，经公司平衡汇总，通过公司领导集体研究，然后上报煤炭工业部门或省政府有关管理部门。

计划实施　1986—1997年。计划一经确定不得随意修改，特殊情况下须及时反映并经上级机关批准后方能执行；强调计划严肃性，不搞计划外工程。计划工程必须按照审批后的施工图纸计算，计划价格以工程造价为依据，不得任意提高或降低造价。工程施工期间，计划人员参加集团公司、施工单位组织的有关生产、安全、质量等活动，全面了解施工情况,每月必须提供一次计划执行书面报告供领导参考。

1998—2010年。由各集团公司经营管理部负责经营目标承包体系的组织、设计及考核。该体系是根据集团发展规划和市场预测等制定年度经营目标,并将年度经营目标分解下达到各下属单位,下属单位则结合自身情况对集团公司下达的年度指标逐月分解形成月度生产、施工计划。集团公司对下属单位的计划执行情况进行监督检查,保证集团公司年度经营目标圆满完成。

第三节　统计工作

1983年,《中华人民共和国统计法》颁布实施,境内煤炭企业先后开展企业整顿,使统计业务不断加强和完善。

安徽煤炭工业统计工作实行分口管理。计划部门主管的统计工作有综合、生产、基本建设、技术改造、安全措施等。其他如劳动工资、物资、运销、安全等,则分别由有关职能部门负责。

各集团公司统计工作由不同的经营管理部门分工负责。规划发展部门主要负责投资、综合、生产统计及统计手册的编制;销售公司负责煤炭产品质量、销售统计;安全监察局负责安全统计;劳动工资部负责工资、人员、效率统计;机电处负责设备在籍、使用及电力消耗统计;供应公司负责材料消耗、材料、设备订货统计;多种经营公司负责集体企业方面的统计。

统计报表、统计资料管理工作由综合统计部门统一对报表进行登记,按业务分工布置有关部门执行。综合统计部门编制报表目录,明确上报时间、受表单位送报份数,送往有关部门执行。凡上级颁发的年度统计报表,在上报有关部门的同时,抄送综合统计部门1份。统计手册每月编制1份,内容分为机电、生产、工资、多种经营等。每季度要求各单位编报统计分析上报综合统计部门。

第三章　物资供应

第一节　管理机构

1986—1989年，安徽煤矿物资供应一直延续计划经济的管理模式，淮南、淮北、皖北矿务局和地市、县国营煤矿均设有物资管理机构。1990年2月，中煤总公司《关于清理整顿公司撤、并、留方案的批复》文件下达后，各矿务局按照统一部署，供应公司恢复为职能处室。

淮南矿业集团　1993年9月，淮南矿务局供应处更名为物资供销公司。1994年3月，更名为物资供销总公司，下属各分公司为公司。1998年3月矿务局改名为淮南矿业（集团）有限责任公司后，物资供销司更名为物资贸易总公司。2000年1月，物资贸易总公司更名为物资供销分公司，同年在12个生产矿设立驻矿供应站、下设6个业务科、组建配送中心。2006年，成立物流大市场，第二年淮矿物流大市场已挤入全国物流园区协作联盟50强行列。2007年，将集团公司原企业管理部的部分职能划入物资供销分公司，成立物资供应管理部，与物资供销分公司是“一个机构，两块牌子”。2008年10月，成立淮矿现代物流有限责任公司，与物资供应管理部、物资供销分公司是“一个机构，三块牌子”。2010年7月，淮矿现代物流有限责任公司单独划出，兼并芜湖港仓储配送有限公司，成立潘一东、顾北、丁集3个供应组，组建寄售库、大市场、潘谢中心和保税库。截至2010年年底，物资供销分公司（物资供应管理部）下设17个供应站、4个仓储中心（仓储部）、13个机关职能科室、4个业务科室和1个商检中心。

淮北矿业集团　1993年7月，淮北矿务局成立物资总公司，同器供处合署办公，一个机构两块牌子。1994年2月，原设备科、综采科、配件科合并为设备科、配件科。综采设备业务并到设备科，综采配件业务并到配件科。二三类业务分开，分别成立二类科和三类科。商检站归属处机关。1994年8月“三定”，器供处机构设置为管理部、政工部、公安科、财务科、审计科、工资科、办公室、工会、商检站、设备科、配件科、材料科、支护科、二类科、三类科、节约利用科、综合公司、上海办事处、合肥办事处、南京办事处、北京办事处、徐州转运站、福州站、沈阳站、武汉站；下属科级单位有汽车队、线材厂、总仓库；集体企业（综合公司）有汽车队、风筒厂、线材厂、橡塑配件厂、总仓库电器厂。1996年7月，处综合经营公司更名为多种经营管理科。1998年6月上海办事处、北京办事处、合肥办事处等归运销处管理。2000年，集团公司推行供应体制改革，供应处先后在13个矿成立供应站，完成煤业公司内13个生产矿井和3个中央选煤厂内的供应体制改革。

12月，伴随着成立淮北矿业(集团)煤业有限责任公司，物资总公司更名为淮北矿业(集团)煤业公司物资分公司。2003年12月，汽运修公司、钢丝绳厂脱离器供处。2005年5月，外经贸处并入器供处成立经贸科。2005年11月，机关科室编制15个。设17个驻厂矿供应站和徐州外站。物资仓储公司机关科室编制3个，即政工科、财劳科、保卫科。下属南库、北库、生活服务公司和煤联公司。2006年6月10日成立涡北矿供应站，7月7日成立孙疃矿供应站。2007年12月成立杨柳供矿应站、刘店供矿应站。2008年按照集团公司“综采综掘成套设备配件分级储备管理实施办法”的要求，在临涣矿、桃园矿设立2个配件仓储。2010年4月成立袁店矿供应站、袁店二矿供应站、青东矿供应站。提高配送效率，降低配送成本，全集团实现“零距离服务”。

皖北煤电集团　1998年皖北矿务局改制，撤销器材供应处，成立供应公司，是皖北煤电集团下属的全资分公司。2005年10月，皖北煤电集团取消各矿物资采购权，在各矿设立驻矿供应站，直属供应公司管理。驻站人员党团、工会等组织关系隶属所驻矿，工资、工作经费等由供应公司负担，切断与所在矿的经济利益关系。2006年年底，供应公司下设机构为政工部、办公室、工会、总仓库、计划管理部、合同质检部、价格信息部、金属材料部、化建支护部、机电设备部、工矿配件部、五金电料部、劳动用品部、进出口公司、经营部、驻各矿供应站、上海皖北物资经营公司。

国投新集公司　1998年国投新集公司改制，成立公司供应部。1999年2月，各矿供应科纳入供应部统一管理，成立驻矿供应站，2002年3月又将各驻矿供应站组织关系统一纳入供应部，2009年2月，生产矿井供应站回归矿管理，供应部下设3个职能科室、1个总仓库、2个驻矿供应站及1个车队，年采购额21亿元。

第二节　物资采购

1985年后，安徽煤矿由国家统一分配物资种类和数量，逐步缩小指令性计划分配指标，广开物资供应渠道。在各单位建立以计划分配为主、市场调节为辅、适应有计划商品经济要求物资的供应体系。各矿除继续发挥统配煤矿所需物资由中央直供外，部分重点煤矿所需物资仍以省为直接供应渠道。1995年，重建市场经济条件下的煤炭部、省厅(局)、矿务局三级物资供应渠道，矿务局物资管理工作在“两集中、五统一”的基础上，结合本单位的物资管理体制改革情况和市场经济的要求，实行财、物集中为主、分散为辅、统分结合、分级管理的物资管理体制，物资管理实行分品种、分类管理的方法，分别制定局、矿、厂分管物资目录，分别由局、矿、厂供应部门采购，矿务局供应处为物资采购的主渠道，对煤炭生产、建设所需的一类、二类物资、特种物资，由供应处采购，供应处掌握70%以上的采购资金。2000年后，各集团公司物资系统成立矿、厂供应站，实行“三集中、五统一”(即人、财、物集中，计划、采购、配送、调度、管理五统一)的物资管理体制，公司物资集中由集团公司供应处采购，同时履行管理、服务、经营职能。

淮南矿业集团 供应部门采用招（议）标形式组织物资采购订货。1993年设备科首开先河，按照“公平、公正、公开”原则，组织召开潘三西一综采设备招(议)标会议。“三机”配套实际发生费用和部颁价格相比，节省采购资金380万元。2002年，制定印发《招（议）标采购实施办法》，规范招议标程序，招议标范围从成套设备扩大到工矿配件、塘柴、笆片、瓦石；从外部产品扩大到内部产品。2004年，招标范围进一步扩大，不仅成套设备、大宗材料、实行招标，而且二三类机电产品和工矿配件等批量少、金额较小的常用物资也采用打包方式纳入招标内容。2009年，实现技术标、商务标分离。通过建立专家库，严格按程序抽取评委参加评标，领导和管理者退出，招（议）标工作步入规范化运作轨道。2010年，全年物资采购额达77.57亿元，内部供应物资66.07亿元，招标采购到货率达87.75%；支持物流公司发展，全年共支付供应链物流业务所需资金达15.50亿元，对外实现供应链物流贸易额31.92亿元、毛利润8496.40万元。

淮北矿业集团 物资采购全部归口供应处，各矿（厂）不再设立生产资料性物资采购机构、采购人员及材料采购的核算。供应处业务科与供应站按现行采购分工目录进行采购，对各单位自产自用的物资应优先采购，不准外购。各矿厂生活资料、办公用品及劳保用品的采购仍按现行规定办理。供应站采购物资时租用所驻单位的运输车辆，运费标准暂按原内部承包办法执行，未实行内部承包办法的由供应处与矿厂协商解决。供应站站长是驻在单位物资供应的第一责任人，负责各单位物资采购计划的落实，确保物资供应。

皖北煤电集团 物资采购实行局矿两级采购。2003年，物资采购比例为8∶2，局占80%，矿占20%。2005年10月，进一步深化供应体制改革，实行“集中采购、集中储备、集中配送”和“市场采购权、价格控制权、质量检验权相分离”的基本管理体制。物资采购权全部收归供应公司。供应公司在各矿设驻矿供应站，供应管理更为集中。2008年5月，筹备成立安徽皖煤物资贸易公司，注册资金4090万元，依托供应公司采购优势，利用资源、价格、渠道优势拓展业务，为企业做大做强搭建更为顺畅的供应平台。各单位所需大宗材料、成套设备等一律实行招标采购。物资供应公司按照招标采购目录执行。物资采购目录手册由皖北煤电集团物资采购招标委员会每年制定一次，指导集团公司相关单位、部门实施物资采购管理工作。招标采购范围内的物资，因特殊情况不能实行招标采购，必须经皖北煤电集团物资采购招标委员会批准。易货贸易供应商同样要实行评审制。

国投新集公司 实行集中采购政策，供应部是唯一对外的采购部门，各矿厂设立供应部驻矿供应站，负责计划申报、所在矿厂物资管理职能。2004年，供应部流程再造，半军事化管理与“三条线与两头延伸”供应管理模式开始实施。公司ERP物资供应管理模块全面运行，供应业务手工记账成为历史。ERP系统供应管理模块实现企业库存资源的在线查询、共享，提升采购计划、合同签订、验收、仓库管理电子化水平。2006年，公司成立企管部招标中心负责招投标，供应部负责招标后业务办理，建立跨单位、跨部室、跨科室的大物流供应业务链模式。公司以ERP系统和网上招标系统为基础，逐步开发、完善相关管理系统，合理调配各方面的信息和资源，实行集中招标、集中采购、集中配送的管理模式。2009年，实施仓储配送一体化试点，逐步取消二级库，当年在刘庄煤矿、新集二矿进行仓储配送一体化试点，共同推动让物资“流”起来。刘庄煤矿撤并相关科队，成立物流公司，改革打料作业流程。新集二矿逐步取消二级库，削减科区队材料员岗位与库房管理员岗位，统一调度矿内物资资源。

中煤矿山建设集团　物资采购由工区材料股（材料队）或项目部材料部门，根据工区或项目施工任务，编制主要材料需求计划，上报处材料科，材料科相关人员充分平衡、利库之后，报有关领导审批，再实施采购。采购原则：实施“三比”。其它材料部分由处材料科直接供应，零星材料采购由工区（项目）材料部门直接采购，相关人员验收发放。周转材料、小型设备及低值易耗品的采购管理，工程处材料科实施集中采购，项目部根据生产需要，进行租赁使用。2007年以后，集团公司对主要材料进行招投标，确定中标供应商及供应价格，工程处下属项目部根据生产任务和需求量，直接从中标供应商采购，周转材料及低值易耗品如钢丝绳、电缆、脚手架钢管、凿岩机、胶质风筒、锚索钻机等，工程处材料科上报需求计划、物资采购管理中心实施招标采购，根据集团公司物资采购招标管理办法确定相应的中标单位，签订采购合同，督促生产厂家交货，工程处材料科及项目部对材料验收管理；施工需要的水泥、黄沙石子等主要材料，项目施工前材料科相关人员，对市场进行调研，确定主要材料采购价格，项目部实施采购；零星材料采购，项目部自行采购，采购价格及时上报材料科，材料科对价格进行审核与监督。

第三节　物资管理

仓储设施　安徽煤炭企业仓储设施规模不断扩大，设备不断更新，仓储装卸、运输、堆垛等作业，基本实现现代化。

淮南、淮北矿务局建局初期就建有物资材料库房。经过50多年的发展，仓储设施齐全，管理制度完善，管理手段科学。2006年初，淮南矿业集团公司建立华东地区最大的立体化仓库，皖西北最大的生产资料物流园区——淮矿物流大市场，集钢材、机电、工器具、劳保等产品的交易市场于一体，行业领先、获国家自主知识产权的物资管理信息系统等一系列软硬件开发，使物供分公司基础设施日趋先进，运营能力不断增强，物供保障和物流服务水平不断提升。当年10月，潘谢仓储配送中心正式建成并投入运行，占地面积达220亩，拥有高架立体仓库、先进的GPS调度系统、国内一流的木材加工设备，已成为集团公司自有储备的仓储中心、配送中心和木材加工中心。2007年6月，成为全煤行业第二家进口配件的寄售中心，提高国际化采购能力。

淮北矿业集团公司总仓库位于淮北市，占地面积14.9万平方米，是皖北地区最大的物资仓储中心仓库。总仓库下属南、北两大库区，皆有铁路专线直达。南库主要储存钢材、木材及矿井支护用品。北库现有标准大型仓库18座，主要储存矿区生产建设所需的各类材料、配件和设备。物资收、发、存全部实行电脑信息化管理。总仓库大型材料和设备等在库内外的装修，按照储存管理现代化的要求，采用机械化装卸。仓库设施有铁路龙门吊车2座，库、棚内电动单双轨梁行车13台，8吨叉车2台，7吨、3吨、2吨叉车各1台，25吨汽车吊1台，16吨、12吨汽车吊各2台。基本实现总仓库的装卸、运输、堆垛、和货物存放机械化。

皖北煤电集团公司总仓库座落在淮北市濉溪县，前身为安徽省煤炭厅淮北仓库。1986年5月由省煤炭厅移交皖北矿务局。库区分东西两片，东区位于濉溪县濉河路东段南北两侧，占地2.4万平方米；西区位于濉河路西段南侧，占地3.33万平方米。有7座砖混结构小型库房，建筑面积1000平方米，配备有5吨叉车和8吨吊车各1台。1989年下半年，征地3.78万平方米扩建西库。现有4座大型综合性库房，总建筑面积扩大到9000平方米。另有露天货场近1万平方米。添置10吨桥式双梁起重机3台、简易提升机2台、3吨叉车1台、16吨和8吨吊车各1台。库存物资品种由建库之初的不足100种逐步发展到28大类近1万种。1998年起，开始应用计算机辅助管理。2003年下半年，总仓库开展物资代储代销业务。供货厂商将代储物资存放在总仓库，用后付款，余货返回，大幅度降低储备资金占用。2004年，应用ERP物资管理系统，管理工作实现网络化、无纸化。

国投新集公司于1996年投入使用占地200亩、拥有2座库房1条专用线的总仓库。2004年，公司ERP物资供应管理模块全面运行，供应业务手工记账成为历史。2010年底，公司全力推动“仓储物流一体化”系统建设，与德国鲁尔集团合作，共同论定井下物流方案，并于2011年在口孜东矿井实施。

仓储管理 1989年，淮南矿业集团公司按照企业升级达标要求，制定《淮南矿务局仓库管理标准》和《淮南矿务局仓库管理考核评比办法》，建立健全接货提运制、物资验收制、器材领发制、保管保养制、业务培训制、仓库安全制等基本制度。材料进库验收实行“五不收”（数量不清、型号不明、损坏残次、设备不配套、资料不全）；材料领发坚持先收先发、交旧领新，严禁白条子领料。单据、凭证、账册、报表做到不潦草、不涂改、不污损、不丢失，做到收发账务日清月结。1990年，库存物资实现“四号定位”“五五化”“三条线”。木料场实行堆头卡，按照“六无、一条线、一头齐”的标准，上盖下垫，堆放整齐。土产材料（主要是瓦石）实现千块堆码方块化。库存物资做到数量清、规格清、质量清、使用情况清。账、卡、物、资金四相符，基本实现管理科学化，摆放规范化，保养经常化。

1998年起，皖北煤电集团公司开始应用计算机辅助管理。物资管理以集中储备为主，集中储备以大型材料、设备、通用材料、主要配件为主；各矿均建有仓库，储备以木材、搪材、笆片、土产材料、专用材料、配件为主。仓库物资管理分为入库、保管、出库三个环节，均建有严格的管理制度和操作程序。物资入库实行现场交接、验收，并与资料凭证一一核对，做好记录，准确无误后方可入库。物资保管实行“四位定号”，即库区号、架点号、层排好、货位号统一编号，填写帐页和料卡。物资码垛按成方、成行、成堆、成串、成包、成垛的要求摆放，露天存放的定位挂牌、上盖下垫，并定期复查盘点。为保证物资不变质，库房做到通风防潮，防腐防霉。针对设备、材料质量变化的不同因素，采取不同的保养方法和措施。库区配置消防器材并建立防火制度，确保安全。物资发放出库实行核对领料凭证、备料、复核、点交、包装、配送、发运等一整套方法步骤。定期进行清仓查库，及时处理积压、报废物资。物资发放出库必须依据正规的出库凭证，杜绝白条发料，认真执行先进先出、易损先发、推陈储新的原则。对有保管期限的物资要在保管期内发出，避免损失、报废。2003 年下半年，总仓库开展物资代储代销业务。供货厂商将代储物资存放在总仓库，用后付款，余货返回，大幅度降低储备资金占用。2004 年，应用 ERP 物资管理系统，管理工作实现网络化、无纸化。

2004 年，淮北矿业集团公司对物资分公司实行经费承包，由经济实体转变为经费承包单位，调整公司的职能，做好物资采购和供应服务工作，实现管理与经营分离。2008 年，进一步完善集团公司“物资精益管理信息系统”，建立健全物资采购制度、验收制度、保管保养制度、发放领用制度、清查盘点制度、制定周转材料采购、验收使用与管理制度，低值易耗品管理制度、交旧领新和修旧利废制度、废旧物资处理制度与办法、物资核算制度等，使管理逐渐规范化与制度化。为提高物流运转效率提供支撑，实现材料成本支出的适时监控、采购价格的公开透明、质量情况动态反馈、库存储备网上调剂，矿区物资资源信息共享，切实提高工作效率，保障有效供给。2009 年，制定《淮北矿业集团公司战略供应商管理办法》，与 18 家实力强、信誉好的国内知名大型设备制造企业建立战略合作伙伴关系，优化供货渠道，为解决备配件通用性差、互换率低、供应不及时、价格高、易形成积压报废等问题奠定基础，从根本上降低物资采购成本和设备运营成本。2010 年，对《物资采购程序》《存货管理制度》《不合格品控制程序》进行完善，进一步理顺内部控制体系，保证物资管理精细化管理工作有章可循，有据可依。

第四节　坑木代用

安徽煤矿大力发展采掘机械化，采煤方面推广应用综采和轻型综采放顶煤新技术；掘进方面推广应用综掘机和后运机械化新技术；支护方面推广应用光爆锚喷、金属支护等先进工艺和技术，减少坑木投入，降低坑木消耗。

淮南煤矿　全面组织推广应用“小直径全长树脂锚固支护技术”“矿用钢板网”“三小”光爆锚喷、锚注、煤巷锚杆、锚索联合支护等。“九五”（1996—2000）期末矿区锚杆支护率达到 40%，2001 年，全公司锚杆支护量达 58257 米，其中煤巷为 2.4 万米。

淮北矿区　1986 年起，采煤工作面推广应用单体液压支柱，回采工作面支护更新换代全面展开，单体液压支柱代替摩擦支柱，1990 年上半年基本实现回采工作面支护液压化。单体支柱穿鞋、铺网完善采面支护，并为网下机采创造条件。岩巷推广光爆锚喷技术，发展U型钢拱型可缩性金属支架，攻克松软煤层地压大等特殊巷道的支护难关等。采掘巷道的支护逐步实现液压化、钢铁化。1991年再次被中国统配煤矿总公司评为“支护工作标兵局”称号。支护技术改革，极大地提高采掘工作面支护强度和开拓掘进进度，顶板事故明显减少，使安全生产有了重要保障；同时，为提高采掘机械化程度、发挥机械设备性能起到重要作用。尤其发展综合采煤机械化，工人劳动强度大大降低，单体液压支柱的投入明显减少，企业坑木材料消耗逐年下降。

皖北矿区 至1985年，全矿区煤巷支护已基本淘汰木棚支护。1987年，在全矿区全面推广煤巷中进行锚杆支护。2003年，任楼矿开始在“三软”煤层试用“锚杆+钢筋梁+金属网+锚索”联合支护技术并取得成功，随后锚梁网索联合支护技术在全矿区“三软”煤层巷道中逐步推广应用，取得显著的经济效益和社会效益。皖北矿区巷道支护形式日益优化。岩巷主体支护方式为锚喷（包括锚杆喷、锚网喷、锚梁网喷、锚梁网索喷4种）。岩性较差地段采用U型棚喷浆或“U型棚喷浆+锚索+锚柱”等联合支护方式，局部特殊地段采用砌碹支护。截至2008年年底，锚喷支护比例达83%，煤巷锚杆支护比例达66%，工字钢支护比例为25%，U型棚支护比例为9%。四大国营矿业集团公司均跨入全国坑木低耗行列。

到2010年底，全省地方煤矿全部淘汰了木支护。

第五节 修旧利废

1986年，国家物资总局及煤炭部供应局对废钢铁回收工作作出明文规定，废钢铁及其他有色金属是统部管物资，回收上交任务是指令性指标，如果完不成任务，将停供或缓供钢材和生铁。2000年始，随着企业经营机制的转换，各煤炭企业以经济效益为中心，大力开展双增双节活动，制定废旧物资回收复用管理办法，对废旧物资回收复用的管理体制及机构设置、回收范围、计划、品种、比例、串换、调拨、管理权限、结算办法等作出详细规定。明确指出物资供应部门是废旧物资回收复用的主管部门，负责全局废旧物资回收、利用、串换、调拨、定价及奖励提成审批并负有协调、指导、检查、监督的责任。矿务局按年度下达回收和修旧计划指标，矿、处、厂供应部门把计划任务分解落实到使用单位。

淮南矿业集团 坚持“能用尽用”的原则，通过严格交旧领新制度，扩大回收、修旧利废的品种和范围，完善修旧产值考核奖罚机制，减少新材料的投入。2010年，全年累计领用小仓库、预出账物资0.6亿元，回收各类材料9.27亿元，复用总额5.04亿元，复用率55%。

淮北矿业集团 对考核单位下达修旧利废指标，与其工资总额挂钩。推进内部市场化进程，减少成本投入。2010年淮北矿业集团公司修旧利废共计12755.92万元，吨煤利废值4.46元/吨。

皖北煤电集团 实行交旧领新制度，建立健全各类物资交旧领新回收明细标准，使废旧物资回收经常化、制度化。回收的废旧物资进行分类、挑选、按品种存放。能修复的进行修复使用，努力降低吨煤成本。不能利用的（如废钢铁、废有金属等），由供应公司统一办理出售手续。供应公司从出售废旧物资总额中收取20%的管理费，其余80%全部返矿。

国投新集公司 实行定量回收材料：包括轨道、金属棚、风水管、电缆、电缆钩、带面、托辊、H架、拉钩等，依据回收率进行考核。非定量回收材料：包括金属网、锚杆、垫板、道钉、坑木、螺栓等，按回收数量进行考核。对各单位生产材料回收，下达年度修旧利废考核指标，明确废旧材料加工成可用材料或替代产品。废旧锚杆加工扒钉、废旧皮带加工电缆挂钩、废旧木料加工木刹、U型棚加工水沟盖板及工字钢棚附件等。集团相关部门鉴定后的报废设备轴承、电气开关和其他通用配件，拆卸修复后再用，替代新配件使用。

第四章 煤质运销

第一节 运销体制

1990年之前，全省煤炭销售工作主要由省煤炭工业公司运销处统一管理。两淮国有煤矿及省属地方国有煤矿都设置有煤质处和运销处，内设煤质、选煤、运销管理、经营计划、运输调度、煤款结算科、煤质化验室、办公室等机构。对涉及煤炭销售的质量管理、装车计量和铁路运输等工作进行管理。

1990年之后，随着煤炭企业的发展和煤炭产量的增加，煤炭价格放开，执行市场价格。1993年7月1日，除重点电煤价格执行国家指导价外，其他煤炭价格市场化。特别是从1996年下半年起，煤炭市场严重供过于求，煤炭大量积压，煤炭售价一跌再跌，煤炭企业的生产经营陷入前所未有的困难境地。全省煤炭企业的煤质运销管理职能发生重大变化，以市场为导向，向市场要效益、求发展。1998年始，各集团公司转变营销观念，调整管理机构，适应市场发展。淮南、淮北、皖北（煤电）矿业集团成立市场营销部（煤炭销售公司），一个机构，两块牌子，对内行使管理职能；对外承担煤炭销售业务。淮南、淮北集团相继设立合肥、芜湖、南京、无锡、杭州、绍兴、扬州、苏州、江西、上海、福建、广州、张家港销售处驻外机构。淮南增设裕溪口、浦口、连云港3个中转站。淮北成立驻芦岭、青疃、青龙山、坡里（岱河、段园）4个运销站。

2000年开始，随着煤炭市场迅速好转，各集团公司对外调整销售网站，对内进行销售体制改革，销售工作实行垂直管理，成立驻矿销售科，变三级管理为二级管理，统一管理煤炭销售。淮南矿业集团2001年，改革销售体制，实行煤炭销售"五统一"。成立4个驻矿销售处（谢家集、八公山、潘集、谢桥）12个驻矿销售科；成立市场营销部（煤炭销售公司）党总支委员会，下设9个党支部。设立市场销售一、二科，撤销营销管理科，成立管理科。驻外销售处调整为7个（合肥、芜湖、南京、无锡、上海、杭州、江西）。2004年，撤销驻矿销售处，分别成立驻矿销售科，变三级管理为二级管理，选煤管理划归集团公司生产部。2010年4月，成立淮南矿业集团煤炭贸易有限责任公司，与市场营销部、煤炭销售公司合署办公。淮北矿业集团2001年12月，成立地销煤公司，各矿（厂）地销煤由煤炭运销分公司集中管理销售，同时成立地销科和驻矿销售科。2002年7月，淮北矿业（集团）公司煤炭运销总公司更名为淮北矿业（集团）煤业有限责任公司煤炭运销分公司，至2010年，煤炭运销分公司13个科室；设精煤公司、合肥公司、南京公司、杭州公司、出口煤公司、地销公司6个销售公司；设连云港办事处、浦口港办事处、裕溪口港办事处、上海办事处4个办事处;设22个驻矿厂销售科。皖北煤电集团1998年改煤质运销处为销售公司。至2008年年底,销售公司下辖5个市场以及地销部、煤炭经营部、信息管理部、计调部、票据结算部、煤质管理部、中心化验室、选煤部、铁路运输公司、办公室、工会等16个科室,上海、芜湖、浦口、连云港等4个办事处和9个驻矿质检站。新集矿区实行各矿独立销售模式,煤炭销售部门名称为运销处,设置铁运科、市场科、运销科、煤质管理科、水运科、调度室等职能科室,驻外办事处有驻南京、无锡、上海、裕溪口办事处。在凤台县境内设有谢东、谢郢、河台码头,属承包经营性质。1998年改制后,成立国投新集能源股份有限公司,各矿煤炭销售划归公司销售部统一销售管理。通过全面贯彻ISO 9002国际质量认证标准,实施流程式全过程质量控制管理,申报的"新优二号"产品在全省第一家被认定为"煤炭质量免检产品"。

第二节 销售与运输

销售方式 安徽煤炭产品销售分为直销和经销两种方式。直销是指不经过任何中间环节,直接面向最终客户的直供销售;经销是指采用分销的方式销售给经营零售商,由经营零售商销售给最终消费客户。1998—2006年实行双轨制的管理方式,电煤和计划经济时期一样,由省计委下达指标,其他是供需双方协商,签订合同,编报计划。2006年以后,煤炭价格全部放开,管理方式市场化,完全由供需双方协商,签订合同,编报计划。特别是2008年后,煤炭市场发生重大变化,能源产品价格回落,市场需求下降,造成矿井原煤库存增大。各矿业集团销售工作重点抓住"信息"这条生命线,建立覆盖用户、政府、同行业及上下游企业的信息网络,保持对煤炭市场的高度敏锐,科学作出判断。煤炭营销工作以产量定销售,以销售保生产,以优化销售结构为主线,实现产、运、销总体平衡。淮南矿业集团2010年煤炭销售收入完成509亿元,是2005年的4倍,2001年的16倍。淮北矿业集团20年来通过直销方式销售的煤炭占总销售量的86.2%,通过经销方式销售的煤炭占总销售量的13.8%。皖北煤电集团2000年始,根据用户对煤质的不同要求,实施仓下自动配煤技术,实现精煤与原煤的自由配装。销售公司成立以来,煤炭外购外销量和销售收入每年以13%的速度递增,已累计销售煤炭1340万吨,实现销售收入近60亿元,利润2589万元。国投新集公司自1998年股份制改制15年来,产销量逐年上台阶,全部通过直销方式与省内外大型企业建立良好的中长期战略合作伙伴关系。2008年销量首次突破1000万吨,2012年共生产原煤1902万吨,首次实现业务收入超过100亿元。

运输形式 20世纪90年代初期以前,煤炭运输方式以火车为主。进入90年代中后期,随着销售市场的扩大和用户的增加,运输方式也由过去单一的铁路运输转化为"水、陆、铁"混合运输。随着各集团兴建内部铁路和煤炭集运码头,逐步形成"铁运为主、汽运为辅、水运调节"的煤炭运输格局。

淮南矿业集团在矿区铁路兴建和延伸的同时,积极开辟水路运输。1997年7月,成立水路联运办公室,实行“五统一”政策,确定运输方式为“铁路为主、水路为辅、地销调节”。2005年5月,淮南矿业集团运输有限责任公司,负责水运煤炭的组织、发运和管理职能,承担着江苏、浙江、上海等地区30多家客户的煤炭物流运输服务任务。公司拥有9个拖队,共7万多吨运力, 1艘5000吨级江轮。长期合作70多个船队,共66万吨运力。控制使用社会车辆600多辆,中转码头13个,年中转能力达1000多万吨。公司改制以来共发运水运煤炭2400多万吨。为拓展江海运输市场,发展壮大公司实力,公司在芜湖成立独资子公司——芜湖舜龙联运公司。投资建造1艘5000吨级江轮,为开辟江海运输打造运力基础。2010年,公司江海运输煤炭68万吨,正在努力实现“立足淮河、做好长江、拓展海运、稳步发展”的战略目标,把公司打造成集煤炭公路运输、仓储中转、水路运输、物流服务等为一体的专业化煤炭物流企业。

淮北矿业集团公司煤炭产品运输主要有火车运输、汽车运输、车船联运三种形式,以火车运输为主,另有一部分通过汽车或火车将煤炭运达港口,再由用户组织船舶将煤炭装船送达目的地。为提高矿区运输效率, 1993年5月淮北矿务局投资20万元,委托童亭矿在涡河上建起自己的运煤码头——蒙城黄碾盘码头,占地1万多平方米,并投入使用。此后,各矿相继利用京杭运河上的徐州孟家沟、万寨等码头,浍河上的祁县、固镇码头、涡河上的怀远、蚌埠等码头将大量地销煤运往江苏、浙江等地。1993年10月童亭矿成立矿务局第一支自备运煤车队,将煤炭通过公路直接运往南京、扬州等地。1994年4月淮北矿务局委托童亭矿购建的两个运煤船队在蒙城黄碾盘码头下水。2007年11月,相继实施芦岭、青龙山、坡里、青町4个站路企直通运输。1987—2010年,通过火车运输煤炭29739万吨,占总销量的74%。随着火车运煤量的逐年增长,汽运和船运规模也在不断扩大。皖北煤电集团在强化煤炭销售的同时,还大力发展第三方煤炭物流。在整合下游客户资源的基础上,先后成立皖煤运销、长江能源2个物流公司,购买自备列车和海轮,逐步构建起铁运、海运、江运共同发展的立体营销网络。煤炭物流业从无到有,从小到大,已经成为皖北煤电集团有力的经济增长点和支柱产业。国投新集以及地方各煤矿主要以铁路、汽运为主。国投新集公司80%以上产量以铁路及铁水联运为主, 20%左右的产量通过汽运、船运方式运输到省内及江苏、浙江等地。在铁路运输方向,公司刘庄煤矿装车站成为与上海铁路局合作的第一家战略装车站,进行直通运输。公司新建矿井刘庄煤矿、口孜东煤矿均采用快速装车系统,装车速度比传统方式提高2倍,同时,为满足矿区专用线建设、运营与铁路运输效率的提高,铁运公司从销售部分离出来成为公司的二级考核单位,完善铁路自营管理的新方式。

煤炭流向　1984—1994年,煤销售实行计划管理模式。由于煤炭资源紧张,各大矿务局属煤炭部或省政府直管,煤炭80%以上销往省内各大电厂和燃料公司,销往省外仅限于江苏省和上海等地。随着市场的逐步放开、煤炭产量大幅提升和煤炭品种的增加, 1998年起,各集团公司确立“立足省内、开拓江浙、辐射边缘地区”的营销战略。

到 2010 年年底,煤销售区域扩大到整个华东地区,安徽、江苏、浙江、上海成为主要销售市场。同时,湖北、湖南、山东、广东、福建、江西等省份作为补充调剂市场和精煤、块煤的主供市场,形成较为完善的商品煤销售网络。并通过沿海港口销往日本等十几个国家和地区。

淮南矿业集团 1998 年调整销售策略,派出营销人员,相继成立 9 个驻外销售处,开辟安徽、江苏、浙江、上海、江西、广东、福建、华东煤炭市场。2008 年 5 月煤炭销售战略西移,扩大江西市场,开辟湖北市场;2009 年又相继开辟湖南和苏北等市场。

淮北矿业集团煤炭主要流向安徽、江苏、江西、福建、浙江、山东、上海、广东等省市的电力、钢铁、冶金、建材、焦化、化工等行业,以及出口日本、韩国、巴西、菲律宾、印度、等国家和中国香港、台湾地区。

皖北煤电集团到 2008 年年底,煤炭销售区域扩大到整个华东地区,安徽、江苏、浙江、上海成为主要销售市场。省内市场主要发往马钢集团、海螺水泥集团、皖能电力集团、大唐电力、安庆石化等重要企业,并和上述企业建立战略伙伴关系。省外市场主要发往江苏、浙江、上海等地。江苏市场主要是华能集团、江苏电力、南钢集团、仪征化纤等企业,浙江市场主要是巨化集团、煤山水泥等主要企业,上海市场主要是宝钢集团、上海动力燃料等企业。

国投新集公司煤炭销路在客户区域布局上的宗旨是:立足省内、辐射江浙、延伸鄂赣;在客户结构上的思路是:立足省大电、涵盖冶金、建材、化工等行业。特别是近几年随着“西煤东运、北煤南运”及进口煤渠道通畅,国投新集公司逐步打开湖南、湖北与江西“两湖一江”区域,为稳定市场、抵御风险奠定客户基础。

第三节　煤炭出口

2000 年以前,煤炭出口业务由安徽省煤炭厅下属的煤炭对外经济合作中心代理。结算办法是安徽省煤炭对外经济合作中心到原煤炭部下属的中煤公司结算后,各矿业集团再与安徽省煤炭对外经济合作中心以人民币结算。2001 年,国家对煤炭出口程序和质量管理要求作出明确规定,由国家出入境检验检疫局负责全国出口煤炭的检验工作,未取得出口质量许可证的煤炭不得出口。

皖北煤电集团　1980—1996 年,百善矿出口日本无烟煤共计 52.8647 万吨。1997—2003 年,刘桥二矿、百善矿、任楼矿出口日本、韩国无烟精煤, 1/3 焦精煤分别为 115 万吨、 14 万吨,其中 2002 年出口煤炭 8.7024 吨,创汇 367.15 万美元。2002 年以后,由于煤炭出口倒挂,皖北煤电集团放弃国外市场。

淮北矿业集团　1997 年前,煤炭产品仅出口到日本。1997 年,向韩国出口优质动力煤。2001 年后,与巴西、菲律宾、印度和中国香港地区、中国台湾地区建立煤炭出口贸易关系,煤炭出口品种也由单一动力煤发展到出口炼焦精煤、优质动力煤。集团公司煤炭产品出口由煤炭运销分公司集中统一管理，措施如下：一是获取出口质量许可证。2001 年 8 月，安徽省出入境检验检疫局对集团公司所属出口厂临涣选煤厂、芦岭选煤厂、朱仙庄选煤厂检测审查，认为其生产条件符合出口质量许可制度规定要求，对其颁发出口产品质量许可证书，编号为临涣选煤厂：皖检煤 007 号、芦岭选煤厂：皖检煤 006 号、朱仙庄选煤厂：皖检煤 005 号。二是通过 ISO 9000 质量体系认证。1999 年 10 月，临涣选煤厂通过 ISO 9000 质量体系认证。2001 年 7 月，芦岭选煤厂通过 ISO 9000 质量体系认证。2001 年 12 月，朱仙庄选煤厂通过 ISO 9000 质量体系认证。三是保证出口煤质量。协调生产矿（厂）与港口的业务联系，协商、协调发货、集港等工作，安装除杂设施，机械与人工拣杂。加强从生产到出口装船各个环节的协调管理，最大限度地减少煤中杂物，保证出口煤的内外在质量。四是扩大出口，参与国际现货投标，开发适销对路的新煤种。淮北矿业集团公司 1987—2010 年煤炭累计出口 1178 万吨。其中炼焦煤 1093 万吨、动力煤 85 万吨。

1987—2010 年淮北矿业集团公司煤炭出口数量情况统计表

表 5-4-1 单位：万吨

年度	总计	累计	其中：炼焦煤	动力煤	其中：矿（厂）		
					芦岭	临涣	朱仙庄
1987	60.08	307.4	60.08	–	60.08	–	–
1988	59.15	366.56	59.15	–	59.15	–	–
1989	52.36	418.9	52.36	–	52.36	–	–
1990	61.40	480.3	61.40	–	61.40	–	–
1991	61.71	542.0	61.71	–	61.71	–	–
1992	53.13	595.1	53.13	–	53.13	–	–
1993	56.19	651.3	56.19	–	56.19	–	–
1994	54.59	705.7	54.59	–	54.59	–	–
1995	50.76	756.7	50.76	–	49.74	1.02	–
1996	83.49	840.1	83.49	–	54.77	28.72	–
1997	90.99	931.1	90.99	–	47.85	43.14	–
1998	95.28	1026.6	72.42	22.86	39.34	33.08	22.86
1999	59.55	1086.01	45.96	13.59	18.64	27.32	13.59
2000	72.75	1158.76	52.56	20.19	22.08	30.48	20.19
2001	89.56	1248.32	63.74	25.82	39.03	24.71	25.82
2002	60.72	1309.04	57.70	3.02	35.75	21.95	3.02

续表 5-4-1

年度	总计	累计	其中：炼焦煤	动力煤	其中:矿（厂）		
					芦岭	临涣	朱仙庄
2003	43.71	1352.75	43.71	–	24.96	18.75	–
2004	24.81	1377.56	24.81	–	8.89	15.92	–
2005	26.05	1403.61	26.05	–	6.64	19.41	–
2006	18.01	1421.62	18.01	–	3.16	14.84	–
2007	–	–	–	–	–	–	–
2008	2.2	1423.8	2.2	–		2.2	–
2009	–	–	–	–	–	–	–
2010	1.8	1425.6	1.8	–	–	1.8	–

1995—2010 年临涣选煤厂出口煤各项技术指标统计表

表 5-4-2

年份	数量（万吨）	灰分 Ad%	水分 Mt%	硫分 Sd%	挥发分 Vd%	CSN	价格（美元）	煤种	出口地
1995	1.02	11.54	8.64	0.48	23.25	5	–	焦煤	日本
1996	28.72	11.14	10.74	0.41	22.82	5	44.00	焦煤	日本
1997	43.14	11.00	11.38	0.44	22.76	6	44.00	焦煤	日本
1998	33.08	11.77	11.36	0.44	21.47	5.5	40.30	焦煤	日本
1999	27.32	11.70	11.31	0.45	21.78	4.5	33.05	焦煤	日本
2000	30.48	11.45	11.41	0.47	22.57	4.5	31.56	焦煤	日本
2001	24.71	11.14	11.20	0.48	23.18	4.5	37.20	焦煤	日本巴西
2002	21.95	11.41	11.31	0.49	23.03	5	42	焦煤	日本巴西
2003	18.75	11.63	12.01	0.48	23.86	4.5	42	焦煤	日本
2004	15.92	11.36	11.23	0.44	23.25	4.5	86 100	焦煤	日本
2005	19.41	11.31	11.11	0.46	22.90	4.5	125	焦煤	日本
2006	14.84	10.77	10.90	0.34	29.53	4	116	焦煤	日本
2007	–	–	–	–	–	–	–	–	–
2008	2.2	10.73	10.64	0.4	23.73	5	256	焦煤	日本
2009	–	–	–	–	–	–	–	–	–
2010	1.8	10.64	10.08	0.44	20.73	6	262	焦煤	日本

第五章　对外开放

第一节　吸引外资

淮南矿业集团　在国内合作方面。自 2005 年以来，不断深化与央企合作，成功与中电投、国电、华电等 6 大央企进行深度合作。在全国范围内打破煤电壁垒、首创煤电一体化发展模式；淮南矿业利用与电厂特别是与电力央企建立的长期煤炭供应战略合作关系，本着“互利共赢”的原则，相继完成国电黄金埠、国电蚌埠、国电铜陵、华能巢湖电厂等电厂的参股工作。淮南矿业集团与央企共签约 4 亿参股电厂项目，总投资 173.5 亿元，淮南矿业集团的电力产业权益规模达到 1192 万千瓦，一跃成为安徽省最大的电力企业。淮南矿业集团与中电投控股的上海电力股份有限公司施行的煤电一体化创新。煤电双方合作均股成立淮沪煤电公司，建设 4×60 万千瓦田集电厂和年产 600 万吨的丁集煤矿，电厂所发电量全部送往上海市，创造良好的经济效益，这种体制创新为华东能源安全作出贡献。同时，淮南矿业集团还与中国矿业大学、安徽理工大学、浙江大学、华夏基金、中煤七十一处等单位携手合作取得显著成效。

在中外合资方面。2005 年 6 月 29 日，淮南集团公司首家中外合资企业——淮南非利普斯采矿机械制造有限公司成立。同年 10 月 28 日，淮南矿业集团与德国鲁尔集团签订潘一矿热电冷联产项目合作协议；2006 年 3 月 6 日，又与鲁尔集团缔结友好企业和战略合作关系。同年 11 月 28 日，淮南矿业集团与澳大利亚联邦科学院工业研究院举行《深井煤与瓦斯突出技术及装备研究》项目合作。2009 年 9 月，比塞洛斯国际（香港）有限公司（简称比塞洛斯）与淮南矿业集团在中国安徽省淮南市共同设立一家中外合资经营公司，即比塞洛斯（淮南）机械有限公司。投资总额 3600 万美元，注册资本总额 1200 万美元。比塞洛斯占公司注册资本的 60%，淮南矿业占公司注册资本的 40%。公司经营范围：制造和销售掩护式支架、采煤机、刨煤机系统、刮板输送机、掘进机械、露天开采设备和传送带系统及有关零配件；提供售后服务、技术支持和其他客户服务；批发和零售国内采购的产品；进口与公司制造的产品相同、相似或相关的产品，以及上述产品在国内的批发和零售。

淮北矿业集团　1996 年 6 月 13 日，淮北矿务局外经贸处成立。外经贸处主要职责是负责集团公司自营进出口贸易、对外经济合作以及对外劳务输出等。2005 年 6 月 1 日，外经贸处撤销，并入供应公司。主要完成合资合作项目有临涣焦化股份有限公司和临涣中利发电有限公司。临涣焦化股份有限公司于 2005 年 5 月注册成立，由淮北矿业（集团）公司与上海焦化有限公司等4家公司合资组建，2010年总生产能力达到年产440万吨焦炭、联产40万吨甲醇的规模。其中一期工程投资额20亿元,注册资本金6亿元,矿业集团控股51%,出资额为3.06亿元;另4家股东为上海焦化有限公司、南京钢铁联合有限公司、杭州钢铁股份公司、五矿发展股份有限公司共同参股49%,出资额2.94亿元。建设资金由临涣焦化股份公司自筹。临涣中利发电有限公司于2006年4月注册成立。公司一期工程(2×300兆瓦)投资总额估算为人民币300亿元,公司计划认缴注册资本为投资总额的25%,即7.5亿元。公司注册设立时首期实缴资本金7500万元。淮北矿业集团和皖能集团均以货币出资,各认缴注册资本3.75亿元,出资比例各50%,首期各实缴资本3750万元。

皖北煤电集团　2002年以来,通过合资、参股等形式,先后建成3座煤矸石电厂、2座瓦斯电厂，3座煤矸石砖厂、恒泰石膏矿、雪纳高岭土等一批骨干非煤企业相继建成投产,形成了煤矸石发电制砖、瓦斯抽放发电、矿井水排放处理、煤系伴生资源开采加工、煤化工等循环经济发展模式,实现资源的综合利用。2005年4月,皖北煤电集团投资43677.98万元控股安徽省最大的煤化工生产基地——淮化集团,构建了延伸产业链、发展煤化工的发展平台。在整合下游客户资源的基础上,同年成立皖煤运销、长江能源2个煤炭物流公司,逐步构建起铁运、海运、江运共同发展的立体营销网络,年交易量达到1000万吨,成为皖北煤电集团有力的经济增长点和支柱产业。2006年,为克服资源不足的“瓶颈”,拓展企业发展空间,皖北煤电集团突破地域限制,加强资源储备,在内蒙古先后控股了西北能化、智能煤炭2个公司,掌控煤炭资源23亿吨,并与内蒙古自治区煤田地质局达成合作开发海子塔13亿吨煤炭资源的框架协议;在山西省控股岚县昌恒煤焦公司,取得临汾西郭天煜公司雪坪煤矿的委托经营权。2010年10月,由皖北煤电集团有限责任公司及中煤地质工程总公司、澳大利亚中煤地质工程公司三方组建澳大利亚皖煤国际矿业公司,是皖北煤电集团公司走出国门的第一个项目,也是安徽省迄今最大规模的海外资源开发利用项目,开发或转让效益将非常可观。同时,恒馨房地产、馨苑房地产等非煤产业项目异军突起,迅猛发展。非煤产业涉及化工、建材、电力、房地产、煤炭物流等多个领域,形成了以煤业、煤化工、煤炭物流一体化为主的发展格局。

第二节　技术设备引进

淮南矿业集团　公司技术设备引进主要包括三方面。一是为加快潘一、潘三、谢桥新井建设,先后从英国、德国、澳大利亚等国家引进成套设备和技术。2001年潘一矿引进4台S-100型掘进机，2003年谢桥矿引进EBS-160型掘进机。二是加快现代化矿井建设,提高矿井机械化水平。从国外引进综掘机和采煤机,为特殊条件下掘进、回采提供技术保障。2005—2010年,先后从德国、美国、波兰引进采煤机30多台。三是加快煤炭副产品的技术设备引进,改善矿区生活水平。2006年为充分利用瓦斯资源,先后从德国道依茨、奥地利颜巴赫、美国卡特彼勒公司进口瓦斯发电站机组，建成瓦斯发电站 11 个，规模 16832 千瓦。其中高浓度（＞30%）瓦斯发电站 8 座、低浓度（7%～30%）瓦斯发电站 3 座，2010 年完成瓦斯发电量 11540 万度。

淮北矿业集团 1986—1990 年期间，先后在杨庄、朔里、朱庄等矿使用 4 套西德 G320-13/32 型液压支架，1990 年报废 2 套（1979 年出厂）。1990—2002 年，另 2 套继续在杨庄、朱庄矿使用，部分液压件被国产替代。2008 年 6 月，淮北矿业引进西德凿岩钻车 1 台，主要用于开凿掘进用爆破孔和支护用锚杆（索）孔，2010 年末西德进口凿岩台车停用。

皖北煤电集团 1986 年开始引进国外先进设备。百善矿 5 月从英国道科斯公司引进一套综掘机，从德国西门子引进 2 台高压防爆开关，1987 年 2 月投入使用。刘桥一矿煤矸石砖厂 1995 年从美国斯蒂尔公司引进 1 套主机设备。任楼选煤厂 1999 年从西班牙引进 1 台压滤机。祁东选煤厂 2001 年从澳大利亚引进 2 台原煤振动筛、1 台重介旋流器、1 台 301 原煤脱泥筛、1 台精煤脱介筛、1 台精煤离心机、1 台矸石脱介筛、2 台磁选机、1 台分级旋流器、1 台煤泥离心机，从西班牙引进 2 台压滤机。刘桥二矿选煤厂 2001 年从西班牙引进 1 台压滤机，从德国引进 2 台浮选机，从澳大利亚引进 3 台香蕉筛、2 台弧形筛、2 台磁选机、2 台离心机、1 台高频筛、2 台浓缩旋流器。刘桥一矿 2007 年从乌兰克引进 2 套螺旋钻式采煤机。

国投新集公司 1997 年开始从国外进口部分机电设备。2004 年随着刘庄矿井的建设，外贸业务逐步开展起来，刘庄煤矿、板集煤矿、口孜东矿等矿井陆续进口德国艾柯夫公司采煤机、德国西马格公司主井提升机、瑞典 ABB 公司副井提升机、英国 MMD 公司破碎机、德国贝克公司自动化设备、德国 WAT 公司矿井局部降温设备、德国 GTA 支护架棚机设备、德国蒂芬巴赫电液控制系统、德国 DBT 沙尔夫公司辅助运输系统等设备。2007 年，口孜东矿进口西欧等国的提升机及提升电控系统、全液压履带钻车、dh 卧底机、GTA 架棚机、DBT 沙尔夫单轨吊；引进德国鲁尔矿井集团为口孜东矿设计的巷道支护方案、深井巷道快速掘进方案和优化物流系统方案等。2010 年公司进口设备和备件主要是以刘庄矿为主，其次为口孜东矿，全年共签订进口贸易合同 12 份，刘庄 7 份、口孜东 3 份、其它 3 份，计划进口物资 1280 万欧元，其中设备 822 万欧元（采煤机、电液控、卧底机、深井巷道支护操作平台）、配件 458 万欧元。

中煤矿山集团 早在 20 世纪 70 年代引进西德的绞车和大型钻机，后期又陆续引进一批设备，如日本 40 吨汽车吊，瑞典沃尔沃重型卡车，法国凿岩台车等。近几年集团加大国外先进设备的引进，如盾构机、凿岩台车、喷射混凝土机械手、沥青拌和站等。2006 年从德国引进 1 台单臂凿岩台车用于巷道硬岩掘进施工，2007 年又从瑞典引进 2 台阿特拉斯三臂凿岩台车于大断面隧道硬岩施工。2008—2009 年，共引进 8 台土压平衡盾构机，分别是日本小松 4 台，日本石川岛 2 台、德国海瑞克 2 台。2010 年从意大利引进了喷射混凝土机械手，喷射工效提高 3～5 倍，回弹率减少 40%～50%。2010

年起购买 1 台瑞士安迈、2 台意大利玛连尼的沥青混凝土拌和站。

第三节　外出考察　外宾来访

外出考察　淮南矿业集团 2005—2010 年间，共 102 次赴日本、德国、美国、澳大利亚、英国、瑞典、法国、南非、西班牙、印尼等国考察业务、签订协议。

淮北矿业（集团）公司 1995 年后，公司派出各种访问团、考察团 2 个，派往日本、美国、德国、澳大利亚等 20 多个国家和地区的学习培训人员近 500 人次。

皖北煤电公司自 1992 年起，先后选派 4 批计 12 人赴日本丰顺矿业株式会社研修。

煤炭工业合肥设计研究院先后赴德国、瑞典、英国、波兰、美国、澳大利亚、南亚和非洲等多家跨国公司参观学习、商务谈判、开拓市场。

中煤建设集团 2010 年 11 月组团赴俄罗斯考察煤矿、选煤厂及附属设施工程项目，率团赴日本考察盾构机设备。

外宾来访　省内涉煤企业主要接待美国、英国、德国、荷兰、加拿大、波兰、巴西、日本、韩国、越南、土耳其、印度、乌克兰、俄罗斯等国家的煤炭公司来宾。2005—2010 年间，国外专家 140 余次来淮南矿业集团技术交流和业务调研，煤炭工业合肥设计研究院外宾来访十余次。

第六章 财务与审计

第一节 财务管理体制

1990年，安徽煤炭厅、各矿务局均设有专门财务管理机构，即财务处。下设生产、基建、施工财务、机关财务、成本会计、综合、工程、资金等科室。基层各单位相应设置财务科、股等财务管理部门。企业改制以后，实行在省国资委领导下，按分管权限及责任对各矿业集团进行财务管理和监督的财务管理体制。各集团公司董事会、监事会按照《公司法》等有关法律、法规以及《公司章程》的规定，对集团公司财务行使相关职权。集团公司的财务会计机构为财务资产部，具体负责集团公司财务管理和会计核算工作。各基层财务部门主要负责各矿、厂的实物资产和生产、建设活动的现场管理。

1990—2010年，各煤炭企业财务管理体制进行多次改革。

淮南矿业集团，1998年劳动工资与财务合并成立财劳部，内部银行并入财劳部作为二级单位管理，更名为内部结算中心。2000年开始，对所属单位（不含已委派财务总监的子公司）财务负责人实行委派，事权、财权分离，加强财务监督。2003年1月，子公司财务总监由审计处划归财劳部管理，4月，集团公司成立会计核算中心，隶属财劳部领导，对经费单位实行集中核算。2004年7月，原财劳部劳动工资管理职能并入人力资源部，财劳部改名为财务部。2007年，撤销财务部二级单位会计核算中心和内部结算中心，9月16日财务公司开业，是集团公司控股子公司，同年撤销企管部、投资部，职能并入财务部。

淮北矿业集团所属分、子公司及二级独立经济核算单位按规定设置财务会计机构，并且接受集团财务部门的业务指导、检查和监督。子公司财务会计机构负责人的聘任与解聘，原则上须经集团公司财务会计机构同意。

皖北煤电集团于1986年撤销计财处，成立财务处。1998年更名为资产财务部。2008年底，资产财务部内设7个科室。

国投新集公司，1989—1999年年底，会计机构实行分立制，即公司财务处与各矿财务科分别设置，行政、业务、资金管理相对独立。2000年年初，实行会计“委派制”，即将各二级单位财务机构和人员的人事权、考核权、工资评定、奖励权收归公司统一直接管理。2003年年末，率先在全国煤炭企业推行财务集中制管理，即以网络技术为支持，将所有二级单位的财务机构真正收由公司统一管理，实行人员集中办公，同时压缩核算层次，实现会计核算和人员管理的真正一体化。2008年年初，在财务集中核算模式不变的前提下，公司重新设立各矿财务科，矿财务人员行政关系划归矿管理，业务由财务部指导，主要负责各矿的实物资产和生产、建设活动的现场管理，会计核算工作仍由公司财务部统一进行。财务集中核算与矿财务科现场管理并轨运行。公司实行会计集中核算与人员分散管理相结合的会计核算模式，使现场管理与远程会计核算得到进一步融合。

中煤建设集团，1993 年前，原中煤三建集团总部为一级核算单位，子分公司属二级核算单位，工区为三级核算单位。1993 年后，原中煤三建总部为一级核算单位，子分公司属二级核算单位，项目部为三级核算单位。2008 年 5 月中煤三建与中煤特凿合并成立中煤矿山建设集团有限公司，原中煤三建财务处与中煤特凿财务处合并成立中煤矿建集团财务部。

第二节　经济核算

1990 年以前，煤炭企业基本沿袭计划经济管理模式，执行煤炭行业会计制度。矿务局虽为核算实体，但仅负责核算资料的收集、统计、上报，为单纯的管理机构。随着国家实行改革开放政策，企业经营体制不断转换，煤炭企业经济核算体制也不断变更。

1990 年，能源部提出“四位一体经营目标责任制”，从“经营承包、经济核算、内部银行、经营调度”四个方面形成有机结合的管理网络，要求按企业管理层次落实承包责任。1993 年，淮南、淮北两家国家统配煤矿成为“自主经营、自负　盈亏、自我发展、自我约束”（四自）的商品经营单位，为独立享有民主权利和承担民事义务的企业法人。明确经济责任、基数包死，按下达的盈亏目标通过内部银行上缴下拨。增盈减亏数全部留给单位作为自有资金，并按比例增加效益工资；减盈增亏的单位自有资金弥补并扣减效益工资。后来又发展为签定“承包经营责任书”的承包形式。内部单位之间的经济业务，均采用“内部转账”结算，在内部银行的存、贷款按规定利率计息。对各单位占用的流动资金收取占用费，用以抵付局统一向国家银行的借款利息。国有地方煤矿省政府实行利润承包、定额上交，对各矿实行承包经营责任制。在管理方式上，实行“资金分级管理、财政关系统一、银行信贷统一、财务体制统一”的管理模式，合并缴纳所得税，逐步集中煤炭销售和物资采购供应。

1994 年新税制运行，国家实行流转税新制度后，增值税开始价税分流。进项税要抵扣，经济核算内容较复杂。通过清理资产，在房屋、建筑物的价值重估上有较大升值。同时对资产的毁损、盘亏、呆坏账损失、专用基金，特别是福利费倒挂等潜亏问题，得到处置，核实资本金，使企业轻装上市场。1995 年，中煤总公司出台“三条线”核算办法，将矿务局内部划分为“煤炭生产（分公司）、多种经营（子公司）、后勤服务”三条线，各线单独核算，单独计算盈亏，单独编制报表，最后财务处加以汇总。2000 年后，各煤炭企业按照财政部《企业财务通则》《企业会计准则》和《工业企业财务制度》《工业企业会计制度》等制度,对会计核算制度进行改革。对会计科目设置、会计报表样式等作了重新规定,实现向执行《企业会计制度》的过渡。2006年财政部发布具体会计准则体系,各集团公司实行分批执行的方法。于2009年年底,全省煤炭企业执行新企业会计准则,基本建设会计核算与生产经营会计核算并轨,基本建设不再单独进行会计核算,集团公司财务部每年末向省财政部门上报年度基本建设项目投资报表。公司对所管辖直属单位的财务实行统一管理、统一核算、统一制度。子公司在公司财务部门指导下,建立健全财务、会计制度,实行独立核算。财务处理全部实现计算机化管理。

第三节 固定资产管理

固定资产是指为生产商品、提供劳务、出租或经营管理而持有,使用寿命超过一个会计年度的有形资产。1985年起,根据国务院颁发的《国营企业固定资产折旧试行条例》和煤炭部《煤炭工业企业固定资产折旧实施细则》,安徽各煤矿企业对固定资产实行统一领导、三级管理的原则。集团公司为一级管理机构,各相关职能部室组成的资产监督管理委员会,主要负责审批重大资产的购置、转让、报损、报废处理等事宜,并负责整合内部资源,推进资产合理流动,盘活存量资产,提高资产使用效率,确保资产保值增值等综合监督管理职能。下属各分、子公司为二级管理机构,主要负责本单位管理权限内资产的核算以及购置、转让、报损、报废等事宜,以及根据本单位的发展需要,确定合理的资产规模及资产结构,建立与自身经营相适应的资产管理体制和运行机制,推进内部资产的合理流动,确保资产管理工作有序、高效运行等事宜。各分、子公司下属科区为三级管理机构,主要负责本单位资产的账、卡管理,以及资产的清查、登记、统计报告等日常工作,并对本部门资产的完整性负责。

固定资产分类 按经济用途和使用情况综合分类,共分为七大类:生产用固定资产;非生产用固定资产;租出固定资产,指在经营性租赁方式下出租给公司(或子公司)以外单位使用的固定资产;不需用固定资产;未使用固定资产;土地,指过去已经估价单独入账的土地,因采煤塌陷征地而支付的补偿费,应直接计入产品生产成本,不单独作为土地价值入账;融资租入固定资产。

固定资产折旧计提 范围:房屋和建筑物;在用的机器设备、仪器仪表、运输工具、工具器具;季节性停用,大修理停用的固定资产;融资租入和以经营租赁方式租出的固定资产;已达到预定可使用状态的固定资产,如果尚未办理竣工决算的,应按估计价值暂估入账,并计提折旧,待办理竣工决算手续后,再按照实际成本调整原来的暂估价值,已经计提的折旧不做调整。

截至2010年年底,淮南矿业集团固定资产原值577.44亿元、累计折旧172.34亿元、固定资产净值405.1亿元。淮北矿业集团固定资产原值273.59亿元、累计折旧97.75亿元、固定资产净值175.84亿元。皖北煤电集团固定资产原值151.38亿元、累计折旧

43.07 亿元、固定资产净值 108.31 亿元。国投新集公司固定资产原值 103.05 亿元、累计折旧 28.79 亿元、固定资产净值 74.26 亿元。中煤矿山建设集团固定资产原值 24.20 亿元、固定资产净值 15.62 亿元。

第四节　资金管理

煤矿资金管理分为流动资金和专项资金管理。在资金管理上，实行全面预算管理。煤炭企业财务资产部按月汇总编制货币资金预算，经企业预算管理委员会批准后，由资金管理处负责执行企业下达的预算。

流动资金　1986—1997 年，流动资金由各单位自行管理，后期过渡到内部银行监控，分散运作。1998 年后，实行资金集中统一归口管理与分级管理相结合，建立资金管理责任制，做到资金管理压力层层分解，按照“谁有钱谁使用，谁无钱谁不用”的原则，打破资金使用上的“大锅饭”，促进上下一致管好用活资金，提高资金使用效率。以内部结算中心（内部银行）为运作载体，实行货币资金预算管理，按各单位货币资金收入、支出项目，编制月度收支预算，做到量入为出，收支平衡，留有余地，不留缺口。充分发挥“结算、融通、监管、服务“的功能，实行货币资金收支两条线，真实反映现金流量，各单位只能在内部结算中心开户，一切收入必须进入收入账户，由内部结算中心定期上转，使用再由财务部下拨到支出户。加强账户管理，除子公司开拓外部市场对外融资外，必须在内部结算中心开户，　防止资金“体外循环”。

2006 年始，各矿业集团公司相继成立资金管理中心，资金管理中心按照“集中监管、分级控制、确保上缴、有偿调剂”的原则，运用网上银行和财务核算系统，对所属各单位的资金运营进行实时监督管理，对所属各单位的银行开户、货币资金收入的归集、重大支出项目实行审批管理，对投融资实行直接管理。各子公司、分公司按照授权对所属项目部、内部经营单位的资金收支实行集中管理。资金管理中心负责集团及子公司的银行评级、授信业务，统一办理银行借款、银行承兑汇票、融资租赁等债务性筹资业务，以发挥集团资金的整体效益，降低财务费用，提高资金利用率。

专用资金（基金）　主要包括维简基金、安全生产费用、新井建设基金、职工福利基金、大修基金、企业住房基金、煤炭开发基金、造育林基金。

维简基金　1993 年起，国家规定煤矿可以提取维简、井巷费，提取的标准为维简费 6 元 / 吨；井巷费 2.5 元 / 吨。2002 年，将维简费提取标准由原 6 元 / 吨，提高到 11 元 / 吨；井巷费提取标准由原 2.5 元 / 吨，提高到 4 元 / 吨，直接计入煤炭生产成本，允许企业所得税税前扣除。

安全生产费用　2002 年起，煤炭企业可以按矿产品销售额的 4% 税前提取安全技术措施费，计入煤炭生产成本，主要用于煤矿安全生产投入。2005 年起，淮南矿业、淮北矿业和皖北煤电均按 33 元 / 吨税前提取使用，国投新集按 25 元 / 吨税前提取使用。

2008 年淮南矿业调整为 50 元 / 吨，淮北矿业、皖北煤电按不少于 33 元 / 吨使用。国投新集 2009 年以后按不少于 33 元 / 吨税前提取使用。

省政府安全专项资金　1998 年起，淮南矿业集团、淮北矿业集团下放安徽省管理后，国家财政每年安排 2284 万元转移省政府，用于国有重点煤矿通风安全、瓦斯治理、水害防治及重大设备更新和改造。2008 年起，省财政每年安排 5000 万元，重点用于煤矿瓦斯治理与利用工程项目。

新井建设基金　2002 年，根据安徽省人民政府的批复，新井建设基金按 4 元 / 吨提取，2004 年改为按 8 元 / 吨提取。新井建设基金提取至 2007 年。

职工福利基金　1992 年，职工福利基金由原来的按企业职工工资总额扣除副食品价格补贴和各种资金（包括超指标的计件工资、浮动工资、提成工资）后的 11% 提取，改为按职工工资总额扣除各种奖金后的 14% 从成本中提取，计提工资总额不再扣除副食品价格补贴。1993 年，实行新的会计制度后，职工福利基金改为“应付福利费”按实发工资总额的 14% 提取，职工奖励基金余额转作流动负债管理。

大修基金　1993 年前，大修基金按计提折旧固定资产的 2.5%（不含综采）提取，厂、处按 2%，综采设备按 5% 提取。1993 年后停止执行。

企业住房基金　1992 年，根据统配煤矿总公司要求，建房互助金按人均每月 13 元标准提取，作为住房补贴，存入内部银行，用于建房周转金使用。该政策执行到 1994 年底，以后改为实行住房公积金制度。

煤炭开发基金　煤炭开发基金是国家为弥补煤矿开发建设资金不足而设立并纳入中央预算管理的专项资金。统配煤矿开发基金由各矿务局在销售煤炭时按国家规定标准价外向用户代收，企业就地缴纳流转税后，按隶属关系上交。

造育林基金　1991 年，提高造育林的提取标准，由 0.1 元 / 吨提高到 0.15 元 / 吨。

第五节　成本管理

企业成本管理（核算）是随着国家经济发展和企业的发展而不断演进和变化的。1987 年以后，煤炭企业成本核算根据统一领导分级管理的原则，实行局、矿（厂）、井区、段队四级管理四级核算的体制，即：矿务局为独立核算单位，负责产品全部成本和全部生产费用的管理与核算。矿务局所属矿（厂）是矿务局内部核算单位，是企业成本管理和核算的中心环节。矿（厂）下属井区（车间）是企业的基层生产组织，实行内部直接成本统计核算。段队和班组是基层的生产单位，实行分项小指标的群众统计核算。也有的企业实行两级核算，如皖北煤电集团公司为一级核算，下属各矿及独立核算单位为二级核算。

1984—1990 年，执行的是计划经济时期的成本核算制度。按照国营煤炭企业成本核算办法，实行的是完全成本法。成本核算项目有材料、工资及职工福利费、电力、车间经费、企业管理费5个项目。具体核算内容包括材料、工资及职工福利费、动力、大修理基金、固定资产折旧、土地塌陷补偿费、其他支出等。

1991—1992年,成本管理与核算执行原能源部1991年1月1日颁布的《煤炭工业企业会计核算办法、成本管理办法》,将煤炭产品成本核算分为原煤生产、选煤生产和洗煤生产三大环节,分别对原煤、选煤、洗煤产品进行独立、完整的成本核算。煤炭成本项目按经济用途划分为:原料、主要材料、辅助材料、电力、生产工人工资、职工福利基金、井巷工程基金、地面塌陷赔偿费、车间经费、企业管理费和停工损失。按经济性质(费用要素)划分为:原料煤、材料、工资、提取的职工福利基金、电力、提取的折旧基金、提取的井巷工程基金、提取的大修理基金、地面塌陷赔偿费和其他支出。

1993年起,开始统一执行《企业会计准则》《企业财务通则》《工业企业会计制度》和《工业企业会计财务制度》,规范会计科目的设置与核算。成本核算由完全成本法改为制造成本法,其间,费用开始单独列示。成本核算的基本框架和标准基本上仍参照原能源部颁布的《煤炭工业企业会计核算办法、成本管理办法》。全部成本分为"制造成本"和"期间费用"两大部分。对各生产矿费用,大部分作为生产成本处理,机关经费包干单位费用作为"企业管理费"处理。成本核算内容逐步增加,成本核算的集中度上升,养老保险金、农协工回乡补助金、新井建设基金、住房公积金、企业年金等按费用性质相继纳入生产成本、管理费用、销售费用核算。成本报表主要有原煤生产成本表、制造费用表、期间费用表。2004年开始,安全费用计入生产成本。2005年,实行企业年金制度,按上年度工资总额的5%及人员所属工作性质在生产成本、管理费用、销售费用中列支。

第六节　审计管理

管理机构　按照煤炭工业部颁发《煤炭工业审计工作的若干规定》和安徽省《审计工作实施办法》,1985年,淮南、淮北、皖北矿务局都相继成立审计处,各矿、厂、处等基层单位设置审计科。之后,各企业根据实际工作需要,审计工作范围越来越广,审计工作得到加强。1988年,淮南局监察处与审计处合并,成立监察审计处。1989年,监察处与审计处分开,仍为审计处。2005年,淮北矿业集团为加强领导干部任期经济责任审计,增设经济责任审计科。2007年6月4日,审计处与纪委、监察处合并,成立监察审计处。下设综合审计室、工程审计室两室。皖北煤电集团审计系统实行垂直管理,各矿审计科撤销。审计处在各矿分别设立审计站。驻站人员党团、工会等组织关系隶属所驻矿,工资、工作经费等由审计处负担,切断审计站与所在矿的经济利益关系。国投新集公司1993年设立监察审计室。1998年企业改制,审计机构并入经营部;2000年调整并入纪委;2003年设立审计室;2007年公司在上交所A股上市,次年设立董事会审计委员会。中煤建设集团审计部下设"四室两站",即:综合审计室、施工生产审计室、经济责任审计室、基本建设审计室、驻宿州审计站、驻淮北审计站（实行双重领导）。

审计成果 淮北矿业集团1987—2007年，共审计查处违纪金额约3.6亿元，为企业减亏增利1.9亿元。淮南矿业集团1996—2010年共完成审计项目2399个，查出并纠正违纪违规资金69074.55万元，为企业增收节支40125.05万元。皖北煤电集团1996—2008年共完成审计项目2550个，查出并纠正违纪违规资金28482.2万元，提出各类建议598条，核减工程金额2377.11万元。国投新集公司内部审计，共完成审计项目200余项。

第七章　劳动工资管理

第一节　劳动工资管理体制

1986年前后，淮南、淮北矿务局劳动工资由煤炭工业部直接管理。两淮矿务局劳动工资处设劳动管理、劳动定额、计划统计、工资、综合科等职能科室。各矿劳动工资科除大体设置上述专业组外，还设有验收队。皖北矿务局及省属地县国营煤矿劳动工资由安徽省煤炭工业厅直接管理，劳动工资处其内设职能科室大体与两淮矿务局劳动工资处相似。

1995年后，随着企业改制工作的进一步深入，劳动工资管理机构相应发生变化，工作内容和管理权限相应增大。各煤炭企业劳动工资管理增加了落户办公室、劳动力市场、再就业服务中心、社会保险、职工培训、职工技能鉴定等各个管理部门。1998年，淮南矿务局改制，矿务局劳动工资处、财务处撤销，劳动工资处的劳动管理、工资、计划统计科与财务处合并成立财劳部，养老保险科分离后成立社保中心。淮北矿务局企业改制，原劳动工资处更名为劳动工资部。皖北矿务局改制，劳动工资处更名为劳动工资部，下设劳动科、工资科、综合科、职业技能鉴定管理科，同时设立了社保中心、职业技能鉴定站、职业介绍中心3个二级机构。

2005年后，按照现代企业制度要求，各煤炭企业进行机关机构改革，劳动工资管理机构通过调整、撤销、整合，更加科学、合理。淮南矿业集团财劳部撤销，成立财务部，党委工作部撤销，成立人力资源部，原财劳部的劳动、工资管理业务并入人力资源部，人力资源部内设薪酬管理科、劳动管理科等。2008年，淮北矿业集团公司劳动工资部设立劳动组织科、工资科、教育培训科（职业技能鉴定站）、员工招聘科、养老保险科、医疗保险科、工伤保险科、资金稽核科、综合（档案）科9个科室。职工教育办公室、职业病危害防治办公室、劳动保护用品监督管理办公室、劳动力市场办公室设在劳动工资部，不作为独立机构设置。职业技能鉴定站与教育培训科一个机构两个牌子。企业年金办公室设在社保中心，不作为独立机构设置，其业务并入养老保险科。劳动力市场管理科与劳动合同管理科合并成立员工招聘科。2010年3月，成立淮北矿业公司人力资源部，淮北矿业（集团）有限责任公司劳动工资部与淮北矿业股份有限公司人力资源部为一个机构两块牌子。

第二节 劳动人事管理

劳动用工制度 1986年7月12日，国务院下达《国营企业实行劳动合同制暂行规定》等文件后，两淮矿务局及省属煤炭企业的劳动用工制度也做了相应的改革。按照国家用工制度改革的要求，国家不再下达招工指标和统分统配，废止固定工制度。同年11月至1993年，劳动合同制的范围逐步扩大，全民系统招用的正式工，分配的二年制技校毕业生为合同制职工，三年制技校毕业生属于全民固定职工；此后，技校毕业生均为合同制。1992—1995年，统分的大中专毕业生、军队转业干部及退伍军人属于全民固定职工。1995年1月1日，国家颁布实施《中华人民共和国劳动法》，劳动用工制度改革全面展开，实行全员劳动合同制，全部职工均签订书面劳动合同。根据劳动合同管理的规定，期限分为无固定期限、有固定期限和以完成一定工作为期限三种形式。劳动合同由企业法定代表人或由法定代表人委托的代理人与职工签订。用工制度的演变，是逐步完善的过程。全民固定工、全民合同制工除在人事档案和劳资报表中仍有所体现外，各种用工制度的工资待遇已没有区别。其间，因缺员招收补充的劳动力，按用工来源区别有农民轮换工、城镇采掘合同工、采掘劳务工和地面劳动合同工等。淮北矿业集团1997年招收最后一批农民轮换工。2004年1月1日起，城镇采掘合同工、采掘劳务工、地面劳动合同工统称为劳动合同工，与其他职工一样，同岗同薪，同工同酬，并建立养老、工伤、失业、医疗等保险。同时，实行劳动预备培训制度，技校生毕业后全部进入集团公司劳动力市场储备，双向选择。1986年以来共安排技校毕业生17623人，其中高级技工1050人，中级技工16573人。淮南矿业集团1986年以来共安排技校毕业生8473人，其中高级技工3861人，中级技工3602人。国投新集集团2006年起“变招工为招生”。加强员工的自主培养，提高职工队伍整体素质、优化人力资源结构、加强工程技术人才储备，使大中专（技校）生招聘工作规范化、制度化、程序化。集团公司建设以来，共安排技术毕业生9835人，其中高级技工556人，中级技工764人。皖北煤电集团自1986年以来，共安排技校毕业生4801人，其中，高级技工1440人，中级技工2256人。

劳动用工组织 各煤炭企业根据内部需要一般采取三级或五级组织形式。淮北矿业集团实行三级管理的劳动组织形式，即集团公司下属各矿、厂、处、队、院、校为集团公司二级单位。二级单位直管所属科、区、车间、工段，为三级单位。二级单位为经济独立核算单位，直接对集团公司负责。三级单位为内部分配结算单位，做好班组核算，负责内部工资分配，优化劳动组织。皖北煤电集团实行五级管理的劳动组织形式，即集团公司、矿、科（区）、队、班组五级组织形式。根据生产任务划分和作业流程，各生产矿均按照地面和井下分设劳动组织。地面分为机关管理科室、生产辅助单位及后勤服务单位。井下分为一线和二线单位。井下一线包括采煤、掘进、开拓、生产准备等单位；井下二线又称井下辅助生产单位,包括机电、运输、通风、修护、坑代、救护队等单位。生产单位劳动组织的基本形式为:区—队—班;其中采煤按照一个工作面设置一个采煤区,区下设队,每一个作业班次为一个队;开拓掘进每一个掘进头(面)为一个队,3 ~ 6 个队组成一个区。每队按照作业班次分为三个作业班。区、队、班组编制视生产任务大小而定,区队长、班组长配备数量按工人多少确定。

各煤炭企业按照国家规定,井下均实行圆班作业制,即分为早、中、夜三班作业,劳动作业时间为每班 8 小时,昼夜 24 小时连续作业。2008 年之前,各集团公司按照国家规定,制度工作时间和计薪天数执行统一天数。2008 年至今,执行国家规定的月工作日 20.83 天,月计薪天数 21.75 天。同时,执行国家年节及纪念日放假办法,1986—1999 年,实行年法定节假日 7 天,2000—2007 年,实行法定节假日 10 天,2008 年,至今实行实行法定节假日 11 天。

劳动用工整顿　1993 年之前,煤炭企业用人多、效率低、效益差。1993 年开始,煤炭部要求国有煤矿精减人员,提高效率,解决煤炭企业劳动力总量过剩、人浮于事、劳动组织不合理、原煤效率低的问题。1993—1996 年,淮南矿务局精减人员 16347 人,增加退伍军人、大中专、技校毕业生 7476 人,净减 8871 人。1998 年,淮南矿业集团成立再就业工作领导小组,在原内部劳动力市场的基础上成立再就业服务机构,千人以上的矿、处、厂、公司成立再就业服务分中心;千人以下的单位,局属医院、职大、技校及新组成的中小学教育中心、医疗卫生中心、社保统筹中心,有条件的成立再就业服务工作站或挂靠财劳部门,作好下岗职工的各项管理和服务工作。至 2000 年,3 年又累计下岗职工 34654 人,在册职工减员 18412 人。

1997 年,淮北矿业集团实行"三条线"管理模式,根据原煤炭工业部精干煤炭主业,减人提效、扭亏增盈的要求,将煤炭企业中非煤产业(多种经营公司)2 万多人和后勤服务单位 2 万多人从煤炭主体中分离出来,实行变暗补为明补的"三条线"管理模式,单独核算。煤炭主业 5 万多人也实行独立核算。后勤服务实行有偿服务,对后勤服务单位相应试行"730"政策,即第一年补贴 70%,第二年补贴 30%,第三年部分单位实现自负盈亏,向"四自"过渡。2007 年,实施人力资源规划纲要。到 2010 年,实现"原煤产量增加 1000 万吨、用工总量不增加"的目标,比传统用工减少 1 万多人。期间,2008 年,多经总公司、机电装备公司、水泥公司、雷鸣科化公司、勘探工程公司、金蟾药业、钢丝绳厂、汽运修公司等非煤单位改制,合并成立淮海实业公司。生产效率进一步提高,职工收入逐年增长,企业获得明显的经济效益。

1986 年 10 月,皖北矿务局根据国务院发布的《国营企业实行劳动合同制暂行规定》精神,开始招收劳动合同制工人。至 1990 年年底,虽然用工仍分为固定工、合同工、农民协议工三类,但实行不同用工制度的职工的比例有了较大改变。当年全局共有职工 26114 人,其中固定工 13515 人,合同工 8011 人,农民协议工 4588 人。1991 年,国务院下发《全民所有制企业招用农民合同制工人的规定》,完善煤矿企业农民轮换工管理制度。1994年《中华人民共和国劳动法》颁布实施后，皖北煤电集团用工实现全员劳动合同制，共计24950人。

国投新集公司建矿初期，在计划经济体制下，实行的是计划用工制度，用人的数量和质量要报当地劳动局审批，尤其是招聘大学生必须由省劳动局统一分配，企业用人受到一定程度的制约。1992年，根据淮南市新集矿区指挥部下发《关于转换企业内部经营机制、改革用工制度暂行办法的通知》文件精神，确定自主招聘、自主用工范围和条件，开始招聘企业内部合同工，并且招聘大量的临时工，及时满足安全生产的岗位需求。1995年《中华人民共和国劳动法》实施后，公司也开始实施劳动合同制，用工制度逐步规范。2006年，根据国家七部委的文件精神，“变招工为招生”。加强员工的自主培养，提高职工队伍整体素质、优化人力资源结构、加强工程技术人才储备，使大中专（技校）生招聘工作规范化、制度化、程序化。2007年，制定并征得职代会讨论通过《国投新集劳动合同管理办法》《国投新集劳动合同管理实施细则》。自2007年1月始彻底取消临时工这一用工形式。2011年1月，公司成建制将原劳务派遣工考核、留转为合同工，共1346名，实现全公司统一的劳动合同制用工形式。

劳动用工管理　考勤：1990年，各矿务局把职工考勤作为企业管理的重要基础工作之一。各单位结合自身实际制订相应的考勤管理办法，配置专职或兼职考勤员负责。2000年以后，各集团公司职工考勤工作更加规范，明确职工出勤考核标准、职工请假制度、职工请假程序、各类假期审批权限，出台对出勤不出力人员的考核办法，建立规范的劳动力淘汰退出机制。

惩处：1995年以前，各矿务局根据国务院《企业职工惩处条例》，制定本单位《职工惩处暂行规定》和《劳动争议调解暂行办法》，统一管理职工惩处。1995年《中华人民共和国劳动法》颁布后，上述规定与国家法规不一致的，按国家法规执行。各单位配备负责职工惩处的惩处员，按照劳动法的有关规定和企业职工奖惩条例的相关规定和程序办理职工惩处。惩处权属集团公司下属用人单位。劳动工资部负责监督，检查、指导、协调，惩处决定备案。

不在岗职工管理：不在岗人员包括内部退养、离岗待退、长伤、长病、长学、长假、外借、待岗、协议保留劳动关系、协议保留社保关系、待分配、待处理、参军、劳务输出等情况。劳动工资部劳动力市场实行宏观管理，负责制定政策、确定标准、条件审核、资格审批、政策指导，以及对医疗期、能力鉴定、清理整顿等工作的监督检查。

第三节　定额定员

定额管理　1979年，淮南矿务局重新制订统一的劳动定额。1982年，淮北矿务局制订采煤、掘进劳动定额标准。1984—1987年，淮北矿务局全面修改完善和补充1982年编制的采掘统一劳动定额标准，并于同年颁发执行《淮北矿务局采掘统一劳动定额标准》。为更好地推进企业内部经济承包责任制,安徽省煤炭工业厅要求皖北矿务局等地方煤矿比照淮北矿务局同类型矿井现行标准,制订统一的定员定额标准。按照要求,全省煤炭企业都编制出采煤、掘进统一的劳动定额。

1994 年,淮北矿务局重新制订并执行《淮北矿务局矿井统一劳动定额标准》。2005 年 9 月,淮北矿业集团成立定额标准修改小组,组织专业人员,对原定额标准进行合理地修改、补充、完善,并对缺项、漏项定额作补充,对定额水平作适当调整。修改工作历时 8 个月,于 2006 年 5 月全面完成任务。新的《淮北矿业集团公司矿井统一劳动定额标准》以淮北矿业(集团)公司有限责任公司企业标准 Q/HBKJ　018-2006 发布,2006 年 7 月 1 日实施。淮南矿业集团参照同行业单位劳动定额水平,编制《淮南矿业集团劳动定额统一标准》,并与 2007 年 3 月 26 日以淮南矿业(集团)有限责任公司文件下发执行。同时废止原《淮南矿务局统一劳动定额标准》。

定员管理　1988 年 10 月,淮北矿务局修改 1984 年 3 月发布的第一部劳动定员企业标准,编制新的定员标准,新标准从 1988 年 10 月 1 日起执行。1994 年,矿务局改革工资制度,停止执行原煤炭部的等级工资制,全面推行岗位技能工资制。按照减人提效的要求,对各单位实行定编、定岗、定员,即“三定”。淮南矿务局 1991、1996 年两次修改全局劳动定员标准,制定 450 个工种, 840 项定员标准。对采掘、运输、通风、修护、机电、供应、煤质检验、地质测量、文教卫生、生活福利、其他等所有工种和岗位都制定出切实可行的标准。2002 年,工资制度改革,废止岗位技能工资制,施行岗位绩效工资制。淮北矿业集团按照精干高效、优化劳动组织的原则,对各单位实行定编、定岗、定员、定责,即“四定”,对各单位制定定员标准。各单位实行“四定”后,规范劳动组织,优化内部劳动力结构。2007 年 2 月开始对已实施的劳动定员标准进行全面修改、补充、完善,新的《煤炭主业统一劳动定员标准》于 2007 年 12 月 11 日编制完成,并以淮北矿业(集团)公司有限责任公司企业标准 Q/HBKJ022-2007 发布, 2008 年 1 月 1 日实施。国投新集公司 2009 年 12 月印发《关于修订〈国投新集公司劳动定员标准〉的通知》,对劳动定员标准结合实际情况进行修订;2010 年 6 月,公司印发《关于各生产矿井机构设置及中层干部职数配备的通知》,各矿机关设“八办四科”,同时本着精干高效、一人多岗的原则配备岗位职数。2010 年 8 月,按照“精干高效”的原则以及机构设置统一、职能划分统一的“两个统一”指导方针印发《生产矿井机构设置及定编方案》,进一步为补充、完善有关劳动定额做准备。

第四节　工资管理

工资制度

等级工资制度(1987—1993 年)　1986 年,国务院工资制度改革小组、劳动人事部《关于 1986 年调整部分工资区类别的通知》下发后,从当年 7 月 1 日起,安徽省煤矿工资标准由五类地区工资标准调整为六类地区。1987 年沿用 1986 年工资制度改革后的等级工资制度，工人实行岗位等级工资制，行政管理干部实行职务等级工资制，专业技术干部实行技术等级工资制，执行六类工资区。工人岗位等级工资制，即按不同岗位对应执行岗位等级工资标准，分井下、井上、机械制造五类。煤炭部在国务院工资改革方案基础上，再增设两个特级岗位等级工资标准。井下一类工种特一级 125 元，特二级 138 元；井下二类工种特一级 111 元，特二级 125 元；井上一类工种特一级 125 元，特二级 138 元；井上二类工种特一级 111 元，特二级 125 元。

行政管理干部职务等级工资制，按职务高低，责任大小，划分 10 个职务序列，每个序列分 5~7 个等级，共 17 个标准，工资标准最高 270 元，最低 37 元。

专业技术干部技术等级工资制，按技术高低，工作能力，划分 15 个等级，工资标准最高 270 元，最低 52 元。

中小学教师、卫生技术人员执行煤炭企业专业技术干部技术等级工资标准。

1991 年国家调整粮油统销价格，企业职工各等级标准工资均提高 6 元，煤炭企业工人工种岗位工资标准扩展到 1 ~ 15 级，最低的一级 44 元，最高的十五级 218 元。

岗位技能工资制度（1994—2002 年）1994 年以企业转换经营机制，建立符合企业特点的岗位技能工资制度，以达到调动职工劳动积极性，提高劳动生产率和经济效益的目的。煤矿企业实行岗位技能工资制度，即由基本工资、特殊行业工资和辅助工资三个单元构成。基本工资由岗位工资和技能工资两部分构成。特殊行业工资是根据煤炭行业特殊性设置的工资单元，是对职工在特殊环境条件下付出劳动的补偿，主要有井下工作津贴、矿龄津贴和农民轮换工补贴等。辅助工资是按有关政策规定以各种形式支付给职工的其它工资性收入，包括各种津贴、补贴（含国家规定尚未纳入技能工资标准的津贴、补贴）等。

岗位技能工资标准按工人和管技人员的岗位序列划分成不同的岗次，不同的岗次有不同的岗位工资标准；岗位共划分 9 岗，除 1 岗外每岗设正副岗，工人岗 1 ~ 8 副，管技岗 1 ~ 9 正。一岗工资标准 48 元，九岗正工资标准 216 元。技能工资标准分 1 ~ 30 档，第 1 档 70 元，第 30 档 571 元，以职工现行的等级工资标准就近上靠技能工资标准。1994 年按照原煤炭部关于岗位技能工资制的规定，先确定技能工资，后确定岗位工资，岗位工资分步到位。1994 年、1995 年岗位工资暂按职工所在岗位的 75% 执行，1996 年 1 月起岗位工资执行 100%。

岗位技能工资制建立动态劳动管理制度，实行岗位考核，形成上岗靠竞争、增资靠贡献的激励机制，继续实行各种行之有效的内部工资分配办法，职工岗位变动实行“易岗易薪”。

岗位绩效工资制度（2002—2010 年） 按照国家经贸委等三部门《关于深化国有企业内部人事、劳动、分配制度改革的意见》精神，各集团公司结合本单位的实际情况，建立以岗位绩效工资为主的基本工资制度。淮北矿业集团岗位绩效工资制的构成包括三个部分:岗绩工资、年功工资和辅助工资。岗绩工资是体现岗位劳动差别的工资单元,以岗位劳动要素评价结果为依据,根据企业经济效益、员工贡献,按考核结果发放,实行“以岗定薪、岗变薪变,同岗同绩同薪”。岗位设置为19个岗级,岗位系数1.0 ~ 5.4,其中管理人员岗位设置3 ~ 19岗级,系数1.2 ~ 5.4;专业技术人员岗位设置3 ~ 15岗级,系数1.2 ~ 3.8;工人岗位设置1 ~ 13岗级,系数1.0 ~ 3.5。岗绩工资标准由工资基数乘以岗位系数确定。岗绩工资由固定工资和浮动工资组成。固定工资主要保障员工基本生活需要,浮动工资通过业绩考核兑现。岗绩工资等于工资基数乘以岗位系数,等于浮动工资加上固定工资。工资基数乘以岗位系数用来确定职工岗绩工资标准,浮动工资加上固定工资用来计算职工岗绩工资收入。月工资=岗绩工资+年功工资+辅助工资。同时, 2000年起,集团公司对子、分公司经营者及领导班子成员实行年薪制,副职年薪按正职的80%执行。2003年起,各集团公司领导层实行年薪制。

工资支付形式　内部分配分两个层次,一是集团公司对二级单位(矿、厂、处)的分配;二是二级单位对个人的分配。一级分配主要采取工效挂钩的办法,年初核定各二级单位的包干工资基数,与盈亏及其他指标挂钩考核,每月考核一次,按考核结果下发月度包干工资计划。二级单位在工效挂钩计算的包干工资总额内,享有内部分配自主权,自主确定内部工资分配形式。主要形式有计时工资加奖金制度、计件工资制、包干工资制、挂钩计奖工资制、按岗位包干工资制等。

计时工度　作为最基本的工资分配形式之一,具有操作简便的特点,是目前地面机关、学校、医院等工作量难以计量的岗位所普遍采取的内部分配形式。计时工资包括日工资制和月工资制。

计件工资　是按照工人生产的合格产品的数量或完成的作业量,依据劳动定额预先规定的计件单价计算劳动报酬的一种形式。计件工资能够体现按劳分配原则,多劳多得,少劳少得,不劳不得,是目前基层采掘生产单位采取内部工资分配的主要形式。

津贴、补贴　作为基本工资制度的一种辅助形式,利用津贴制度灵活性与单一性的特点,补充基本工资制度由于固定性和综合性所导致的不足,更好地贯彻按劳分配原则。1994年前等级工资制度时期。各种津、补贴项目繁多,涉及到生产、生活的方方面面。生产方面:井下各工种津贴、夜班津贴、班队长津贴、工人岗位技能津贴、矿龄津贴、教护龄津贴、流动施工津贴、野外津贴、保健津贴、执勤津贴、司机津贴、司炉津贴、调度员津贴、检测员津贴、化验员津贴、厨师津贴等。生活方面:班中餐补贴、煤贴、电贴、三种副食品补贴、交通费、洗理费、书报费、建房互助金、回民补贴等,并随着时间延续不同程度的提高标准。1994—2002年实行岗位技能工资制度时期,实行岗位技能工资制后,冲销了部分津、补贴,仍然保留了大量的津、补贴。2002年以后实行岗位绩效工资制度时期,实行岗位绩效工资制,工资单元比较单一,保留部分津贴,其余全部封存,津、补贴得到有效的精简。

奖金　是企业对在岗人员按照规定的奖励条件和标准支付的一种经常性的生产奖

励，是企业贯彻按劳分配原则的一种辅助工资形式。奖金包括综合奖和各种单项奖。综合奖主要用于地面生产和机关等实行计时工资的单位。单项奖因各种专项管理而设立，包括各种原材料节约奖、煤质奖、安全奖、装车计量奖、节水奖、节电奖、一通三防奖、采掘工艺奖等。

1986—1995年，各煤矿制定奖励基金的管理办法，并完善奖励标准和支付考核办法。淮南、淮北矿务局实行与生产任务和经济效益挂钩的“综合生产奖”。之后，又增加业务保安季度奖、原材料、燃料节约奖及煤质奖、节水奖、双增双节目标管理效益奖等。1990年6月转发原中煤总公司《关于改进完善煤炭企业奖励制度的通知》，严格奖励制度，加强奖金管理。职工个人的奖金分配，必须按照按劳分配的原则，与职工本人岗位责任大小和生产任务完成情况紧密挂钩浮动；奖金来源，只限于按工效挂钩办法提取的效益工资、节约的材料费和按规定提取（留成）的职工奖励基金；完善综合生产奖励和安全生产奖励，清理整顿各种单项奖。淮南局1994年以前，奖金最高限额为60元/人（月）。

1996—1999年，由于受到煤炭市场供求关系的影响，经济效益一度滑坡，生产经营形势十分困难。1996年，淮南局制定《关于规范奖金管理的若干规定》，规定中不仅规范奖金的种类设置，除保留一些与安全生产有直接促进作用的单项奖金外，取消一部分重复奖励种类，而且规定各类人员单项奖金分配的比例关系，按工人、一般干部（含初级职称）、科级干部、处级干部、局级干部划分，按1∶1.5∶2∶2.5∶4的比例关系分配。安徽煤矿大部分单位在1997—1999年三年的时间里，几乎没有综合奖，且两年多的时间内职工未全额领取基本工资。

2000年以后，实行绩效考核，逐步取消综合奖，实行单项奖励制度。单项奖励制度主要有安全奖、质量标准化奖、煤质奖、材料节约奖、采掘开上纲要奖和其他单项指标挂钩奖等。2008年7月，淮北集团公司下发《关于进一步规范集团公司表彰奖励发放办法的通知》，要求财务部门根据发放名册直接将奖励打入个人工资帐户，取消各类奖金现金发放。

特殊工资　包括各种有资假工资、伤病期间的待遇、惩处期间的生活费、职工调动工资处理等。各种有资假包括探亲假、年休假、婚丧产假、疗休养、女工计划生育假等。有资假在等级工资制和岗位技能工资制下按基本工资支付。

实行岗位绩效工资制后以上非正常情况下按固定工资、基本工资、年功工资等不同组合形式支付。婚、丧、产、探亲假期期间工资按本人基本工资加年功工资支付（晚婚、晚育、产假期间，工资待遇改按本人在岗期间岗绩工资加年功工资支付），年休假工资按个人绩效工资标准执行，各类奖项以及生活性补贴正常发放；经单位批准的荣誉休养期间按岗绩工资加年功工资支付，病疗养期间仍按基本工资加年功工资支付；女工一年期哺乳假的以固定工资加年功工资支付；计划生育政策规定，女工请计划生育假，期间工资按基本工资加年功工资支付；因工负伤治疗期内工资待遇按岗绩工资加年功工资支付,医疗期满尚未鉴定的暂按固定工资加年功工资支付;因病非因工负伤六个月以内的,病假工资根据本人的工龄,按固定工资加年功工资的一定比例计发,六个月以上的从第七个月起停止支付病假工资改发疾病生活费,标准按固定工资加年功工资的一定比例计发,病假工资或疾病生活费低于企业所在地最低工资标准80%的,按所在地最低工资标准80%执行;待岗期间工资按固定工资的80%加本人年功工资支付;内部退养人员工资按固定工资加本人年功工资支付;科级及以下管技人员离岗期间按本单位在岗人员同岗位岗绩工资计算基数执行,另享受所在单位全员性奖金,标准可比照本单位机关同级别非安全生产技术岗位人员的80%,不执行班中餐和风险抵押;员工受处分期间停止一切工资待遇,改发生活费,标准为停职检查期间按固定工资加年功工资支付,开除留用、缓刑留用等其他处分期间按新岗位基本工资的50%执行,不上岗停止执行一切生活费待遇。

安徽省国有重点煤矿职工平均工资收入统计表

表5-6-1　　　　单位:万元/年·人

年度	总平均	淮南矿业集团	淮北矿业集团	皖北煤电集团	国投新集公司
1986	0.1783	0.16	0.1704	0.2045	-
1987	0.186	0.16	0.18	0.218	-
1988	0.2176	0.2	0.2148	0.2382	-
1989	0.2713	0.27	0.2784	0.2868	0.25
1990	0.3095	0.31	0.348	0.3601	0.22
1991	0.3294	0.34	0.3816	0.366	0.23
1992	0.3659	0.38	0.4428	0.4008	0.24
1993	0.4305	0.41	0.4908	0.4812	0.34
1994	0.5869	0.5	0.69	0.7176	0.44
1995	0.7597	0.76	0.7848	0.8041	0.69
1996	0.9697	0.77	0.9012	1.0476	1.16
1997	0.9528	0.76	0.9084	1.0027	1.14
1998	0.8808	0.56	0.8866	0.9364	1.14
1999	0.8927	0.56	0.9125	0.9884	1.11
2000	1.0004	0.7	0.9314	1.12	1.25
2001	1.1538	0.85	1.1116	1.2535	1.40
2002	1.3614	1.07	1.3596	1.4459	1.57

续表 5-6-1

年度	总平均	淮南矿业集团	淮北矿业集团	皖北煤电集团	国投新集公司
2003	1.5058	1.35	1.4616	1.5215	1.69
2004	1.9890	2.3	1.6567	1.9894	2.01
2005	2.5437	3.38	1.8519	2.6029	2.34
2006	3.2298	4.23	2.5335	2.8358	3.32
2007	3.6863	4.6	3.1767	3.3683	3.60
2008	4.6764	5.54	4.1496	4.6161	4.40
2009	4.9707	6.05	4.3864	5.0963	4.35
2010	5.9194	7.39	5.3976	5.3399	5.55

第八章 主辅分离

2002年,国家经贸委等八部委下发《关于国有大中型企业主辅分离辅业改制分流安置富余人员的实施办法》,提出在国有大中型企业中实施“主辅分离,辅业改制”,以提高经济效益。随着煤矿改革的深入,为解决深层次方面的矛盾,调整产业结构,几大国营企业先后推行辅业改制,逐步实现主辅分离。

第一节 辅业改制

淮南矿业集团 2002—2005年,完成社会职能分离和主辅分离、辅业改制工作,减少从业人员10万人以上。其中:2000年2月至2002年12月,潘二、孔集、李一3个项目6对矿井实施政策性关闭破产,安置4.1万人。2003年安置下岗职工2.4万人。至2006年8月,分离辅业人员3.4万人,资产15.6亿元;分离中小学41所,各类人员4243人;供水系统单位8个,人员448人;移交68199名退休人员到社区管理,减轻企业负担。通过改革,淮南矿业集团二级单位从48个减少到35个,从业人员从20万人锐减到7.2万人,精干了主业,增强了企业竞争力。

淮北矿业集团 2002年开始,对有独立生存发展能力的辅助生产、生活后勤服务及其他产业、项目,进行分离改制。包括多种经营总公司及所属生产经营单位;职教中心;水泥公司、金赡药业公司、华运陶瓷公司、林星板业公司、农林工贸公司、钢丝绳厂、汽运修公司等集团公司专业化子(分)公司;矿工总医院、职防院及卫生处直属的基层矿厂医院等医疗卫生单位;其他单位包括监理公司、工达公司、报社印刷厂、消防器材供应站等挂靠集团公司机关的经营实体;旅游事业处及所属宾馆、疗养院;安徽煤炭经济技术开发公司。至2005年年底,矿区共有142家中小企业实行各种形式的改制,改制面达80%以上,其中实行股份制、股份合作制和出售的近40%。通过改制,共转让、出售国有和集体资产884万元,职工个人持有432万元。

皖北煤电集团 1997年9月,根据全省经济体制改革工作会议及《关于印发〈皖北矿务局非煤产业厂点改制方案及实施办法〉的通知》精神,以股份合作制为主要形式,对全局101个生产经营厂点进行改制。改制以股份合作制为主,以租赁、拍卖、兼并、风险抵押承包等形式为辅,在明晰产权的基础上,以人均占有企业净资产数额为依据实行先售后改。12月底,非煤产业厂点改制全面完成。2000年8月,以总仓库16个基层单位为基础，改制成为库本部和实业开发公司、仓贮公司、物业公司3个公司。共剥离职工442人，其中在册职工391人，离退休人员51人。

国投新集公司 改制大体分为两个阶段。第一阶段为1997年H股上市时剥离非经营性资产。以1997年6月30日为基准日，对235677609.11元非经营性资产（及同等金额负债235677609.11元）进行剥离，界定为国投煤炭、国华能源和煤电总公司（现安徽新集煤电（集团）有限公司前身）三方股东财产，按照4∶3∶3的比例共有，未设立为法人实体，由煤电总公司予以代管（2001年1月，煤电总公司结束代管，该资产改由股份公司代管）。第二阶段：2007年A股上市时成立楚源工贸有限公司。国投新集能源股份有限公司启动A股IPO工作，对之前存续的非经营性资产进行债务重组，增加3个多经公司和机修厂（新集多种经营服务部、花家湖多种经营服务部、八里塘多种经营服务部、机电修配厂），通过资产评估，三方股东以上述资产经评估净值作为出资，设立安徽楚源工贸有限公司，该公司注册资本2800万元人民币，其中，国投煤炭出资比例为53.56%，国华能源与新集煤电出资比例分别为23.22%。

中煤矿建集团 2006—2010年，改革的目标及调整重点是：完成剥离、脱钩企业办社会职能，主辅完全分离。保卫处、学校、居委会、物业管理等单位和部门移交给地方管理，通过改制辅助性单位实现与主业脱钩，按《公司法》的要求，建立现代企业制度，加快建立规范的法人治理结构。对公司进行改制，实现企业产权多元化，实现股东会、董事会、经理层、监事会之间，各尽其职、各尽其力的行为机制，形成相互制衡、协调运转的关系。2011年2月，集团成立改制上市工作领导小组，对集团总体改制上市工作进行指导、决策。领导小组下设工作组，具体负责对集团主业改制上市、辅业分离方案的拟定、上报以及实施等工作。

第二节 改制措施

淮南矿业集团 辅业改制分离工作是从2004年5月开始启动的，当月，由省国资委、淮南矿业集团召开省属企业分离办社会职能淮南工作会议。推进全省企业办社会职能移交工作。6月15日，完成中小学、供水系统、电视台及网络退休人员的管理移交。按协议规定支付5000多万元移交费用，所移交学校的教职工工资已由地方发放。9月7日，举行社会职能、辅业分离签字仪式，分别与淮南东辰实业总公司、淮南东方医院领导签订分离改制协议书。10月8日，第一家企业股份制改制方案在合成公司出台。11月8日，由合成材料有限公司改制而成的安徽淮河化工有限责任公司成立。2005—2006年，淮南舜泉园林工程管理有限公司、淮南郑煤机舜立机械有限责任公司、淮南舜泰化工有限责任公司、淮南舜岳水泥有限责任公司、淮南舜龙煤炭运输有限责任公司、新华医院集团、东华置业有限责任公司、东辰实业总公司、淮南职业技术学院等单位先后改制，与主业母体分离。

淮北矿业集团 2000年以后,公司坚持精干煤炭主体、加快多种经营发展的原则,把基本能实现自养的全民多种经营和后勤服务单位从母体中剥离出去,组建16家投资主体多元化的多种经营公司,与集体多种经营企业重组资产,优化人员。同时,积极采取股份制、股份合作制、拍卖等多种形式,加快多经系统中小实体的改制步伐。雷鸣科化公司于2004年4月在上海证券交易所挂牌交易。金蟾生化等子公司也在加大招商引资力度,吸引省内外战略投资者和民营资本合资合作。

皖北煤电集团 2005年6月,结合矿区非煤产业现状,决定对各矿多经公司进行改制。9月,各矿多经公司和非煤厂点改制工作全面完成,关停并转52个非煤厂点,妥善分流安置3600多名从业人员,精干企业主体。2006年2月,皖北煤电集团根据2002年国家八部委859号文件精神,决定对永盛公司所管理的10家企业进行改制。改制方案是:发展壮大4家企业(恒馨房地产开发公司、宿州市馨苑房地产开发公司、宿州顺祥煤层气综合利用公司、恒力电业公司)和2家非金属材料企业(恒泰公司、雪纳公司),关停并转企业4家(淮北恒通管材制品有限公司、淮北金环铜材制品有限公司、淮北恒欣化工有限公司、淮北恒信环保材料有限公司)。2006年9月,对全公司后勤服务系统实行集中管理,组建大物业集团,改制为经营实体——置业公司。改制共接收各矿人员1953人,其中全民合同制工人1447人。

国投新集公司 2002年,为解决“企业办社会”问题,将非经营性资产中的学校及其附属设施剥离给当地政府和教育部门管理。2007年3月16日,楚源工贸已于完成工商登记,开展经营活动,主要为股份公司提供生活后勤、绿化工程施工等服务,并与股份公司发生少量矿用支护(辅助品)、木制品生产、经营,机械加工、设备维修等交易。上述交易均属于关联交易,为规范本公司与楚源工贸之间的上述交易,股份公司与楚源工贸定期签署《综合服务和产品购销协议》等一系列协议,对关联交易范围、定价原则和双方的权利义务进行了限定,由公司董事会、股东大会审议通过并予以公告后实施。

中煤矿山建设集团 2007年7月14日,集团特殊凿井有限责任公司上报省国资委《安徽省机械设备总公司主辅分离辅业改制方案》。其中资产5658.18万元,负债3524.48万元,净资产2133.7万元;资产的主要形态是房产和权益投资。人员情况是在册职工68人,离退休人员26人。总公司下设3家全资子公司(机械设备进出口股份公司、百鸣大厦有限公司、众城投资贸易有限公司),4家参股公司(安迈达、鑫长城、天德文化、汇智)和2个职能部门。改制的主要内容是:职工全员解除劳动合同,发放经济补偿金;4家参股公司的股权退出;成立新公司等。2009年2月23日,国资委、财政厅和劳动社保厅联合下文,对《实施方案》作了批复。2010年底,职工安置、补偿、资产处置工作基本结束。

第九章　物业管理

随着安徽煤炭企业的发展壮大，矿区面貌和职工生活发生了翻天覆地的变化。全省各矿区创建高标准的职工住宅区、“两堂一舍”、医院、学校、职工活动场所等，物业管理水平和职工生活水平有较大的提高。矿山成为花园式企业，职工住宅社区化管理，“两堂一舍”标准化运作，医院、学校规模化发展，职工文化生活丰富多彩，矿山面貌得到根本改变。

第一节　物业管理与职能

1997 年之前，矿区职工生活设施是福利型的，企业担负着职工福利的一切费用，企业办社会负担越来越重，制约着煤炭企业的发展壮大。特别是 1997—2001 年，煤炭企业经历特殊困难时期，计划经济长期沉积下来的深层次矛盾充分显现，企业遇到前所没有的市场压力和经营压力，生存和发展遇到严峻考验。2002 年，国家经贸委等提出在国有大中型企业中实施“主业分离、辅业改制”。全省煤炭企业积极争取国家政策支持，加大内部改革与整合工作，剥离长期依附主业的医院、学校、生活后勤、多种经营。对煤炭销售、物资供应实行集中统一管理，实现产权主体多元化，经营机制发生根本变化，辅业摆脱对母体单位的依赖与束缚，呈现出良好的发展势头。

淮南矿业集团　1978 年设立淮南矿务局行政处。1986 年改称矿务局生活服务公司，1998 年更名淮南矿业集团物业管理分公司。随着矿业集团“主辅分离、辅业改制”的实施，2004 年 10 月 1 日，更名为淮南东华物业有限公司，所属全部资产和人员，成建制从矿业集团分离，成为独立的法人单位。下属机构有洞泉、大通、谢一、谢二、谢三、水泥、新庄孜、孔李、李一、望峰岗、潘集、谢桥 12 个物业管理处。

淮北矿业集团　1987 年设立淮北矿务局行政处。1994 年，矿务局行政处设立生活服务公司。1998 年 4 月，与房地产开发公司合并成立物业公司。2001 年，物业公司更名为物业总公司。2001 年，集团公司成立后勤体制改革领导小组，当年 10 月 9 日，下发《淮北矿业（集团）公司生活后勤管理体制改革实施意见》，界定物业总公司的职能和后勤服务系统人财物分离的范围、目标，采取“突出重点，积极稳妥，完善政策，整体推进”的工作思路，对基层物业管理处的机构设置和定编定员作出具体规定。2002 年 1 月始，集团公司实行“条块结合、以块为主”的双轨运行的管理模式，即各物业管理处的人财物由所在母体单位管理，物业总公司负责业务指导。2005 年 1 月 1 日起，集团公司对基层单位26个中的19个物业管理处实施与母体单位的剥离移交,资产、人员移交物业总公司管理,初步形成矿区物业专业化管理的格局,煤炭主业与后勤服务系统已基本实现分灶吃饭,市场化往来,各自独立核算。至2007年,物业总公司下设财务资产部、经营管理部、政工部、综合考核办公室和办公室。直属机构有生活服务公司、房地产开发处、住房制度改革领导小组、职工住房公积金管理分中心。物业总公司在矿区设立18个物业管理处、2个新区物业管理站。各基层单位设立物业管理处,下设经营管理部、综合办公室和2～3个经营服务二级单位。当年11月,集团公司决定将基层物业管理处(站)划归原母体单位,物业总公司更名为物业公司,并将各物业处资金预算纳入母体单位。

皖北煤电集团 1985年8月成立行政处。1997年9月,撤销行政处,成立物业公司,其职能仅限于机关物业管理。2006年8月,集团对各矿物业管理集中垂直管理,成立万锦置业公司,正处级建制,集团公司一名副总经理兼任置业公司总经理。下设综合办公室、财务劳资部、工程计划部、政治工作部、物业管理部、房地产开发部、住房公积金中心和孟庄矿、百善矿、毛郢孜矿、恒源矿、前岭矿、刘二矿、任楼矿、祁东矿、总仓库、集团公司机关等10个物业管理分公司。

国投新集公司 2007年3月,成立安徽楚源工贸有限公司(由国投煤炭公司、国华能源有限公司和淮南煤电集团共同出资组建,系国投集团成员企业之一)。2009年为适应主业发展需要,经董事会决定由国投新集公司托管。公司员工3600人,资产总额2亿元。楚源公司主要为国投新集公司提供生产、生活综合后勤服务。服务范围地跨周边三市五区县,为主业公司新集、花家湖、八里塘、刘庄、板集、口孜东、杨村(罗园)等矿井,及其所属职工生活小区、淮南胜达小区、伴山家园、山南办公园区、新康医院、新集医院、国投新集救援中心、淮南大剧院等提供物业综合后勤保障工作。

中煤矿建集团 2009年6月1日,由原中煤第三建设(集团)有限责任公司和中煤特殊凿井(集团)有限责任公司重组而成立,物业管理工作分为两块管理。2000年9月20日,中煤第三建设公司物业管理总公司成立。公司的管理范围包括宿州市沱河片区(机电安装处、三十三工程处、二十九工程处、七十一工程处、总机厂、矿建总医院、矿建中学等)、汴河中路181号中煤第三建设(集团)有限责任公司机关大院及宿州市西关片区(三十工程处)。管理总面积共计157万平方米。1986年中煤特凿工程公司生活服务部成立,后更名为物业管理公司。2000年,中煤特殊凿井(集团)有限责任公司物业管理公司更名为中煤三建物业公司,由原中煤特殊工程公司生活服务部(副处级单位)、多种经营公司(副处级单位)、工人村管理委员会(科级单位)、方大房地产公司(副处级单位)4家单位重组成立。2003年3月,东山实业公司、方大房地产公司并入物业公司。2005年,物业公司升为正处级单位。2009年9月,物业公司方大房地产公司划归安厦房地产公司。下辖特凿菜市场、东山宾馆、特凿托幼园、特凿印刷厂、东山铁通营业部、东山社区等单位。管理面积286838平方米,住户7000余户。

第二节 职工生活服务

1990年以前，煤炭企业的职工食堂、浴池、单身宿舍由各单位按原煤炭工业部“两堂一舍”管理模式进行管理。2000年后，各大企业后勤服务系统转变工作职能和服务观念，开展物业服务创优活动、后勤物业服务质量标准化活动、物业精细化管理等，推行承诺服务。各矿（厂）、处都建有职工食堂、职工宿舍楼、浴室、洗衣房、超市及职工活动中心，职工运动场地。职工宿舍配备电视机、空调、暖气，职工活动中心设有图书阅览室、乒乓球室、台球室、棋牌室、健身房等职工休闲场所。矿井生活配套设施一应俱全，定期开展群众性文化活动，职工生活便利舒适，文化生活不断丰富。

职工食堂 淮北矿业集团对职工食堂实行班组承包，定营业额，定回收量，奖金和经济效益挂钩。1994年，各单位把食堂列为分流单位，实行“730”政策，即1994年，单位给食堂发70%工资奖金，1995年发30%工资奖金，1996年工资奖金全部自付。给予一定燃料补贴。物业系统实行以条为主的管理以后，食堂由物业管理处生活服务公司统一管理，实行承包管理。物业总公司管理职工食堂19个，总建筑面积42227平方米。皖北煤电集团投资对各矿员工食堂进行修缮，改善用餐环境。公司有员工自助餐厅建筑面积达1.5万平方米，可容纳7430人就餐。楚源公司管理国投新集公司各矿食堂、宾馆餐饮部共计14个，总建筑面积约为4万平方米。楚源对国投新集公司各矿井职工食堂实行单独考核运营管理，餐饮服务不以盈利为目的，坚持收支平衡原则，实行工作量与定额工效相结合原则，将餐饮服务人员工资收入与各项量化指标相挂钩。

职工澡堂 2007年，淮北矿业集团物业总公司管理澡堂15处34个，总建筑面积79899平方米。至2006年，皖北煤电集团，共建澡堂39个，浴池126个，总建筑面积35410平方米。有更衣箱7031个，电动吊篮更衣箱11910个，每日平均可供1000多人次洗浴。楚源公司对矿服务职工浴池共计13处，总建筑面积约为4.9万平方米。

单身宿舍 随着户籍制度、住房制度的改革，煤矿各单位单身职工人数逐年减少。1990年起，各单位单身宿舍实行旅馆化，统一配备床、被褥、蚊帐、枕头、桌子、盆架、衣柜等。服务人员三班24小时服务，并设立了洗衣房、阅览室、游艺室、电视机、棋牌室等设施。管理方式为半封闭式管理，单身职工凭证明办理入住手续。淮北矿业集团管理的职工单身宿舍3585间，总建筑面积145296平方米。皖北煤电集团所属各矿的单身宿舍，总建筑面积123600平方米。皖北置业公司管理的单身宿舍面积共有21920平方米，有房间1110余间。国投新集楚源公司管理职工宿舍共计45幢，总建筑面积约为34万平方米。

第三节 住房管理

房地产管理 在住房制度改革前，各煤炭企业都设有房管专门机构和人员。矿务局下属各单位建房计划和资金，由局计划、财务部门根据财力情况统筹安排和审批。房产管理工作没有固定模式，原则上自建、自管、自己分配。职工住房实行“福利制”“低租金”。随着“农转非”政策的落实，新区的加快发展，职工家属人口迅速增加，职工住房十分困难。长期住房福利制的分配方式，造成国家、企业投入有去无回，不堪负重。1988年3月，国务院《关于全国城镇分期分批推行住房制度改革的实施方案》颁布，面向全国的住房制度改革全面启动。全省煤炭企业贯彻《实施方案》，建立住房制度改革领导机构，成立常设机构办公室，负责房改的日常工作。从一些小范围的、单项的住房制度改革，到矿区全面的推进；从公有住房部分产权出售给职工，到以成本价出售给职工；从成本价再过渡到集资建房、经济适用住房，直到基本取消无偿福利制分房，迈入住房货币化渠道。同时住房公积金制度的建立、贷款制度的实施，为矿区职工购房提供一定程度的资金保障。

随着职工经济收入提高，职工住宅的需求量在不断增加，对住宅建设的质量、功能和环境有了新要求。由过去的“居者有其室”的温饱型向功能设施齐全、环境绿化整洁、居住空间增大的享受型转变，住宅建设社会化、功能化的设计理念越来越高。围绕住宅建设配套服务的文教卫生、商业网点、水电交通和环境绿化等，已成为各集团公司住宅服务项目建设的重要内容。

淮南矿业集团1999年7月，成立“淮南矿业集团房屋开发有限责任公司”，注册资本1000万元。公司下设工程部、财劳部、营销部、综合部。当年10月17日，淮南矿业集团房屋开发有限责任公司领取营业执照。主营房地产开发，开发资质为二级（暂定）。2000年年5月，淮南矿业集团房屋开发有限责任公司改为正处级建制。2005年11月，淮南矿业集团成立淮南矿业集团房地产开发管理中心。2006年5月，撤销淮南矿业集团房地产开发中心，同时成立淮南矿业集团生态环境开发有限责任公司。2007年7月，成立淮南矿业集团生态环境开发项目部，具体承担集团公司所属土地的环境修复与开发建设，与淮南矿业集团生态环境开发有限责任公司一个机构，两块牌子。当年9月7日，集团公司开始着手进行内部业务重组，淮南矿业集团生态环境开发有限责任公司更名为淮矿地产有限责任公司，注册资本增至5亿元。2010年4月13日，淮南矿业新地产投资发展公司解散，整体并入淮矿地产有限责任公司，注册资本增至30亿元，形成统一的房地产开发业务平台。截至2010年年底，独资与合资累计开发建设177.83万平方米的商品住宅楼和写字楼；完成环境修复工程87公顷；建设市政道路6条。

淮北矿业集团1993年8月，成立房地产开发处，全称“淮北矿务局房地产开发公司”，隶属淮北矿务局。下设办公室、工程科、计划科、财务科计4个科（室）。工作人员由新井建设处分流人员以及基建处、工程处抽调。公司注册资金1071.50万元，有独立法人资格和国家二级资质。经营范围：房地产开发、建筑装璜、房屋维修、园林绿化工程等业务。1997年，房地产开发处并入矿务局行政处，保留建制，隶属于淮北矿务局。2001年8月，成立物业总公司，房地产开发处并入物业总公司，同时使用两块牌子，一块牌子为独立法人，名称为“淮北矿业集团房地产开发处”，注册资金仍为1071.50万元。另一块牌子为集团公司内部处室，名称为“淮北矿业集团有限责任公司房地产开发处”。机构设置为综合部（含财务和办公室）、计划部、工程部、市场部。至2007年，集团公司职工住宅建筑面积448.69万平方米，使用面积331.85万平方米，居住面积225.61万平方米，居住32.35万人，人均居住面积6.97平方米。截至2010年年底，累计开发建设70.60万平方米的商品住宅楼和商业门面房；完成对外联合开发项目4.15万平方米。

皖北煤电集团2001年4月23日成立房产管理中心，正处级建制。2006年9月，后勤服务系统实行集中管理，组建大物业集团，并依据国家有关政策规定，改制为经营实体——置业公司。其业务范围是矿井工业广场以外为煤炭生产服务的后勤管理、矿区土建安装工程、房地产开发与管理、住房资金管理等业务。2000年后，全集团公司共集资建房25.4万平方米，入住2319户，员工人均住宅面积增加到34.5平方米。其中2006年馨苑房地产开发公司按准商品房开发皖北煤电新村小区，建筑面积约38420平方米，平均售价1650元/平方米，304户集团机关职工迁入新居。2008年，皖北煤电集团在宿州市南关购置1000亩土地，全部用于房地产开发，改善员工住房条件。第一批住房已经建成，2009年上半年，首批600名员工入住。

公积金管理　淮南矿业集团公司2000年成立房改基金管理中心，隶属于社保中心，负责住房公积金的统一管理。制定下发《关于进一步加强住房公积金管理工作的通知》《关于规范住房公积金管理工作程序的试行办法》《关于进一步加强住房公积金管理工作的通知》，进一步规范各单位住房公积金的缴存与社保办事处记录个人帐户的管理工作程序，对住房公积金归还、转移的条件和工作程序、财务核算及账务处理等都作了详细的说明。2003年12月，集团公司成立淮南市住房公积金管理中心淮南矿业集团分中心，副处级建制。

淮北矿业集团1995年9月成立淮北矿务局住房管理中心，负责住房公积金的统一归集、管理和使用。2001年年底，成立淮北矿业集团公司住房公积金管理分中心；2003年，分中心报省政府批准设立淮北矿业集团公司住房公积金管理分中心；2005年8月31日正式挂牌。至2007年，集团公司住房公积金管理分中心为近10万名职工建立公积金账户，公积金总额17.17亿元，为职工结转利息8853.09万元，清退离退休职工公积金2.47亿元，为职工购房提供资金19645.71万元，为1532人提供个人购房贷款1.09亿元。

皖北煤电集团公司1996年实施住房公积金制度，2001年6月，成立房产管理中心资金科，具体负责公司住房公积金的归集、支取和管理；经淮北市人民政府批准，2006年11月18日挂牌成立“淮北市住房公积金管理中心皖北煤电集团公司分中心”，下设4个职能科室：信息技术科、计划财务科、归集管理科、信贷管理科，负责集团公司各单位住房公积金归集、支取、贷款和内部核算等具体管理工作。最初每人每月扣缴12元，单位扣缴12元；从2001年4月开始按照职工岗效工资加工龄工资和辅助工资计算公积金缴存基数,缴存比例为5%;从2006年10月开始,按照职工上一年度平均工资计算住房公积金缴存基数,缴存比例调整为15%;2008年2月1日开始,缴存基数计算方法不变,缴存比例调整为12%。

国投新集公司2004年1月开始实行为非农业户口员工缴纳住房公积金待遇的政策,单位和个人各缴纳工资基数的15%;2009年9月,个人缴费比例调整为12%;2011年1月,企业缴费比例由15%调整为20%。实施农业户口员工缴纳住房公积金制度。2008年10月,部分农村户口职工享受同等的住房公积金待遇;2010年8月,所有农村户口职工开始享受同等的住房公积金待遇。

第四节 棚户区改造

1995年以后,全省煤炭企业贯彻《国务院关于深化城镇住房制度改革的决定》,全面推行住房制度改革,充分利用国家、企业、社会、个人资金,开发建设职工住宅,解决职工住房供需矛盾。但是由于长期的计划经济管理模式制约,职工生活福利欠账多,各矿区尚有大量的六七十年代的简易平房和砖木结构的危旧楼房。特别是淮南、淮北两大集团部分退休或在职老职工家庭人口多,经济收入低,没有能力购置集资房和商品房,居住条件和环境较差。进入21世纪后,党和政府把改善煤炭职工工生活提高到与安全生产同等重要的地位,国家出台廉租房建设有关政策,实施民生工程。各煤炭企业积极争取国家资金,多方筹集资金,建设廉租房。原则上是拆掉平房、危旧楼房,在原有土地的基础上重新构建,也可以在闲置土地上进行构建,但不提倡再建平房。入住的条件是没有能力参加集资建房和没有享受房改房的离退休职工、伤亡家属及居住在原平房的职工。

淮南矿业集团 2002年11月10日,集团公司成立淮南矿业集团旧(危)房改造建设领导小组,统一领导矿区旧(危)房改建工作。2006年5月,成立淮南矿业集团生态环境开发有限责任公司。主要负责淮南本土房地产开发、煤矿棚户区改造以及资源枯竭矿区生态修复和城市基础设施建设。2009年3月,成立集团公司棚户区改造建设领导小组,成立新庄孜矿等17个煤矿棚户区改造项目部。2002年12月20日,谢二西村一期工程3.9万平方米、432户开工。2003年开始,整个安居工程分为二期实施,其中2003—2008年为一期旧(危)房改造,共建设小区25个,900幢,3.1万套;建筑面积338.8万平方米;移交安置2.56万户,累计完成投资34亿元。截至2008年年底,一期旧改工程基本建设完成,总建筑面积338.8万平方米,总投资34亿元。2009—2012年为二期棚户区改造,规划建设总面积389万平方米,约3.56万户,安置棚户区职工约3.2万户;规划投资68亿元;规划建设小区25个。截至2010年年底,已开工面积255.78万平方米,竣工面积43.5万平方米;已移交安置3538户。

淮北矿业集团 2005年成立矿区廉租房建设领导小组,设立办公室,制定集团公司《危旧房和生活后勤设施改造计划》和《危旧房改造工程的暂行管理办法》。当年

11月始，矿区廉租房建设下达计划并付诸实施。列入廉租房建设的单位有绿原公司、袁庄、朔里、石台、芦岭、朱庄、杨庄、临涣、海孜等矿。安排726户，建筑面积38049.83平方米，资金2168.83万元。2006年，安排3820户，建筑面积200206平方米。至2007年底，交付使用廉租房3148户，竣工面积164987平方米。完成2007年度廉租房招标1160户，招标面积60795平方米。2008—2010年，矿区申报获建廉租住房14524套，已建成8432套，获得国家补贴资金3.9亿元。制订集团公司《廉租住房建设管理暂行办法》和补充规定，先后接待国家发改委、省人大、省发改委、审计厅、住建厅、国资委对矿区廉租住房建设的视察、督导。

安徽省国有重点煤矿企业房地产开发统计表

表5-7-1 单位：平方米

开发单位名称	年　份	商品房面积	棚户区改造面积	职工自住房面积
淮南矿业集团	2003	–	497700	–
	2004	–	847900	–
	2005	–	1295300	–
	2006	–	1042300	–
	2007	64600	424700	–
	2008	469900	339600	–
	2009	421200	978300	–
	2010	854500	1958000	–
	2000	1738	21000	–
	2002	4442	40700	–
	2004	1556	40000	–
	2005	5100	62600	–
	2006	–	4100	–
	2007	–	38400	–
	2010	–	512900	–
皖北煤电集团	2004	22569	–	–
	2005	14930	–	–
	2007	30170	–	–
	2008	–	64989	–
	2009	61063	230225	–
	2010	75518	230225	–

续表 5-7-1

开发单位名称	年　份	商品房面积	棚户区改造面积	职工自住房面积
国投新集公司	1992	–	–	42961
	1996	–	–	239000
	2007	–	–	66000
	2008	96000	–	–
	2010	80000	–	–

第五节　社区管理

随着企业发展和职工经济收入提高,职工对生活质量、居住环境有了新要求,各矿区按照政府的要求,积极开展文明矿山、文明社区、文明家庭、文明职工、文明行为等创建活动。

淮北矿业集团　2003 年 7 月 1 日,集团物业总公司成立社区管理中心;物业总公司下属的 18 家物业管理处设立社区服务中心。各社区服务中心,成立若干个社区居委会,设立人民调解委员会,社区服务中心的主任(书记)兼任人民调解委员会的主任。社区分为两种类型:一是纳入市区街道办事处管理的街道社区;二是以矿、厂、公司为单位,相对独立的生活区,称为单位型社区。2006 年,集团公司对 43 个文明小区进行验收和复查,有 42 个复查合格。2008 年,集团公司提出建设"服务型、温暖型、文化型、文明型、绿色型、平安型""六型社区"建设的基本思路,制定标准措施。朱庄矿南湖小区、祁南矿小区为全国煤炭系统社区建设先进单位。2010 年《中国煤炭报》以专版形式报道淮北矿区社区建设的基本情况和经验。

皖北煤电集团　2006 年 8 月成立万锦置业公司,下辖分布在淮北、宿州 2 个市的居住人口 50989 人的 10 个物业分公司。至 2006 年年底,全矿区共有社区诊所 15 个,活动场地 20 个,活动室 10 个,健身器材 268 件及其它辅助设施等。集团公司机关及各矿工人村被授予市级文明小区称号,祁东新村社区、任楼煤矿西园社区被授予"安徽省第一批文明社区",祁东新村社区被授予"安徽省全民健身示范点"等称号。

国投新集楚源公司　自楚源前身物业公司成立以来,开展了由居委会主抓、各物业部共同参与建设的"新集文化型社区"活动。开展多项社区文化娱乐创新活动,新集、花家湖、八里塘分别建立社区文化活动中心,阅览室、棋牌室、健身房、休闲室等设施投入使用。2009 年,楚源公司成立文明办、社区居委会,在所辖社区内深入开展"平安、文明、健康、和谐社区"创建活动,通过增设生活、文化娱乐设施、组织法律、医疗、体育进社区、开展"社区志愿者""文明小哨兵""社区好主妇厨艺比赛"等活动,营造出浓厚的社区文化氛围。楚源公司新集小区 1999 年获得"全国城市物业管理优秀住宅小区";2009 年,楚源公司被国家体育总局命名为"第六批全国城市体育先进社区"。

第十章 配套管理

第一节 社会保险

养老保险 1984年，国家在全民和集体所有制企业开始退休费用社会统筹试点，对市、县一级的国有企业按照“以支定收、略有结余”的原则，实行保险费的统一收缴、养老金的统一发放；1991年，国务院发布《关于企业职工养老保险制度改革的决定》，规定实行基本养老保险、企业补充养老保险和职工个人储蓄养老保险相结合的养老保险制度，费用由国家、企业和个人共同负担，并明确规定养老保险费实行社会统筹。1995年，国务院发布《关于深化企业职工养老保险制度改革的通知》，社会统筹与个人账户相结合，明确基本养老保险费用由企业和个人共同负担。

1995年1月1日，淮南矿务局参加煤炭系统基本养老保险行业统筹。

1995年11月，淮北矿务局职工养老保险开始参加煤炭部行业统筹，制定出《淮北矿务局参加煤炭职工养老保险行业统筹实施细则》。

1996年5月，劳动部关于对《煤炭企业职工养老保险制度改革试行方案》的批复规定，煤炭企业职工个人账户按照个人缴费工资基数的12%记入。1997年，国务院发布《关于建立统一的企业职工基本养老保险制度的决定》，统一中国企业基本养老保险制度。

1998年，省内煤炭企业职工养老保险移交安徽省省级统筹。

2002年，淮南矿业集团公司印发《关闭破产单位职工社会保险关系接续的通知》，办理提前退休6123人，提前退养5192人，审核1～6级因工致残593人。

2003年，安徽省劳动和社会保障厅、财政厅文件规定：自2003年元月1日起，在皖行业统筹企业缴纳基本养老保险费的比例，统一调整为20%，全省企业职工缴纳基本养老保险费费率统一调整为7%，从2005年1月1日起，职工个人缴纳基本养老保险费率全省统一调整为8%。至此，淮南、淮北、皖北矿业集团公司的正式用工全部参加养老保险。

2004年7月、2005年7月，国投新集分两批将农村户口职工基本养老保险也纳入社会统筹。

2006年8月至2010年年底，安徽省人民政府下发《安徽省人民政府关于完善企业职工基本养老保险制度的决定》，对全省企业职工基本养老保险制度进行完善。

2005年7月，淮北矿业公司建立企业年金制度。2008年1月，国投新集开始实行“企业年金”制度。

根据省劳动和社会保障厅有关文件精神，从2004年至2010年连续七年调整退休人员养老金，普调2004年75元、2005年85元、2006年90元、2007年55元、2008年65元、2009年80元、2010年90元，实行高龄补贴，并对向高级职称、参加工作早和低收入群体倾斜，2007年又与本人工龄挂钩，一年工龄增加1.5元。

工伤保险　1993年，中共十四届三中全会《关于建立社会主义市场经济体制若干问题的决定》提出，要普遍建立企业工伤保险制度。1996年劳动部颁布《企业职工工伤保险试行办法》。1997年，安徽省人民政府发布《安徽省企业职工工伤保险暂行办法》。各大矿业集团均制定实施方案，对工伤保险参保范围、工伤的申报和认定、工伤医疗、工伤鉴定、工伤保险费用以及工伤保险管理作出明确规定。

2000年1月1日，淮北矿业集团公司所属全民单位在册的固定工、劳动合同工、农民轮换工、城镇采掘合同工和全民岗位使用的采掘劳务工，均参加淮北市工伤保险，执行《淮北市企业职工工伤保险实施细则》。

2003年4月，国务院颁布《工伤保险条例》。9月，劳动和社会保障部颁布《工伤认定办法》《因工死亡职工供养亲属范围规定》《非法用工单位伤亡人员一次性赔偿办法》。2004年6月，安徽省人民政府发布《安徽省实施〈工伤保险条例〉办法》。淮北矿业从2004年9月起执行。淮南、皖北矿业集团从2005年1月执行。

2004年，国投新集集团公司开始为职工缴纳工伤保险，并纳入社会统筹；2009年7月将老工伤也纳入社会工伤保险基金统筹管理，实现工伤申报、工伤认定及劳动能力鉴定工作的规范化、专业化、标准化。

自2006年启动《工伤保险条例》修订工作，《工伤保险条例》修正案于2010年12月8日经国务院常务会讨论并原则通过，并于2011年1月1日起开始实施。

失业保险　1987年，淮北矿务局参加淮北市失业保险。1993年4月，国务院发布《国营企业职工待业保险规定》，进一步扩大待业保险的覆盖范围，提出由企业缴费，建立待业保险基金，用于保障待业职工的基本生活。

1996年，皖北煤电集团参加养老保险统筹时，根据淮北市保障局的规定，经与淮北市社保局商谈后签订三年协议，每年缴纳150万元。1997年，国投新集集团开始为农村户口职工建立返乡补助金制度。1999年1月，按照国务院《失业保险条例》规定，企业缴费比例为全部职工工资总额2%，职工按其本人工资总额的1%缴纳。开始按养老保险参保人员，根据失业保险条例规定和申报缴费工资如实缴纳，其中农民工个人不缴纳失业保险。

2000年9月，安徽省人民政府根据国务院《失业保险条例》，发布《安徽省失业保险规定》。

2004年1月，淮北矿业集团公司为劳动合同工建立失业保险。

生育保险　2005年，淮南矿业制定《淮南矿业集团公司生育保险暂行办法》，于

2006年1月1日起实行。

2008年，淮北、皖北、新集矿业集团公司印发《职工生育保险暂行规定》，对女职工生育和实施计划生育手术实行定点医疗机构服务管理。2010年7月，淮北集团公司下发《关于调整生育保险缴费费率的通知》，从2010年7月1日起，缴费率由0.3%调整为0.1%。

第二节 医疗保险

淮南矿业集团 医疗保险制度改革起步于1998年7月，按照“两江模式”实行个人账户与企业内部统筹相结合。职工的医疗保险费由用人单位和职工个人共同交纳。职工个人缴费部分全部注入个人账户；单位缴费部分总额的50%按参保人员的年龄段以相应的比例注入个人账户；其余部分作为统筹基金。2000年，根据《淮南市城镇职工基本医疗保险制度改革实施办法》，制定《淮南矿业集团职工基本医疗保险制度改革暂行办法》。2003年1月，集团公司社保中心所属社保办事处医保组移交各定点医院，成立医院医疗保险办公室。移交后，社保中心按照政策不变、工作方式逐步调整、运行程序逐步完善的原则，制定下发《淮南矿业集团基本医疗保险管理暂行办法》《淮南矿业集团医疗保险业务流程》《淮南矿业集团基本医疗保险定点医疗机构考核暂行办法》等，保证医疗保险工作的正常运行。2008年，根据《安徽省人民政府关于开展城镇居民基本医疗保险工作的意见》和《淮南市城镇居民基本医疗保险暂行办法》精神，制定《淮南矿业集团职工供养直系亲属参加淮南市城镇居民基本医疗保险实施方案》，淮南矿业集团职工家属符合供养直系亲属条件，已享受集团公司内部家属医疗待遇的人员，自2008年12月1日起，统一参加淮南市城镇居民基本医疗保险，享受淮南市城镇居民基本医疗保险待遇。从2009年1月起，集团公司不再提取家属医疗基金，同时企业内部职工家属医疗待遇停止执行。2010年，根据《淮南市城镇职工基本医疗保险实施办法》，社保中心结合集团公司实际情况，制定《淮南矿业集团职工基本医疗保险实施办法》，经集团公司医疗保险工作领导小组会议同意，于2010年7月1日起实行。《淮南矿业集团职工基本医疗保险制度改革暂行办法》同时废止。

淮北矿业集团 1996年年底下发《关于印发〈淮北矿业集团公司职工医疗保险制度改革实施方案〉及配套规定的通知》，从1997年1月1日开始实行医疗保险制度改革，为职工建立基本医疗保险。1998年12月，国务院发布《关于建立城镇职工基本医疗保险制度的决定》，中国城镇职工医疗保险制度改革进入全面发展阶段。1999年7月，安徽省人民政府制定《安徽省实施城镇职工医疗保险制度改革的若干意见》；9月，《淮北市城镇职工医疗保险制度改革实施方案》出台；12月，集团公司出台《淮北矿业集团公司职工医疗保险制度改革实施方案》，制定《淮北矿业集团公司职工医疗保险实施细则》及配套规定。为保障职工大病医疗，集团公司出台《淮北矿业集团公司职工住院互助医疗保险暂行办法》。2002年2月，集团公司为保证参保职工得到合理的医疗，解决医疗费个人负担过重的问题，根据国家医疗保险制度改革精神，制定《淮北矿业集团公司职工补充医疗保险暂行规定》。2002年10月，集团公司为保证集体职工的基本医疗，制定《淮北矿业集团公司集体职工医疗保险暂行规定》并于2003年1月付诸实施。2004年1月，集团公司为未建立医疗保险的劳动合同工建立了医疗保险。2007年10月份起，集团公司开始缴费并享受城镇居民医疗保险待遇。鉴于城镇居民医疗保险和新型农村合作医疗保险制度的实施，集团公司决定从2008年1月1日起停止执行家属半费医疗政策。

皖北煤电集团　2001年，根据淮北市城镇职工基本医疗保险文件精神，制定《皖北煤电集团职工医疗保险制度实施方案及细则》。2002年，出台了《皖北煤电集团职工医疗救助基金管理暂行办法》等相关配套文件，医疗保险统筹在集团公司内部封闭运行。参保人员为皖北煤电集团在册人员及退休人员，定点医院为皖北煤电集团总医院及所属各矿医院。医疗费用由企业和个人共同承担。皖北煤电集团按在册职工上年度工资总额的8%提取，个人按上年月平均工资的2%扣缴。基本医疗保险金分个人账户和统筹金两部分。个人账户主要用于支付门诊治疗发生的费用，统筹金主要用于支付住院基本医疗保险支付部分费用，慢性病及大型检查按规定进入统筹项目。设立医疗救助专项基金，标准为每人80元，用于支付大额医疗救助（3万元～15万元）和困难医疗救助。计划生育、参保前的老工伤、职工家属发生的医疗费用由医疗管理部门按规定审核后支付。2007年9月，职工家属参加城镇居民医疗保险，由皖北煤电集团代缴两年费用过渡，结束后皖北煤电集团不再负担。

国投新集公司　1999年，起实施医疗保险政策，企业内部运作；2008年医疗保险待遇进一步完善，实行企业内部医疗卡管理制度。

第三节　公安保卫管理

淮南市公安局淮舜分局　1986年5月10日，省公安厅批复同意建立淮南煤矿建设公司公安处，干警130人。同年11月14日，淮南煤矿建设公司公安处并入淮南矿务局公安处，组建矿建系统17个公安科。2000年4月10日，淮南矿业集团公安处改制为淮南市公安局淮舜分局，副县级建制。2001年9月25日，淮舜分局挂牌成立。2002年3月11日，淮南市政府批复淮舜分局民警纳入国家公务员管理。

淮北矿业集团有限责任公司保卫处　1985年，安徽省公安厅批准同意淮北矿务局设立公安处，为企业公安建制，编制469人，业务上受淮北市公安局领导。1986年5月，淮北矿务局公安处成立，皖北矿务局所属二级单位也相应成立综治领导小组和综合治理委员会等领导机构。1999年5月，淮北市人民政府下发《关于淮北矿业（集团）公司、皖北煤电有限责任公司、中煤三建公司公安机构体制改革领导小组的通知》，对企业、事业单位进行公安体制改革。2000 年 8 月，淮北矿业集团公司公安处列入地方公安机关建制序列，机构名称定为“淮北市公安局淮海分局”。2004 年 9 月，成立淮北矿业集团有限责任公司保卫处。设一科、二科、三科、治保大队、器材供应站 5 个机构。下设 1 个矿区铁路保卫分处和袁庄矿等 40 个矿、厂、处、公司、院、校、队保卫科。

皖北煤电集团公安处 2005 年 9 月，淮北市公安局皖北分局成立。皖北分局为淮北市公安局二级机构，由皖北煤电集团公安处改制而成，行使刑事司法和行政执法职能，管辖皖北煤电集团所属各矿、总仓库、集团公司机关及工人村所发生的各类刑事、部分行政案件。

国投新集公司保卫部 1997 年 8 月 30 日，淮南市公安局新集矿区分局正式挂牌成立，国投新集公司保卫部和新集矿区分局合署办公。

中煤矿建集团武装保卫部 1985 年 12 月淮北矿建公司建立公安处。1986 年 11 月特凿公司成立保卫处。1994 年年底特凿公司武装部与保卫处合署办公。1998 年 3 月中煤三建集团武装部和矿建公司公安处合并，成立武装保卫处 1999 年 1 月企业公安改制，中煤三建公司恢复武装部、矿建公司公安处。2005 年 4 月，特凿公司刑警队（淮北市第四刑警队）被淮北市公安局收编。2005 年 4 月，成立特凿公司武装保卫处。2005 年 8 月矿建公司公安处撤销，淮东公安分局成立（35 人）。2005 年 8 月，成立中煤三建武装保卫处。2008 年 6 月公司重组成立中煤矿建集团武装保卫部。

第六篇　煤矿专用器材　矿用铁路

安徽煤矿矿用机电器材和辅助设施的生产起步早、发展快，1990年安徽煤矿就拥有掘进机、带式输送机、绞车、支护设备、电机电控等产品。并有部分铁路专用线、机车、火工品、建筑材料等矿用设施和器材。至2010年，多数厂家进行重组、合并，矿用机械产品也进行更新换代，大到综采液压设备、矿井提升设备、运输设备、掘进设备、液压支护设备、机电设备，精到精密冷拔钢管及液压件系列产品，小到矿用运输车车、运输带托辊、矿用五金电器、绞车用品、焊管、三用阀、工程油泵、工业用和医药用氧气、乙炔气等，数量众多，品种齐全，质量达到较高水平，基本能够满足现代化煤矿生产的需要。

第一章 机电设备生产

第一节 生产企业

淮南矿业集团机械有限责任公司 位于安徽省淮南市，前身是淮南矿务局望峰岗机电修配厂。1988年4月，更名为淮南矿务局机械厂。1993年11月，淮南矿务局机械厂更名淮南矿务局望峰岗机械厂。1998年11月，成立淮南矿业集团机械有限责任公司。现拥有固定资产净值1.6亿元，占地面积230万平方米，厂房面积18.66万平方米。公司下属望峰岗机械厂、潘集机械厂、五金机械厂、电器厂、大通机械厂5个厂。拥有各种生产设备2000多台（套），年金属机械加工总量约5万吨。淮南矿业集团机械有限责任公司是全资公司，有职工2755人，其中各类各级专业技术人员391人。2005年成为ISO 9001:2000国际质量管理体系认证企业，各类主导产品均取得矿用产品安全标准证。

淮北矿业集团机电装备有限责任公司 位于安徽省淮北市，前身是淮北矿务局机电修配厂和淮北矿务局采掘机械配件厂。1982年6月，淮北矿务局机电修配厂和淮北矿务局采掘机械配件厂，分别改称为淮北矿务局第一机电修配厂和第二机电修配厂。1993年5月，又分别改称淮北矿务局第一机械厂和淮北矿务局机械制造厂。1995年10月20日，撤销第一机械厂和机械制造厂，合并为淮北矿务局机械总厂。1998年3月16日，淮北矿务局改制为淮北矿业集团公司，机械总厂更名为淮北矿业集团公司机械总厂。2000年7月18日，机械总厂揭牌成立国有独资性质的淮北矿业集团公司机电装备有限责任公司。拥有固定资产净值8834.92万元，占地面积53.03万平方米，厂房面积25.9万平方米。公司有金属切削、锻压、热处理及熔炼、运输设备1310台（套）。产品远销山东、山西、河北、贵州等地区。公司是ISO 9001:2000国际质量管理体系认证企业，各类主导产品均取得矿用产品安全标准证。注册号：00606q10432r2m。2010年，公司机关设有32个科室，下22个矿建工区，15个土建工区，8个机电安装工区，16个附属厂及综合经营公司、学校、卫生所等基层单位。公司在册职工5095人。

皖北煤电集团机械总厂 位于安徽省濉溪县，始建于2005年年底，有职工543人，其中管理及各类工程技术人员70余人。下辖综机修配一分厂、综机修配二分厂、单体制修分厂、机电修造分厂、汽车大修厂5个分厂和卧龙湖维修站、五沟维修站、钱营孜维修站、恒源维修站、祁东维修站5个维修站。有厂房3万平方米，厂地4万平方米。机械总厂主要从事矿用机电设备的制造和维修，是一个拥有资产5000余万元，年产值亿元的中型规模企业，目前已拥有各类生产设备300余台（套），其中托辊自动化流水生产线在淮北地区处于领先水平，同时拥有各类标准检测设备及仪器。

凯盛重工有限公司　位于安徽省淮南市，前身是淮南煤矿机械厂，始建于1931年。1983年9月，升格为按地市级管理的部属大型企业。1988年6月起，为中国统配煤矿总公司直属企业。1998年，企业再次下放到地方，归属省煤炭工业局管理。2004年12月，成为省国资委管理的省属企业。2005年10月，由中国建筑材料集团蚌埠玻璃工业设计研究院控股、安徽省投资集团有限公司、安徽省信用担保集团有限公司、淮南煤矿机械厂自然人参股（后退股）组建"淮南煤矿机械有限公司"。2007年7月更名为"凯盛重工有限公司"。注册资金1亿元，总资产52533万元，占地面积50万平方米。现有员工2226人，其中工程技术人员228人，各类管理人员300人，大专以上学历的员工682人。拥有各类生产设备2143台，其中精、大、稀设备141台，数控设备11台，金属切削设备492台。设有研发中心、科技信息部、企业发展部、生产部、营销部、售后服务部、质量保证部、人力资源部、采购部、储运部、财务部、审计部等14个行政职能部门。建有金工、精加工、铆焊、铸钢、铸铁、精铸、锻造、热处理、托辊、电器、总装、机修工具、钢结构等17个生产车间。公司产品覆盖煤矿、建材、电力、化工、冶金、建材、市政工程等行业，主要产品有系列掘进机、带式输送机、绞车、电动机、防爆电器、水泥及玻璃生产线设备等。2007年，公司通过ISO 9000质量体系认证。产品远销全国各省、市、自治区（除台湾省外），并有部分产品出口到缅甸、伊朗、印尼等国家。

第二节　产品介绍

支护系列主要产品　支撑掩护式轻放支架（ZF2400/16/24BF、ZF2400/16/24ZA），二柱掩护式放顶煤支架（ZF5000/16/27Y），四柱支撑掩护式放顶煤支架（ZF3600/16/25R、ZF600/17.5/28、ZF6800/19/38），二柱掩护式液压支架（ZY3800/13/28、ZY4600/13/28、ZY4600/16/36、ZY4600/18/38、ZY4600/19/40、ZY6800/14/28、ZY6800/19/40），单体支柱（DZ1.2 ~ 3.15），水介质单体（DZ1.2 ~ 3.15），B型梁（L=1.0m、1.2m），限位梁（L=1.0m、1.2m），长梁（L=2.4 ~ 4.4m），拱型支架。

掘进系列主要产品掘进机（EBJ45/EBJ65/48/　EBH-132/EBJ-160HN/EBH-120/EBZ255）。

提升系列主要产品　设备（3~12吨），箕斗（3吨~20吨），单层单车罐笼（1吨、3吨）、单层双车罐笼（1吨、3吨），双层单车罐笼（1吨、3吨），双层双车，双层四车罐笼（1吨、3吨）。

运输系列主要产品　车类：1吨矿车（2千克），3吨矿车（3固9.0），1吨翻斗车，1吨材料车，3吨底卸车（MD3.3~6），乘人车（12座、18座），三面翻矸车（2.2 ~ 3.4立方米），蓄电池车（2.5~5吨）。

运输机类：40吨刮板运输机（SGW-40），80吨刮板输送机（SGW-80），650带式输送机（SJ-650），40P带式输送机（SD/J-40P），80P带式输送机（SD-/J-80P），150带式输送机（SDJ-150），TD型带式输送机，2×125型带式输送机（DSJ100/100/2×125），15B扒矸机（GCH），30B扒矸机（GCH）。

电器系列主要产品 矿用隔爆型真空电磁启动器，矿用隔爆型可逆真空电磁启动器，矿用隔爆兼本质安全型真空电磁启动器，矿用隔爆型电缆接线盒，矿用隔爆型控制按钮。

浮选系列主要产品 浮选机（XJX-TA8、XJQM-14），振动筛（DDM1740）。

起重系列主要产品 单梁行车（3~10吨），双梁行车（5~25吨），抓斗吊（5~25吨），龙门吊（5~25吨）。

精密冷拔钢管及液压件系列主要产品 内径45~300毫米、壁厚5~40毫米精密冷拔管，综采液压支架，单体液压支柱油缸活柱，工程油缸，油缸总成。

氧气 工业用氧，医院用氧。

大修系列主要产品 液压牵引采煤机（MG250/600-W、MG160/395-W），电牵引采煤机（MG250/600-CD、MG160/380-CD、MG400/920-QWD），掘进机（EBJ-120（SI）、EBZ-160HN），刮板运输机（SGD-630/220、SGD-730/400、SGD-800/800），液压支架，单体液压支柱系列、中、大型电机、变压器系列。

第二章　水泥　火工品生产

第一节　矿用水泥厂

淮南矿业集团水泥有限责任公司　位于安徽省淮南市，前身是淮南矿务局水泥支架厂。1981 年更名为淮南矿务局水泥厂，1998 年改制为淮南矿业集团水泥有限责任公司。占地面积 137 万平方米，其中生产厂区面积 22 万平方米。现有 5 个生产车间、13 个辅助单位和职能科室，职工 1200 多人。固定资产净值 2.76 亿元。公司拥有 3 条湿法旋窑生产线，1 条新型干法生产线，5 台水泥磨。2005 年 6 月，第二条日产 2500 吨熟料干法生产线建成。2006 年底，第三条日产 5000 吨熟料干法生产线建成。公司成为日产万吨熟料、年产 250 万吨水泥、30 万立方米粉煤灰砖、100 万立方米混凝土生产规模，年产值 15 亿元的企业。

公司主要生产商品为“八公山”牌水泥，水泥品种主要有 P.O32.5、P.O42.5、P.O52.5、P.S32.5、P.S42.5 和 P.C32.5。其产品被评为安徽省优质产品和免检产品，并通过 ISO 9001:2000 质量体系认证。

淮北矿业集团相山水泥有限责任公司　位于安徽省淮北市，前身是淮北矿务局水泥支架厂。1982 年更名为淮北矿务局水泥厂，1998 年 3 月改名为淮北矿业水泥厂。2000 年 10 月 10 日，改名为淮北矿业水泥有限责任公司。2007 年 7 月 1 日，按照有关政策和法律法规实施企业改制，组建为淮北矿业（集团）公司以国有净资产出资、职工以经济补偿金和现金出资参股的有限责任公司。名称为淮北矿业相山水泥有限责任公司。占地面积 138.02 万平方米。现有 26 个生产车间、辅助单位和科室，职工 1300 多人。固定资产净值 2.27 亿元。1997 年 8、10 两月，10 万吨机械化塔式立水泥窑和 10 万吨哑铃型湿法回转水泥窑投产。2004 年 6 月 28 日，日产 2500 吨熟料新型干法水泥生产线投产。2006 年 1 月 6 日，3 台湿法水泥回转窑淘汰。同年 7 月改造成为生产矿渣超细粉系统，年创经济效益 200 多万元。2007 年 5 月，建成年发电量 2160 万千瓦时的余热低温电站（循环经济项目）。公司成为年产 20 多万吨熟料、100 万吨水泥和余热发电企业，年销售额达 2.4 亿元。

公司主要生产产品为 32.5 等级矿渣硅酸盐水泥，32.5 等级复合硅酸盐水泥，42.5 等级矿渣硅酸盐水泥，42.5 等级普通硅酸盐水泥。并通过 ISO 9001:2000 质量体系认证。

第二节　火工品生产与管理

淮南矿业集团化工有限责任公司　位于安徽省淮南市，前身是淮南矿务局化工厂。

1998 年 12 月,改制为国有独资的子公司。公司占地 152 万平方米,各类设备 563 台,现有单位和科室 23 个,职工 836 人。固定资产原值 5235.56 万元。具有年产工业乳化炸药 8000 吨,粉状铵梯炸药 1 万吨,水胶炸药 8000 吨,工业雷管 3000 万发,导爆管雷管 1000 万发,塑料导爆管 5000 万米的生产能力。2003 年,通过 ISO 9001-2000 版质量体系换版审核。

雷管产品:一是纸壳瞬发电雷管。1984 年 12 月 1 日至 1999 年 10 月,生产扣压加强帽、镍铬桥丝点药头、注塑塞铁箍卡口的药头装备式结构(煤矿型)。1999 年生产用铅丹—硅系引火药取代氯酸钾 -ddnp- 木炭系引火药,用于纸壳煤矿瞬发电雷管生产。2005 年 1 月,淘汰纸壳电雷管,全部改为法兰克电雷管。二是秒延期电雷管。1978 年 8 月生产,同年 9 月淘汰。三是毫秒延期电雷管。1984 年 8 月至 1993 年年底,生产铅丹—硒—硅—硫化锑系延期药、五芯铅柱装大内管,药头式结构,纸壳煤矿型。2000 年,法兰克取代覆铜壳毫秒电雷管,生产 8 号法兰克煤矿毫秒电雷管。2003 年,安装使用激光打码机,对雷管进行编码管理。四是导爆管雷管。2001 年,建设塑料导爆管生产线,2002 年 10 月,开始大批量生产导爆管雷管。

炸药产品:一是铵梯炸药(2# 煤矿、3# 煤矿、2# 岩石铵梯炸药)。1991 年,装药技改,3 台 6 头自动装药机取代 11 台手工装药机。1993 年铵梯炸药生产线能力由 8000 吨扩大到 1 万吨。2002 年,进行炸药防硬化改造,在定量工房硝酸铵定量螺旋上,增加防硬化剂加料设备,解决炸药硬化问题。二是水胶炸药(三级煤矿、二级煤矿、岩石型水胶炸药)。1995 年 4 月,建成水胶炸药生产线并投产。1997 年, kp 装药机完成和改进生产线。2004 年 6 月,水胶炸药生产线年生产能力达到 8000 吨。三是乳化炸药(二级煤矿乳化炸药、岩石乳化炸药)。2002 年,建成乳化炸药生产线,并批量生产。

安徽雷鸣科化股份有限公司 位于安徽省淮北市,前身是淮北矿务局九一〇厂。1999 年 2 月 24 日,以淮北矿业作为主发起人,联合南京理工大学、安徽理工大学、煤炭科学研究总院爆破技术研究所和北京中煤雷耀经贸联合公司,发起设立安徽雷鸣科化股份有限公司。2004 年 4 月 28 日,公司 4000 万股(A)股股票在上海证券交易所挂牌上市,募集资金净额 1.8 亿元。这是淮北市第一家上市公司,也是全国民爆器材行业的第一家上市公司,被誉为"全国民爆第一股"。现有参控股子公司 20 家,先后通过并购重组控股 6 家民爆流通公司、6 家爆破工程公司以及机电装备公司和淮北雷鸣科技发展有限责任公司,经营地域覆盖安徽全境及江苏北部。拥有年许可生产工业炸药 7.2 万吨、工业雷管 1.6 亿发、塑料导爆管 1.4 亿米的能力。2008 年,公司被安徽省科学技术委员会认定为"企业技术中心",并获"国家高新技术企业"认证。2000 年通过 ISO 9002 质量体系认证。2009 年,通过质量管理体系、环境管理体系、职业健康安全管理体系"三合一"认证。

雷管产品:至 2010 年底,雷鸣科化公司生产有瞬发电雷管、秒延期电雷管、毫秒延期电雷管、导爆管雷管及塑料导爆管 5 类品种。其中瞬发电雷管和毫秒延期电雷管为煤矿许用型,秒延期电雷管和导爆管雷管为非煤矿许用型。1986 年,建成毫秒电雷管生产线。1992 年,建成工业火雷管生产线。1993 年 10 月至 1997 年 5 月,对铅延期体技术进行研究，掌握延期药配比、拉拔方法、模具尺寸及硫化锑水选时间、延期体长度控制等关键技术，提高产品质量。1995 年 10 月至 1997 年 5 月，研制出的 8# 煤矿许用毫秒电雷管，取代 6# 管。2001 年 9 月，投资 27.6 万元，建造 GTG 起爆药生产线。同年 10 月，工业导爆管雷管生产线建成。2002 年 7 月，建成打码生产线、塑料导爆管及工业导爆管雷管生产线。2003 年，毫秒生产线改造成火雷管生产线，并新建气动运输型电雷管生产线。2004 年 3 月至 2005 年 5 月，研制抗水型电雷管，减少了瞎炮事故的发生，实现产品品种多元化。2004 年 11 月，投资 1000 万元，改建毫秒自动化工业电雷管生产线。2006 年，建成使用。2009 年 11 月 9 日，秒延期和瞬发电雷管纸壳生产线改造成金属壳生产线，投入生产。2010 年，建成刚性引火元件生产线。

炸药产品：一是铵梯炸药（2# 岩石炸药、2# 岩石抗水炸药、3# 岩石炸药、3# 岩石抗水炸药、2# 煤矿炸药、2# 煤矿抗水炸药、3# 煤矿炸药、3# 煤矿抗水炸药等 8 个品种）。1973 年 9 月前，生产的粉状铵梯炸药不分品种。其后，开始生产粉状铵梯抗水炸药，主要应用于岩（煤）层水分较多的区域。2003 年 6 月，停止生产此类炸药。1976 年 9 月，开始生产岩石炸药，主要应用于矿山开采、工程爆破、地下勘探等。根据岩石层硬度的不同，岩石炸药分为 2# 岩石炸药、2# 岩石抗水炸药、3# 露天铵梯炸药、3# 露天铵梯抗水炸药等 4 个品种。1978 年 10 月，2# 抗水煤矿硝铵炸药试生产。1981 年 2 月，开始生产煤矿炸药，主要应用于煤炭开采等。根据矿井瓦斯浓度的大小，煤矿炸药有 2# 煤矿炸药、2# 煤矿抗水炸药、3# 煤矿炸药、3# 煤矿抗水炸药等 4 个品种。2007 年 6 月 25 日，停止生产铵梯炸药。二是膨化炸药（2# 岩石、2# 煤矿、3# 煤矿、2# 岩石抗水、2# 煤矿抗水、3# 煤矿抗水、2# 岩石爆炸焊接专用）。1999 年 1 月，筹建膨化炸药生产线。2000 年 9 月 20 日，膨化炸药生产线设备安装完毕，并一次试车成功，投入生产。2001 年 1 月 6 日，膨化硝铵炸药通过省级鉴定。铵梯炸药和膨化炸药交替生产。2007 年 6 月 25 日始，全部生产膨化硝铵炸药。三是水胶炸药。1980 年 3 月 28 日，淮北矿务局成立引进水胶炸药项目建设领导小组。1981 年 9 月 12 日，水胶炸药项目工程开始施工。1982 年 3 月 25 日至 4 月 25 日，在美国杜邦公司技术人员的指导下，对引进的水胶炸药生产设备进行试运转，对产品质量及生产能力进行考核。考核结果为：7 个品种质量全部合格，1 个品种质量不合格，留在保证期内继续考核；全部设备运转正常，按年 250 个工作日、每日两班生产计算，达到年产 6000 吨的设计生产能力。1982 年 5 月 15 日，水胶炸药项目工程竣工。1982 年 7 月 26 日，水胶炸药生产线通过验收，移交生产。水胶炸药生产线投产后，主要配件及原材料古尔胶、交联剂、薄膜、焊珠等依赖国外进口；国内的原材料——甲胺、浓硝酸、硝酸钠和塑料包装薄膜紧缺，导致生产不能正常进行。1984 年 6 月，经调研、探索、实验、科技攻关，以田菁胶粉代替进口古尔胶，以 CW-3 液体交联剂代替美国 DW-3 交联剂试制成功，打破美国塞兰尼斯公司技术垄断。至 1991 年，原材料逐步实现国产化。1989 年，南京 511 厂仿制 KP 装药机 1 台投入使用，装药机增至 4 台。至 1991 年，厂自行仿制加工进口设备配件 46 项，占常用零配件 88 项的 52%，其余由南京 511 厂代为加工，实现设备配件国产化。

第三章 矿用铁路

第一节 矿用铁路总长度及分布

安徽煤矿自建矿起就修建煤炭外运的专用铁路支线。伴随着煤矿工业的发展，矿区铁路不断扩建、延伸，由最初的外运煤炭为主，发展成为矿区产品外销及内部各矿、选煤厂、电厂之间的煤炭、材料的营运，连接着矿区主要矿、厂，以及相关的国家铁路线。

铁路总长度 总长度907公里。其中淮南矿业集团240公里、淮北矿业集团460公里、皖北煤电集团131公里、国投新集公司76公里。

铁路分布情况 淮南矿业集团近几年对矿区自营铁路进行大规模改造，打通国铁谢桥交接口，先后建设顾桥至田集段复线、潘集疏解线、自营铁路车辆维护保养及存放基地、平圩直运等重点工程。公司自营铁路跨越淮南市一区两县（潘集区、凤台县、阜阳市颍上县），铁路专用线以顾桥集配站为中心，分别于国铁潘集站、国铁谢桥站两个交接口与国铁实现运输交接。

淮北矿业集团铁路分布在淮北矿区，包括濉萧、宿州、临涣、涡阳4个煤田，东接京沪线，西接青阜线、符夹线，北靠陇海线，西临京九线，国铁青阜线、符夹线贯穿其中。主要担负着淮北矿区和皖北矿区煤炭运输任务，并为其他行业提供运输服务。

皖北煤电集团铁路属于矿用煤炭专用线，主要承担集团公司各煤矿的煤炭铁路运输任务。专用线建设初期由各相应煤矿出资建设、负责，工程竣工验收合格之后，由铁路公司代表恒源煤电股份有限公司进行接管。各专用线中恒源、刘桥、任楼、祁东、钱营孜、卧龙湖、五沟等矿专用线属于恒源煤电公司；孟庄、毛郢、百善、前领等矿属于皖北煤电集团公司。各专用线日常维护均采用其他专业单位代维的方式，运营方式全部采用国铁部门代管。

国投新集公司铁路专用线与国铁阜淮线的张集、颍上站接轨，东连京沪线，南接皖赣线，西通京九线，直达华东及华中地区的主供消费市场。老区铁专线与国铁张集站接轨，现有新集一矿专用线和新集二矿专用线；随着新区运量的增加，为适应矿区的发展，对颍上境内的矿区专用线进行大规模改造，投资4.6亿元建设梁庄集配站并建造横垮阜淮线长3.841公里的立交疏解大桥，以及机车整备所，形成以梁庄站为枢纽中心的刘庄矿专用线、口孜东矿专用线、板集矿专用线、杨村矿专用线，保证产能与运力的匹配，满足客户的需求。

第二节　矿用铁路管理及职工队伍

1980年以前，安徽煤矿矿区铁路由煤炭企业修建开通后交国家铁路局管理。淮南矿务局由上海铁路局蚌埠分局代管，淮北矿务局由济南铁路局徐州分局代管。各矿专用铁路均与矿方签订代维修、道口代看管合同。1980年后，安徽煤矿铁路专用线由代管改为矿务局自管。各矿务局相继成立铁路运输处，全面管理矿区铁路的运营工作。

1985年，淮北矿务局成立铁路运输处。淮北矿业集团铁路运输处组织管理机构，总体上采取垂直领导，条条管理，专业分工，横向协作的方式。截至2010年年底，铁路运输处下设纪委、工会、办公室、党委组织部、党委宣传部、团委、经营管理部、安监处、考核办、审计科、运输科、生产技术科、计划生育办公室、计算机管理中心、烈山车务段、烈山机辆段、烈山工务段、烈山电务段、临涣分处（包括临涣车务段、临涣机辆段、临涣工务段、临涣电务段、湖集中心站、办公室、政工室、运输室、安全监察室、经营管理室）、保卫分处（烈山保卫科、临涣保卫科、武保科）、汽车队、离退休管理科、职工学校、基建地产科、供应科、水电管理科、烈山生活福利科、临涣生活福利科，共28个二级机构，管理30多个车站。拥有内燃机车20台、车辆628辆。职工总数3561人，其中干部303人，占职工总数的8.3%；女职工472人，占职工总数的12.9%；生产一线人员2882人，占职工总数的78.9%，后勤服务人员413人，占职工总数的11.34%；其它人员53人。

1987年，淮南矿务局由综合运输段和筑路处组建为铁路运输处。1999年3月，淮南矿业集团铁路运输处改制为淮南矿业集团铁路运输有限责任公司。2010年，根据《中华人民共和国公司法》，淮南矿业集团铁路运输有限责任公司建立董事会、经理层、监事会的法人治理结构。下设机务段、车务段、工务段（特养工区）、水电段、车辆段等5个生产段，安监处、运输管理部、信息技术部、工电管理科、工程科（既有线路改造办公室）、财务科、企管科、党委工作部（人力资源部）、群众工作部（工会、团委）、办公室等10个业务部室，设备科、物管科、后勤服务中心、教育培训中心、保卫科（武装部）等5个后勤辅助和社会职能部门。矿区铁路拥有资产18.35亿，内燃机车22台。职工总数2305人，其中在岗职工2241人，本科以上学历132人，大专554人，中专及技校786人，高中251人，初中以下518人。

国投新集公司矿用铁路自主管理，铁路通信、信息及机车动力委托上海铁路局有关部门管理。国投新集公司2008年成立铁运公司，至2011年全面接管工务、电务、车务全部业务，除仍保留租用安徽铁道发展集团2台机车外，自购2台机车（DF12和DF8B）用于低恒速装车和区间小运转。铁运公司下设安调科、运输业务科、工电业务科、机电科、经营管理科、综合办6个职能科室和新集一矿站、新集二矿站、刘庄矿站、口孜东矿站、梁庄站5个基层车站，根据公司现状，管理模式为以矿站为中心的“块块管理”横向协作的管理方式。职工总数251人，其中管理岗35人，占总人数14%，操作岗216

人，占总人数 86%。

皖北煤电集团铁路公司管理人员 5 人。

第三节 路矿协作

安徽煤矿专用铁路线主要承担着矿区煤炭入洗及外运任务，随着煤炭产能不断增加，对外运能需求越来越高。国铁积极支持安徽各矿区煤炭外运，相继在各矿区铁路开通循环列、直通列。路矿协作完成煤炭运输任务，运输总量连年创新高。截至 2010 年年底，各矿区分别与上海路局、蚌埠、阜阳、淮南、淮北车务段（站）设立联合办公室，逐步形成路况协作运行机制。

信息共享，联合办公机制 通过联合办公，实现国铁与矿区铁路在运输组织上的信息共享，提高双方车辆到达、出发、取送、装卸等方面信息的及时性、准确性，使双方更加科学、合理运用机车车辆，做好车流组织，为路矿在装卸、取送、交接方面实现时间上的无缝衔接提供信息保障。

定期沟通协调、配合机制 加强与车务段沟通协调，每半年举行一次路矿运输生产协调会，与各交接站不定期举行联劳协作会，对运输生产过程中存在的问题做到及时互通有无，沟通协调，相互配合，妥善解决。

统一技术标准 为适应国铁整列装车编组要求，减少作业批次，提高装车效率，各集团公司陆续对不合要求的矿区内部站场进行改扩建，以适应国铁整列编组要求，提高站场作业能力，促进路车周转。

自保、互保安全机制 为保证双方在矿区铁路上的运输作业安全，与车务段有关交接站签订运输安全协议，做到自保、互保，以确保矿区铁路运输安全。近年来，矿区铁路加大安全投入力度，改善作业环境，逐步对矿区站场进行标准化改造；加大行车安全硬件建设，对部分车站信、联、闭设备进行升级改造，在机车上安装三项装置，加强对机车作业及运行中的监控，利用先进设备保安全；对部分原无人看守道口因行人、车流辆增大改为有人看守道口，以确保道口车辆、行人安全。

第七篇　多种经营

安徽煤矿发展第三产业最初是为解决职工家属、子女就业问题，多为安置型，主要从事与煤矿生产相关的脏杂煤筛选、生产辅助、后勤服务、开办商业网点等。普遍存在经营分散、规模小、效益差的问题。20世纪80年代后，在“改革、开放、搞活”方针指导下，各主要煤矿企业开始成立专门的多种经营机构，立足煤矿、服务煤矿，实行以兴办实业为主的经营模式。涉足建筑、建材、加工、旅游、化工、轻工、商饮服务、社区服务、养殖业等几十个行业数百个项目，初步形成“以煤为主、多种经营”的格局。进入90年代后期，陆续对多种经营所属企业进行停产整顿，兼并改制，推动多种经营由安置型向效益型、专业型转变。

第一章 多种经营管理

第一节 经营机构

安徽煤炭多种经营主要集中在淮南、淮北、皖北、国投新集四大矿业集团。机构沿革大体上分为组建公司、分离改制、专业化经营三个阶段。

淮北矿业集团 1985年2月，淮北矿务局综合利用劳动服务公司更名为淮北矿务局综合经营总公司，下设办公室、财务部、代销部、相山公司、劳动保护用品公司、流体配件厂、植物胶厂、食用菌厂等7家直属和生产经营单位，下属各厂、矿、院、校、站34家企业，共计41家，各分公司也相应更名为经营公司。1986年12月，淮北矿务局综合经营总公司成立计划部，负责项目投资、设计、统计、工程建设、招投标等管理。1994年1月，淮北矿务局综合经营总公司更名为淮北实业开发公司。1998年3月，淮北矿务局改制，淮北矿务局多种经营总公司更名为淮北矿业（集团）多种经营总公司。2000年3月，淮北矿业集团公司下发《关于推行"海孜模式"工作意见》，实现煤与非煤的彻底分离，17家矿（厂、处）改制的多种经营公司第一批划归总公司直管，相继成立经营管理部、财务资产部，下设企业管理科、政研考核科、技术管理科、电力科、资金资产科、财务会计科、劳动工资科等。2007年12月，经安徽省国资委批准，淮北矿业（集团）多种经营总公司实施整体改制，由淮北矿业集团辅业改制企业组建，成立安徽淮海实业发展集团有限公司，隶属集团公司领导。2008年8月6日，安徽淮海实业发展集团有限公司正式挂牌成立。

皖北煤电集团 1985年8月18日，皖北矿务局成立皖北煤炭工业公司综合经营总公司，下设财务、工资、管理科和办公室，管辖建筑公司、印刷厂、水泥厂。1988年11月，皖北煤炭工业公司综合经营总公司更名为皖北矿务局多种经营总公司。1998年11月，皖北矿务局多种经营总公司更名为实业公司，辖连云港疗养院、汤池疗养院、皖煤大酒店、不夜城大酒店、水泥厂。2003年2月，皖北煤电集团公司成立永盛公司，统一管理集团公司非煤骨干企业。2005年6月，皖北煤电集团结合矿区非煤产业现状，决定对各矿多经公司进行改制。通过合资、合作、出售等方式吸引各类非国有投资者、自然人和经营者投资入股，实现产权主体多元化。同年9月，皖北煤电集团各矿多经公司和非煤厂点改制工作全面完成，关停并转52个非煤厂点，妥善分流安置3600多名从业人员。

淮南矿业集团 1985年11月，淮南矿务局成立多种经营总公司。1986年7月，淮南煤矿建设公司撤销，其所属劳动服务总公司与矿务局多种经营总公司合并，正式纳入为副厅级序列。内部机构设计划处、生产技术处、安全监察处、工资处、财务处、建筑处、小井处、工商处、外协处、总工程师室、办公室等，对全系统集体企业实行“条块结合，以块为主”的管理体制和“指导、协调、监督”的管理职能。1996年2月，淮南矿务局根据矿区多种经营现状和“九五”规划要求，组建淮南煤矿多种经营局，为副局级单位。多经局直管单位有工贸总公司、农工商公司、运输公司、竹木地板厂、黄山大酒店等。多经局机关有企业管理部、规划部、财劳部、小井管理处、安全监察处、办公室等。1999年，淮南煤矿多种经营局按照淮南矿业集团的部署，实施集体企业与煤炭主业全民生产单位剥离，完成11家煤矿和安装处等12家多种经营公司的剥离，变“条块结合，以块为主”为“条块结合，以条为主”的管理模式。2000年，淮南煤矿多种经营局对龙升汽车修配公司、淮南九龙岗制药厂、淮南市金信工贸中心以及李一、李二、谢桥、孔集矿建筑安装公司与母体的剥离，多种经营局直属管理公司达18家。2004年9月，淮南煤矿多种经营局正式更名为淮南东辰实业总公司，与矿业集团脱离，属淮南市行业管理，注册资本金3.05亿元，独立法人。淮南东辰实业总公司设党委、董事会、经理层。机关设：党委工作部、人力资源部、审计监察处、财务处、安全生产技术处、企业管理处、办公室。2005年12月18日，淮南东辰集团有限责任公司成立。机关设办公室、资产部、规划发展部、安全技术部、财务部、党委工作部（人力资源部、工会）、审计监察部、信息中心、法律事务部、实业公司等17家。

国投新集公司　1989年12月26日，国投新集公司成立国投新集物业多种经营公司。2007年，国投新集公司成立安徽楚源工贸有限公司，撤销物业多营一公司、二公司、三公司机构编制，实行统一管理。

第二节　生产经营

安徽煤矿多种经营依附煤炭主业诞生、成长，生产经营范围也是围绕煤矿生产和矿区发展。企业主要经营煤炭产品开采、销售，煤炭副产品加工，工矿配件生产、加工，房地产、建筑安装施工，修理修配，劳务输出，饮食服务、旅游，商品销售、租赁等。

淮南东辰集团有限责任公司　自1996年多种经营管理局成立以来，多种经营的规模由于客观对母体的依附，随煤炭主业的市场变化而变化。总体保持在7亿~8亿元的规模，经营效益呈稳步增长趋势。1998年，多经企业全部改制完毕。其中3家为股份合作制企业，其余为有限责任公司制。改制后主要产品有：煤矿支护类（锚杆、锚梁、支架、金属网及单体液压支柱维修等）；运输类（矿车、托辊、带芯、矿车用电瓶等）；通风类（风筒）；机电设备类（防爆开关、高压开关柜、低压配电柜、电缆电线）；以及二类机械、二类电工器材、三类金属制品及工具器具；矿用劳动保护等。2001年经营收入7.1亿元；2002年经营收入8.6亿元；2003年经营收入8.8亿元；2004年经营收入13.2亿元，上缴国家税费1亿元；2005年，销售收入16.19亿元，上缴国税收1.3亿元，跻身安徽省企业50强，名列39位。

淮南东华实业（集团）有限责任公司 前身是淮南矿业集团的生活后勤服务单位，历次更名为淮南矿务局行政处、淮南矿务局生活服务公司、淮南矿业集团物业管理总公司、淮南矿业集团物业管理分公司。2004年10月1日，组建成立淮南东华物业有限公司，成建制从淮南矿业集团分离。2005年6月22日，改制成为淮南东华置业发展有限责任公司，成为独立的法人单位。2009年10月，正式更名为淮南东华实业（集团）有限责任公司。东华集团注册资金1.517亿元，总资产10亿元，在册员工1万余人，其中，各类中高级职称专业人员2976人。下设10个物业处（物业分公司），9个项目部，17个子（分）公司，拥有煤矿、钼矿、银矿等矿产资源。东华集团具有国家物业服务企业一级资质、房地产开发二级资质、煤炭生产销售资质、矿井建设资质和水电安装、电梯维修资质。经营产业涵盖物业管理，房地产开发，煤炭生产、运输，稀有金属开发，矿井建设，园林绿化，房屋中介、出租与维修，转供电（水），供暖，仪器仪表检测，水电安装，劳务输出，饮食服务等诸多领域。业务范围立足淮南，辐射到合肥、淮北、定远等省内城市，以及上海、河南、青海、四川、内蒙古等省、市、自治区。东华实业集团经营收入由改制前2004年的1.11亿元，增长到2010年的12.06亿元，增加近12倍；经济效益由2004年的亏损8500万元转变为2010年的盈利3038万元，企业综合经济实力位居淮南市属企业第四名。

安徽淮海实业发展集团有限公司 是在原淮北矿业集团公司辅业改制的基础上组建的，拥有多种经营总公司、水泥公司、金蟾生化股份公司、林星板业公司、机电装备公司、勘探工程公司、钢绳公司、相王商贸旅游公司等全资、控股、参股子公司12个，资产总额22.9亿元。有职工1.9万多人。主营业务范围包括机械制造、建筑建材、医药、商贸旅游、物流、煤矿勘探、煤副产品等。主要产品有液压支架、钢丝绳、刮板机、皮带机、矿用中小型机电设备、水泥、纤维板、矸石砖、煤矸石、煤泥等。安徽淮海实业公司2010年实现销售收入55亿元，比2007年增加28亿元；实现利润3.9亿元，比2007年增加4.5亿元。

皖北煤电集团永盛发展公司 永盛公司是皖北煤电集团下属的一个分公司，管理10家非煤企业，公司于2003年成立，调整经营范围，实行以兴办实业为主的经营模式。2006年2月，皖北煤电集团对有发展潜力的电力和房地产开发企业，按照产业关联、产品相近、优势互补的原则，实行强强联合，或资产重组，做大做强企业。对长期亏损、生产技术落后、扭亏无望的企业，实施关停并转。发展壮大4家企业（恒馨房地产开发公司、宿州市馨苑房地产开发公司、宿州顺祥煤层气综合利用公司、恒力电业公司）和2家非金属材料企业（恒泰公司、雪纳公司），关停并转企业4家（淮北恒通管材制品有限公司、淮北金环铜材制品有限公司、淮北恒欣化工有限公司、淮北恒信环保材料有限公司）。截至2006年年底，公司账面资产85966.64万元，固定资产50066.06万元元，累计实现销售收入39878.78万元。

安徽楚源工贸有限公司　所属多种经营公司前身是国投新集物业管理公司，成立于1989年。楚源多种经营公司下辖3个作业区和3个生产厂：新集作业一区、花家湖作业二区、口孜东作业三区、制氧厂、印刷工艺厂、纯净水厂。主要是以生产加工矿山支护材料为主要产品和以制氧、制氮、印刷工艺品、纯净水等为主要业务的加工生产单位，公司拥有机床加工设备100余台，生产不同规格、系列树脂锚杆金属杆体及其附件和金属锚网、菱形网、M 5型、W型以及同型系列钢带和各类预制构件等。生产的锚杆系列等支护产品连续获得国家煤矿安标中心等权威部门的“安标”认证。2010年，楚源公司职工总数563人，年产值约3亿元。

第二章　第一产业

第一节　农　业

利用塌陷区和林场荒山复垦造田，发展矿区粮食、蔬菜等副食品生产，改善矿区职工生活。矿区农业生产主要集中淮南、淮北矿业集团和中煤矿山建设公司。

淮南矿业集团　1978年3—5月，淮南矿务局农林处分别接收二道河农场和河溜林场。二道河农场地系沉积土，宜种麦豆，分别由李一、李二、谢二、谢三、毕家岗和孔集矿及选煤厂、二道河农场8个单位使用。农副业生产由面向矿、厂，逐步转为面向直属场。各矿厂抽调人员，到两场发展粮食生产。至1987年，两场共生产粮食2430万公斤；1999—2005年，二道河农场麦豆总产量均在150万公斤以上。

淮北矿业集团　1978年，淮北矿务局林业处接收大山林场、汾洪江林场、小桂庄林场、柳湖林场、蔡里林场。在发展林业的同时，充分利用土地资源，在宜林地和幼林地发展农业生产，种植小麦、黄豆、山芋、花生、芝麻、瓜菜等农作物。5个林场中，除蔡里林场不宜种植农作物外，其余4个林场每年均安排农业生产计划。随着改革不断深化，承包经营不断完善，林业处农作物种植面积逐年增加。1995年企业改制，林业处加快林改农步伐，减少造林计划，实行“以粮代林、以短补长”政策。1997年，土地面积扩大到11401亩，实现单产481公斤，总产548万公斤。2002年，柳湖、小桂庄、大山林场全部实现良种种植，夏收达到亩产700斤，秋收黄豆亩产300斤，创历史最高记录。2008年10月，实行土地改革，由土地承包制转变为土地集中制。

中煤矿建集团　农工贸开发公司前身为淮海农场，于1996年1月成立。主营业务是管理开发淮海农场，拥有农作物生产、农作物良种繁育与加工销售以及园林绿化三大产业。子公司有中煤三建集团安徽皖淮种业有限公司、宿州市徽之风园林景观工程有限公司及皖淮苗圃场。安徽皖淮种业有限公司于1996年开始良种繁育与生产合作的尝试。2005年，成立宿州市皖淮种业有限公司，确立农工贸开发中心的主要产业发展方向。2010年实行统一种植，统一管理，统一指导，统一经营销售。开发公司自成立以来，每年为社会贡献250万公斤以上的优质小麦、大豆良种，每年增收上百万元。

第二节　林　业

淮南、淮北矿区有大通、河溜、八公山、泉山、龙泉、柳湖、蔡里、大山、汾洪江、小桂庄等10个林场。2010年年底，林场面积达33940亩。其中有林地面积24561亩，苗果面积661亩。

大通林场　是淮南矿务局新中国成立初期建立的老场，有土地面积10156亩，其中林地面积6287亩，苗圃地369亩。林场山地面积占70%。到20世纪80年代中期，开始发展多种经营，走“以短养长，以副养林”的经营模式，林业和矿区的绿化造林有了较快的发展。90年代后期，淮南矿业集团公司经济困难，林业生产转为自主经营，自负盈亏。

河溜林场　位于怀远县河溜镇西南小赵湖，1978年5月划归淮南矿务局农林处。共有土地7432亩，其中林地4300亩。自1978年以来，场里将水杉和侧柏保留，对其余的小老树等进行品种更新，重新造林。到2010年年底，共有林地3100亩，其中用材林1200亩，搪材林1900亩。

八公山林场　位于淮南矿务局新庄孜煤矿西侧。1978年10月底，新庄孜矿农林科划归农林处管理，成立八公山林场。范围包括大丁家山、小丁家山、柏家山、文家山，总面积为1500余亩，其中林地1318亩。全部山场岩石裸露，山势较陡，平均25度左右，土层少，砾石多，宜栽侧柏、黑松。1978—1993年以培育绿化苗木为主。1994年，该场划归大通林场管理。2000年7月，又划归八公山林场小煤井代管；2004年4月，林场小煤井划归集团公司多联煤矿后，该场为农工商分公司八公山林场。主要培育花卉和绿化苗木。

泉山林场　前身是淮南市老龙眼农场，后改为淮南市泉山良种繁殖场。1978年前，移交给淮南煤矿基本建设局。有土地5106亩，其中农场1055亩，林场2294亩，有林地面积1153亩，果园556亩。1978年，经省林业厅批准改名为泉山林场。1981年年底，划出2866亩土地（其中：山林1000亩，划拨九十七工程处，成立九十七工程处林场，1986年泉山林场交农林处）。1989年10月，泉山林场交九十六工程处。2004年7月，泉山林场交农工商分公司。随着城市建设的发展和多次隶属关系的改变，泉山林场现有山林460亩，苗圃地42亩　。

龙泉林场　原为淮南良种繁殖场，后归属淮南煤矿基建局更名为泉山林场。有土地约800亩，其中山林700余亩、苗圃100余亩。以绿化苗木为主导产业。1980年9月12日，泉山林场分为九十六工程处林场和九十七工程处林场，2个独立经营单位。2004年7月20日，移交给淮南农工商分公司管理，更名为龙泉林场。

蔡里林场　为山区林场，1978年划入淮北矿务局，位于淮北市烈山区。有土地面积13400亩，其中林地8240亩，苗木林150亩，其他用地3386亩。1988—1995年，林场造林3510亩。1995年后，林场主要是护林防火和病虫害防治，保护水土流失，改变淮北土地生态环境。

还有灵璧县境内的大山林场、固镇县境内的汾洪江林场、泗县境内的小桂庄林场、濉溪县境内的柳湖林场、霍山县境内的霍山林场，这5个林场都是淮北矿务局1978年从地方接收的。其中大山林场、汾洪江林场、小桂庄林场、柳湖林场为平原林场，主要从事粮食生产。霍山林场29583亩坑木林于1989年11月无代价转交给霍山县人民政府。

第三节　养殖业

安徽省煤矿系统的养殖业，充分利用矿区自然环境、塌陷水域，饲养鸡、鸭、鹅、鱼、牛、鹿、羊、猪等。省内多种经营养殖业主要集中在淮南、淮北。

20世纪80年代，淮北多经总公司开始尝试发展养殖业，兴办养鸡场、养鸭场、承包鱼塘。但由于规模小、缺乏技术人才，市场竞争力较弱。2000年以后，总公司加大对几个重点养殖企业的管理，养殖业初见规模。现主要养殖企业有仙珠公司养猪场、惠临公司养猪场、养鹿场。其中仙珠公司养猪场主要品种有杜洛克、长白、艾爱等优质种猪和生猪，产品主要销往淮北、宿州、蚌埠、合肥，少量销往外省。烈山养鹿场分别从上海、西安、东北引进105头梅花鹿，生产鹿茸酒、鹿血酒、鹿茸片等产品，2006年存栏增加到253头。惠临养猪场生猪存栏2800头以上，年收入超百万元。淮南农工商分公司所属二道河农场、大通林场、河溜林场利用塌陷区、荒地，开挖渔塘，圈地养殖。1985年后，鱼塘转给农场职工承包。2000年后，二道河农场引进南疆黄羊、马头羊等优良羊种40余头，河溜林场购进“皮埃蒙特”良种肉牛20头和“波尔”山羊60只，扩大养殖规模，形成养殖、疾病防治、销售“一条龙”的格局，为实现公司加农户的产业链打下基础。

第三章　第二、三产业

第一节　规模以上工业

煤及其副产品　种类包括:残采煤、拾遗煤、块煤和煤矸石。20世纪80年代,淮南、淮北多经公司在“以煤为主,多种经营,大力发展集体经济”方针指导下,以煤和煤的副产品为基础,面向矿区内部,面向社会,在全民企业的帮助和扶持下,积极回收煤炭资源,有效消化和吸收富余劳动力,推动集体经济发展。

1988年,淮北矿务局明确开采残次煤的范围、开采手续、施工设计、人员安置等要素,出台《综合经营总公司生产经营残次煤实施细则》,从管理机构、生产技术、安全管理、劳动工资、供应销售及财务管理等6个方面加强残次煤的管理。20世纪90年代初期,淮北多经公司煤及煤副产品生产发展迅速,1990年,销售收入占多种经营总收入的78%。1994年,淮北矿务局出台《加快发展残次煤开采奖励办法》,总公司成立残次煤办公室。90年代中期,实行独立核算,自负盈亏。1995年,生产残次煤179万吨,有力推进多种经营的发展。

淮南小煤井原煤生产与销售是淮南煤矿多种经营收入的重要组成部分。多种经营小煤井开采的是原九龙岗、大通煤矿报废后的残留煤块和谢家集、八公山地区老矿边角残余块段。至1996年多种经营局成立,共有34对小煤井,年产量在130万吨左右。1997年达到169.05万吨,占多种经营平均年经营总收入的28%。1999年,在国家煤炭总量过剩,国务院实施关闭地方小煤矿,淮南煤矿多种经营所属小煤井关闭18对,压减产量60.13万吨,完成省政府下达的“关井压产”任务。2003年4月,为加强小煤矿安全管理,成立多联煤矿,为多种经营局下设机构,正处级单位,对全系统整合后的8个小煤矿的22对小井实行统一管理。2004年9月,小煤矿及所有资产、人员一并分离划归淮南东辰实业总公司。2005年开始,淮北矿业集团公司核定多经公司系统杂煤总量,总公司有计划组织生产。淮北多经总公司充分利用集团公司残次煤政策,为多经公司积累资金,同时也为多经公司拓宽其它产业奠定基础。2007年年底,淮北多经总公司煤炭销售收入为5.9亿元。

机电制修　2000年以前,淮南、淮北、皖北机电制修业规模较小,技术含量较低,主要以生产零配件、维修中小型机电设备为主。2000年以后,大多数母体单位机厂移交多经总公司管理,组建区域性机电制修业公司,机电制修业逐步向生产成套设备、创出自己的品牌转变。淮南机电制修业主要集中在舜泉公司(原工贸公司)。下属厂点有电器总厂、密封件厂和绿环公司。电器总厂主导产品为矿用隔爆真空开关，真空磁力起动器、综保等32个品种，产品除供给淮南矿业集团公司内部市场外，还在新集、淮北、皖北矿区及山东、河南、山西等地销售。密封件厂主要生产注液增压枪，产品销售到淮南、淮北和皖北等矿区；同时还经营矿用单体、液压支柱的维修。绿环公司主要经营绿宙牌4瓦以上系列电子镇流器专利产品以及有关的照明产品。淮北多经总公司2004年将机电制修业确定为主产业，通过结构调整、重组整合，机电制修业产值逐年上升。主要厂点有兴海玛钢厂、四兴公司机电修配分公司、新园机电公司、盛顺达矿山机械厂、祁南矿公司机厂、启鑫铸造厂等。主要产品有：矿车、瓦斯抽排管、液压煤钻、煤层注水器、新型节能皮带、道岔、水泵、矿用局扇、防爆开关、金属网、铁鞋、道夹板、锚杆、树脂、锚索、钢带等。2007年，多种经营管理总公司有下属机械制修厂点33个，总资产达1.6亿元，实现销售收入4.1亿元。

建筑安装 20世纪90年代以前，淮南、淮北、皖北矿业集团早期都没有专业化建筑安装公司，随着矿井建设和新区发展需要，先后组建建筑安装公司。淮南煤矿建筑安装总公司成立于1993年7月，具有建筑施工总承包三级资质证书，主要经营范围是：建筑工程施工、安装盒维修。2003年1月，经安徽省工商行政管理局批准，皖北煤电集团成立恒馨房地产开发有限责任公司，除开发房地产外，还承担房屋、道路等维修任务。2004年3月，淮南煤矿建筑安装总公司移交多经局房屋开发中心管理。2005年，淮北多经总公司整合矿区建筑安装公司建筑施工维修业务，充分发挥房屋总承包二级资质优势，带动矿区建筑施工工业整体发展。主要建筑安装企业有淮北矿区建筑安装工程公司、淮北矿区锅炉安装公司、福乐定建筑安装公司等。

建材生产 淮南原农工商分公司建材生产厂主要有：九一公司的砖厂、石料厂、胶合板厂，大通林场的石料厂，建安公司的预制板厂。主要产品有红砖、石料、水泥预制板、胶合板等。产品主要在淮南矿区和市区销售。淮北多经系统的建材产品主要集中在煤矸石砖、水泥预制件等方面，主要在矿区内部市场销售。2000年以后，淮北多经总公司加大对建材业的技改力度，产品档次逐渐提高，产业规模进一步扩大，产品逐步打入外部市场。主要建材生产企业有淮北世纪建材有限公司、仙珠公司矸石砖厂、淮北福乐定预拌混凝土有限责任公司等。皖北多经系统建材生产厂家主要有皖北矿务局水泥厂、刘桥一矿煤矸石砖厂、祁东金垣砖厂、任楼煤矿煤矸石砖厂，主要产品有325#、425#硅酸盐水泥，85型、90型、180型、190型、200型、240型、90配砖、标砖等，产品主要销往皖北煤电集团公司内部各矿，由于市场和管理原因，建材企业先后关闭或由个人承包经营。

化工 淮南矿区的玻璃钢生产制品厂，是全国煤炭系统定点生产厂家。产品有泡花碱、硫酸铝、速凝剂、橡胶阻燃风筒、聚合铝、乳化油、阻燃剂等。2004年以后，淮北多经总公司将化工确立为主导产业，加大化工产品的政策扶持，强化管理，规模经营，实效资产重组。主要化工企业有华星重介质加工有限责任公司、百惠公司乳化油厂、橡胶管厂、万源橡胶制品厂、阳光化工厂、福乐定化工厂等。主要产品有选煤用重介粉、乳化液、清洗剂、防冻剂、橡胶制品和新型高效植物生长调节剂福乐定系列产品等,产品销往全国各地。皖北矿务局百善矿、前岭矿也于1980年后建成化工厂、硫酸厂,生产明矾、乳化油等。2002年11月,皖北煤电集团与香港轩明国际有限公司、宿州天贸有限公司共同出资,组建淮北恒欣化工有限公司,生产氯化聚乙烯,因经营不善,2006年2月停产。

电力 1994年8月,淮南矿务局成立自备电厂筹备处。1997年,淮北多经总公司加大招商引资力度,合资建设临涣矸石电厂、芦岭煤泥电厂、以及张庄矸石电厂等配套工程。1998年4月,以新庄孜电厂为主体,成立淮南矿业电力有限公司,为淮南矿业集团全资子公司。2001年,淮北多经总公司按市场要求,整合各类生产要素,组建电力公司,实行跨区域、跨所有制结构调整,推动区域性管理向行业管理转变,发挥专业化市场开发、资金使用、科技攻关、人力资源配置等方面优势,努力做大做强电力产业,下辖宇能电厂、芦岭电厂、力源电厂、杨庄电厂等。2002年12月8日,安徽恒力电业有限责任公司正式投产,它是皖北煤电集团实施煤电一体化战略,运用市场机制建设的第一座煤泥煤矸石电厂,2002年进行股份制改造,由皖北煤电集团、淮北万里实业总公司和46名自然人共同投资。

高岭土 淮北、皖北矿区赋存丰富的高岭土资源,且地质优良,赋存条件简单,易于开采。淮北金岩高岭土有限责任公司成立于2000年1月,隶属于多经公司。至2007年年底,拥有资产1.2亿元,下辖2厂4条生产线。其中粉体厂年产1万吨超细煅烧高岭土,年产值2500万元;煅烧厂年产1.2万吨焦宝石,年产值600万元;另有年产3万吨精铸砂粉生产线2条,年产值3300万元,部分产品已销往欧洲、东南亚、东亚等地区。皖北矿区高岭土资源量达4亿吨,其中优质高岭土资源量8000万吨左右,约占矿区高岭土资源总量的20%。毛郢孜、孟庄、前岭和祁东4个煤矿的资源量分别为6300万吨、2700万吨、4000万吨和1.7亿吨。皖北煤电集团雪纳非金属材料有限责任公司于2004年7月正式投产。主要从事高岭土开采及深加工,是集生产、加工、科研、贸易于一体的高新技术企业,主要产品有雪纳牌超细煅烧高岭土系列、超细碳酸钙、改性粉体等,其中超细粉体达到“双90”标准。产品销往山东、广东、上海等地,2008年实现销售收入4262万元,后因资源问题,于2010年关闭。

硬石膏 安徽恒泰非金属材料科技有限公司是皖北煤电集团全资子公司。位于安徽省含山县陶厂镇境内,2001年10月成立,注册资本2000万元,2006年11月,更名为安徽恒泰非金属材料科技有限责任公司。公司主要从事硬石膏开采、新型建材和化工原料生产。拥有矿产资源为58亿吨,其中超纯矿石储量达10亿吨以上,是国内少有的特大型优质硬石膏矿床。公司生产基地占地250亩,包括年产60万吨石膏原矿开采、混凝土膨胀剂生产、超细粉体生产三个工厂,概算总投资为1.5亿元。矿井已形成年产90万吨原矿石的生产能力,最大提升能力可达85万吨/年。主要产品有石膏原矿、普粉、粉刷石膏、粘结石膏、石膏腻子、自流平石膏、膨胀剂、高岭土超细粉、云母超细粉十大类，可广泛应用于建材、橡胶、塑料、涂料、陶瓷、造纸等行业。

服装加工 20世纪80年代，淮北多经总公司所属服装加工规模小，设备比较落后，技术含量不高，产品主要以集团公司内部劳动保护用品为主。1987年12月，成立淮北翔宇羽绒制品厂，成为淮北矿务局第一家股份制企业，按股分红。1991年9月，成立淮北矿务局服装总厂；1993年6月，成立淮北东方服装集团公司；1996年2月重组，隶属综合经营公司，实行独立核算。1999年5月，由淮北矿业集团多种经营总公司、淮北选煤厂、石台选煤厂、临涣选煤厂等单位出资250万元组建淮北市东方服装集团有限公司。2001年，淮北多经总公司加强对服装产业的改革力度，进行资产重组。2004年，淮北东方服装集团因经营不善和市场经济的冲击，破产关闭。2005年，淮北多经总公司加快技术改造步伐，提高产品质量和档次，提高产品知名度，对以秋艳公司"万祥制衣"为龙头的服装企业进行重点扶持，抓住集团公司工作服换装的机遇，使其成为淮北地区较大的服装生产、加工基地。主要服装加工厂点有淮北秋艳万祥制衣厂、万源公司劳保用品加工厂、百惠公司毛巾厂、华星麟达制衣厂和福乐定腾达服装厂等。

第二节 商贸旅游

商业 2000年前，为安置富余人员和职工家属，淮南、淮北及皖北局各矿多种经营公司或劳动服务公司陆续兴办一些商业网点，主要有日用杂品商店、烟酒商店、理发店、饮食店、家电维修店、照相馆等。这些商业网点营业面积一般较小，没有形成规模。服务对象仅限于本矿职工及家属。2000年后，受市场、资金等因素制约，大部分停业，或转为个人承包。

贸易业 安徽省多种经营贸易业主要在淮北。1992年6月淮北矿务局成立深圳兆兴公司。业务范围是国内商贸、物资供销、物业租赁及管理等，是淮北矿业（集团）公司在特区的窗口。公司有金田大厦、越兴大厦、泰康轩、车公庙厂房和宿舍，固定资产3700万元。1993年9月至2005年5月，公司隶属于淮北矿业办公室管理。2005年6月，隶属相王商贸旅游公司管理。

旅游业 安徽煤炭企业多种经营从事旅游业的单位主要集中在淮北、皖北。淮北有相王旅行社、连云港相王度假村和黄山相王山庄，皖北有连云港疗养院、汤池疗养院。

相王旅行社 是1997年经淮北市旅游局批准成立的一家专业旅行社。是皖北地区较早的一家国有独资旅行社。注册资金63万元，主要经营国内旅游、会议考察、代理租车、代售全国各地机票、火车票及旅游咨询，为单位团体、个人设计旅游线路等。

连云港相王度假村 在淮北矿务局连云港休养院的基础上改建而成。承担淮北矿区职工修养任务和其他接待工作。休养院坐落于连云港市连云区海州湾北崮山半坡，占地15亩，建筑面积5000多平方米，拥有标准间90间，192个床位，12个大中餐厅包厢，可容纳200多人同时就餐，3个会议室可同时容纳200人开会、学习，商场、商务中心、舞厅、棋牌室等各种服务设施齐全。

黄山相王山庄　为淮北矿务局黄山休养院，成立于1990年5月19日，2005年5月19日更名为相王山庄，同时获批二星级旅游饭店。山庄位于黄山市黄山区北海南路88号，距黄山北大门索道站18千米，距黄山情侣——太平湖19千米，距佛教圣地九华山110千米。山庄占地40余亩，拥有床位200余张，有大小会议室、中西餐厅、舞厅、旅游车队。

连云港疗养院　坐落于江苏省连云港市墟沟北崮山海景山庄1号。疗养院占地面积10045平方米，使用面积9614平方米，建设投资1017.10万元。1998年5月开业，经营餐饮住宿，可接待80人住宿，120人就餐。除接待本企业职工疗休养外，主要面向社会经营。

汤池疗养院　坐落于庐江县汤池镇。占地29.9亩，投资1450万元，可同时接待200人住宿、就餐。1994年8月开业，2002年年底出售。

第三节　饮食服务业

随着煤炭企业的发展壮大，安徽省涉煤企业多种经营公司普遍开办饭店、酒店、旅社、商店，为矿区职工提高方便。同时还采取"走出去"战略，组建规模公司，提高服务档次。

相王商贸旅游公司　为淮北矿业集团公司下属正处级单位，是淮北矿区集宾馆接待、修养休闲、观光旅游和商业商贸为一体的大型经济实体。2005年5月17日，在旅游事业处的基础上正式组建而成。公司拥有淮北相王府宾馆（三星级）、合肥相王宾馆（三星级）、合肥相王大酒店、连云港相王度假村（二星级）、黄山相王山庄（二星级）、深圳兆兴公司、相王旅游社等星级经营单位。相王商贸旅游公司机关设置经营管理部、计划财务部、政工部、采购供应部、办公室四部一室。公司有员工637人，固定资产1.5亿元。

相王府宾馆　位于安徽淮北市煤城路1号，北临相山公园，环境优雅、交通便利。于1993年10月18日由淮北矿务局招待所扩建而成，是皖北地区第一家三星级旅游宾馆。宾馆拥有南中北东四栋楼，南楼主楼高14层，面积2万平方米，风格独特，装修豪华，内部装备中央空调、有线电视、宽带网络、自动消防报警等现代化设备系统。宾馆共有高、中、低档客房252套间，床位538张；有装饰考究，风格各异的大小餐厅包厢27个；有多功能的会议室10个，会议中心楼设施一流，能容纳1000多人。中楼宴会厅装饰一流，可同时容纳400多人就餐。烹饪菜系主要有淮扬菜、川菜、徽菜和本地土菜等。

合肥相王宾馆　位于合肥市新站实验区铜陵路中段，毗邻合肥火车站，2000年5月18日开业。2003年9月18日被评为"三星级"旅游宾馆，2005年7月，转型为商务型酒店，有员工140人，标准间80间。

合肥相王大酒店　原为安徽省煤炭厅招待所，是一家集住宿、餐饮、商务、旅游为一体的现代酒店。酒店位于合肥市长江中路2号，与省委一路之隔，于2002年11月18日开业，由相王商贸旅游公司租赁经营，所有权属安徽煤矿安全监察局。内设6部1室，即办公室、财务部、客房部、餐饮部、后勤部、人事质检培训部、营销部。酒店设施齐全，功能完善，拥有客房40间，大小餐厅包厢11个，多功能厅有300个餐位。

皖北煤电集团　集团服务业起步于1992年，随着企业的发展逐步扩大，已初具规模。

皖煤大酒店　位于宿州市西昌路164号。酒店占地面积1.11万平方米，使用面积1.4万平方米，有客房64间。设有餐饮部，可同时接待200余人就餐。1992年开业，建设投资1150.67万元。实行单独核算，自主经营。

合肥恒悦国际外商俱乐部酒店　原名合肥创亿外商国际俱乐部置业有限责任公司。位于合肥市高新技术产业开发区科学大道83号内，是集大型商务、娱乐、餐饮、住宿于一体的五星级高档涉外酒店。2006年3月30日，皖北煤电集团有限责任公司与合肥创亿置业有限责任公司等签署股权受让协议，并购合肥创亿外商酒店有限公司98%的股份。2007年4月，名称变更为合肥恒悦国际外商俱乐部酒店有限公司。酒店拥有总统套房、行政豪华套房、行政套房、高级豪华房等各类房型158间套，餐位数600个，会议室8个，商务中心、健身中心、商场、桑拿、娱乐等设施设备齐全，拥有总面积2700多平方米的停车场。

不夜城大酒店　坐落于宿州市西昌南路，1994年1月开业，占地300平方米，投资148万元，主要经营餐饮，采用租赁方式经营，年租金为25万元。

安徽楚源工贸有限公司新集宾馆　成立于1993年，位于安徽省淮南市凤台县新集镇境内。宾馆现有员工74人，各类客房共计134间，床位260余个，拥有按星级标准配置的豪华套房4间、高级套房18间、豪华标准间8间、高级标准间34间、普通标准间70间、普通经济房10间，房内现代化配套设施齐全。宾馆餐饮部拥大、中、小型自助餐厅，豪华、高级、标准包厢9间。高级宴会厅可容纳800多人同时就餐。

第八篇　教育　卫生　科技

为解除职工、家属就医和子女上学等后顾之忧，国有煤矿均建立了功能完备、规模不等的医院、学校。2004 年 9 月，为减轻企业负担，国家实施煤矿剥离社会职能政策，除医院和幼儿园仍属于矿区管理外，大部分中小学校统一划归地方教育部门管理。

第一章　教　育

第一节　学前教育与中小学教育

学前教育　1988年年底，淮南矿务局有幼儿园所44个，总建筑面积为59869.93平方米，在园幼儿总数为8089人，人均建筑面积为7.4平方米，入托率达90%以上；有教职员工1320人，其中教师492人，占教职工总数的37%；幼师生273人，占教师总数的55.4%。幼儿园达标验收检查29个单位，有13个单位达到煤炭部规定的标准。至2004年年底，矿业集团物业公司所辖幼儿园20所，招生107个班，入园幼儿3197人，占地7.3万平方米，教职员工307人（含聘用23人），中专学历92%，有职称191人。

皖北煤电集团，截至2010年共有幼儿园8所，总建筑面积11026平方米，在园学龄前儿童1844人，教职工173人，其中小教高级教师47人、小教一级87人、小教二级31人。教师队伍的来源是以国家分配为主，教师文化状况分为中专、大专、大学三个层次。每年对幼儿教师进行2～3次的专业培训。严格按小教职称评定方法进行评定教师职称；凡有职称的一律享受相关待遇。2006年8月之前，全矿区的幼儿园隶属所在矿，管理单位和模式多种多样。2006年8月之后，改由皖北煤电集团置业公司集中统一管理。2007年开始，投入资金对幼儿园教学设施进行维护、添置。目前，皖北矿区置业公司所辖8所幼儿园都拥有正规的教室、幼儿活动室、老师办公室，拥有完善的教学工具、活动设施及教具玩具以及必要的生活、卫生设施。

安徽楚源工贸有限公司新集幼儿园始建于1992年，是一所全日制幼儿园。下设新集、花家湖、八里塘、新集家园（西区）4个分园。拥有教职工70人，大专及以上学历占98%，初、中级职称占80%，设大、中、小教学班共18个，入托幼儿600人。

1953年淮南煤矿机械厂成立托儿所，1977年更名为幼儿园，占地1000多平方米；机械厂破产重组后，更名为华源特色幼儿园。

中小学教育　20世纪80年代中期，淮南矿务局各中小学校实行目标管理，建立健全以岗位责任制为轴心的各项规章制度，使学校逐步趋向科学化管理，教学质量明显提高。到1990年，全局有中、小学45所，其中小学16所，中学29所（附小18所），在校学生总人数43821人，其中：中、小学生28870人，初中生12798人，高中生2153人，教职工总数3710人。学校占地总面积585921平方米，其中校舍建筑面积为11万平方米。各校普遍建起教学楼、实验楼。教学实验仪器基本齐全，图书资料达万册。电化教学基本普及。

自1958年建矿起，淮北矿区陆续开办各类学校。1996年3月，为缩小所属各中小学在办学条件、管理水平和教育教学质量上的差距，教育管理处在矿区中小学实施“薄弱学校更新工程”，使部分后进学校迅速改变落后面貌，软硬件设施迅速跨上一个新台阶。2001年，该矿区九年义务教育提前达标，适龄儿童入学率100%；在校生巩固率98%以上，中小学生合格率98%以上，18周岁人口中初级中等教育普及率95%以上，小学生辍学率为0，成为一次性通过国家级九年义务教育验收合格单位。至2004年，矿区共有中小学校39所，其中完全小学校14所，初级中学6所，九年一贯制学校10所，完全中学7所，高级中学2所，职业高中1所。共有在职教职工3671人，其中专任教师3444人，在校学生52390人，固定资产13507.69万元。学校占地总面积1358.82亩。2004年8月30日，该集团公司与淮北市人民政府签订移交协议，将辖区33所中小学校于9月1日整体移交地方管理。共移交在职教职工2557人，其中专任教师2383人，教辅人员174人；移交离退休教师、教辅人员1116。共移交房产、设备1亿多元。截至2010年年底，地处宿州市的6所学校仍属于淮北矿业集团教育管理处下属单位。共有教职工546人，其中专任教师523人，在校学生9639人，固定资产2945万元。这6所学校是：2所小学——芦岭矿小学、朱仙庄矿小学；2所九年制学校——桃园矿学校、祁南矿学校；2所完全中学——芦岭矿中学、朱仙庄矿中学。2004—2008年间，朱仙庄矿中学和芦岭矿中学均晋升为淮北市示范高中。

皖北煤电集团1984年组建时，共有中、小学6所。随着新井建设增加，又新建了任楼煤矿学校、刘桥一矿中学。矿区中小学增加到8所。8所学校基本建设累计投入6223.7万元，总建筑面积50900平方米，共有教室720间。各校均建有教学楼、多媒体教室、实验室、微机室，配置实验仪器仪表等教学设施。各校均有运动场，并设有足球场、篮球场，配置各种体育运动器具。从1999年起，企业平均每年新增投入近500万元用于改善办学条件。2001年，8所学校计算机网络教室，教师电子备课室建成使用，有4所学校建立局域网网络系统，5所学校通过省1类电教学校验收。办学能力由建企时的2600人，递增到2003年的1.2万人，矿区职工子女就学率始终保持在100%。从2004年起，矿区中小学陆续移交地方管理。其中，2004年移交6所，2005年移交2所。在教师配备上，规定中学教师必须具备大专以上学历，小学教师必须为国家正规师范学校毕业生。至2004年，48岁以下教师中大专学历达100%。同时，严格教师职称评定，按照职称发放教师待遇和津贴，鼓励教师提升自身素质。2003年年底，各校教师中，取得高级职称46人，中级职称226人，初级职称278人。

1972年，两淮煤炭指挥部的二十九处、三十处、七十一处、二十九处农场，为方便本单位职工子女就学，先后创办学校，兼收小学和初中学生。1979年，淮北煤炭指挥部创办高中（简称部高中），只招收高中学生。至此，形成工程处办初中和小学，指挥部机关办高中的教育格局。1988年，部高中更名为三建公司中学，开始招收初中生。1997年，三建公司中学更名为宿州矿建中学。1998年矿建公司对学校进行重组，至2010年年底，该公司有1所完全中学，2所小学。在校学生共3229人，其中中学在校生1378人，小学在校生1851人，55个教学班，教职工225人。

淮南煤矿机械厂职工子弟中学是一所包括小学、初中、高中在内的企业办全日制学校，始建于1954年9月。占地10710平方米，房屋建筑面积10110.64平方米，拥有101名在职教职工、1700余名学生的较具规模的普通中等学校。2006年12月，淮南煤矿机械厂职工子弟中学固定资产135万元、流动资产47万元和所有教职工，移交淮南市谢家集区人民政府，正式与企业脱钩。

第二节 中专教育

中专招生 1986年后，淮南、淮北、皖北以及新集四大矿业集团，通过鼓励员工自学与有计划有目标定向在本行业高等院校中专部专业培训等方式，让更多的员工熟练掌握本岗位对口业务知识，其学力能够达到中等专业学校毕业生水平。

1987年，中专教育坚持实事求是、按需施教、学用结合、学以致用、业余为主的原则，招生对象为初中学力（1987年以前为学历），学制为工科3年2700学时，文科2年1800学时。中等专业招生考试由省统一组织进行。1988年，根据国家教委《关于成人中专专业学校招生工作有关问题的通知》，成人中专入学考试由中国统配煤矿总公司统一命题，招生对象为干部45周岁以下，工人（非井下工）35周岁以下。1990年后，干部中专化教育工作基本结束，并规定在工科类生源不足时，可招收少量的工人。

1995年，煤炭部办公厅发出《关于1995年煤炭中专招生工作有关问题的通知》，免试招收应往届高中、技工学校、职业高中毕业生。1997年、1998年，淮北集团公司根据煤炭部转发国家教委下达给集团公司职工大学的成人招生计划，结合生产发展需要，决定从职工子女高考落榜生中招收学员，专业有师资、煤矿通风与安全、发配电等，中专层次，全脱产，学制两年，学习期满成绩合格后，由集团公司职工大学颁发教育部承认的成人中专学历文凭，并交由集团公司人才、劳务市场根据委培合同推荐使用。

2004年，该集团公司针对井下班队长中有3000多人的文化程度为初中及以下现状，决定实施井下班队长中专化教育。该项工作由职教办组织、协调实施，干校具体承办，各矿协办。2004年有7个矿开班，招生350人；2005年有11个矿开班，招生413人。2006年有13个矿开班，招生550人，而且当年集团公司提出对初中以下文化程度的特殊工种同步开展中专化教育；2007年，集团公司根据《国家安全监管总局国家煤矿安监局关于提高煤矿主要负责人和安全生产管理人员安全资格准入标准的通知》精神，组织489名未取得煤矿主体专业的学历的科区级管理干部参加中专教育。

安徽能源技术学校 创办于1980年，原名为安徽省煤炭工业学校，隶属于安徽省煤炭工业厅。2001年，省煤炭工业厅撤销，学校划归安徽省教育厅直管，同时更名为安徽能源技术学校。该校是一所以中专教育为主体、高职教育为延伸、成教培训为补充，集教育、培训、技能鉴定为一体，立足行业，面向社会，适应市场经济多层次需求的国家级重点中等职业学校。2005年10月，国家安全生产监察管理总局批准安徽煤矿安全监察局依托安徽能源技术学校成立安徽煤矿安全培训中心（国家二级）。2008年10月20日，为培养更加合格的煤矿人才，经省教育厅批准，安徽能源职业教育集团正式成立。

学校分新老两个校区，老校区占地面积80余亩，建筑面积42925平方米（不含职工宿舍）。新校区占地面积375亩，规划建筑总面积218940平方米，预计投资1.8亿元，于2009年4月动工开建，一期工程已于2009年4月开工建设。

学校现有在岗教职工138人，其中专任教师92人（不含长年聘用的专任教师），中高级职称60人。学校开设有机电技术应用、电气运行与控制、采矿技术、矿山机械运行与维修、矿井通风与安全、工程测量、矿山机电等17个专业，其中采矿技术、矿井通风与安全、煤矿机电为国家级或省级重点专业。已经形成了以社会适用和应用型专业为基础，以能源技术和通用机电技术为主干的新型动态专业结构。

学校积极适应煤矿企业人才培养的需要，积极调整课程体系加大实训基地建设，在合肥煤矿开关设备实训基地、皖南小煤矿综合实训基地、淮南煤矿机电设备实训基地和煤矿安全实训基地，新集选煤厂电厂实训基地，皖北采掘实训基地。

学校是全省首个尝试订单培养、菜单教学，并取得重大成效的学校。学校与淮南矿业集团、国投新集能源公司、皖北煤电集团公司、中煤矿建集团公司签定了定向培养协议。面向市场，为生产第一线培养实用型、技能型人才。

2005年，安徽能源技术学校获国家级重点中专学校。同年10月，学校所属安徽省煤矿安全培训中心（二级）经国家安全生产监察管理总局批准成立；2007年10月，中央职业教育实训基地（煤矿安全）获教育部批准。2007年6月，学校成为首批全国德育教育实训基地。同年，安徽能源技术学校成立国家技能鉴定所和煤炭特有工种职业技能鉴定站机构。

第三节　高等教育

淮北师范大学　位于国家能源基地、国家园林城市淮北市，是一所多科性的普通本科学校。1974年建校，时为安徽师范大学淮北分校。1978年12月，定名为淮北煤炭师范学院，隶属原煤炭工业部，面向全国招生。1998年9月实行“中央与地方共建，以安徽省管理为主”的管理体制。2010年3月，更名为淮北师范大学。1981年获准为学士学位授权单位。2000年，学校以优异成绩通过教育部本科教学工作合格评估。2003年获得硕士学位授予权。2007年，在教育部本科教学工作水平评估中获得“优秀”等次。2009年，新增为教育硕士专业学位培养单位、省级立项建设博士学位授予单位和博士后岗位设置单位。

学校占地面积2100余亩，建筑面积46.6万平方米，纸质图书157万册，电子文献折合总量110万册，科研仪器设备总值1.3亿元，各类教室和实验室功能齐全、设备先进，满足教学、科研和人才培养需要。学校有18个学院，48个本科专业，分属人文学科、社会学科、理学、工学和管理学等5个学科门类，有8个一级学科硕士学位授权点、66个二级学科硕士学位授权点、1个教育硕士专业学位授权点。

学校师资队伍结构合理，实力较强。专任教师队伍中具有博士、硕士学位者671人，具有高级专业技术职务者524人。有“双聘”院士2人，“新世纪百千万人才工程”国家级人选1人，教育部优秀青年教师资助计划人选1人，“皖江学者”讲席教授3人，省教学名师6人，省学术和技术带头人6人，省高校学科拔尖人才8人，省高校中青年学科带头人27人，省高校优秀中青年骨干教师57人，全国优秀教师、“五一”劳动奖章获得者14人，享受政府特殊津贴者13人，曾宪梓教育基金奖获得者13人，安徽省优秀教师、师德标兵、优秀党务工作者14人。

学校具有较强的教研、科研实力。有5个国家级特色专业，3个省级重点专业，5个省级重点学科，4个省级重点实验室，4个省级教改示范专业，4个省级特色专业，1个省级科技创新团队，1个省级教学团队，4个省级基础课实验教学示范中心，1个省级人才培养模式创新实验区，8门省级重点建设课程，19门省级精品课程。近年来承担省部级及以上教学研究项目71项，其中重点18项；获省级教学成果奖20项，其中一等奖5项，二等奖6项；承担国家级科研课题55项，省级科研课题252项，出版学术著作168部，发表论文4200余篇，其中被SCI、EI、ISTP检索收录论文338篇，获省部级以上科研奖励25项，其中国家级奖励2项。学校编辑出版《淮北师范大学学报》《古籍研究》《安徽文献研究集刊》《淮北师范大学报》等多种公开发行的学术刊物和报纸。

学校重视对外交流与合作，先后与国内70多所重点高校和科研机构以及美国西肯塔基大学、哈町大学、澳大利亚拉托贝大学等建立校际合作关系。建立了学术报告制度，通过邀请国内外著名学者来校讲学、举办全国性和全省性学术会议等形式，促进了学术交流与合作。

办学至今，学校已经培养出5万余名各级各类高素质创新型专门人才，为国家经济社会发展做出了应有贡献。

安徽理工大学 前身为淮南矿业学院，1951年创办，隶属于原国家煤炭工业部管理。1998年，淮南矿业学院实行“中央与地方共建，以安徽省管理为主”的办学管理体制，并于2002年更名为安徽理工大学。学校是一所以工为主，工、理、管、医、文、经、法协调发展的多科性大学，是安徽省重点建设的大学之一。

学校设14个院、部和继续教育学院。是中国首批具有硕士学位、学士学位授予权的高校。现具有博士学位、硕士学位、工程硕士专业学位、高校教师在职攻读硕士学位、研究生毕业同等学力申请硕士学位授予权。设52个本科专业，有4个博士学位授权点，2个博士后科研流动站，7个一级学科硕士学位授权点，36个硕士学位授权点，11个工程硕士专业学位授权领域，14个高校教师在职攻读硕士学位授权点。学校面向全国招生。并受南京军区委托培养国防生。

学校有8个A、B类省级重点学科；设有安徽省现代矿业工程重点实验室、煤矿安全高效开采省部共建教育部重点实验室、矿山地下工程教育部研究中心等7个省部级重点实验室、工程技术研究中心和37个研究所；有地质工程、机械设计制造及其自动化、土木工程、弹药工程与爆炸技术4个省级教改示范专业。拥有国家复合型人才培养模式创新实验区1个，国家特色专业建设点5个。省级特色专业建设点2个。学校图书馆是安徽省教育图书文献资源保障系统皖北片信息服务中心，拥有各类图书文献245万册。

学校有各类在校学生3.2万人，其中全日制普通本科生2万余人，博士、硕士研究生1500人，成人本（专）科生9600人。学校在职教职工2100人，其中专任教师1200人，教授、副教授等高级专业技术人员500人。学校拥有一支教学水平较高、师德良好、创新能力强的师资队伍和一批由省部级拔尖人才、学科带头人、中青年骨干教师组成的优秀学术创新群体。学校是安徽省和周边地区高层次人才培养、科学研究和技术创新的重要基地。

在长期的办学实践中，学校形成“厚基础、重实践、求创新、高素质”的育人特色和“志存高远、追求卓越、求真务实”的校园精神。近年来，学校在全国“挑战杯”大学生课外科技作品竞赛、“挑战杯”大学生创业计划竞赛、大学生机械创新设计大赛等比赛中获国家级和省级奖项60余项。学校本科毕业生就业率在96%以上，被教育部、安徽省分别授予“全国普通高等学校毕业生就业工作先进单位”和“安徽省普通高等学校毕业生就业工作标兵单位”称号。学校是教育部本科教学工作水平评估获得“优秀”结论的高校。学校科技创新势头强劲，“十五”期间获国家、省部级科技奖励63项，连续获教育部“九五”“十五”期间“全国普通高校科研管理先进集体”称号。

学校积极开展对外学术交流活动，与美国、英国、德国、澳大利亚、波兰、日本、韩国、越南、菲律宾等国家的有关高校建立校际交流合作关系，派遣人员到国外高校讲学、访问、攻读学位、开展科技合作。邀请国内外专家、学者来校讲学和进行学术交流。出版《安徽理工大学学报·自然科学版（全国核心期刊）》《安徽理工大学学报·社会科学版》《矿业科学技术》等学术刊物。

淮北煤电技师学院　由安徽淮北煤炭高级技工学校和安徽煤矿第一安全技术培训中心组成，坐落在淮北市相山区，有东西2个校区，占地312余亩，建筑总面积18万平方米。其中，实验室面积2193平方米，实习工厂面积9989平方米。图书馆藏书14.4万余册。拥有400米标准跑道的田径运动场1个，250米跑道的田径运动场1个，标准篮球场7个，标准排球场4个。净资产5097万元。

2010年年底，在册教职工379人，其中，理论教师165人，“双师型”教师66人，高级讲师78人，讲师85人，在校生8000余人，年培训量近3万人次，成人函授教育1000

—1500人。截至2010年年底，学院共有在岗职工379人，离退休人员330人，内退人员35人，其他人员30人。先后开设采掘技术、井下电钳、矿山机电、矿井运输、矿进通风、综采综掘、铁路运输、发配电、焦化、钻探技术、数控技术、机电一体化、计算机应用、服装设计与制作等20多个专业，常年举办国有、地方煤矿矿长安全资格认证、井下特种作业人员、采掘区队长、技师、高级技师、各类管理干部等培训班。至2009年，学院共为矿区和社会培养输送31949名中、高级技术工人，2014名技师，116名高级技师，相继完成数以万计人次的各级各类培训任务。

2001年后，分别被人力资源和社会保障部、国家煤矿安全监察局、安徽省人事厅、劳动和社会保障厅、经贸委、煤矿安全监察局批准为“国家高技能人才培养示范基地（院校）”“国家二级煤矿安全资格培训基地”“安徽省专业技术人员省级继续教育基地”“机电高技能人才培训基地”“安徽省特种作业人员安全技术培训基地”和“安徽省再就业培训基地”。学校是安徽省“职业教育先进单位”“人才工作先进单位”和“煤矿安全培训先进单位”以及“全国煤炭系统职业技术教育先进单位”。2006年获得“国家技能人才培育突出贡献奖”（全国百家之一）。2008年，被省人力资源社会保障厅授予“安徽省就业和再就业培训先进单位”，被人力资源社会保障部批准为第一批“国家高技能人才培养示范基地”；2010年，被安徽省委、省人民政府授予“全省人才培养先进单位”称号。

淮北矿务局安培中心、技校创建于1978年；干校创建于1981年。1985年4月，在淮北矿务局干部学校基础上组建了煤炭管理干部中等专业学校。1987年3月，成立淮北矿务局党校。1994年被劳动部批准为“国家重点技工学校”。1996年3月，淮北煤矿技工学校、淮北矿务局职工大学、淮北煤矿职工卫生学校、淮北矿务局安全技术培训中心合并为“淮北矿务局职工教育中心”，一个机构，四块牌子。1997年被安徽省政府命名为“安徽煤矿第一安全技术培训中心”。1998年2月，经劳动部、国家计委劳部批准改建为“安徽淮北煤炭高级技工学校”。2000年8月，淮北矿务局职工大学与淮北矿业集团公司职工教育中心分离。职工教育中心由安徽淮北煤炭高级技工学校和安徽煤矿第一安全技术培训中心组成，一个机构，两块牌子。2006年6月，安徽省人民政府批准学校设立为“安徽淮北煤电技师学院。”2007年7月1日，由淮北矿业集团公司独资的职工教育中心改制。改制后的职工教育中心为淮北矿业集团公司以国有净资产出资、职工以经济补偿金和现金出资的股份制单位，总股本3785.66万元，其中：淮北矿业集团公司以改制前职教中心净资产出资、占总股本的35%；职工以经济补偿金和现金出资，占总股本的65%。改制后，设立股东代表大会、董事会和监事会，以及经营管理执行机构。9月13日，淮北矿业集团公司下发《关于机构调整的通知》，成立中共安徽淮北煤电技师学院委员会，撤销中共淮北矿业集团职工教育中心委员会，淮北矿业集团职工教育中心机构废止。2009年6月，集团公司干校与安徽淮北煤电技师学院合并重组。撤销淮北矿业集团公司干部学校，保留安徽淮北煤电技师学院、淮北矿业集团公司党校牌子，成立淮北矿区人才教育培训中心。

2010年年底，学院一个机构，三块牌子，分别是：安徽淮北煤电技师学院、淮北矿业集团公司党校、淮北矿区人才教育培训中心。学院设有29个二级机构。生源主要是持有城镇户口、历应届初高中毕业生的本集团内部职工之女。2001年开始面向社会招生。1987–2010年，该校共向本企业和社会输送21983名毕业生。毕业后，身份为内部职工子女的学生，由集团公司录用为劳动合同制工人；面向社会招收的学生，定向委培的由委培单位录用为劳动合同制工人，非定向委培的由学校负责推荐就业。学校如未能提供就业岗位不能就业者，退还其全部学费。大大缓解了煤炭系统职工子女就业难的压力。

淮南职业技术学院 是一所综合性高等院校。1998年年初，淮南矿务局将所属的淮南矿务局职工大学、党校、职工医科大学三校合并为淮南矿务局职工大学。办学层次是成人高等教育。受整个成人教育不景气的大环境影响，成人教育办学模式走入低谷，独立设置的成人高校生源枯竭。淮南矿务局职工大学大专层次在校生不足200人，教育资源大量闲置。当时国家大力发展高等职业教育，鼓励独立设置成人高校通过“停、并、转”的方式，开展高等职业技术教育。淮南矿务局党委与安徽省教育厅和原淮南工业学院联系，矿务局职工大学和原淮南工业学院联合办学，于1999年6月18日，成立淮南工业学院职业技术学院。隶属于淮南矿业集团，办学层次是普通高等教育，副厅级建制，学制为三年。2000年6月18日，正式成立淮南职业技术学院，是安徽省教育厅重点大型企业办高职的试点单位。2003年，教育部在全国767所高职院校中选择26所，进行人才培养工作水平评估，该学院作为安徽省40多所高职院校中的唯一被选中的代表，经国家级评估，等级为“良好”。同年，被中共安徽省委组织部、宣传部、教育工委命名为“党建和思想政治工作先进高校”。2004年，学院被教育部、卫生部指定为国家级人才培训基地，被省教育厅命名为“安徽省普通高校毕业生就业指导工作先进单位”，为安徽省人事厅专业技术人员培训继续教育基地、安徽省劳动和社会保障厅电子电工培训基地。学院拥有国家安全监察局二级安全培训机构、国家二级裁判员鉴定资格、劳动和社会保障部电子商务师远程培训辅导站，中国商业技师协会全国营销职业人员资格认证工作站。

学院有3个校区，占地面积453335.6平方米，建筑面积17.8万平方米。教学仪器设备总值1180万元。藏书42.8万册（含电子图书26册）。全日制在校生7000余人，设置12个系部，2、3个专业（国家级教改试点专业1个，省级教改试点专业3个，院级试点专业8个）。专职教师260人，其中教授、副教授29人，安徽省学科拔尖人才1人，享受政府特殊贡献津贴1人。学院每年从美国哈佛大学、中国科学技术大学、安徽大学、安徽医科大学、矿业集团聘请130多名专职（兼职）教授、副教授、专家、学者来校讲课。每年为集团公司培训各类人员1万余人。

学院逐步形成“立足煤炭企业，面向煤炭行业，适当兼顾社会”的办学理念。在搞好高职教育的同时，坚持“为煤服务”，积极开展“委托培训、订单式”教育，为煤炭行业培养各类型、各层次急需人才。建立健全质量监控体系，坚持走产学研结合之路，在集团公司20多家矿、厂、医院建立产学研基地。还在北京、上海、广州、深圳等地建立10多个省外实习、实训基地。2003年毕业生一次性就业率达93.6%，2004年达96.36%，在全省同类高校名列前茅，被省教育厅和淮南市评为“毕业生就业工作先进高校”。

第四节 成人教育

1985年，煤炭部全国煤炭干部教育工作会议提出，在煤炭行业大力开展“干部中专化”教育，力争1990年前，将初中以下文化的干部全部达到中专文化程度，实现人才的革命化、年轻化、知识化、专用化。根据国家有关规定，安徽所属煤炭企业，采取半脱产或业余夜校等形式，分层次、分专业进行文化、技术补课。同时在1986年又在科级及以下管理人员中开展为期半年的全脱产高中文化补习，成功地普及了高中和中专学历。

淮南矿业集团 早在20世纪80年代初期便成立职工大学。1986年7月，职工大学接办局职工中专班，并兼管高等教育函授站及电大教学班。职工大学针对煤矿建设需要开设专业课程，按照部颁标准实施教学计划和教学大纲。前期招生主要面向煤矿在职职工或待业的职工子弟，为他们增长岗位技能水平、提高学历搭建平台；改革开放以后，开始面向社会招生。所开设的课程在原有的基础上有所拓展。学校招生纳入全国全省统一成人考试范围，择优录取，确保生源质量。

在此基础上，淮南矿业集团还以职工大学为依托，近10多年来，充分利用校舍资源和师资力量，有计划地为矿区各单位培训各类专业人才，以满足矿区建设对专业人才的迫切需要。1998年起，集团党校与职工大学合并，设立函授培训部，主要承担中央党校和安徽省委党校函授学历教育、安徽理工大学成人教育的函授教学工作。2002年，设立省级继续教育基地。自1992年起，党校函授班先后开设党政、经营、法律等专业，学历层次为本科、专科，共毕业4000多人。同时还与安徽大学经济管理学院联合开办2期研究生课程进修班。

淮北矿业集团 从1988年起淮北矿务局依托干校在矿区组织开展专业证书教育4个班，共163人，其中企管2个班、政工2个班。之后陆续举办高护、医疗中专专业证书班，有1000余人取得中专专业证书。同年，又对81名中青年各级管理人员，在获得高中或者中专学历基础上，进行大专学历教育。1996年，共有180人参加矿务局委托中国矿业大学和淮南矿业学院举办的经济管理大专证书班，有80余人参加矿务局委托中国人民解放军汽车管理学院举办的车辆管理大专证书班。1997年，大专证书培训招生全部结束，当时在校生为468人。

淮北矿业集团成人高等教育的另一主要方式为函授和自学考试。培养矿区需要的师范类、采矿矿建类、机电运输类、地质测量、法律、财会、营销、工商管理等专业的专业技术人员。1990年前，主要以师范类、财会、营销、采矿矿建类、机电运输类等专业为主。2000年后，主要以采矿矿建类、机电运输类、地质测量、法律、财会、营销、工商管理等专业为主。1987—2007年集团公司共组织6641名职工参加本、专科成人高等教育。1997年，矿务局采取“双招”的形式，从矿区职工子女中招收高考落榜生，在职工大学参加应用电子、计算机应用大专班，师资专业中专班全脱产学习。2001年，选送14人去中国矿业大学攻读工程硕士。2002年，选送40人去安徽工商管理学院学习工商管理专业。2003—2006年，选送管理技术人员92人就读采掘、机电、通风、财经等专业的研究生。2007年9月，组织矿处级以上管理人员36人参加中国矿业大学（北京）MBA学历教育。

皖北煤电集团　定期组织开展对管理和专业技术人员岗位所属的知识、技能更新拓展培训，如WKB能力拓展培训、工商管理知识培训、外语和计算机知识培训等。高、中级专业技术人员每年接受继续教育的时间不少于40学时，初级专业技术人员累计不少于32学时。学历教育坚持“专业对口、按需培养”的原则，以自学和函授为主，每年进行一次学历认证（学历认证后，学费按60%比例报销）。根据规划，到2008年末，皖北煤电集团40岁以下的生产技能人员一般应达到技校、职高及以上学历；45岁以下的专业技术人员和管理人员一般应达到大专以上学历，其中中、高级经营管理人员和专业技术人员一般应达到大学本科以上学历。自1996年规范学历认证以来，至2010年已累计完成成人教育学历认证4051人次。皖北煤电集团还根据自身发展实际，从2002年起先后与安徽理工大学（淮南矿业学院）、中国矿业大学、山东科技大学、武汉理工大学4所高校签订协议，委托培养煤矿主体专业技术人才。至2006年的5年间，共选送317名青年到上述院校接受学习、深造。

2006年9月，皖北煤电集团建成并投入使用祁东WKB培训基地。至2008年年底，已累计培训1237人次。“WKB”的基本含义就是团队精神，WKB培训是一种亲身体验式的学习方式，它是通过一些特殊课程的设置，一些特殊的训练方法，来培养学员的团队意识、协作精神、意志品质等。

第五节　技术培训

全面实施职工技术培训，是提高煤炭企业干部员工综合素质的必要措施，也是增强企业核心竞争力、推动企业可持续发展的宏观战略工程。特别是煤炭进入市场经济之后，各大型煤炭国有企业，都把职工技术培训工作摆在更加突出的重要位置。

煤炭企业是高危行业，安全技术培训尤为重要。2005年10月，国家安全生产监察管理总局批准建立安徽煤矿安全培训中心。该中心依托安徽能源技术学校，成为国家二级煤矿安全培训机构。培训中心承担全省国有和地方煤炭企业主要负责人、安全管理人员、专职安全管理人员以及国有煤炭企业（公司）高层管理人员和部门负责人的安全培训和复训；承担全省煤炭企业矿长资格培训和复训；承担全省煤炭企业三、四级煤矿安全培训机构师资培训；承担全省煤炭企业注册安全工程师、注册安全评价师的继续教育培训。培训对象涉及全省大小260多个煤矿的矿级领导和有关工程技术人员。截至2010年，全省共建成6个二级、8个三级、65个四级煤矿安全培训机构。2000-2010年间，全省累计培训“主要负责人、安全管理人员、特种作业人员”35万人次。为提高矿山救护队员技术素质，安徽煤矿安全监察局于2009年投入培训经费1805万元；同时还有计划地安排矿山救护大中队长，参加全国性的业务培训班学习；2010年对全省矿山救护队133名中小队长进行复训，各救护大队也全面开展了全员自主复训。参训率和合格率均为100%。

淮南矿业集团　安全技术培训中心于1983年开始建设，1986年全部建成，共完成投资786万元（其中煤炭工业部投资585万元，淮南矿务局投资201万元），总建筑面积27681平方米，是当时全国煤炭系统首批建设的五大培训中心之一。目前总建筑面积已近4万平方米。

1983—1998年，淮南矿业集团安全技术培训中心与淮南矿务局技工学校共设一套党政管理机构，技工学校校长兼任安全技术培训中心主任；1998年，淮南矿务局职工大学、党校、技工学校合并，成立淮南职业技术学院，安全技术培训中心属淮南职业技术学院二级机构，业务上接受安徽煤矿安全监察局、淮南矿业集团安全质量监察局领导。主要承担淮南矿业集团、淮南地方煤矿、皖南部分地方煤矿的主要负责人、安全管理人员、四级安全培训机构教师，以及采掘、通风、机电、运输等科（区）队长、班组长，特殊工种作业人员的安全培训任务；同时，负责对四级安全培训机构的业务指导。

淮北矿业集团　1986年2月，淮北矿务局开始举办井下生产区科长安全培训班，对1982年以后提任、没有文凭的区科干部和安全检查员（干部）、井下生产及安检人员全部分期分批进行培训。

1987年1月，淮北矿务局设立安全技术培训中心，各矿（工程处、厂）建立安全培训室，制定《〈煤矿安全规程〉实施细则》，规范安全技术培训。2000—2003年，新入井人员培训统一在集团公司安全技术培训中心进行，共培训5500人。2004—2006年各矿的新工人培训均在本单位四级安全培训基地进行，培训不少于国家规定的72学时，共培训6277余人；同时规定，培训考试合格者，还要在有经验的工人带领下工作4个月，经再次考核合格后，方可独立上岗操作。

2006年5月，淮北矿业集团提出对“井下送（变）电工、主扇风机司机、井下主排水泵工、电气防爆检查工、测风测尘工、瓦斯检测工、瓦斯抽放工、固定胶带输送机工、上下山绞车工、电机车司机、耙矸机司机、风动凿岩机司机、矿山救护队员”等16个单独作业、危险度高，以及技术含量较高的工种和防突工，实行企业内部持证上岗、培（复）训制度，由职工教育办公室制定培训计划，编制《煤矿井下十六个特种作业人员安全培训教学大纲》，各单位四级安全培训机构组织实施，集团公司安全监察局负责考核和发证。截至2006年年底,共有10660余人取得相应的培训合格证书。

2004年以后,根据《淮北矿业集团公司加强井下班(队)长管理工作指导意见》,对4546名井下班(队)长进行资格培训。淮北矿业集团制定培训计划,编写各系列《井下班(队)长岗位培训实用教材》,专门举办采煤、掘进班队长示范培训班各1期,除4家单位外均采取全脱产培训方式,并对采、掘、机、运、通、修、防突7个系列,均分A、B、C、D四种试卷组织统考,4546名井下班(队)长参加统考,及格率为92.2%。不及格的人员,由各单位自行组织对其进行相关的知识培训,集团公司于2007年3月统一组织补考,确保井下班(队)长全部持证上岗。

皖北煤电集团　截至2010年,集团已拥有3处安全培训基地,即刘桥培训部、前岭培训部和任楼培训中心。其中任楼矿培训中心,属于国家二级培训基地,共有教室10间(其中多媒体教室6间),总面积为800平方米。教室桌椅空调、供暖设施齐全。多媒体教室配有录像机、投影机、计算机、音箱、影碟机等教学设备。另有一个面积达270平方米的多功能阶梯教室。拥有采掘安全实验室、通风安全实验室、机电安全实验室、提升运输实验室、瓦斯煤尘爆炸实验室、创伤急救实验室及其他实验室,总面积为560平方米,并按规定配备实验设备及有关仪器仪表。安全教育展室面积达150平方米,有声光演示,内容包括五大灾害防治知识、煤矿安全生产目标、皖北煤电集团历年事故统计表及事故案例等;计算机室面积180平方米,配置电脑60台;图书资料室面积71平方米,藏书2万册,其中专业类1.5万册,文艺类5000册,并购有安全系列教育光盘60余种。2008年7月29日,顺利通过国家二级煤矿安全教育培训机构资质验收。办学能力同期达300人,年度培训人数可达4000人。

第二章　卫　生

作为煤矿职工生活福利设施的重要组成部分，安徽煤炭系统医疗卫生事业，在不断地探索、改革中也与企业一起得到长足的发展，为保障煤矿职工、家属的身心健康，安居乐业，发挥重要作用。

第一节　医疗机构与队伍

20世纪80—90年代末，安徽煤矿系统淮南、淮北、皖北、中煤矿建集团等大型国有矿业集团总部医院和矿、厂医院（所），在人、财、物等方面隶属于本企业管理。90年代末，各矿业集团随着企业改革的不断深化，重组医疗卫生管理机构，逐步实现对矿区医疗卫生系统人财物的统一管理。有的企业组成相对独立的股份制医疗机构。

淮南矿业集团　1998年6月，成立集团医疗卫生管理中心，为正处级建制，并设立独立党委。该中心下设医政部、药政部、预保部、财劳部、政工部和办公室。下属局级医院5所，共有在册人员5000多人，固定资产近4000万元。

淮北矿业集团　2005年5月，撤销医疗卫生管理处，组建淮北矿区医疗集团，下辖1所总院（矿工总医院）、4所中心医院、16所分院和1所卫生所。2007年7月，医疗集团进行改制，改建为股权多元化的非营利性医疗机构，即“淮北矿工总医院集团”。改制后，医院集团拥有总股本1.34亿元。股本构成为集团公司以国有剩余净资产2084.06万元，持有15.51%股权；职工个人以经济补偿金1.1亿元和现金自愿出资299万元，各占总股本的82.26%和2.23%。

皖北煤电集团　1998年，公司撤销卫生处，成立医疗卫生中心，对全公司7家医院实行人、财、物统管，承担全公司的医疗卫生和计划生育行政管理职能。2004年4月，医疗卫生中心和职工总医院合并，成立皖北煤电集团总医院，下属各矿医院为总医院分院。新成立的总医院既是一个医疗实体，又承担着集团公司卫生和计划生育行政管理职能。2005年，根据国家和省市有关政策，总医院进行整体分离改制，改制为安徽省皖北医院，总医院为集团公司参股单位。

国投新集公司　下设2所主要医疗机构——淮南新康医院和国投新集能源股份有限公司新集医院。新康医院是一所集医疗、保健、康复、预防、科研为一体的现代化大型综合性医院。淮南市城镇职工、居民、农保、离退休干部、生育、淮南矿业集团等各类医保定点医院;淮南市唯一工伤康复定点医院。医院以外科、骨科、康复科、妇产科、心脑血管、老年病、肿瘤治疗为特色。医院附设老年公寓、老年病研究所。新集医院现为淮南市劳动局审核指定为工伤保险定点医疗机构,太平洋保险公司确定为医疗保险定点医院,凤台县新农合、城镇职工、城镇居民医疗定点医院,潘集区城镇职工、居民医疗定点医院。有大型设备:CT/Ge、彩、普B超机、普放500maX光机2台、全自动生化分析仪、血气分析仪、全自动血球分析仪、血流变分析仪、动态心电监测仪、多功能监护仪态4台、呼吸机4台、多功能麻醉机3台、电子胃镜、救护车等。医院总建筑面积9600平方米,实用面积约7600平方米,总床位数120张。

第二节 矿工医院

淮南矿业集团第一矿工医院 位于淮南市九龙岗镇,曾先后改称淮南矿工总院、淮南矿工总院九龙岗分院、淮南第一矿工医院、淮南矿务局肿瘤医院。2004年9月1日从淮南矿业集团分离出来,由国营企业改制为民营企业,改名为淮南东方医院集团肿瘤医院,医院占地面积54320平方米,是一所集医疗、教学、科研、预防、康复为一体的肿瘤专科医院。是安徽省规模最大,设备齐全,治疗手段多样化,以治疗肿瘤为主的特色医院。设置床位465张,医护人员420人,其中高、中级职称120人。医院设有肿瘤放、化疗科室7个,另外设有内科、外科、妇产科、呼吸科、精神卫生中心、放疗中心、临床检验中心等23个临床医技科室。

淮南矿业集团第二矿工医院 是淮南矿区规模最大的集医疗、科研、教学、预防、保健于一体的综合性医院,前身为淮南矿务局第二矿工医院,位于淮南市谢家集区。占地面积17万平方米,建筑总面积7.5万平方米,住院部4.6万平方米,门诊部0.5万平方米。编制床位620张,实际开放床位620张,年均住院病人1万余人次,年均门诊12万人次。职工总数919人,其中:医卫专业技术人员672人,占职工总数的73%,高级职称66人,中级职称161人。

医疗设备主要有美产FX/I螺旋CT、人工肾机、鸟牌呼吸机、日产800MAX光机、WHZ-1013C型X光机、德产MDX颈颅彩色多普勒、西门子ELEGRA彩超、ASC全自动生化分析仪、SCM-270动态心电图机以及12舱高压氧、电子胃镜、腹腔镜、关节镜、体外循环机、监护仪等280台。

医疗技术在国内领先的有:脾破裂修补术、脾肾静脉分流术、肝三叶切除术、直肠全细膜切除术、多发性创伤急救、开颅探查术、脑浅部肿瘤摘除术、支气管成形术、三尖瓣成形术、重症肌无力胸腺切除术、断(指、趾、腕)、前臂断肢再植术、血管神经吻合移植术、腹部皮瓣转移,烧伤科的四肢切痂、微粒皮移植术、异体同种肾移植术、起搏器安装术、腹膜透析术、冰冻浓缩腹水治疗肝硬化术等。

淮南矿业集团第三矿工医院 地址设在淮南洞山。1986年,改名为淮南矿务局第三矿工医院，1995 年被评为“二级甲等医院”。医院相继成为安徽理工大学医学院附属医院、蚌埠医学院教学医院;并被评为“国家级爱婴医院”。

2004 年 9 月 1 日起，以矿三院为主体，组建淮南东方医院集团;与淮南矿业集团正式分离，成为“自主经营、自负盈亏、自我约束、自我发展”的独立法人。矿工三院遂更名为淮南东方医院集团总院。现辖医院 22 所，职工 2227 人，床位 2000 张，固定资产 1.4 亿元，开全省民营医疗集团之先河。

淮南矿业集团第四矿工医院 是淮南矿区规模较大的集医疗、预防、保健、教学、科研于一体的综合性医院。2005 年 6 月，该院从淮南矿业集团剥离，成为民办性质的淮南新华医疗集团下属北方医院。位于安徽淮南潘集。占地面积 3.4 万平方米，建筑总面积 19140 平方米，其中住院部 16750 平方米，门诊部 2390 平方米。定编床位 350 张，实际开放床位 350 张。年住院病人 6000 人次，年门诊 7 万余人次。有在册职工 428 人，其中卫生技术人员 314 人，占职工总数的 74%，高级职称 25 人，中级职称 95 人。

该院开展的胸外科、普外科、妇产科、腹腔镜、五官科手术、断肢再植术、脑梗死的介入溶栓、脑出血微创抽吸术、锥颅抽吸技术等均处于淮南市领先水平，部分技术达到省内领先水平。

淮南煤矿机械厂职工医院 是一所为职工提供医疗服务为主，为社会提供医疗服务为辅的综合性医院，年门诊量约 5 万人次，设有内科、外科、妇产科、五官科、中医科、B 超室、X 光室、心电图室等医疗科室。住院部编制床位 60 余张，能开展较为复杂的手术和重病治疗。2006 年 2 月，职工医院固定资产 74 万元、流动资产 14.8 万元、医护和管理人员 122 人整体归口“淮南煤矿机械厂破产重组清算组”。

淮北矿工总医院 集团由总院与基层 16 所综合性医院、1 所精神专科医院组成，拥有固定资产 2.8 亿元，开设床位总计 2400 多张，共有职工 2600 多人，服务能力年门急诊量 80 万人次、出院病人 4 万人次。所辖医疗机构分布在淮北、宿州、亳州三市范围，连同所属的矿（厂）井口保健站构成三级医疗网络，服务范围除矿区外，还辐射周边苏鲁豫皖等地乡镇。

淮北矿工总医院是三级甲等医院，医院始建于 1958 年。2005 年有卫生专业技术人员 970 人，其中副高以上人员 180 人，开设床位 1000 张，设有 26 个临床专科、9 个医技科室，附设 5 个专业研究所。拥有万元以上设备 500 余台件。医院每年开展科研课题研究 10 多项，发表医学论文百余篇，其中股骨头头坏死早期治疗——死骨刮除加异体骨植入加介入治疗等科技成果获安徽省、煤炭部科技进步奖。继 1970 年在省内率先开展断肢再植手术后，陆续开展体外循环心内直视手术、经尿道前列腺电汽化术、颈椎前后入路手术等技术项目。

皖北煤电集团总医院 为蚌埠医学院第三附属医院，位于宿州市淮河西路，1991 年建成，是一所现代化综合性二级甲等医院，占地面积 40 余亩，建筑面积 2.3 万平方米，设门诊和住院部，设床位 552 张。共有万元以上医疗设备 274 台（件），价值 3716 万元。全院共有职工498人。其中副高级技术人员44人,中级技术人员59人,年门诊132735人次,出院病人13518例。该院自2004年5月18日,经蚌埠医学院检查验收,挂牌为"蚌埠医学院第三附属医院"(非直属)。2000年以后,总医院实行各项改革,除承担皖北煤电集团公司近十万名职工及家属的医疗保健和工伤救治外,还为周边数十万居民提供医疗服务,医疗技术处于当地领先水平。

中煤矿建集团总医院 是一所集医疗、科研、预防、保健、康复、职业病防治于一体的二级甲等综合性医院。1972年,在宿州组建,开始为"淮北煤矿基本建设局职工总医院"。1994年12月,更名为"中煤第三建设公司职工总医院"。职工总医院现占地面积5.7万平方米,建筑面积3.4万平方米。2005年有职工658人,专业技术人员428人,其中高级职称56人,中级职称182人。医院编制床位314张,设有22个临床专科,14个医技科室和2个专业研究所——淮北市创伤与关节置换研究所、中煤三建职业病防治所。骨科和心血管内科是淮北市的重点学科。微创外科、颈肩腰腿痛科和核医学科是特色专科。同时,医院是国家矿山救护中心成员单位,安徽省城镇职工医保定点医院,淮北市、宿州市新农合定点医院、宿州市交强险、淮北市工伤救治及中国人寿、中国平安等保险公司定点医院。医院拥有固定资产5000万元,万元以上设备260余台件。

第三节 职业病危害与防治

随着国家对矽肺病防治工作的高度重视,安徽煤炭系统对该项工作的资金投入不断加大,医疗设施不断更新,机构和制度不断健全完善,从而有效保障煤矿井下工人的合法权益和身心健康。

淮南、淮北、皖北、新集四大煤炭企业集团和中煤矿山建设集团公司,始终把矽肺病防治工作放在重要位置。建立专门机构、配备专门人员,投入专门资金,明确具体分管负责人。长期以来,始终坚持每年为从事井下工作的煤矿工人进行体检和矽肺病等级鉴定,建立档案;根据不同病情,及时安排矽肺病工人住院治疗、有计划地安排他们去外地疗休养;工资奖金享受相应工伤同等级别待遇。与此同时,各矿积极采取先进的科学技术措施,努力净化工作面环境,把吸尘量减少到最低限度。

淮南矿业集团职业病防治院、职工疗养院 是淮南矿区规模较大的集职业病医疗、预防、保健、教学、科研及矿区卫生防疫于一体的专科医院,前身为淮南矿务局职工疗养院,始建于1950年,是淮南矿业集团医保定点医院,位于安徽淮南田家庵区洞山东路。占地面积138883.12平方米,建筑总面积19978平方米,住院部1.17万平方米,门诊部2955平方米。定编床位510张,实际开放床位540张,年住院病人2000余人次,年门诊及职业健康检查3000余人次。2005年有职工397人,卫生技术人员256人,占职工总数的65%,高级职称19人,中级职称110人。

淮北矿业(集团)公司职业病防治院 成立于1980年,位于淮北市中心相山路1

号，占地2.8万平方米，建筑面积近3万平方米。经过20多年的发展，已建成一所以职业病防治为主、多专科配套发展的二级专科医院，是淮北市医疗保险定点医院。医院有在职职工423人，其中专业技术人员349人，占83%，高级职称28人，占8%；中级职称150人，占43%；初级职称151人，占43%。设有2个门诊部，6个医技科室，15个病区，开放病床473张。固定资产3000多万元。承担淮北、皖北矿区职业病防治工作职能，具有省卫生厅颁发的煤矿职业病防治工作所必须的“职业危害因素检测与评价”“尘肺病诊断”“接触有毒有害作业人员职业卫生服务”“接触粉尘作业人员健康体检”等全部四项专业资质，是安徽省职业卫生服务资质最全的单位。

中煤矿建集团总医院和特凿医院 为省卫生厅认定的职业健康监护（粉尘）、职业病（粉尘）诊断定点医院，共同担负中煤矿建集团接尘职工的尘肺防治工作。2005-2009年，共诊断新发病例164例，晋期病例64例，累计诊断尘肺病例2105例。

国投新集公司 定期为全部职工健康体检，每次健康体检结果纳入职工健康档案。体检结果及时向职工反馈，对异常结果进行及时有效治疗或给予健康指导。并拟在新集公司医院的基础上设置国投新集能源股份有限公司职业病防治机构，创建30张床位规模的职业病防治院（所），项目在运作过程中。

第三章　科　技

第一节　科研机构与队伍

自1986年始,安徽省内有煤炭工业合肥设计研究院、淮南矿务局设计院(处)、淮北矿务局设计院(处)、国投新集能源股份有限公司设计院、安徽省煤炭工业设计院等设计单位,其中煤炭工业合肥设计研究院为煤炭行业大型甲级勘察设计单位,其余均为乙级小型设计单位。

煤炭工业合肥设计研究院　前身分别为上海煤矿设计公司、华东煤矿设计研究院、安徽省煤矿设计院、煤炭工业部合肥煤矿设计研究院、合肥煤炭设计研究院、煤炭工业部合肥设计研究院。2004年,更名为煤炭工业合肥设计研究院。2010年,该院在册员工501人,国家工程设计大师1人、安徽省工程设计大师3人,中级以上专业技术人员355人,各类注册人员230余人,设有15个生产经营单位。该院拥有复杂条件下大型现代化高产高效矿井、瓦斯发电厂和深井降温(制冷)设计与研究等专、精、特、新技术品牌,在安徽、华东、西北地区承担数十对新建矿井和技术改造矿井的勘察设计项目,科技创新能力和市场竞争能力跻身于国内同行业先进之列。

安徽省煤炭科学研究院　1975年10月,安徽省煤炭科学研究所成立,隶属于安徽省煤炭工业局。1984年年初,属于安徽煤炭工业公司管理。1985年2月,隶属于煤炭工业部煤炭科学研究院领导,同时更名为煤炭工业部煤炭科学研究院安徽煤炭科学研究所。1988年12月更名为煤炭工业部煤炭科学研究总院安徽煤研所。1989年9月更名为煤炭科学研究总院合肥研究所。1998年8月,隶属于安徽省科技厅。2004年,更名为合肥煤炭科学研究所,2007年6月,更名为安徽省煤炭科学研究院。编制155人,高级工程师以上专业技术人员40余人;其中1人获得安徽省学术与技术带头人称号,6人获国务院颁发的政府特殊津贴。

淮南矿业集团技术中心　1986年8月,淮南矿建公司撤销,公司科研所人员并入淮南矿务局科研所。1998年6月,矿务局科研所撤销,成立淮南矿业(集团)有限责任公司科技开发中心。下设开发、信息、知产、规划、协作、经管6个科。同时将电气试验室、测绘队、质检中心、省矿用安全仪表计量检定站、温度砝码计量检定站等划入科技开发中心管理。共有职工94人,其中:高级职称12人;中级职称15人;初级职称13人,技师2人。同年,集团公司专业技术人员14879人,其中:高级职称1792人;中级职称4510人。1999年3月,矿业集团组建企业技术中心。2003年2月,集团公司成立瓦斯地质管理研究院。2005 年 12 月 30 日，成立淮南煤矿安全开采管理研究总院。2007 年 6 月，成立煤矿瓦斯治理国家工程中心综合办公室。2010 年 8 月，组建煤矿生态环境保护国家工程实验室。同年 12 月，组建深部煤炭开采与环境保护国家重点实验室。

淮北矿业集团技术中心 前身为淮北矿务局科研所。1997 年，科研所与环保处合并，成立科研环保处。1999 年，科研环保处再次分离，成立企业技术中心。当年年底，被原安徽省经贸委批准为省级技术中心。2006 年 6 月，节能办、计量、质量管理 3 个科室归并到技术中心。2008 年经国家五部委联合认定为国家级企业技术中心，现有研发和管理人员 663 人，其中硕士以上学历 191 人，高级职称 393 人，国内外知名专家学者 96 人。

皖北煤电集团技术中心 1985 年 8 月，皖北矿务局在生产技术处内设科技科。1995 年 5 月，撤销科技科，成立局科技协会，直属局领导。2001 年 8 月，成立技术中心，下设办公室（设在生产技术部）。2002 年 2 月，安徽省经贸委等五部门认定皖北煤电集团技术中心为省级技术中心。2006 年 7 月，科协和生产技术部技术中心办公室合并成立技术中心，正处级建制。至 2010 年，集团公司拥有 2 个省级工程技术研究中心、2 家省技术创新企业，共建、独建安徽省矿井勘探工程技术研究中心、恒源股份防突实验室、淮化 FMTP 试验中心、MEG 试验中心、淮化煤气化工程中心、恒泰—合工大非金属材料工程中心等多个研发机构。

国投新集公司技术中心 1999 年，国投新集公司申报省级技术中心。中心下设科研所、博士后工作站、设计研究院、科学技术委员会和专家咨询委员会，有各类专家 20 余人。科研所博士后工作站主要针对公司需要解决的技术难题通过博士后进站开展研究，常年进站的博士有 1 ~ 3 人。集团公司拥有中高级以上科技人员已达 809 人，占全部人员的 3.5%。

中煤矿建集团技术中心 拥有国家认定企业技术中心、煤矿深井建设技术国家工程实验室、博士后科研工作站、特殊凿井工程技术研究中心等科研机构。拥有煤矿深井建设、建筑材料、机电安装、公路水运、地质测量等省级以上专业实验室 6 个，其中通过国家 CMA 认证的实验室 3 个。2010 年，集团拥有享受政府特殊津贴专家 31 人，注册一、二级建造师 675 人，工程建设高级职业经理人 16 人。

安徽省煤田地质局勘查研究院 前身为安徽煤田地质局勘查研究院，1995 年 6 月在蚌埠市成立。1998 年，改为安徽省煤田地质局勘查研究院。2005 年 5 月，随安徽省煤田地质局机关迁至合肥。该院成立之初，人员主要由局机关地质科技处、科研所的技术人员，同时借调局属各勘探队地质科的部分人员组成。2000 年以后，逐年招进大专院校年轻毕业生。2010 年，有人员编制 108 人。

第二节 主要科研成果

煤炭工业合肥设计研究院 1986—2010年,获得省部级及以上科技进步奖26项。其中,国家科技进步奖5项,省部级科技进步奖21项。全国优秀工程设计金奖2项、银奖2项、铜奖3项;省部级优秀工程勘察、设计奖70项;全国、省部级优秀工程咨询成果奖分别为6项、32项,在国家核心期刊发表科技论文200余篇。2009年10月28日,该院设计监理的"中国第一对数字化特大型现代化矿井、安徽省"十一五"重点建设工程——国投新集刘庄煤矿",工程建设获国家工程质量最高奖"鲁班奖",获新中国成立60周年百项精品工程。同年,淮南顾桥矿井工程获得国家建筑工程最高奖"鲁班奖"。

安徽省煤炭科学研究院 建院以来,共完成部、省级科研项目116项,科技咨询项目500多项,获国家科技进步二等奖、行业、省部级一等奖等奖项30多项。其中《烟煤制民用型煤燃烧与防污研究》获1986年中国科学院科技进步三等奖;《煤矿极易离层破碎型顶板预应力控制理论研究及工程应用》获2005年国家科学技术进步奖二等奖。

淮南矿业集团 1986—2010年,组织并通过鉴定(评议)的科研成果865项,其中省部级鉴定290项,获国家、省(行业)级奖201项。其中《低透气性煤层群无煤柱煤与瓦斯共采关键技术》项目获2009年度国家科学技术进步奖二等奖,《两淮矿区复杂地层条件下深大井筒特殊法凿井关键技术与应用》项目获2009年度国家科学技术进步奖二等奖,《煤矿千米深部岩巷稳定控制关键技术及应用》项目获2010年度国家科学技术进步奖二等奖。

淮北矿业集团 1995年以来,累计获国家科技进步二等奖5项,省(行业)科学技术一等奖14项、二等奖28项、三等奖43项。获得国家级创新成果2项,省部级创新成果33项。主持和参与制定3项国家标准和9项行业标准。其中《高应力极软岩工程锚注支护机理及技术研究与应用》获2002年国家科技进步二等奖,《复杂特困条件下高瓦斯煤层群瓦斯抽放理论研究与工程实践》获2003年国家科学技术进步二等奖,《煤矿极易离层破碎型顶板预应力控制理论研究及工程应用》获2005年国家科学技术进步二等奖,《深井煤与瓦斯突出煤层区域性瓦斯灾害防治关键技术及应用》获2009年度国家科技进步奖二等奖,《综放开采顶煤放出理论与厚煤层开采围岩控制技术及应用》获2010年度国家科技进步奖二等奖。

皖北煤电集团 自建企以来,累计完成并获奖的科研、革新项目300多项,获得国家、部、省、市级奖励的科研项目26项。其中《煤矿区土地生态环境损害的综合治理技术》获2005年度国家科技进步奖二等奖。

国投新集公司 自开发建设以来,获得数20多项科技成果和5项技术专利,共取得国家级科技成果奖2项,省级科技成果奖20多项,地厅(含公司)级科技成果200多项,国家和省级企业管理现代化创新成果奖2项,出版科技专著3部。

中煤矿建集团 1986—2010年，先后获得国家级科技进步奖10项，省部级科技进步奖68项，市级及集团公司科技成果300余项。其中《钻井法凿井技术》获1987年度国家科技进步奖一等奖，《AS-9/500型钻井机研制》获1988年度国家科技进步奖二等奖，《复合型竖井楔齿破岩滚刀材料研究》获1996年度国家科技进步奖三等奖，《陈四楼矿主副井深井冻结凿井技术》获1998年度国家科技进步奖二等奖，《人工冻土基本力学性能研究与应用》获2000年度国家科技进步奖二等奖，《龙固主井（双井筒）近600m钻井法凿井技术研究与应用》获2006年度国家科技进步奖二等奖。

安徽省煤田地质局 自1986年以来，累计完成科研项目150余项，其中“宿南矿区松散层四含水文地质条件分析及开采对策研究”“三维三分量地震勘探技术在煤矿生产中的应用”获得安徽省科技进步二等奖，“强反射层屏蔽下薄煤层高精度三维地震勘探方法研究”“煤矿采空区下薄煤层高精度三维地震勘探方法研究与应用”获得安徽省科技进步奖三等奖，还获得国家煤炭工业科技进步奖三等奖2项。

第三节 新技术推广与科技创新

煤炭工业合肥设计研究院、四大矿业集团和中煤矿山建设集团等科研单位十分重视科技进步与创新工作，制定激励办法和措施，加大科技投入，加快人才培训与储备，加强与煤炭生产企业、科研院校、设备厂商、施工单位密切合作，开展技术攻关，推进自主创新，培育壮大自主品牌，取得丰硕成果。

煤炭工业合肥设计研究院 自2005年以来，与各有关单位合作，签订技术合同数百项，合同额7亿多元，每年高新技术产品（服务）经营收入占全院总收入的70%以上。在深井井筒设计与施工方面，创新国投新集板集矿井584米厚表土钻井法、口孜东矿井575米厚表土冻结法大直径井筒井壁结构设计与“上冻下注”全井筒施工技术。在开拓开采布置方面，创新并推动淮南矿区“高瓦斯、高地温、高地应力、井深、水大”复杂条件下大型矿井分区开拓方式布置及一矿以一个生产水平、一个采区、一个综采面实现500万吨／年以上产量的开采布置。在巷道支护方面，推进高预拉力桁架、锚索梁、锚杆新型煤巷支护技术和高应力极软岩巷锚注锚封一体化技术。在辅助运输方面，创新立井矸石提运连续化技术，即矿井掘进工作面矸石经由刮板机、初级破碎、胶带机运输到井底矸石仓，经采用箕斗提升矸石至地面，然后从井口直接由胶带运输机运往矸石山，实现井下、地面矸石运输连续化。在矿井降温方面，在国内首次引进、消化吸收国外先进降温技术，创新深井降温系统关键技术，自主设计降温系统，并在刘庄矿井成功实施井下集中降温系统（刘庄矿井地面制冷机出口冷媒温度为3℃，到井底－762米水平经高、低压转换后，温度为3.5℃，温升不超过0.5度，传输距离5公里内，温升控制在2度之内，达到国际先进水平）。在地面工业建筑物方面，创新刘庄煤矿主井特大型井塔人工快速解冻地基基础技术，在人工快速解冻的冻融土地基上成功建设世界第一井塔；

创新大跨度超高度副井钢井架（如顾桥、板集矿井等）。

淮南矿业集团　“七五”期间（1986—1990），矿务局进一步组织在全矿区开展煤炭部推荐的“50推”，对适合淮南矿区的推广项目，共组织推广应用31项，矿区群众性的小改革和推广项目达1888项，有力地推动煤炭生产持续稳产。“八五”期间，在全局共组织推广96项，为矿区创造近10亿元的经济效益。有10余项推广成果获省部级奖，有3项获省金桥工程奖。“九五”期间，特别在1998年以后，矿业集团按照企业“九五”科技发展规划和“十五”科技创新战略，重点围绕瓦斯综合治理、地质保障，采煤方法、支护技术、防治水等10个方面技术难题，开展科研和新技术推广。由企业技术中心联合产学研组织完成《采区三维三分量地震勘探技术与装备的开发》《依靠科技进步，运用系统工程学，优质快速高效建成张集矿井》等40多项国家、省部级重点科研应用课题。在瓦斯综合治理与利用技术创新成果的推广应用方面，先后组织完成近30项重大研究应用课题和国家“十五”科技攻关项目，形成具有淮南特点的治理瓦斯专项技术和3项发明专利在矿井建设综合施工技术的创新和技术推广应用方面，年产400万吨现代化矿井张集煤矿的建设在煤炭基建管理体制改革试点的基础上，积极采用新技术、新工艺、新设备、新材料，保证张集矿井建设速度和质量，在许多建设项目上创造亚洲、全国和省内第一，取得省科技进步奖的“张集矿立井过深厚钙质粘土层凿井技术”等多项研究成果，并取得规模大、速度快、投资省、单产高、用人少、达产快、效率高、还贷能力强8大标志性成果，成为省“金桥工程示范基地”。“十五”期间，集团公司及时掌握国内外“一通三防”、瓦斯综合治理与利用技术的发展趋势和方向，推广应用以防治煤与瓦斯突出、瓦斯抽放为重点的新技术、新工艺、新装备、新材料。淮南瓦斯综合治理成果在全国20多个高瓦斯矿区推广应用，效果显著。“十一五”期间，国家针对淮南矿业集团深井开采的技术难题及地表生态环境的修复等开采问题，在科技创新上给予大力扶持。科技部下达由淮南矿业集团承担的“十一五”国家科技支撑计划项目“矿井深部开采安全保障技术及装备开发”，围绕深井建设、煤矿安全生产中的瓦斯灾害、热害、水害、冲击地压、围岩控制等主要灾害类型进行科技攻关。科技部核准依托淮南矿业集团承担建设的“深部煤炭开采与环境保护国家重点实验室”，并配套“973”攻关课题“煤炭资源安全开采的关键理论问题研究”。企业被国家确定为“第四批国家创新型试点企业”。2005-2010年，累计举办全行业瓦斯治理技术和管理培训班30多期，为行业培训管理人员7000人次。先后接待127家单位1400人次的参观来访。中国工程院院士袁亮为煤炭行业授课36场，近2万煤矿科研和管理人员听课。

淮北矿业集团　坚持以科技为先导，加强主导、支撑和保障三大技术的研究。开展“新技术、新工艺、新材料、新装备及先进管理经验”为主要内容的“四新一先”推广活动，努力提高矿区的科技水平。2005年，筛选30项先进适用技术做为第一批“四新一先”推广技术在全矿区推广应用；2007年筛选48项先进技术进行第二批推广；2009年，筛选60项先进技术进行第三批推广；2010年，筛选60项先进技术进行第三批推广。安全实用技术不仅能解决安全生产中存在的实际问题，而且也有利于提高生产效率和经济效益。2005年以来推广先进技术成果198项，产生直接经济效益11.9亿元。

皖北煤电集团 实施矿井技术改造，先后投入1.2亿元，对刘二、任楼、祁东等矿井进行主副井提升和生产系统改造，净增生产能力300万吨以上；采煤机械化程度由2000年的51.5%提高到2007年的80%，百万吨综采队由1个增加到3个，新增5套综采、2套综掘设备，在刘一、刘二4煤首次应用综采，在孟庄矿首次应用高普、综掘，并为任楼矿装备5米大采高综采支架，为祁东矿装备薄煤层综采支架，为刘一矿装备2台螺旋钻采煤机。刘桥二矿高普生产2004年达到行业先进水平；推广使用锚梁网索支护和大采高单体支柱，全面淘汰摩擦支柱；加强与高校和科研院所合作，围绕安全生产，开展专题研究，尤其是在提高回采上限方面取得显著成效，仅百善矿“十五”期间就多回收煤炭507万吨。皖北煤电集团公司控股的淮化集团，已掌握国际领先的德士古水煤浆加压等多种煤气化技术，形成氨及氨加工、醇及醇加工、硝盐、焦化、精细化工等几大系列纵深加工的生产格局。皖北煤电集团积极探索新的煤矿占用土地复垦技术工艺，减小开采对土地和生态环境造成的破坏。研究推广、应用矿区沉陷土地重建矿区景观、生态景观、农业种植及生态复垦（水产和畜禽综合养殖）技术。

国投新集公司 在矿井建设方面，坚持在全新领域的技术创新，在巨厚冲积层深井建设方面取得巨大技术进步。刘庄煤矿井筒“注浆、冻结、凿井”主动三平行快速建井技术的研究与应用，比传统工艺缩短工期6个月；板集煤矿巨厚冲积层深大井筒钻井法凿井关键技术应用，创钻井深度（660米）、钻径（7米）国际建井新水平。在矿井生产创新方面，探索与应用先进生产方法和适用工艺，形成综放、普通综采、π型钢放顶煤、柔性掩护支架等多种采煤方法并存格局，促进生产矿井煤炭资源回收率稳步提高，确保煤炭资源的合理利用。公司加大井巷支护改革力度，推广应用锚网索联合支护技术。在保证矿井安全方面，组织科研攻关，加大对瓦斯和水的探测力度。采用“隧道震波技术与直流电法”等新技术，综合提出煤层的开发技术条件、深部水平瓦斯治理技术方案，实现超前探测，提前探放，超前治理。

中煤矿建集团 2005—2010年，投入资金5亿多元，用于100多项新技术推广应用与技术创新。2005年4月，《深厚表土层冻结立井井壁高强高性能混凝土研究及其应用》被列为安徽省“十五”科技攻关计划项目；2007年1月，《立井伞钻风动吸尘机系列产品开发及应用》等项目被列入安徽省企业技术创新项目计划。《深厚表土层冻结井C100混凝土成套技术研究》《煤矿斜井机械化施工配套技术》《煤巷综掘施工技术”、“数字化集成系统软件开发》等项目被列为安徽省“十一五”企业技术创新规划项目。2007—2008年，承担“十一五”国家科技支撑计划重点项目“煤炭资源高效采选关键技术与设备研发”和“深厚冲积层千米深井快速建井关键技术”课题。2008年1月，“口孜东煤矿副井井筒机械化配套快速掘进技术”、《煤巷、半煤岩巷快速施工技术》、“煤矿二期施工通风立井箕斗改绞提升技术”“大直径千米立井机械化快速施工技术研究”“井巷施工小型挖掘机的研制与应用”“立井提升悬吊安全保护系统研制及应用”等项目被列入安徽省企业技术创新项目计划。2009年2月,“千米深井安全高效施工关键工艺技术研究”、“立井提升悬吊安全保护系统研制及应用”“煤矿和地铁盾构机械化作业线配套施工技术及其差异应用研究”“井架吊装数字化安全监控系统成套技术研究”“大断面隧道支护机理与机械化施工装备技术应用研究”、“井下可伸缩皮带机改进与制造”等项目被列入安徽省企业技术创新项目计划。2010年1月,“建井期间立井箕斗、罐笼混合提升施工煤矿二三期工程的技术研究”、“液氮冻结在破坏隧道修复工程中的研究”“硬岩冻结孔快速造孔工艺研究”和“研究极高风险隧道施工的风险识别、风险控制及风险监控办法”等项目被列入安徽省企业技术创新项目计划。

安徽省煤田地质局 在20世纪80年代后期,引入计算机技术,电法勘探逐步进入数字化时代,使勘探效率得到大幅度的提高。90年代后期,运用GPS定位技术,为两淮地区及其他煤田勘查工程测量提供崭新的技术手段和方法。

第四节 科技交流与合作

煤炭工业合肥设计研究院 2005年以来,与各有关单位合作,签订技术合同数百项,合同额7亿多元,每年高新技术产品(服务)经营收入占全院总收入的70%以上。与淮南矿业集团合作,开展“高瓦斯、高地温、高地应力、井深、水大”复杂条件下大型矿井分区开拓方式布置的设计研究,实现一个综采面500万吨/年以上产量的开采布置。与国内大专院校合作,参编《矿山井架设计规范》《煤矿井底车场硐室设计规范》《煤矿巷道断面和交岔点设计规范》等8项国家标准规范及《煤炭工业可行性研究报告编制标准》《煤矿设备安装工程施工规范》等3项行业标准。

淮南矿业集团 自开发建设以来,先后与中国矿业大学、四川大学、吉林大学、安徽理工大学、河南理工大学、中国煤科院、辽宁工业大学、中科院武汉岩土力学所、山东煤矿设计院、平顶山煤炭设计院、合肥煤炭设计院等知名院校和科研院所开展科技交流合作。2005年后,集团公司扩大科技交流范围,先后与俄罗斯科学院、日本能源中心、日本经济产业省、德国采矿技术研究中心、德国卡哈德公司、澳大利亚陆德维西公司、英国可再生能源研究中心、美国环保局、加拿大克里斯蒂那投资公司等国外知名院校、企业和研究机构开展科技交流合作。

淮北矿业集团 2006年以来,先后与中国矿大、煤科总院共建“煤炭资源与安全开采”“深部岩土力学与地下工程国家重点实验室”和“煤炭资源与安全开采国家重点实验室”等3个国家级重点实验室(中心);2009年与中国矿业大学(北京)结成战略联盟合作关系;与高校合作建设现场工业性试验基地20余个,共享社会科技资源,减少大量科研设备投入,并且借助一流的科研技术平台,为进一步开展技术攻关、技术合作打下基础。2010年10月,淮北矿业获准设立博士后科研工作站。2011年9月成功引进2名博士入站工作，博士后科研工作站正式启动。2006-2010年，淮北矿业与煤科总院、中国矿业大学等国内科研院所、大专院校开展合作科研课题344项，通过省（行业）技术鉴定34项。

皖北煤电集团 十分重视科研合作工作。煤矿安全生产方面，与合肥工业大学、安徽理工大学、中国矿业大学、煤炭科学研究总院西安分院、煤科总院重庆研究院等学研单位建立长期的合作关系。围绕高产高效、瓦斯治理、水害防治、深部开采、资源回收等重点领域，引进、消化、吸收新技术，加大科技攻关力度，提高科技贡献率。其中《刘桥二矿地质构造控水规律及其水害防治研究》，实现底板岩溶水数值化分区预测，不仅在淮北地区获得推广应用，而且对我国北方型大水矿井也将具有实际意义。在国内属领先水平。在煤化工产业上，以控股子公司淮化集团为依托，致力于煤化工技术的创新。2010年，淮化集团煤制乙二醇试验成功，合成油催化剂、甲醇制丙烯、煤制乙二醇等三项技术具有世界一流水平，自主研发的火箭推进剂成功助推"神六""神七""神八""嫦娥二号""天宫一号"飞天，为安徽国企争得了荣誉。在建材生产方面，与武汉理工大学合作研发的粉刷石膏，通过省科技厅的新科技产品鉴定。

国投新集公司 自开发建设以来，在煤炭开采、矿井建设、煤矿安全、信息化建设、经营管理等领域，与合肥设计院、中国矿业大学、安徽理工大学、山东科技大学等科研院所建立长期的友好合作关系。公司与安徽理工大学共建研究机构8个，其中2个省级重点实验室；与合肥工业大学共建实验室1个。通过与大专院校合作，公司开发了千吨级合成气制乙二醇工艺技术，与西部新时代能源投资股份公司签订30万吨/年乙二醇装置技术转让合同。采用先进的双加压稀硝酸技术及管式反应器硝铵加压中和技术，建成年产20万吨硝酸铵技术改造项目。与山西煤化所联合开发顺酐加氢制琥珀酸酐技术，并试车连续运转达1000小时，项目被列为淮南市科技计划项目和重点产业振兴和技术改造中央预算内投资计划。高温气化实验装置的建设，填补国内的研究空白。

中煤矿建集团有限责任公司 先后与中国矿业大学、同济大学、合肥工业大学、安徽理工大学、河海大学、安徽建筑工业学院、煤炭科学研究总院、中信重机洛阳矿山机械工程设计研究院等高校、科研院所建立工程建设方面的科技合作关系。与同济大学合作开展城市地下工程建设关键技术研究，与合肥工业大学合作开展矿山建设安全系统复用型高性能物联网关键技术研究及应用，与嘉兴学院合作制定预制混凝土井壁行业标准，与安徽理工大学合作开展"复杂地质条件下大断面、大倾角斜井掘进机械化配套施工技术""黄淮地区大直径深立井快速掘进技术及工程实践研究""深立井掘进突水机理及综合注浆堵水技术研究"等项目的研究。

安徽省煤田地质局 1990年，与中国矿业大学合作开发的"直流电法数据处理及解释系统"，使得电法内业数据处理、资料解释和图件编制等工作的数字化程度大大提高。1993—1994年，与中国矿业大学、淮南矿务局等单位共同合，作在淮南矿务局谢桥煤矿首采区首次进行高分辨三维地震勘探研究，获得高分辨率、高信噪比、高密度三维数据体，为采区精细勘探及其他与工程有关的灾害地质预测开辟新途径。

第五节　学术团体

淮南矿务局煤炭学会　1978 年 11 月 24 日成立。1979—1989 年，在全国各类煤炭会议上交流论文 152 篇。1991 年加入中国煤炭学会，参加各种学术交流活动。

淮北矿业集团煤炭学会　自成立以来，先后主办、承办全国矿山建设学术大会等有影响的学术会议 10 余场，每年组织优秀会员参加上级学会的专题学术研讨会 20 余场，每年组织会员撰写近 200 篇技术论文；每年出版《淮北煤炭科技》杂志 4 期，发表论文近 100 篇；组织会员承担集团公司重点科研课题 40 项。

皖北煤电集团煤炭经济研究会　前身为皖北矿务局煤炭经济研究会，1989 年 5 月 27 日成立，在淮北市民政局依法注册。1998 年矿务局改制后，更名为皖北煤电集团煤炭经济研究会。为方便开展工作，2004 年 8 月 17 日，注册地由淮北市民政局转移到宿州市民政局。

国投新集公司技术中心　充分利用省煤炭学会及五省煤炭学会学术交流会机会，组织安排公司各单位撰写论文，多次参加在苏州、合肥、江西等举办的省煤炭学会、多省会煤炭学会学术交流会。

安徽省煤炭学会矿建专业委员会　该委员会由中煤矿山建设集团有限责任公司于 1989 年 6 月 27 日成立。2007 年 12 月以后安徽省煤炭学会矿建专业委员会挂靠在中煤矿山建设集团有限责任公司。至 2010 年底，进行六届换届选举，多次举行建井学术交流活动。

第九篇　企业文化与法治建设

自20世纪80年代起，随着开革开放的不断深化，各行各业越来越把企业文化和法制建设放在重要位置认真对待。企业改制以来，安徽省各大型煤炭工业集团公司，运用多种形式和载体，不断将企业文化和法制建设引向深入。在广大干部职工以及家属中潜移默化地产生凝心聚力的作用，从而推动企业健康、稳定、快速向前发展。

第一章　企业文化

第一节　企业精神、发展战略与理念

淮南矿业集团　企业精神是："负责任，能创新"。发展战略是："建大矿、办大电、做资本"。管理理念是："健康、前瞻、集成、精细"。

淮北矿业集团　企业精神是："艰苦创新业，开创争一流"。发展战略是："做精做强做大煤炭主业，调整巩固发展非煤产业"。发展理念分别是：核心理念："和谐发展"；经营理念："效益源自岗位，成功依靠合作"；安全理念："只有不到位的管理，没有抓不好的安全"；人才理念："人人都可以成才，工作出色就是人才"；工作理念："用心每一天，干好每件事"；服务理念："您的满意，我的标准"；学习理念："学习工作化，工作学习化"。

皖北煤电集团　企业精神是："坚韧不拔、众志成城、特别能战斗"。发展战略思路是："整合上下游资源，做大主业；延伸煤炭产业链，做强企业"。企业理念是："诚实、协同、创新"。同时还发布了体现企业理念精神的员工训导词："我们是皖北煤电员工！我们——诚实守信，爱岗敬业；善思好学，攻坚克难；团队协作，求实创新；志存高远，勇创一流。"

国投新集公司　企业精神是："创一流、争第一、勤奋、节俭、多奉献"。国投新集能源股份有限公司企业发展战略是："立足煤炭，发展电力，延伸煤制气"。管理理念："安全、集优、精益、超越"；企业宗旨："太阳的子孙把太阳的光和热——太阳石再奉献给社会。"

中煤矿建集团　企业精神是："上下求索，激情跨越"。发展战略理念是："安全、集约、和谐、可持续"。其他理念分别为：经营理念："做强主业，多元拓展"；安全理念："隐患就是事故，安全就是效益"；管理理念："以制度人，以文化心"；人才理念："近观其能，远观其德，常观其效"；竞争理念："勇于竞争，携手共赢"；质量理念："以精细施工，铸精品工程"；学习理念："学以立德，学以益智，学以致用"；环保理念："铸就绿色品牌，凝固百年华彩"。

安徽省煤田地质局　企业精神是："团结拼搏争一流"、"创业、创新、创造、创优"。

第二节　安全文化、廉洁文化建设

淮南矿业集团　安全文化。1998 年，集团公司提出"瓦斯不治，矿无宁日"和"瓦斯超限就是事故”的安全理念。2002 年,提出“可保尽保、应抽尽抽”的瓦斯综合治理战略,并归纳出“舆论引导、目标激励、班前教育、制度规范、案例警示、系统培训、活动吸引、亲情感化、‘三违’帮教、督查推动”等安全宣传培训 10 法。2003 年,提出“高投入、高素质、严管理”的安全治本措施。2004 年,提出“瓦斯治理,岩巷先行”的瓦斯治理新理念。自 2001 年起,集团公司采取文化渗透的方式,组织生产矿、公司每年举办一次以“一通三防”为主题的安全文化广场活动。2002 年,举办安全漫画大赛活动,并将优秀漫画制作成安全漫画宣传图片。2003 年,举办安全警语征集活动,并将优秀警语编印成《淮南煤矿安全警语手册》。2002、2004 年,两次开展安全文艺作品征文活动,评出优秀作品 53 篇,已编辑出版。十多年来,淮南矿业集团始终把改善井下作业环境纳入安全文化管理范畴,对垂高超过 100 米的安装机械乘人装置、高温工作面实施集中降温工程,累计投入 30 亿元治理井下热害;持续开展品牌工程创建和安全质量标准化动态达标竞赛活动,推行井下亮化工程若干硬性规定。

廉洁文化。在党员干部的思想上着力构筑思想道德防线。以副处级以上领导人员和权力部门要害岗位科级管理人员为重点,运用正反典型开展示范和示警教育,每年集中进行 1 ~ 2 个主题教育活动,拓宽教育内容。利用党校阵地、党课、电视、专栏、简报、党纪知识测试、征文和剖析典型案件、举办反腐败图片展、组织党员干部听专题报告等载体,提高广大干部,特别是副处级以上领导干部的廉政意识。各矿、处、厂单位在科区建立电教片播放点,形成集团公司、矿、区队三级电教网络,取得良好的教育效果。2005 年 8 月,将 2002 年以来有关廉政建设文件编印成《淮南矿业集团领导人员廉洁从业手册》供有关领导及管理人员学习执行。

淮北矿业集团　安全文化。2007 年 6 月,集团公司制定下发《安全文化建设考核标准修订意见》。组织开展半年度安全文化建设检查考核,对优秀单位按考核办法予以奖励。2008 年以来,矿区电视台开办《安全 365》栏目,每周一期,以《安全追踪》《警钟长鸣》《知在平安》三个版块,传递安全资讯,分析事故案例,传播安全经验,弘扬安全文化。党委宣传部编印《立根原在破岩中——淮北矿业安全文化建设作品选萃》一书,发至各矿基层区队。2009 年以来,淮北矿业集团先后制定下发《关于进一步推进安全文化建设的意见》《集团公司二〇〇九年安全生产宣传教育工作意见》《关于深入开展推进安全生产“三项行动”宣传教育工作的通知》等文件,推进理念建塑、行为养成、科学管理、环境刷新、典型引路、合力铸造等工作,促进矿区安全发展、和谐发展。2010 年第一季度,组织开展“‘三违’害谁、反‘三违’为谁”主题大讨论活动。5 月,党委宣传部、安监局、工会联合组织开展安全警示教育活动,组织 8 位伤亡职工家属、当事人深入基层巡回宣讲。7 月 2 日,分四个片区开展上半年安全生产体系和安全文化建设集中检查考核。7 月 9 日,集团公司在全省煤矿安全宣传教育工作座谈会上作经验交流。

廉洁文化。2005 年 5 月 31 日,淮北矿业集团公司制定下发《集团公司党委、集团公司关于加强企业文化建设的指导意见》,正式提出推进廉政文化建设的要求。2006

年2月，制定《集团公司关于推进廉洁文化建设的意见》，把廉洁文化建设纳入集团公司惩防体系建设和企业文化建设的重要工作内容。1994年，局纪委、党委宣传部、党委组织部、办公室、团委组建范魁富事迹报告团，报告团在矿区和市直机关报告29场。受省纪委特邀，在省委小礼堂为省暨合肥市纪检监察干部作专场报告。范魁富的事迹还被编成剧本搬上舞台，淮北市豫剧团在矿区和全市巡回演出23场。1996年，局纪委用3个月的时间，在全矿区举办领导干部配偶学习班，教育领导干部配偶既做“贤内助”，又做“廉内助”。2004年3月，举办领导干部“学习条规、接受监督、严守纪律”警示教育学习班，以王怀忠、尹西才等严重违纪违法典型案例为反面教材，对472名矿处级以上干部进行警示教育轮训。2005年，集团公司纪委、工会等联合组织征集19首廉政歌曲，其中，张勤咏作词、童天震作曲的《天地横悬一杆秤》获一等奖，并入选省纪委《廉政歌曲大家唱》一书。集团并与淮北市纪委、监察局联合举办“颂清风、扬正气”廉政晚会。2006年3月，连续举办4期矿处级以上领导人员“讲法纪、严惩防、促管理”警示教育学习班。集团公司领导及各单位负责人487人参加学习。组织开展以“讲廉洁、正作风、促发展”为主题的宣讲活动，深入基层宣讲12场，3400多人听取报告。在4月24日召开的安徽省属企业惩防体系建设工作会议上，淮北矿业集团作了题为《立足实际，重在建设，积极打造具有淮北矿业特色的廉洁文化》的经验介绍。2007年6月份，在矿区各级领导班子和领导人员中集中开展了作风教育月活动。10多年来，该集团每年都在党员干部中组织有关知识竞赛和有奖征文活动。

皖北煤电集团　安全文化。皖北煤电集团从2004年在全矿区普遍开展企业文化建设，把安全文化作为企业文化建塑的切入点，按确立安全理念——营造安全文化氛围——塑造安全行为——培养安全意识的路径，由表及里、由浅入深、由形式到内容、由内容到本质稳步推进。在实际建塑工作中，颁布《安全文化手册》，确立“珍爱生命——让安全成为我们的习惯”的核心安全理念，建立员工安全行为规范。围绕安全理念的有效转化，提炼整合安全管理十五法，抓实抓好手指口述、班前讲评、隐患预警、走动式管理、“三违”标准界定、建塑亲情文化、规范班前会、建立集体入井制度等工作，提高员工的安全意识、规则意识和安全技能。尤其是在生产一线普遍开展班前讲评制度，使先进生产管理经验和操作技术技巧在员工之间得到共享，培养员工系统思考、发现问题的能力，增强员工的安全责任意识和自主管理意识，促进矿区安全生产。

廉洁文化。2006年，开展廉政歌曲大家唱活动，以独唱、对唱、大合唱、小品等艺术形式，在矿区上下营造扬正气、赞廉洁、斥腐恶的浓厚氛围。活动期间，各单位共制作、发放演唱用书及光盘100余套，组织学唱2000多场次，举办大型廉政歌曲演唱会、演唱比赛10余场。2007年，集团公司党委制定下发《关于加强集团公司廉洁文化建设的实施意见》。坚持廉洁文化建设与企业文化建设、党风廉政和法纪教育、企业经营管理、职工素质教育、保持共产党员先进性教育活动等相结合，广泛开展廉洁文化“四进”（进部门、进车间、进社区、进家庭）活动。2008年7月24日，集团公司在任楼煤矿召开廉洁文化建设工作暨经验交流会议，表彰一批廉洁文化建设先进单位和个人。

新集能源股份有限公司和中煤矿山建设集团等全省其他煤炭行业，在企业文化和精神文明建设的过程中，也都十分注重把文化导入安全管理和党风廉政建设之中，并收到明显效果。

由淮南煤矿机械厂重组而成的凯盛重工集团公司，1991—1994 年，共组织干部职工学习法律法规 45 个，普法教育率为 91% 以上；制定《党风廉建设有关规定》和《干部廉政诚勉谈话制度》等文件，明确各级干部有所不为的警戒线。

第三节　学习型企业创建

淮南矿业集团　1988 年以来，先后开展"一个中心、两个基本点"、"基本国情"和"自力更生、艰苦创业"教育，举办副处级以上党员干部理论研讨会 8 期；开展生产力标准的讨论；开展邓小平理论、社会主义市场经济基本知识、"三个代表"重要思想学习教育活动。2002 年以来，组织集团公司机关干部系统学习安全生产、企业管理、企业信息化、企业文化等有关知识，并进行考核，以提高机关职能处室服务于基层矿山能力。2010 年，公司团委专门下发《关于加强团内学习的通知》文件，建立团委（直属团总支、支部）负责人季度学习制度，深入开展读书学习和"大拿讲学"等活动。

淮北矿业集团　2003 年 12 月，淮北矿业集团职代会暨年度工作会议上作出"以人为本，与时俱进，打造一流的企业文化"的工作部署，以创建学习型企业为切入点，打造一流企业文化。2004 年 3 月 23 日，淮北矿业集团召开创建学习型企业动员大会，制定《淮北矿业集团公司创建学习型企业指导意见》，提出创建工作的指导思想、总体思路、工作原则和重点任务，确立"一年打基础、两年上台阶、三年见成效"的目标要求，开展学习型党支部、学习型机关、学习型区队、学习型团组织、学习型班组等创建活动。同年 3—4 月，集团公司党委宣传部编印《创建学习型企业经验材料选编》和《跳板》一书，以通俗易懂、喜闻乐见的故事形式介绍给矿区职工。组织创建学习型企业理论下基层活动；4 月 8—12 日，举办骨干培训班，组织基层单位党委副书记、宣传部长参加"学习型组织在莱钢"研讨班；在《淮北矿工报》开办创建学习型企业知识问答专栏，开展创建理论征文活动；8 月 1 日，邀请上海明德学习型组织研究所所长张声雄教授作专题报告；10 月，党委组织部开展创建学习型党支部经验交流会。集团所属基层各单位结合实际，分别制定创建工作实施意见和方案，召开创建大会，明确工作思路，扎实推进建设学习型团队，培养学习型先进个人。2005 年 4 月 23 日，"中国企业文化促进会 2005 年创建学习型组织年会"在人民大会堂举行，淮北矿业（集团）有限责任公司获"全国创建学习型组织优秀单位"称号。

皖北煤电集团　以信息化为平台，建立网络商学院和网上学校，为员工搭建起便捷开放共享的网络学习平台。所属各矿还开办员工夜校，利用业余时间集中学习企业管理、企业文化等相关知识，拓展员工的知识面，提高员工的思考力；以总经理“CIA（持续改进行动）令”为依据，各单位建立“合理化建议积分卡”制度，定期开展“共享反思会”，针对学习、工作、践行企业价值观等方面存在的问题和不足，进行分析、反思和改进，在相互交流、相互补充中实现组织和员工的共同进步；各单位还建立完善的学习激励机制，大力开展“学习之星”和“学习型团队”等评选活动，制定学习考核标准和办法，加强对创建活动的监督考核，不断增强员工的学习力，保证学习效果。集团公司近10年来每年都举办副处级以上管理干部学习班，集团领导和省以上有关单位专家、学者分别为学员上课。学习班上要求每位学员认真做笔记、写心得体会和学习收获；公司机关处室每周一次学习例会上，不少单位还经常让工作人员谈谈自己近期的读书心得体会。同时，一些基层煤矿还每年开展“读书日”“读书月”活动，在矿区形成人人爱读书爱学习的浓厚氛围。

国投新集公司 始终把业务学习作为提升员工素质和企业竞争力的重要途径。10多年来，坚持每周一、周三晚上业务学习制度，公司副总以上管理人员坚持每周一次中心组学习，并制订严格的考核标准和考核办法。2006年，公司专门把培训工作作为年度工作主题，全面开展全员培训。与中国矿业大学、重庆煤科院、天津经理学院、安徽理工大学等国内重点院校合作。先后与天津经理学院、中国矿业大学合作开办中青年干部培训班，累计培训中青年骨干管理人员近300余人，与德国贝克等公司鉴定战略全作协议，先后选送近50名优秀大学生出国培训。公司还在中、高层管理人员中广泛开展煤矿安全规程、安全生产法、证券法、人力资源理化管理等专题学教活动，并建立多媒体教室，在公司总部可实现与基层各单位的视频同步教学，定期邀请天津经理学院、中国矿业大学、安徽理工大学等院校资深专家教授担任主讲，提高管理团队的政策水平和决策能力。各二级单位均建立有科技图书馆或电子阅览室，并自主创新学习形式，通过“政工干部学习日”“技术干部论坛”等学习载体，不断加强各类专业人才、管理人员的综合素质。

中煤矿建集团 2006年8月至2008年6月，中煤三建集团与合工大联合举办MBA培训班，对集团中层以上管理人员以及后备管理人员进行培训，共150多人参加学习。2009—2010年，结合科学发展观、创先争优活动，组织集中学习党的理论知识，开展创建学习型党组织和学习型部室活动；创建一定数量的“职工书屋”、党员活动室等学习载体。

在企业文化建设工作中，各单位探索并积累许多宝贵的经验，在安徽省乃至全国煤炭行业产生积极的影响。2005年，皖北煤电集团被中国企业文化研究会评为2004-2005年度全国企业文化建设先进单位。2008年8月2—3日由中国企业文化研究会主办、皖北煤电集团协办的“改革开放三十年——中国企业文化实践理论创新论坛”在黄山市举行。国务院国资委副主任王瑞祥、中国企业文化研究会名誉理事长王大明、副省长黄海嵩，省国资委主任兼党组书记桂建平等参加。

第二章　依法治企

第一节　法律机构设置

淮南矿业集团　于1985年2月成立法律顾问室，隶属于局行政办公室，科级建制，编制10人。1992年，成立法律事务处，为副处级单位。1994年4月，经安徽省司法厅批准成立淮南矿区律师事务所，为全省首家企业创办律师事务所。1998年，撤销法律事务处，恢复成立淮南矿业集团法律顾问室，隶属于企管部。2001年，淮南矿区律师事务所与淮南矿业集团脱钩。2002年9月，淮南矿业集团被国家经贸委列为国家总法律顾问试点单位。至2010年，已形成集团公司与子（分）公司两级法律顾问管理网络。2007年3月撤销企管部，法律顾问室划归总经理办公室。

淮北矿业集团　于1985年设立法律顾问室，由5人组成，另从市司法局聘请3人（1986年与司法局解除聘请关系）。1992年，集团公司成立法律顾问处，定为副处级单位。1994年，经市司法局批准，分别成立淮北经济律师事务所矿区分部和淮北市公证处矿区分部。2000年撤销。1995年，法律顾问室有工作人员10人，分设3科，其中诉讼科4人、合同科2人、综合科3人。2006年初，集团公司将法律顾问室更名为法律事务部，升格为正处级单位。有工作人员7人，分设合同科、诉讼科、审核科，合同科、审核科各1人，诉讼科3人。法律顾问机构日常工作由负责经营的副总经理分管，负责全公司法律顾问工作；所属二级单位共配置57名专职及兼职法律顾问人员，从事本单位法律事务管理。

皖北煤电集团　1990年8月，设立法律顾问室，隶属于企业管理处。1992年10月，企业管理处撤销，法律事务工作职能并入对外经济协作办公室，隶属局办公室。1995年12月，成立法律顾问处。1998年6月，成立政策法规室。1998年11月，成立政研信息部，法律事务管理职能并入该部，设立法律事务科（后改为法律事物中心）。2003年4月，法律事务中心升格为法律事务部，与政研信息部合署办公，内设综合管理科和诉讼科2个科室。

国投新集公司　于1993年2月28日成立法律顾问室，2006年9月4日设立总法律顾问，直接负责法律事务管理工作，参与公司的党委常委会、总经理办公会，全过程参加公司的生产经营活动，协助公司领导贯彻执行国家的法律、法规，推进公司的依法决策、依法管理、依法监督。在普法依法治企领导小组中，公司党委书记、总经理担任组长，成员包括法律顾问室、保卫部、人事部、党委工作部、工会、培训中心，组织开展全体职工参与的普法宣传教育工作。公司培训中心配备了专职的法律教师，对员工进行法律知识培训。坚持依法治企，运用法律手段维护企业正当权益。

中煤矿山建设集团 前身中煤三建于1993年成立法律顾问室，隶属公司纪委监察处，有专职企业法律顾问1人。1997年下半年，随着中煤三建公司经济纠纷案件不断上升，将法律顾问室从纪委监察处分离出来，成立法律顾问处，专门负责全公司的法律事务管理工作，人员从原来的1人增加到3人。2009年中煤矿建集团公司重组后，法律顾问处改为法律事务部，人员共计4人，公司下属子、分公司也设立专人或聘请专职律师作为自己的法务人员。2009年底，集团设置企业总法律顾问职位，全面管理企业法律顾问及企业法律事务工作。

第二节 法治工作

淮南矿业集团 1986年9月，淮南矿务局下发《关于配备法律工作人员加强经济合同管理的通知》，各单位配备法律工作人员，加强经济合同管理。1988年下发《关于进一步加强经济合同的紧急通知》，并组织对全局经济合同进行一次全面检查。1998年重新修订《淮南矿业集团合同管理办法》，明确合同从意向、资信审查、洽谈、文本起草与审定，到会签、生效、变更、履行、纠纷处理及档案管理各环节的操作程序。2006–2010年，参与审查、签订技术服务等各类合同620份，标的额达4544968.89万元。

1995年，成立淮南矿务局内部经济纠纷调处委员会，办公室设在法律事务处。具体负责调解、裁决局内各类经济纠纷。至2010年，调处委员会已受理各类经济纠纷40起，涉及金额1376171万元。同年，受理审核外收费案7件，涉及金额150万元。1995–2005年，共审核外部收费111件，减少或避免直接经济损失8359万元。2006–2010年共审核外部收费15件，减少支出或避免直接经济损失962.08万元。90年代初期，法律事务处接管矿务局工商管理业务。2006–2010年，办理变更登记、注销登记、其它工商事务861起。2002–2010年共代理诉讼案件838件，涉案金额40401.4万元，减少和避免经济损失24520.27万元。法律顾问室每年都为集团公司领导出具多起法律意见书，参加多次招标见证，处理诸如资产处置、改制论证，工伤、交通事故、医疗纠纷、经济诈骗及群体上访的调查等大量的其他法律事务。

淮北矿业集团 法律顾问工作始创初期，主要是诉讼及合同审核。1992年后，主要工作职责为诉讼、合同管理、普法宣传。1992—2007年，法律事务部代理诉讼法院案件共997件，标的额31628万元，避免及挽回经济损失24584万元。举办法律培训班30期，培训2100人次，接待职工法律咨询3396人，开展普法宣传活动30场，编辑《企业常用法律法规》6册。起草规章文件36件，审核涉法文件115件，出具法律意见书51件。

皖北煤电集团 法律事务中心成立后，制订《皖北煤电集团有限责任公司合同管理暂行办法》。经过诉讼，清回欠款近千万元；2003 年初，经安徽省企业总法律顾问制度试点工作小组研究同意，省经济贸易委员会批准皖北煤电集团作为全省 5 家企业总法律顾问试点单位之一，正式设立法律事务部，并在二级生产、经营单位配备法律事务联络员，初步形成以副总法律顾问为核心，纵向集中的两级法律事务管理网络。完善合同管理制度，重新修订《合同管理办法》，配套制订《合同签订、履行规程》。推行经济纠纷报告和统一管理制度，制定《经济纠纷报告处理若干规定》，所属单位对已经发生、即将发生或可能发生的各种经济纠纷必须在合理期限内报告集团。编印《企业法律顾问工作手册》。2006 年，皖北煤电集团成为全省第二户实行公司律师制度试点工作单位。2007 年，皖北煤电集团成立律师事务部，并在宿州市进行注册，取得司法调查权。至此，皖北煤电集团法律事务工作机构对内称法律事务部，对外为律师事务部。企业法律顾问和公司律师两种不同的法律事务工作制度在皖北煤电集团并存。

国投新集公司　1993—2012 年，法律顾问室代理各类诉讼案件近 500 件，涉及金额近亿元，挽回各类案件的直接经济损失近千万元。建立合同管理信息系统，实行规范合同文本制度，年审查各类合同金额近 25 亿元，未出现因合同的不周密导致的有关纠纷。先后起草《国投新集能源股份有限公司诉讼管理办法》《法律顾问室一案一结制度》《公司部法律顾问职责》《招投标管理办法》《合同管理办法》《对外担保管理办法》等相关管理办法，完善以前的相关规章制度，由法律顾问公司牵头将各类管理办法及规章制度汇编成册发放到机关和基层各单位。

中煤矿建集团　2009 年集团重组以后，法律事务部门先后起草《中煤矿山建设集团诉讼、仲裁案件管理办法》《中煤矿山建设集团聘用律师管理办法》《中煤矿山建设集团实施法律意见书制度的若干规定》等一系列规章制度，并由集团公司颁布实施，随后又汇编成册。集团法律事务部工作人员认真履行工作职责，在企业经济建设过程中发挥了积极作用。

第十篇　煤矿企业简介

第一章　淮南矿业集团

淮南矿业（集团）有限责任公司位于安徽省淮南市。前身是淮南煤矿局，1903年建矿，1930年3月成立淮南煤矿局，隶属国民政府建设委员会。1937年10月，淮南煤矿局和淮南铁路局合组为淮南矿路股份有限公司。1938年6月，日本侵略军侵占淮南煤矿。1945年8月，抗日战争胜利，宋子文派员组成接收委员会。1946年4月1日，淮南煤矿局再次成立。1949年1月，淮南解放。淮南煤矿局机构未变，属华东财办工矿部矿务局领导。同年5月，淮南煤矿局改为淮南煤矿公司，直接受华东财委领导。1950年5月，淮南煤矿公司改称淮南矿务局，归中央燃料工业部北京煤管总局管辖。1985年2月，煤炭部决定撤销安徽煤炭工业公司，淮南矿务局属煤炭工业部（中国统配煤矿总公司）领导。1998年3月，淮南矿务局改制为淮南矿业（集团）有限责任公司。淮南矿业集团总面积3000平方公里。淮南煤田是中国东南部资源条件最好、资源量最大、最具开发潜力的一块整装煤田。国家核准的总体资源量285亿吨。煤炭主要品种为气煤或肥气煤，部分为肥焦煤或主焦煤。煤质优良，属中低灰、特低磷、特低硫煤，适于炼焦、动力、化工用煤。经过百年的发展和创业，淮南矿业集团着力构建煤炭、电力、房地产三大主业。是安徽省特大型企业。

2010年，淮南矿业集团核定年生产能力6641万吨。共有生产矿井13对，基建项目部5个，子（分）公司10个，均股公司2个，参股公司17个，职工总数81192人。原煤年产量达到6619万吨，电力权益规模1192万千瓦，销售收入515亿元，上缴税费60亿元，资产总额1027亿元。煤炭产量规模、电力权益规模、房地产规模、资产规模、上缴税费和职工收入均处省属企业第一位。企业被列为全国13个亿吨级煤炭基地和6个大型煤电基地之一。2010年，企业在中国企业集团500强排名第183位。是国家首批循环经济试点企业、中华环境友好型煤炭企业和国家级创新型试点企业。

新庄孜煤矿　位于淮南煤田中部。1947年5月5日开工建设，9月底出煤。建矿初期，产权属国民党官僚资本家宋子文，井田南北走向长5.6公里，东西倾斜宽3.75公里，面积20.23平方公里。现-1000米以上剩余开采面积约17平方公里，剩余可采储量为13914.8万吨，其中主采煤层可采储量为12602.2万吨，预计可采出量为7380万吨。主要产品有筛混煤、混块煤、精煤、洗混煤等，煤种属焦煤和富焦油气煤，具有低灰、特低磷、特低硫、高发热量等优良特性。矿区铁路与京沪线、京九线相通，公路四通八达，濒临淮河水运便捷。

新庄孜矿 2010 年矿井核定生产能力 400 万吨,实际生产煤炭 336.7 万吨,创历史新高。建矿 63 年,总计生产煤炭 11752 万吨,拥有固定资产 8.68 亿元。现有在岗职工总数 8262 名,基层科(区、队)27 个,机关职能科室 12 个。矿井被授予“中华环境友好煤炭单位”。

谢家集第一煤矿 简称谢一矿,原名蔡家岗煤矿,位于淮南市境内的淮河南岸,八公山东麓。1951 年建成投产,是解放初期中国自行设计建造起来的一座矿井。先后与原谢三矿、谢二矿进行资源上重组合并,生产能力由当初设计的 30 万吨逐步增加到 210 万吨。2005 年 10 月与设计生产能力为 300 万吨的望峰岗矿井合并,统称为谢一矿。矿井井田走向长度 8.1 公里,倾斜宽 2.4 公里,面积为 25 平方公里。可采储量 2.9 亿吨,设计服务年限 69 年。谢一矿拥有一矿两井(谢一井、望峰岗井)。煤炭质量优良,低硫、低磷、低灰,是炼焦、炼特种钢的良好的煤种资源,属国家稀缺资源之一。

谢一矿 2010 年矿井核定生产能力 330 万吨,实际生产煤炭 344.53 万吨,创历史新高。建矿 59 年,总计生产煤炭 8943.56 万吨,拥有固定资产 21.50 亿元。有在岗职工 9476 人,基层科(区、队)32 个,机关职能科室 15 个。矿井先后被评为国家煤炭工业局“煤炭销售先进单位”“设备管理先进单位”。

李郢孜第一煤矿 简称李一矿,位于谢家集区境内。2002 年 3 月 6 日由原李一、李二矿破产重组为谢李煤矿有限责任公司,后又恢复李一矿名称。重组后为 2725 人办理“双退”手续,完成 4362 名在岗职工应聘和 545 名退养职工的返聘工作。现属收缩性开采矿井。2010 年拥有固定资产 1 亿元,在岗职工 2338 人,分为一井、二井生产,核定年产量 110 万吨。

李一矿位于淮南市谢家集区李郢孜镇,东与李二矿相连,西和谢家集区井田为邻。1957 年 3 月 2 日建成投产。井田走向 1.5 ~ 2 公里,倾斜宽 0.75 ~ 2.1 公里,开采面积 4.13 平方公里。井田总储量 1986 年年底 –660 米水平以上为 4046.3 万吨,工业储量 3196 万吨,可采储量 1917 万吨。煤质为低、中灰分、低硫煤,煤种为气煤、1/3 焦煤。

李二矿位于淮南市谢家集区望峰岗镇,南毗赖山,西邻李一矿。1957 年 8 月 1 日建成投产。井田走向长 2.3 公里,倾向宽 0.6 公里,面积约 1.4 平方公里。井田总储量 1986 年年底 –602 米以上总储量 458.4 万吨,工业储量 121.9 万吨,可采储量 63.6 万吨。煤质为低、中灰分、低硫煤,煤种为气煤、1/3 焦煤。矿井在铁路下试采获得年全国科技大会奖和煤炭部科技特等奖,煤电钻综合保护装置获煤炭部科技一等奖。

李一、李二矿于 2011 年初闭坑。

李嘴孜煤矿 位于淮南八公山煤田最西部,东与新庄孜矿相接。李嘴孜矿是由原李嘴孜矿及孔集矿两个独立的矿井合并而成,原李嘴孜矿简称李井,原孔集矿简称孔井,合并后的矿井通称为李嘴孜矿。井田走向长 8.75 ~ 9.49 公里,倾斜宽 0.4 ~ 1.33 公里,井田面积 13.72 平方公里。李嘴孜矿于 1958 年 12 月兴建, 1960 年 9 月简易投产，设计年生产能力30万吨，1983年经原煤炭工业部核定年生产能力为35万吨；孔集矿于1959年7月兴建，1964年12月建成投产，设计年生产能力为90万吨，由于是急倾斜煤层，煤系上覆第四系松散含水层，水文地质条件极其复杂，长期试采产量很低。1982年，经原煤炭工业部核定年生产能力为50万吨。2002年3月，淮南矿业集团为整合资源，将原李嘴孜煤矿和孔集煤矿两对试采矿井合并，重组为孔李煤矿有限责任公司。2007年，将孔李煤矿有限责任公司更名为李嘴孜煤矿，原李嘴孜煤矿现为李嘴孜煤矿东区，原孔集煤矿现为李嘴孜煤矿西区。根据煤炭工业部合肥设计研究院2004年6月所做的《孔李公司并矿生产系统改造初步设计》，核定并矿后李嘴孜煤矿年生产能力为110万吨。2010年12月31日矿井–530米水平以上可采储量为1051.3万吨，其中：–250水平可采储量为98.5万吨，–400水平可采储量为245.4万吨，–530水平可采储量为707.4万吨。

李嘴孜矿2010年矿井核定生产能力90万吨，实际生产煤炭132.6万吨。建矿52年，总计生产煤炭3593万吨。拥有固定资产2.81亿元。现有在岗职工3682人，基层科（区、队）23个，机关职能科室13个。矿井曾获“全国科技大会奖”。

潘集第一煤矿　简称潘一矿，位于淮南市潘集区。1983年12月26日建成投产，设计年生产能力300万吨，服务年限110年。井田东西走向长14.6公里，南北倾斜宽4公里，井田面积58.4平方公里。地质储量13.2亿吨，可采储量8.8亿吨。1996年，实现“达产300万吨、全年安全生产、创建淮南局首个百万吨综采队”三大目标。2004年进行高定位技改，三年时间完成十大工程，矿井年产量稳定在500万吨以上。煤炭产品优良，具有“三低一高”，即低灰（15%～24%）、低硫（St.ad＝0.3%）、低磷（Pad＝0.02%）、发热量高（4800～7600焦耳/千克）的优点，是优质的炼焦配煤和动力煤。

潘一矿2010年矿井核定生产能力500万吨，实际生产煤炭万吨，建矿27年总计生产煤炭7600多万吨。拥有固定资产12.56亿元。现有在岗职工6597人，基层科（区、队）28个，机关职能科室17个。矿井先后获全得国煤炭工业先进集体、全国煤炭工业双十佳煤矿、全国煤矿瓦斯治理先进单位、全国煤炭工业特级安全高效矿井、全国煤炭行业一级安全高效矿井、全国“安康杯”竞赛活动优胜企业。

潘集第二煤矿　简称潘二矿，位于淮南市潘集区。1976年12月26日开工建设，1989年12月2日建成投产。年设计生产能力为300万吨。由于矿井断层构造极其复杂，瓦斯涌量加大，经统配煤矿总公司组织在建矿井设计复审，修改设计井型为年设计生产能力210万吨，矿井服务年限112.90年。井田东西走向长约11公里，南北宽1.3～3公里，面积19.7平方公里。煤炭质量较好，以低硫、低磷、和1/3焦煤为主，是较为理想的发电用煤、炼焦配煤和气化、炼油用煤。2009年，产量突破300万吨，完成316万吨。截至目前，矿井剩余服务年限42年，剩余地质储量4.37亿吨，可采储量1.86亿吨。

潘二矿2010年矿井核定生产能力330万吨，实际生产煤炭360万吨，建矿34年总计生产煤炭3308万吨。拥有固定资产4.37亿元。2005年在岗职工4459人，基层科（区、队）24个，机关职能科室12个。矿井被中国煤炭工业协会评为“安全高效特级矿井”。

潘集第三煤矿 简称潘三矿，位于淮南矿区西北部。1979年6月10破土动工，1992年11月1日建成投产。设计年产原煤300万吨，服务年限129年。井田面积约51平方公里，可采煤炭储量为5.4亿吨。矿井开采煤层属优质气煤，具有高挥发性、高灰熔点、特低硫、特低磷和粘结性强等优良特性，是电力、炼钢、铁路机车和工业锅炉的理想燃料。作为国家“七五”“八五”期间的重点工程建设项目，投资十多个亿，整个矿井装备先进，自动化、机械化程度高。矿井经过多次技术改造，具备500万吨的年生产能力。

潘三矿2010年矿井核定生产能力500万吨，建矿31年总计生产煤炭5293.95万吨，实现工业总产值128.23亿元，拥有固定资产15.21亿元。有在岗职工5256人，基层科（区、队）27个，机关职能科室12个。矿井先后获得全国高产高效矿井、全国文明煤矿、全国质量效益型先进企业、全国煤炭工业特级安全高效矿井、全国“安康杯”竞赛优胜企业。2008年，矿井瓦斯利用的减排指标获联合国清洁发展机制执行理事会的签发，这是世界上第一个签发减排指标的煤矿瓦斯利用项目。

谢桥煤矿 位于安徽省颍上县东北部。矿井于1983年12月20日破土动工，1997年5月14日建成投产。矿井设计原生产能力为400万吨，现核定生产能力为800万吨。井田东西走向长约5.7 ~ 11.5公里，南北倾斜宽约0.8 ~ 4.3公里，面积约38.2平方公里。矿井主要煤层煤质稳定，具有低—特低硫、低—特低磷、中—富灰和高发热量、高挥发分、高灰熔点、高粘结性等特点，且煤种单一，主要为气煤，工业用途可作配焦、炼焦和动力用煤，以及气化综合利用等。2002年矿井达产446万吨后，原煤产量由2003年的564.16万吨增长到2010年的899万吨，是原设计能力的2倍。矿区交通便利，南侧有合（肥）淮（南）阜（阳）高速公路和颍上至凤台S102省道，东侧有凤（台）、利（辛）S328省道及潘集至谢桥专用公路，西侧的颍上至利辛S224省道通过矿区，南侧有淮（南）、阜（阳）铁路线经过。

谢桥煤矿2010年核定生产能力为800万吨，实际生产煤炭899万吨。建矿13年总计生产煤炭8076万吨，全矿资产总值356797.39万元；缴纳各类税费280721.14万元。有在岗职工4900人，科级机构45个。矿井先后获得“全国煤炭系统文明煤矿”“全国煤炭工业特级安全高产高效矿井”“全国煤炭工业行业一级安全高效矿井”。

张集煤矿 位于淮南市凤台县。1996年7月1日开工建设，2001年11月8日建成投产。矿井设计原年生产能力为700万吨，现年生产能力为1240万吨。井田东西走向长约12公里，南北倾斜宽约9公里，面积约71.088平方公里，主采煤层5层，可采总厚度21.08米，矿井总储量17.91亿吨，可采储量9.04亿吨，设计服务年限122年。煤炭质量优良，低硫、低磷、低灰，是炼焦、炼特种钢的良好的煤种资源，属国家稀缺资源之一。

张集煤矿2010年核定年生产能力为1240万吨，实际生产煤炭1350万吨。建矿10年总计生产煤炭1亿吨，拥有固定资产37.22亿元；缴纳各类税费30.38亿元。有在岗职工 5684 人。矿井先后被授为全国煤炭工业“特级高产高效矿井”“特级安全高效矿井”“全国煤炭科技创新型矿井”“科技进步十佳矿井”“全国双十佳矿井”“全国文明矿井”“全国煤炭行业环境保护优秀企业”“全国质量效益型先进企业”全国“五一”劳动奖状。

顾桥煤矿　位于潘谢矿区中西部,东距凤台县城约 20 公里。2003 年 11 月 1 日开工建设，2007 年 4 月 28 日建成投产。矿井设计年生产能力为 500 万吨,核定年生产能力 900 万吨。矿井南北走向长约 15 公里,东西倾斜宽约 7 公里,面积 106 平方公里。属高瓦斯、高地温、高地压矿井,地质储量 18.2 亿吨,可采储量近 10 亿吨,服务年限 100 年。煤质优良,属低灰—中灰,特低硫、低磷—特低磷、富油—高油、高熔—难溶灰分的气煤和 1/3 焦煤,主要适用于动力用煤、炼焦配煤等。实施“建大矿、办大电、做资本”发展战略,建设国家级煤炭基地和大型煤电一体化新型能源基地的核心工程。由国务院总理办公会议立项、国家发展和改革委员会核准开工的国家重点建设工程,是安徽省 861 重点督查工程。2007 年生产原煤 681 万吨;2008 年生产原煤 1055 万吨;2009 年生产原煤 1216 万吨;2010 年生产原煤 1230 万吨。矿井南区 2007 年 7 月 26 日开工建设。矿井交通便利,潘谢矿区铁路从矿井井口附近通过,煤炭产品可通过该路接阜—淮铁路并西接京九线,东达京沪线;井田中部有凤—利省道,东部边缘有凤—蒙公路,井田内的永幸河、西南外缘的西淝河均可通航民船,并可转接淮河水运。

顾桥煤矿 2010 年核定年生产能力为 900 万吨,实际生产煤炭 1230 万吨。建矿 4 年总计生产煤炭 4182 万吨,拥有固定资产 30.40 亿元。在岗职工 3753 人,其中大专以上学历 950 人,占职工总数 24%。科区级单位 27 个。矿井先后被授予全国“瓦斯治理示范矿井”“循环经济示范矿井”“中华环境友好煤炭单位”“全国绿化模范单位”“国家特级安全高效矿井”。

丁集煤矿　位于潘谢矿区中部。2004 年 6 月 28 日开工建设，2007 年 12 月 26 日投入试生产。矿井设计年生产能力为 500 万吨。是真正意义上煤电一体化项目的配套矿井和“皖电东送”首选项目,由上海电力股份公司和淮南矿业集团均股投资建设。是安徽省“861”重点建设项目。矿井地质储量 12.79 亿吨,可采储量 6.4 亿吨。2008 年投产当年就创造工作面原煤单产 323.4 万吨的好成绩。

丁集煤矿拥有固定资产 41.59 亿元。在岗职工 1223 人,科区级单位 23 个。矿井建设过程中,坚持创新,一举攻克 530 多米巨厚表土层难关,取得“淮南矿区巨厚表土层冻结法凿井关键技术研究及应用”成果,并获 2005 年度中国煤炭工业“十大科技创新成果奖”，2010 年获“全国煤炭工业特级安全高效矿井”。

顾北煤矿　位于淮南潘谢矿区中部。2005 年 1 月 28 日开工建设,按照建设“国际先进、国内一流”的现代化矿井的标准,严格“安全、投资、工期”三大控制,仅用 35 个月的时间,于 2007 年 12 月 28 日建成。实现主副两井当年开通当年到底并贯通,当年联合试运转、当年达产、当年超产,并于 2008 年 8 月 26 日顺利通过国家发改委竣工验收，创造“顾北速度”。顾北煤矿建设是全国煤矿设计改革的试点矿井、安徽省“861”重点项目之一，皖浙两省煤电能源合作、淮南矿业集团和浙江能源集团合资共建的煤电一体化项目。顾北煤矿年设计能力为300万吨，核定为300万吨，系统预留300万吨生产能力，矿井井田面积34平方公里。地质储量6.81亿吨，可采储量2.86亿吨。矿区煤炭资源好，储量大，煤质稳定，具有“三低”（低硫、低磷、中低灰分）和“四高”（高挥发份、中高发热量、高灰熔点、高粘结性）的特点，是良好的配焦用煤、动力用煤和炼油用煤，矿井生产原煤主要供应凤台电厂。建矿3年累计生产原煤12749998吨。矿井被中国煤炭工业协会授予特级安全高效矿井称号，被国家安监总局、国家煤矿安监局联合命名表彰为2010年度国家级安全质量标准化煤矿。

潘北煤矿 即潘四东矿井，位于淮南市洞山西北约30公里处。2004年12月26日开工建设，2007年12月底联合试运转成功，建设工期36.1个月，2008年3月5日建成投产。设计年生产能力240万吨，服务年限50.1年。井田内地形平坦，全区走向长7.5公里，南北倾斜宽约1.3～2.5公里，面积近15公里，共有查明煤炭资362991.7万吨，可采储量165582.3万吨。可采煤层主要属低—富灰、特低—中硫、特低—低磷、高挥发份、富—高油、中等—高发热量和具中—强粘结性的气煤与1/3焦煤，尚有部分1/2中粘煤，绝大部分极难洗选。工业上主要可作动力用煤和配焦用煤。矿井内有淮南—阜阳铁路及潘谢矿区铁路贯穿，矿井铁路专用线可经潘谢矿区铁路转接入阜—淮铁路，续而西到京九线，东达京沪线，形成铁路运输网络。井田南部有潘谢公路通过，潘集车站已是汽车运输中心站，潘集通往蚌埠、凤台、阜阳、合肥等全国各地，公路四通八达。南距淮河20公里，矿井生产的煤炭及所需物资也可经过淮河运出及运入。

潘北煤矿拥有固定资产18.95亿元。在册人数2206人。非在册人员3082人，其中；劳务派遣工有1246人，外委单位职工1836人；矿业专业化队伍526人；合计5288人。机关设置10个科室，井下生产单位8个，井下生产辅助单位9个，地面生产单位4个，生产及社会职能单位3个。合计33个科（队）级单位。矿井获得“国家特级安全高效矿井”。

朱集煤矿 位于淮南市西北，行政区划隶属安徽省淮南市潘集区及蚌埠市怀远县。2007年7月1日开工建设，采用立井、多水平、分组集中大巷、分区通风、集中出煤的开拓方式，工业广场占地面积45.95公顷，广场内设置主井、副井、矸石井及中央回风井4个井筒。截至2010年年底，通风系统、提升系统、监控系统、抽采系统、排水系统等主要安全生产系统均已按照设计要求完成，行政、工业公共建筑和生活福利设施基本建成。矿井属煤与瓦斯突出矿井，设计生产能力为年产量400万吨，系统具备800万吨生产能力，设计服务年限为80.2年。井田位于淮南煤田东北部，属朱集井田27勘探线以东部分，东西长约12.5公里，南北宽约3.5公里，面积45.13平方公里。煤炭资源丰富，共有查明煤炭资源储量9.47亿吨，可采储量4.49亿吨，可采煤层煤质稳定，洗精煤是较为理想的炼焦配煤，洗中煤或原煤可作为动力用煤。矿井是国家“十一五”规划重点能源建设项目之一，是淮南亿吨级煤炭基地和全国六大煤电基地总体规划的重要组成部分，是淮南矿业集团“十二五”期间第一个建成投产的大型现代化矿井。开工建设以来，朱集矿严格按照“装备现代化、系统自动化、管理信息化”的高标准，认真落实淮南矿业集团“健康、前瞻、集成、精细”的管理理念，实行工期、质量、投资、安全四大控制，积极开展科技创新，取得一批优秀科技成果，其中，“深井低透气性煤层揭煤防突关键技术”获国家科技进步奖二等奖。

望峰岗选煤厂　1958年建成投产。是中央型炼焦煤选煤厂。原设计年处理原煤能力为100万吨，是中国第一个五年计划中156个重点工程之一。采用跳汰机分选工艺，1994年进行技术改造，采用跳汰粗选—重介精选—煤泥浮选联合工艺流程，生产灰分<10.5%的冶炼精煤，设计能力为年处理原煤150万吨。2000年，进行新一轮技术改造，在不改变处理能力的情况下，采用国内先进的无压三产品重介旋流+煤泥浮选工艺，2005年，在现有工业广场内进行扩建工程，年入洗能力提高到400万吨，采用原煤大型无压三产品重介旋流器分选+粗精煤泥重介+煤泥浮选+粗煤泥筛网沉降回收+细煤泥压滤工艺，可生产灰分在9%～10%的冶炼精煤，主要入洗谢一矿原煤，煤种为1/3焦煤。企业具有精煤出口质量许可证，为行业级标准化选煤厂。截至2010年，拥有固定资产8.95亿元。企业被评为全国十佳选煤厂和优质高效选煤厂。

新庄孜选煤厂　1997年建成投产。是大型矿井炼焦煤选煤厂，设计能力为年处理原煤240万吨，入洗新庄孜矿原煤，煤种为1/3焦煤，选煤工艺采用原煤大型无压三产品重介旋流器分选+粗精煤泥重介+煤泥浮选+粗煤泥筛网沉降回收+细煤泥压滤联合工艺流程，生产灰分9%～10%冶炼精煤产品。企业为行业级标准化选煤厂。

谢桥矿选煤厂　1999—2000年，一、二期工程建设并于当年投产。选煤工艺为原煤13毫米分级，块煤跳汰分选，筛下末煤与跳汰精煤掺合后上仓销售。2010年进行升级改造，增设年处理能力为600万吨/年的重介车间，生产工艺为原煤6毫米分级，50~6毫米有压三产品重介旋流器分选，–6毫米原煤可以部分入洗，也可直接作为产品销售。企业为行业级标准化选煤厂、优质高效选煤厂。截至2010年，拥有固定资产1.48亿元。

张集选煤厂　2002建成投产。设计年处理原煤能力400万吨。是动力煤选煤厂，选煤工艺为200~50毫米动筛分选，50~13毫米分级跳汰分选，筛下末煤可根据原煤质量情况和产品质量要求，不入洗、部分入洗或全部入洗，产品灰分可根据需要在14%~24%之间进行调节。经过技术改造升级后，年处理能力为760万吨。北区选煤厂属张集矿二期矿井配套工程，2005年建成投产，设计年处理能力为480万吨。截至2010年，拥有固定资产1.72亿元。企业被评为“全国十佳选煤厂”。

顾桥选煤厂　2007年建成投产。设计年处理原煤能力1000万吨。是动力煤选煤厂，选煤工艺为原煤13毫米分级，块煤重介浅槽分选，筛下末煤与精煤掺合后上仓销售。2009年增设末煤重介车间，筛下末煤可根据用户质量需求选择部分入洗或不入洗。末煤重介车间选煤工艺为大直径有压三产品重介旋流器分选。截至2010年，拥有固定资产2.43亿元。

第二章 淮北矿业集团

淮北矿业（集团）有限责任公司位于安徽省淮北市，前身为淮北矿务局。1957年11月，中共安徽省委批准成立“闸河煤矿筹备处”。1958年3月，成立“安徽省濉溪煤矿筹备处”,4月，煤炭工业部宣布成立“闸河煤矿筹备处”，5月5日，受煤炭部和安徽省人民委员会双重领导的“淮北煤矿筹备处”成立，大规模开发淮北煤矿序幕拉开。1960年2月，撤销淮北煤矿筹备处，成立濉溪矿务局。1964年4月，濉溪矿务局改称为淮北矿务局。1965年1月，成立华东煤炭工业公司淮北分公司。1966年12月，改名为淮北矿务局。1970年11月，淮北市与淮北矿务局市局合并，称名为淮北市革委会第一生产小组。1973年6月，淮北市与淮北矿务局市局分离，恢复淮北矿务局。1998年3月，改制为淮北矿业（集团）有限责任公司。2001年11月26日，煤业公司创立。2008年8月，多种经营系统整体改制，多经总公司、机电装备公司、水泥公司、勘探工程公司、金蟾药业、钢丝绳厂、汽运修公司等非煤单位改制，合并成立淮海实业公司，主辅分离、辅业改制取得历史性突破。2010年，安徽淮海公司整体划出淮北矿业。2010年2月，淮北矿业股份有限公司成立，标志企业改制上市工作迈出实质性步伐。淮北矿业集团横跨淮北、宿州、亳州、滁州4个地市，矿区总面积9600平方公里。矿区保有储量85亿吨，可采储量39.1亿吨。煤炭有焦煤、1/3焦煤、气煤、肥煤、贫煤、瘦煤、无烟煤和天然焦等8大主要煤种，煤质优良，属低硫、特低磷、中低灰分，高发热量，粘结性强，结焦性好的绿色煤炭。经过50多年的创业与发展，已形成以煤炭生产经营为主，集煤炭采选、煤化工、盐化工和综合利用发电为一体的国家特大型企业集团。

2010年，淮北矿业集团拥有资产总额610亿元，职工8万多人，生产和在建矿井23对，核定年生产能力为3979万吨，年产原煤3372.66万吨，年产冶炼精煤1000万吨。2010中国企业500强排名246位，煤炭工业100强排名第20位。先后获中国最佳形象“AAA”级企业、煤炭工业优秀企业、中华环境友好企业、全国煤炭工业思想政治工作双文明建设先进单位、全国“五一”劳动奖章、全国煤炭行业管理金石奖、全国先进基层党组织等多项称号。

袁庄煤矿 位于淮北市杜集区段园镇境内，东北距徐州市20公里，西南距淮北市中心37公里，处于苏、皖两省交界之地。1959年1月15日破土动工兴建，同年12月31日简易移交投产，是目前淮北矿业集团公司所属生产矿井中投产最早的矿井（俗称淮北矿务局二矿）。矿井设计生产能力为45万吨/年，2002年核定年生产能力为70

万吨。井田南北长6.5公里，东西宽1.0～2.5公里，面积为10.7平方公里。现有地质储量1061.1万吨。煤炭为气肥煤，具有高挥发、极低硫、中等发热量及不结焦等优点，广泛适应于电厂、工业及民用锅炉、机车等。为提高煤炭质量，促进煤炭销售，矿井建有一座年入洗量65万吨的动力选煤厂，1997年恢复改造为螺旋滚筒式洗煤机，可根据不同用户的需求，通过筛选去除原煤中的夹矸，加工灰分在18%～27%、发热量在5000大卡左右的动力煤。该矿产品主要销往苏、浙等地区。311国道及萧桃公路从矿区穿过，连霍高速公路从矿井南面经过；铁路运煤专用线在段园车站与符（离集）夹（河寨）线接轨，北连陇海线、南接津浦线；水路运输通过徐州港经运河通往苏、浙等南方各地。光缆电话及信息高速公路与国内外联网，交通、通信十分方便。

袁庄煤矿2010年核定生产能力为69万吨，实际产量超过80万吨。建矿51年累计生产煤炭2700多万吨，全矿拥有固定资产1.76亿元。全矿科级单位26个，在职职工3067人。离退休职工2400人。矿井被中国煤炭工业协会授予行业级质量标准化矿井。

双龙矿业公司 原张庄煤矿，位于淮北市杜集区矿山集镇境内，西距淮北市9公里。1958年9月27日开工建设，1960年12月24日建成投产。原年设计生产能力为60万吨，1980年经煤炭工业部核定为140万吨。2004年9月12日，矿井破产重组成立淮北双龙矿业有限责任。同年9月26日，双龙公司正式挂牌。井田东西走向长6.5公里，南北倾斜宽3公里，面积约19.39平方公里。煤种有焦煤、瘦煤、贫煤、气煤、无烟煤、自然焦等。截至2004年8月底，全井田剩余地质总储量为2882.7万吨，其中暂不能利用储量2048.2万吨（煤48.2万吨，天然焦2000万吨），工业储量834.5万吨，可采储量219.9万吨。1992年9月2日开工建设张庄矿煤矸石电厂，1997年5月1日正式投入运行。2004年9月，矿井实施破产重组，成立宇能热电公司，上交淮北矿业集团公司垂直管理。2010年，经上级部门同意，宇能公司股权进行转让。双龙公司（原张庄煤矿）交通方便，符夹铁路线经矿井西侧4公里处岱河站，向北与夹河寨站接陇海铁路，向南在符离集站接津浦铁路，向西南经濉阜铁路线在阜阳站接京九铁路。煤炭外运专用线在矿工业广场西侧，北至石台煤矿，南至符夹线上的青龙山站。矿区有公路直达淮北市，经淮北向南至宿州市，向西至永城、亳州市，向北经萧县至江苏徐州。东邻"合徐"高速公路，北邻"连霍"高速公路。

双龙公司建矿52年累计生产原煤5400多万吨，生产精煤1298.99万吨，完成利润6508.83万元，上缴税金48428万元。2004年8月，共有职工3910人，其中生产工人2332人，管理人员148人，专业技术人员170人，服务人员360人，其他人员900人。曾获"全国大庆式企业""现代化矿井""特级质量标准化矿井""坑木低消耗标兵矿""全国煤炭工业现场管理先进单位""创最佳经济效益先进单位""安全生产先进单位"。

朱庄煤矿 位于淮北市以东约9公里处矿山集镇境内。1959年10月29日破土动工，1961年10月15日建成生产。原矿井设计年生产能力75万吨，1980年经煤炭部核定为年生产能力 135 万吨。2005 年 6 月，主井提升能力改造，矿井提升能力由 150 万吨 / 年达到 200 万吨 / 年。煤炭储量至 2010 年末保有资源储量为 3563.7 万吨，可采储量 2002.6 万吨，按年产 200 万吨计算，服务年限尚有 7.7 年。煤炭品种较多，煤种变化由焦煤、瘦煤、贫煤、无烟煤到低级天然焦。至 2010 年，以贫瘦煤为主。矿区东 20 千米处有津浦铁路，西有符夹铁路，北接陇海铁路，南在符离集站接津浦铁路，西南有濉阜铁路接京九铁路。煤炭外运专线在矿工业广场西侧，北至张庄煤矿、石台煤矿，南至符夹线上的青龙山站。矿区有公路直达淮北市。北临连霍高速公路，东临合徐高速公路。

朱庄煤矿 2010 年核定生产能力为 220 万吨，实际生产煤炭 218.68 万吨。建矿 51 年总计生产煤炭 6963 万吨，拥有固定资产 1.68 亿元。全矿共有科级单位 36 个，在岗职工 4443 人。2009 月 8 月 7 日，以中国共产党十七大代表、全国“劳动模范”、全国“五一”劳动奖章获得者、朱庄煤矿职工方国胜个人名字命名的“方国胜工作室”成立。被淮北矿业集团确定为“综采技能人才实训基地”，承办“淮北矿业综采技师技能提升培训班”。

岱河矿业公司 原岱河煤矿，位于淮北市东北 4 公里的高岳镇。1960 年 5 月开工建设，1965 年 12 月 25 日建成投产。2010 年 12 月底政策性破产重组改制成淮北岱河矿业有限责任公司。矿井原设计年产 60 万吨，1997 年核定为年产 140 万吨。井田南北长约 5.6 公里，东西宽 1.3 ～ 4 公里，面积 19.1855 平方公里。各煤层因岩浆侵入普遍变质程度较高，煤种较多，有焦煤、瘦煤、贫煤、无烟煤、天然焦，以瘦煤和焦煤为主。煤中有害成份磷、硫的含量低。工业用途主要作为炼焦和动力用煤。至 2010 年年末，尚有工业储量 1241.5 万吨，可采储量 624.3 万吨，开拓储量 484.1 万吨。岱河煤矿交通较为便利，铁路专用线与国铁相接，与京沪、陇海、京广、京九线联网，直通全国各地；公路四通八达，连霍、京台高速，淮宿、淮徐、淮阜等公路通达苏、鲁、豫、皖等省。

岱河矿业公司 2010 年核定年生产能力为 140 万吨，实际生产煤炭 92.25 万吨。建矿 48 年总计生产煤炭 5399.97 万吨，拥有固定资产 0.69 亿元。公司现有 24 个单位，在岗职工 2476 人，其中管理和专业技术人员 214 人。矿井先后获全国环境保护先进单位、全国环境优美工厂、全国先进基层党组织、全国煤矿群众安全工作先进集体、特级质量标准化矿井、安全生产先进单位、全国群众体育先进单位、全国质量标准化矿井、全国工会职工文化先进集体、全国先进基层党校、“全国双十佳”煤矿。

杨庄煤矿 位于淮北市烈山区。1961 年开工建设，1966 年 5 月 30 日建成投产。年设计生产能力 90 万吨。井田位于闸河煤田最南端，走向长 9 公里，倾斜宽 5.5 公里，面积约 30 平方公里。煤种主要为贫煤、瘦煤，其次为天然焦、无烟煤、焦煤肥煤。1976 年原煤产量达到 191 万吨，实现产量翻番。1977–1986 年连续 10 年保持年产量 200 万吨以上水平。目前，矿井工业储量 5722.3 万吨，可采储量 1724.5 万吨。2006 年 1 月建成煤矸石发电厂 1 座，装机容量为 2×12 兆瓦。矿区有宿淮公路、濉溪公路交叉通过，北临连霍高速公路，东靠京福高速公路（合徐段）。煤矿专用铁路在矿南5公里处的青龙山火车站与符夹、濉阜铁路接轨。铁路符夹线北接陇海线，东接京浦线。濉阜铁路南接京九线。青龙山码头则直通汴河、淮河经洪泽湖入长江。矿区交通十分方便。

杨庄煤矿2010年核定年生产能力为210万吨，实际生产煤炭200.19万吨，建矿48年总计生产煤炭6819万吨，拥有固定资产4.62亿元。全矿共有科级单位44个，在岗职工5193 人。矿井先后获“全国先进矿”“全国特级质量标准化矿井”“全国现代化矿井”。

芦岭煤矿　位于宿州市芦岭镇。1960年开工建设，1969年12月26日建成投产。设计年生产能力为150万吨，2005年，核定矿井年生产能力为230万吨。矿井设计储量为29113.9万吨，工业储量23260.8万吨，可采储量13898.5万吨，服务年限设计为66.1年。至2008年底，芦岭煤矿保有工业储量17674.4万吨，可采储量8961.7万吨。原煤工业牌号气煤和1/3焦煤。为低灰分，特低硫、磷，高发热量（22.6兆焦/公斤）的优质工业用煤。精煤为8-10级冶炼精煤，是炼焦的优质原料。1981年建成矿井井口洗煤厂，入洗能力为180万吨/年。选煤工艺原为跳汰选煤工艺，2006年10月改造为全重介选煤工艺，年入选原煤能力提高到240万吨。2000年，建成煤泥矸石发电厂1座，装机容量为2×12兆瓦。2007年，建成瓦斯发电厂1座，装机容量为5兆瓦。矿井西南邻近京沪铁路，距芦岭火车站9千米，矿区专用线在此处与京沪铁路接轨。矿井西部20多千米，有合（肥）—徐（州）高速公路，矿井北部有宿（宿州市）泗（泗县）公路，比邻京（北京）—沪（上海）高速铁路（在建）。南有宿（宿州市）—蚌（蚌埠市）101省道穿过，矿区有公路与之相连，交通便捷。淮河支流沱河流经矿区南部。

芦岭煤矿2010年核定年生产能力为230万吨，实际生产煤炭224.07万吨。建矿41年总计生产煤炭6924万吨，拥有固定资产2.44亿元。全矿共有科级单位47个，在岗职工6666人，其中管理和专业技术人员511人。矿井先后被中煤总公司命名为质量标准化特级矿井、煤炭工业二级企业、“煤炭出口先进单位”；被评为全国煤炭系统思想政治工作优秀企业、煤炭系统文明煤矿、全国煤炭工业先进集体和全国2009—2010年度优质高效选煤厂、全国2009—2010年度行业级质量标准化选煤厂、全国煤矿职业安全健康先进单位。

石台矿业公司　原石台煤矿，位于淮北市东北方向约15公里，井田属淮北市杜集区石台镇、朔里镇和萧县永固镇管辖。1970年11月1日开工建设，1975年12月26日正式投产。2010年12月底政策性破产重组改制成淮北石台矿业有限责任公司。矿井原设计年生产能力60万吨，1981年核定年生产能力为90万吨。井田南北长约3.3~7.5公里，东西宽约2.0~4.9公里，面积约21平方公里。井田地质储量14704万吨，可采储量4806万吨。至2007年，尚有可采储量1332.5万吨。煤类以焦煤为主，其次为贫煤、瘦煤、无烟煤；煤层部分受岩浆侵蚀严重，成为天然焦。石台矿区内有矿区专用铁路线，向南经符夹线至符离集站，可通往华东各工业城市。公路可直通徐州、宿县、阜阳等地，在矿区北侧8千米处可进入连霍高速公路，东邻合徐高速公路。交通十分方便。

石台矿业公司2010年核定年生产能力为135万吨，实际生产煤炭122万吨，建矿35年总计生产煤炭4212.95万吨，拥有固定资产8100万元。公司有36个单位，在岗职工3061人，其中管理和专业技术人员261人。先后获全国煤炭工业行业级安全高效矿井、全国敬老模范村居社区全国文明单位、全国煤炭工业行业一级安全高效矿井、煤炭工业节能减排先进单位、煤炭工业先进煤矿。

朔里矿业公司 原朔里煤矿，位于淮北市杜集区朔里镇境内。1966年7月15日动工兴建，1971年7月1日建成投产。设计年产60万吨，服务年限90年。井田南北长约7.3公里，东西宽2 ~ 4公里，面积约23平方公里。1989年，调整为19.5平方公里。1994年实现产量翻两番，2010年末，朔里煤矿剩余煤炭储量864.9万吨，可采储量494.3万吨。由于资源枯竭。2010年12月3日，破产重组改制为淮北朔里煤业有限责任公司。井田煤系地层中除含有可采煤层外，还共生有沉积矿产，硬质高岭土矿储量1380.7万吨。2010年年底，朔里矿业公司高岭土总厂成立，四条规模生产线，四大类数十个品种产品，年产量8万吨，产值近亿元，员工430人，年综合利用煤炭伴生高岭土15万吨。至2010年，公司累计处理原矿80万吨，生产各类产成品60多万吨，累计产值达到6亿元。企业是《高岭土及其实验方法》国家标准（GB/T14563-2008）的主要起草单位之一。矿区专用铁路线直达，向西4公里至坡里站接符夹线，经符夹线南至符离集接京沪线，北至徐州接陇海线，西至阜阳接京九线。公路可直通徐州、宿州、阜阳等地，北5公里处进入连霍高速公路，东邻合徐高速公路。

朔里矿业公司建矿40年共生产原煤5861.2万吨。拥有固定资产1亿元。2010年末，在册人员3591人，其中固定职工1212人，全民合同工1043人，城镇劳务工169人，采掘劳务工1167人。矿井先后获全国安康怀优秀企业、全国煤炭工业行业级安全高效矿井、全国敬老模范村居社区、全国煤炭工业行业一级安全高效矿井、全国文明单位、煤炭工业先进煤矿、全国煤炭工业行业一级安全高效矿井。

朱仙庄煤矿 位于宿州市东13公里。1972年12月25日主井破土开工，1982年12月26日建成，1983年4月25日正式投产。原设计年产120万吨，服务年限72年。有年洗煤能力为200万吨的矿井型选煤厂1座。井田走向长9公里，倾斜宽1.5 ~ 5.8公里，勘探面积26.3平方公里。采矿登记面积21.555平方公里。煤种为气煤、贫煤、无烟煤和天然焦。2010年底，矿井保有储量为14471.1万吨，可采储量5957.6万吨。京沪铁路、京福高速公路（合徐段）经其西，101省道宿（州）—蚌（埠）段，从井田西部经过；宿（州）—泗（县）公路横穿井田中部，交通十分方便。

朱仙庄煤矿2010年核定年生产能力为245万吨，实际生产煤炭249.37万吨，建矿27年总计生产煤炭6963万吨，拥有固定资产2.53亿元。全矿共有科级单位28个，在岗职工4581人，其中原煤生产人员3769人，专业技术人员148人。矿井先后获全国总工会授予“模范职工之家”、中煤总公司授予“质量标准化优秀单位”“全国煤炭工业行业级安全高效矿井”“中国煤炭系统文明煤矿”。

临涣煤电公司　原临涣煤矿，位于淮北市濉溪县韩村镇。1977年6月开工建设，1985年2月28日建成投产。设计年产180万吨，服务年限120年。2007-2008年，为调整矿区经济结构，原临涣煤矿实现了资产重组，以集团公司参股、职工持股的形式成立临涣煤电公司。井田东西长13公里，南北宽4-5公里，面积约50平方公里。主要可采煤层多为中等挥发分，粘结性强，结焦性良好，由上而下，由东向西变质程度较高。有害组分总体特征中灰（51、52煤属富灰），特低硫（31煤属低硫），特低磷（31、7煤属低磷），酸性灰渣，高熔灰份（52煤难熔灰分），砷、氯、氟含量甚微。矿井各层煤洗精煤为配煤炼焦，中煤可作动力用煤。截至1998年年底，全矿井地质总储量48692.0万吨，其中：A+B级为5985.8万吨，工业储量为28248.9万吨，高级储量占工业储量的比例为21.2%，可采储量为15198.0万吨，能利用储量为39615.8万吨，暂不能利用储量为9076.2万吨。并有坑口电站——力源热电公司坐落在淮北市韩村镇临涣煤矿工业广场，占地面积70.8亩。公司成立于2002年12月18日，是由淮北矿业集团临涣煤矸石热电厂改制而成的股份制公司。公司设计规模“三炉三机”。一期现建成“三炉两机”，单机容量6兆瓦，设计年发电量7200万千瓦时。矿区交通十分方便，铁路除东部30公里处有京沪线外，尚有濉（溪）阜（阳）铁路在矿区北部通过，临涣车站距矿井约9公里，铁路专用线在小湖集站与青（疃）芦（岭）支线接轨。涡河位于矿区南部，可全年通航。矿井附近有4条主要公路：淮北市至涡阳、宿州市至蒙城、淮北市至六安市、宿州市至临涣。

临涣煤电公司2010年核定年生产能力为240万吨，实际生产煤炭275.34万吨，建矿25年总计生产煤炭3145.9883万吨，拥有固定资产2.68亿元。公司二级机构设置为42个，在岗职工4574人，其中管理人员159人，井下工人3280人。先后获中国煤炭工业协会“行业级质量标准化矿井”“行业二级安全高效矿井”“煤炭工业先进煤矿”.

海孜煤矿　位于淮北市濉溪县韩村镇。1979年2月开工建设，1987年10月21日建成投产。设计年生产能力150万吨，服务年限78.9年。2007年，核定矿井年生产能力为159万吨（其中大井为120万吨/年，西部井为39万吨/年）。井田东西走向长约11公里，南北倾斜宽2.6公里，面积33.75平方公里。截至2010年年底，矿井保有资源储量14610万吨，可采储量6421.5万吨，矿井生产能力按159万吨/年计算，同时考虑1.4的备用系数，矿井尚可服务28.8年。煤质属特低磷、特低硫，中—强粘结性，结焦性良好，属优质炼焦配煤。原煤发热量8和10煤层高达29兆焦/公斤以上，其它煤层均在25.5 ~ 27.0兆焦/公斤之间，精煤发热量相对稳定，在30 ~ 33兆焦/公斤之间，热稳定值中等。矿井交通极为方便，新修矿区公路与淮北、涡阳、淮南、宿州等地的公路相接。濉阜铁路从矿井西北侧通过，临涣车站、海孜车站均距井口6 ~ 7公里，矿区铁路专用线在青芦线的小湖集配站接轨。

海孜煤矿2010年核定年生产能力为159万吨，实际生产煤炭138.2万吨，建矿23年总计生产煤炭1859.66万吨，拥有固定资产2.54亿元。全矿共有科区级单位31个，职工总数4029人，其中固定工1171人，合同工1092人，劳动合同工1766人。先后获全国煤矿文化工作先进单位、国家二级企业档案管理先进单位、行业级质量标准化矿井。

童亭煤矿 位于淮北市濉溪县五沟镇境内。1979年10月开工建设，1989年11月建成投产，设计年生产能力90万吨。井田东西走向长10公里，南北倾斜宽4公里，井田面积约24.164平方公里。地质储量10436.9万吨，可采储量5788万吨，服务年限45.9年。截至2010年年底，井田工业储量15501万吨，可采储量为6414.4万吨（含陈楼块段）。煤种主要为肥煤及1/3焦煤，混煤发热量在21兆焦/公斤，灰分28%～30%，挥发分25%～35%，属中高挥发较强粘结低硫性的优质环保型煤炭，适宜作为配煤炼焦。矿井北距淮北市约42公里，东距宿州市30公里。井田西部10公里有青阜铁路通过符夹铁路与京沪铁路、陇海铁路干线相接。矿井专用线在青芦支线的小湖集临涣选煤厂站接轨。公路可直通徐州、宿州、淮南、阜阳、永城。

童亭煤矿2010年矿井核定年生产能力为140万吨，实际生产煤炭134.8万吨。建矿20年总计生产煤炭1500多万吨，拥有固定资产8.12亿元。全矿共有科区级单位31个，职工总数3060人，其中在岗管理和技术人员228人。矿井先后获全国文明煤矿、煤炭工业双十佳煤矿、全国企业文化优秀单位、全国煤炭经济研究先进单位、中国统配煤矿总公司特级质量标准化矿井、部级高产高效矿井、煤炭行业人力资源工作先进单位及安全生产五周年等称号。

桃园煤矿 位于安徽省宿州市境内。1983年12月28日破土兴建，1995年11月15日建成投产。设计年生产能力90万吨，服务年限96年。经改扩建，2006年核定年生产能力160万吨。井田走向长约15公里，倾向宽1.5～3.5公里，面积29.45平方公里。2007年，地质储量12613.6万吨，可采储量6386万吨。煤种为中灰、高挥发分、低硫、特低磷、高发热量的肥气煤。矿井交通极为方便，京沪铁路从矿东北通过，北距宿州站11公里，东距西寺坡站7公里，煤矿铁路运输专线在宋庄站与青芦铁路接轨。公路206国道宿（州）、蚌（埠）段从矿井西部穿过，合徐高速公路东坪出口距矿井7.5公里。淮河支流浍河从矿井南通过，浍河可通航小型机动船，直接进入淮河。

桃园煤矿2010年矿井核定年生产能力为160万吨，实际生产煤炭182万吨。建矿15年总计生产煤炭1974.3257多万吨，拥有固定资产3.5亿元。全矿共有科区级单位40个，在岗位职工3946人，其中固定职工1027人，全民合同工1028人，劳动合同工1891人。矿井先后获得“安徽省百佳企业”“安徽省花园式矿井”“行业级安全质量标准化示范矿井”“全国文明煤矿”“全国双十佳矿井”。

祁南煤矿 位于安徽省宿州市埇桥区祁县镇境内。1992年12月26日开工建设，2000年12月26日正式投产。设计年生产能力180万吨，2009年核定年生产能力300万吨。井田走向长约10.5公里，宽3～8.5公里，勘查面积约62.5平方公里。开采面积54.5822平方公里。截至2010年年底，矿井保有资源储量46240.6万吨。煤类以

1/3焦煤为主,次为气煤和肥煤,矿井各可采煤层主要为中灰、高灰融点、低硫、低磷的中变质阶段的气煤、肥煤及1/3焦煤等。其粘结性能较好,可选性一般较差。矿井交通便利,北距宿州市约23公里,南距蚌埠市约70公里,京沪铁路从矿井东北侧通过,东距芦岭编组站约12公里;青芦铁路运煤专用线已与矿井接通。公路206国道宿(州)蚌(埠)段从矿井中部穿过,西距合徐高速公路东坪出口约4公里。井田内有淮河支流浍河,长年通行小型机动船进入淮河和洪泽湖。

祁南煤矿2010年矿井核定年生产能力为300万吨,实际生产煤炭287.54万吨。建矿10年总计生产煤炭2218万吨,拥有固定资产13.3亿元,上缴税费49057.79万元。全矿共有科区级单位37个,在岗位职4719工人。矿井先后获中国煤炭工业协会"安全高效矿井"、行业级质量标准化矿井、行业级高产高效矿井、全国企业培训先进单位、全国依法生产先进煤矿、2005年中国煤矿康居建设小康矿、煤炭工业双十佳煤矿、全国煤炭工业企业文化示范矿井。

许疃煤矿 位于蒙城县境内。1997年10月开工建设,2004年11月8日正式投产。设计年生产能力150万吨,扩建工程2004年12月22日开工,2007年7月1日完工,扩建后矿井设计年生产能力300万吨,服务年限52年。井田走向长约9~12公里,宽约3~7公里,矿井面积约52.59平方公里。矿井工业储量46571.7万吨,可采储量21741万吨。煤种层为中高发热量、中等挥发分、中等粘结性的肥煤或1/3焦煤,以肥煤为主,1/3焦煤次之,煤层的灰分以中灰为主,一般灰分含量13%~18%,特低硫—特低磷。工业用途主要为优劣炼焦配煤和动力用煤。矿井交通便利,东北距宿州市约37公里,西南距蒙城县城约28公里。运煤专用铁路线在任庄站与青芦铁路接轨;东部有宿(州)—蒙(城)公路通过,西部有淮(北)—六(安)公路通过,可直接接通省内公路网;北淝河从井田南缘外流过,可乘小型船支进入淮河和洪泽湖。

许疃煤矿2010年矿井核定年生产能力为350万吨,实际生产煤炭336.05万吨。建矿5年总计生产煤炭1500多万吨,拥有固定资产14.4亿元,累计实现营业收入51.25亿元,实现利税11.8亿元。全矿共有科区级单位23个,在岗位职工3010人,其中固定职工629人,全民合同工952人,劳动合同工1429人。矿井先后获全国煤炭系统文明煤矿、安全高效矿井、全国煤炭系统建设和谐社区先进单位。

涡北煤矿 位于亳州市涡阳县管辖。2004年2月1日破土动工,2007年5月18日建成投产。原设计年生产能力120万吨,2009年年产量重新核定为150万吨,服务年限40年。井田东西宽约3.2公里,南北长约6公里,面积约19平方公里。矿井总储量15233.87万吨,可采储量6714.5万吨。煤种以焦煤为主,伴有少量肥煤,为国家稀缺的优质焦煤。矿井交通便利,青(龙山)—阜(阳)铁路从井田东南约3公里处通过,附近在青阜铁路上有涡阳和龙山2个车站,距井田中心分别为5公里和11公里。涡阳—永城公路纵贯井田东部;涡阳往阜阳、蚌埠、亳州、淮北、永城等邻近市、县均有公路相通。涡河是淮河的支流,距矿井工业场地最近处仅2公里,可通过200~400吨级船。

由涡河经怀远可进入淮河，还可经洪泽湖于淮安转入京杭运河进入长江。矿井具备铁路、公路和通航河流3种运输条件。

涡北煤矿2010年矿井核定年生产能力为150万吨，实际生产煤炭140万吨。建矿4年总计生产煤炭400多万吨，拥有固定资产10.49亿元。全矿共有科区级单位19个，在岗位职工1785人，其中固定职工479人，全民合同工679人，劳动合同工627人。矿井先后获得全煤系统一级安全高效矿井、文明矿井、体育文化先进单位。

孙疃煤矿 位于淮北市濉溪县境内。2004年12月26日开工建设，2008年6月26日正式投产。矿井年设计生产能力180万吨，服务年限51.1年。井田南北走向长10公里，东西倾斜宽3～5公里，面积约44.3公里。矿井煤炭地质储量2.61亿吨，可采储量1.24亿吨。可采煤层以低—中高灰、特低—低中硫、特低—低磷、中高—高挥发分、高—特高热值和具中—强粘结性的1/3焦煤为主，气煤次之；主要可作炼焦配煤，也可用于工业锅炉燃烧。矿井田内有多条公路可至淮北市、宿州市和蒙城县。井田外东侧、西北侧和南侧分别有京沪铁路、濉阜铁路和矿区铁路青（疃）—芦（岭）支线经过。交通十分方便。

孙疃煤矿2010年矿井核定年生产能力为180万吨，实际生产煤炭264.52万吨。建矿3年总计生产煤炭633.17多万吨，拥有固定资产14.37亿元。全矿共有科区级单位23个，在岗位职工2430人，矿井先后获全国煤炭系统文明煤矿全国煤炭工业行业一级安全高效矿井、全国煤炭系统建设和谐社区先进单位。

淮北选煤厂 位于淮北市烈山境内青龙山南麓。有淮北洗煤厂南区、北区、涡北分厂、桃园分厂4个独立的选煤生产系统，分布于淮北、亳州、宿州三市。年入洗能力500万吨，入洗矿井数量达10对。2007年6月，推行测量管理体系，同年12月，获得中启认证中心AAA证书。主要生产“青龙山”牌瘦精煤，冶炼等级11级，灰分区间10%~10.5%，销售流向马钢、上海焦化厂、杭州钢厂等；“九神”牌焦精煤，冶炼等级12级，灰分区间10.5%～11%，销售流向上海宝钢、马钢、无锡焦化等。

淮选南区系原淮北选煤厂，位于淮北市烈山境内青龙山南麓。1972年8月28日建成投产。设计能力为年入洗原煤200万吨。1998年3月18日，淮北矿务局淮北选煤厂更名为淮北矿业（集团）公司淮北选煤厂。2002年1月14日，淮北矿业（集团）公司淮北选煤厂更名为淮北矿业（集团）煤业有限责任公司淮北选煤厂。淮选北区系原石台选煤厂，位于淮北市烈山区山境青龙山西麓，与淮选南区地理位置大体相同。1987年2月4日建成投产。设计能力为年入洗原煤120万吨。1998年3月18日，淮北矿务局石台选煤厂更名为淮北矿业（集团）公司石台选煤厂。2002年1月14日，淮北矿业（集团）公司石台选煤厂更名为淮北矿业（集团）煤业有限责任公司石台选煤厂。2005年6月13日，淮北选煤厂与石台选煤厂合并重组，成立淮北矿业（集团）煤业有限责任公司淮北选煤厂。厂区南1千米处为国铁符夹线青龙山编组站，由此向北可至徐州与陇海线相通，向东可达符离集与京沪线相接，厂区东1千米与101省道相接，厂区东为合徐高速入口，可直达合肥、徐州，符离集、宿县等地。截至2010年，拥有固定资产2.39万元。现有科级单位36个。在岗职工2080人。先后获煤炭部“优秀经营管理选煤厂”“中国能源工业先进集体”、中国统配煤矿总公司“特级标准化选煤厂”、能源部、质管协会“质量管理奖”“全国煤炭系统造林绿化先进单位”“国有煤矿行业级质量标准化选煤厂”、中国进出口“知名出口品牌”。

淮北选煤厂涡北分厂，位于涡阳县境内。2006年5月18日建成投产。是国家计委批准立项，列入省“十五”规划和“861”行动计划的重点工程——涡北煤矿配套工程，是一座总投资8500万元，年入洗量为120万吨的矿井型选煤厂。入洗原煤全部来自涡北煤矿，煤种为国家保护开发的稀少短缺煤种——主焦煤。主要生产方式为全重介—煤泥浓缩浮选—尾矿浓缩压滤。厂区距涡阳县城仅4公里。青（龙山）—阜（阳）铁路从东南约3公里处通过，该线往东北经符离集可接入京沪线，往西南经阜阳可接入京九线。涡阳—永城公路纵贯东部。距厂2公里处，涡河及其支流武家河可通行200～400吨级船，经怀远可入淮河，进洪泽湖。

淮北洗煤厂桃园分厂，位于宿州市境内。2006年5月22日建成投产桃园分厂，资产属桃园矿，由桃园矿经营管理，设计能力为年入洗原煤150万吨。2007年3月14日，成立淮北选煤厂桃园分厂。同年6月8日，桃园分厂资产划属桃园矿，由桃园矿经营管理。淮北选煤厂对桃园选煤厂实行洗煤加工费总承包，负责组织生产、技术、安全、机械设备的维修管理工作。主要生产方式为全重介—尾矿浓缩压滤。主要生产11～12级焦精煤和9～12级瘦精煤。厂区西通206国道，东接104省道；铁路向东经矿区专用线—青芦铁路直通京沪线，向西经矿区专用线进青阜线汇入京九铁路大动脉；内河水路纵横通达，南临浍河、涡河、淮河，北依新汴河，附近有蕲县、固镇、怀远、蚌埠、徐州等河运码头；海运由铁路抵达江苏连云港、浦口及安徽裕溪口港口装船出海。

临涣选煤厂 位于淮北市濉溪县韩村镇小湖孜。1986年3月22日破土动工，1990年6月26日建成投产。设计年入洗原煤能力300万吨。经过扩能改造，2007年8月改造工程竣工投产，规模达年入洗原煤能力800万吨，是淮北矿业集团融煤、焦、化、电于一体建设工程的重要组成部分，由集团公司独资建设，是安徽省“861”行动计划重大项目之一。主要产品“临选”牌精煤，具有低磷、低硫、高发热量、质量稳定、结焦性好、绿色环保等特点。肥精煤为冶炼12级；灰分区间10.51%～11%；销售流向国内大型钢厂等地；焦精煤为冶炼12级；灰分区间10.51%～11%；销售流向国内大型钢厂以及日本等地。厂区东距宿州市40公里，东北距淮北市55公里，矿区铁路可直达京沪线芦岭车站和青阜线青疃车站。截止到2010年，累计处理原煤6517.78万吨，生产精煤3630.64万吨，累计完成工业总产值1927341万元，完成计划利润98984.93万元。拥有固定资产9.19万元。有科级单位39个。在岗职工1892人。企业先后获得煤炭部授予的“花园式单位”“行业级质量标准化选煤厂”“全国十佳选煤厂”“煤炭工业优质高效选煤厂”。

临涣焦化股份公司 坐落位于于淮北市濉溪县韩村镇小湖孜临涣工业园，与临涣选煤厂为邻。由淮北矿业集团有限责任公司与上海焦化有限公司、南京钢铁股份有限公司、杭州钢铁股份有限公司、五矿发展股份公司经过充分协商，本着平等互利、共同发展的原则，共同发起组建。其中淮北矿业持有51%的股份，上海焦化、南京钢铁、杭州钢铁、五矿发展分别持有15%、14%、10%、10%的股份。公司于2005年5月24日注册成立，注册资本6亿元人民币，主营业务为焦炭和化工产品的生产、销售及相关产品的开发。临涣焦化项目总投资35亿元，其中一期工程投资20亿元，采用4×55孔6米JN60型焦炉生产焦炭，焦炉煤气制甲醇工艺。一期工程焦化部分于2005年6月4日开工建设，2007年建成年产220万吨焦炭，联产20万吨甲醇的大型干熄焦化厂。2007年1月28日首列焦炭外运。2009年9月12日，干熄焦第一套装置入红焦，标志着项目建成投产。焦炭产品销往安徽、江苏、浙江、福建、江西等省的大型钢铁企业。化工产品销售流向重点在山东济宁、江苏南京、安徽合肥等。产品质量除粘度指标超标外，其余都能达标。硫铵在近期开始销售，主要销往江西、湖南、广东等地。公司交通方便，东距宿州市40公里，东北距淮北市55公里。东有京沪铁路，北有青阜铁路；厂区附近有淮北市至涡阳县、宿州市至蒙城县、淮北市至六安市、宿州市至临涣镇等4条主要公路；涡河位于厂区南部，可全年通航。截至2010年，累计销售焦炭544.92万吨，，拥有固定资产15.59亿元。现有科级单位22个。在岗职工1013人。

临涣中利发电有限公司 2006年1月18日，股东方以“临涣中利发电有限公司”名称在国家工商行政管理总局完成企业名称预核准。2006年4月12日在合肥市召开一届一次董事会（监事会）宣告公司正式成立。公司由淮北矿业（集团）有限责任公司和安徽省能源集团有限公司各投资50%建立。煤泥矸石综合利用发电工程规划总装机容量为4×300兆瓦，总投资约56亿元人民币。其中一期工程装机容量为2×300兆瓦，总投资约28亿元。此项目是淮北矿业（集团）有限责任公司“煤—焦—化—电”战略规划的重要组成部分，也是淮北矿业发展循环经济的标志性工程之一。按照现代企业的精简原则，目前设置有总经理工作部、人力资源部、财经部、策划部、技术支持部、燃料部、发电部、安监部、工会9个部门，公司在册职工147人。

新井项目投资 截至2011年年底，淮北矿业集团独资新井项目5项，即杨柳煤矿、青东煤矿、刘店煤矿、袁店一井、袁店二井，5对独资矿井设计生产能力年780万吨，合资新井项目1个即金石矿业公司，总投资104亿元。

杨柳煤矿 位于淮北市濉溪县境内。2005年6月4日开工建设，2011年12月23日建成投产。设计年生产能力180万吨，服务年限56.5年。井田南北走向长9公里，东西宽3～9公里，面积约64平方公里。设计利用储量17885.5万吨，可采储量为14227.1万吨，主要煤种为贫煤、肥煤和1/3焦煤。矿井交通较为便利，东距宿州市约21公里，北距淮北市约50公里。全矿科区级单位23个，在岗职工2034人。

刘店煤矿 位于涡阳县境内。2005年5月8日动工建设，2009年12月29日建

成投产。设计年生产能力150万吨。井田南北走向长16.5公里,东西宽2.5～6.0公里,面积约76平方公里。煤炭资源储量18517万吨,可采储量10382.3万吨,另有天然焦17266.5万吨。全矿科区级单位19个,在岗职工1644人。

袁店一矿　位于淮北市濉溪县袁店集。2006年底开工建设，2011年12月23日建成投产。设计年生产能力180万吨,服务年限51.6年。井田南北走向长6.9～13.6公里,东西宽1.2～3.4公里。可采储量1.3亿吨。全矿科区级单位20个,在岗职工1146人。

袁店二矿　2007年6月1日开工建设，2011年12月23日建成投产。设计年生产能力90万吨,服务年限59年。井田南北走向长1.3～5.3公里,东西宽1.9～13.3公里,面积约34.85平方公里。矿井可采储量8050余万吨。全矿科区级单位19个,在岗职工1238人。

青东煤矿　位于淮北市濉溪县临涣镇境内。2007年6月26日开工建设，2011年12月23日建成投产。矿井设计年生产能力为180万吨,服务年限为52.9年。地质资源量46877.35万吨,可采储量为13341.6万吨。2010年全矿科区级单位18个,在岗职工1620人。

第三章 皖北煤电集团

皖北煤电集团有限责任公司位于安徽省宿州市。前身是皖北煤炭工业公司。1984年成立，1986年1月更名为皖北矿务局。1998年9月，改制为皖北煤电集团有限责任公司。主营业务是煤炭开采、煤化工产品制造、非金属材料加工、物流贸易等。矿区主体部分位于淮北煤田，在安徽省淮南市、内蒙古自治区、山西省等地拥有少量煤矿开采权。淮北煤田的资源主要分布在濉溪、萧县、埇桥等县区（统称皖北矿区），实际含煤面积约459.68平方公里，可采储量39687.2万吨，煤层气储量352亿立方米，高岭土400万吨，硬石膏资源量58亿吨。皖北矿区煤种丰富，煤质优良，多为低—中灰、特低硫—低硫、特低磷—低磷、低—中高挥发分、中等—中高发热量、结焦性能良好和具强粘结性的肥煤、气煤和焦煤，另有一定量的1/3焦煤、贫煤、瘦煤和无烟煤，可作为炼焦用煤、炼焦配煤、炼钢用煤和动力用煤。根据煤炭品种多样化的需求，从1997年开始，先后在7座主力矿井建成与生产能力配套的选煤厂，年洗选能力达到700余万吨。2004年8月，由集团控股的安徽恒源煤电股份有限公司在上交所挂牌交易，创立“安徽煤炭第一股”，当期募集资金4.4亿元，构筑链接资本市场的通道和平台。集团主营业务是煤炭开采、煤化工产品制造、非金属材料加工。非煤产业涉及化工、建材、电力、房地产、煤炭物流等多个领域，形成了以煤业、煤化工、煤炭物流一体化为主的发展格局。

2010年，皖北煤电集团拥有资产总额317亿元，职工4万多人。下辖18家子公司、17家分公司，其中煤业下辖11对矿井（含2对在建矿井）；非煤产业拥有1个煤化工企业淮化集团、2个非金属材料企业、4座综合利用电厂和3个煤矸石砖厂等。核定年生产能力为1500万吨，年生产原煤1615万吨，年产冶炼精煤315万吨。2010中国企业500强排名363位，煤炭工业100强排名第26位。先后获全国“安康杯”竞赛“优胜企业”、全国“五一劳动奖状”。

安徽恒源煤电股份有限公司 公司总部位于宿州市。由安徽省皖北煤电集团有限责任公司作为主发起人，于2000年12月29日发起设立，主要从事煤炭开采、洗选加工、销售等业务。2004年8月，公司在上海证券交易所上市，首次公开发行A股股票4400万股，股票简称“恒源煤电”，代码600971，成为安徽省第一家上市的煤炭企业。2007年，公司发行4亿元可转换债券，于2009年完成重大资产重组，并实施15亿元定向增发。截至2009年12月底，公司总股本为3.94亿股，总资产为107.83亿元。公司所有者权益为30.51亿元，每股净资产为7.74元，实现每股收益1.41元。主要有瘦煤、1/3焦煤、气肥煤、无烟煤、主焦煤等,其中1/3焦煤、无烟煤是华东地区稀缺煤种。煤炭质量优良,低硫、低磷、低灰、高发热量,发热量平均在22.87兆焦/公斤,有“绿色环保”能源的美称,广泛用于电力、冶金、石化、建材、炼焦、高炉喷吹、民用等领域,是理想的动力煤和生活用煤。至2010年,下辖7对矿井、6座配套选煤厂、5座综合利用电厂,并托管皖北煤电集团前岭、孟庄、百善和朱集西4座煤矿,跨宿州、淮北、淮南三市,成为拥有2.5万名员工、年生产能力1500万吨、年洗选能力890万吨的大型现代化煤炭企业。公司区位优势明显,交通运输便利,京沪、陇海、京九等三大铁路干线贯穿矿区,京福、连霍、合徐等高速公路和206、104国道从矿区经过,水路可通过长江、淮河、京杭大运河达江入海。

北方能化公司 2009年成立,具体负责皖北煤电集团在西北的发展业务。2007年以后,在内蒙古、山西获得37亿吨的煤炭资源,共拥有6个项目,其中山西3个,分别是岚县昌恒煤矿和临汾的恒昇、恒晋煤矿。内蒙3个,分别是麻地梁煤矿、海子塔煤矿和西北能化煤化一体化项目。

百善煤矿 位于淮北市濉溪县县城西南约15公里。1977年7月1日建成投产,设计年生产能力45万吨,服务年限53年。1982年、1986年两期技术改造,矿井设计年生产能力提高到120万吨,2006年核定年生产能力150万吨。井田面积约22.5平方公里,煤炭地质储量5414万吨,可采储量3958万吨,截至2008年底剩余地质储量974.8万吨,可采储量375.2万吨。煤炭属低灰、低硫、低磷、高发热量的优质无烟煤,是化工、冶金、生活的理想用煤,产品享誉华东,曾远销日本、韩国、菲律宾、新加坡等国家。

百善煤矿2010年矿井核定年生产能力为150万吨,实际生产煤炭108万吨。建矿33年总计生产煤炭3900多万吨,拥有固定资产2.3亿元。全矿共有科区级单位25个,职工总数3277人,其中在岗管理和技术人员214人。矿井先后获全国煤炭工业“双文明红旗单位”、部颁质量标准化矿井、“安全高效矿井”、中国煤炭工业优秀企业、“全国文明煤矿”“全国煤炭行业文明单位”、全国煤炭行业环境保护“十佳”企业、“首届全国矿产资源合理开发利用先进矿山企业”等称号220多项。

五沟煤矿 淮北市濉溪县境内。2005年6月开工建设,2008年9月建成投产。设计年生产能力60万吨,服务年限52年。井田面积15平方公里,可采储量为4000万吨。煤种为中低灰、低硫、低磷、高热值、强粘结性的肥煤、焦煤、1/3焦煤以及少量气煤。是国家鼓励提倡的洁净环保用煤。

五沟煤矿2010年矿井核定年生产能力为150万吨,实际生产煤炭150万吨。建矿3年总计生产煤炭344多万吨,拥有固定资产11.08亿元。全矿共有科区级单位19个,职工总数2747人,其中在岗管理和技术人员196人。

卧龙湖矿 位于濉溪县铁佛镇境内。2004年7月1日开工建设,2008年6月13日投产。设计年产90万吨,服务年限49年。井田面积28平方公里,可采储量4853万吨。煤炭产品为低灰、低硫、低磷、中高发热量的优质无烟煤,是发电、冶金、化工以及民用燃料的理想产品。

卧龙煤矿2010年矿井核定年生产能力为90万吨，实际生产煤炭90万吨。建矿3年总计生产煤炭212多万吨，拥有固定资产12.49亿元。全矿共有科区级单位19个，职工总数2527人，其中在岗管理和技术人员241人。

任楼煤矿 位于淮北市濉溪县境内。1997年12月30日正式投产，设计年产量150万吨，设计服务年限84年。井田面积43平方公里，可采原煤储量达1.77亿吨。煤种为优质气煤，具有“三低两高”的特点：低硫、低磷、低灰，高发热量、高挥发份，被誉为“绿色煤炭”。经改扩建，生产能力达280万吨。矿井建有与生产能力相配套的年入洗原煤200万吨的选煤厂；1.2万千瓦机组的煤矸石综合利用电厂；年产标砖600万块的煤矸石砖厂各1座。

任楼煤矿2010年矿井核定年生产能力为280万吨，实际生产煤炭280万吨。建矿13年总计生产煤炭3500多万吨，拥有固定资产10亿元。全矿共有科区级单位25个，职工总数4644人，其中在岗管理和技术人员265人。企业先后通过ISO 9002国际质量体系认证、ISO 14001国际环境体系认证、OHSAS18001职业健康和安全管理体系认证。矿井被评为全国煤炭行业高产高效矿井、“全国煤炭系统文明单位”“全国双十佳矿井”，并获得“全国十大安全文化奖”和“全国先进基层党组织”。

钱营孜煤矿 位于宿州市埇桥区境内。2006年12月26日开工建设，2010年6月8日投产。矿井设计年生产能力180万吨，服务年限65年，配套建有选煤厂。井田面积约50平方公里，地质储量5.45亿吨，可采储量2.18亿吨，煤层平均总厚4.67米。煤种以气煤和1/3焦煤为主，均为低磷、低硫、中高发热量的优质炼焦煤和电力用煤，是国家鼓励提倡的洁净环保用煤，市场销售前景广阔。截至2010年2月28日，钱营孜矿井及选煤厂项目累计完成投资16.11亿元。至2010年，有在册员工2100人，其中管理人员69人。

前岭煤矿 位于安徽省淮北市濉溪县古饶镇境内。1971年5月6日开工建设，1983年5月1日建成投产。设计年生产能力30万吨。井田面积8.23平方公里，地质储量1575万吨，可采储量736万吨。主要煤种为特低硫、特低磷、中高发热量的无烟煤，可作为民用煤、动力煤，还可用作制备合成氨、活性炭、电石、电极糊及水质净化滤料的原料。矿区东部有符夹铁路和S101省道通过，并有铁路专用线及支线直通矿区，交通十分便利。

前岭煤矿2010年矿井核定年生产能力为30万吨，实际生产煤炭23.38万吨。建矿27年总计生产煤炭620多万吨，拥有固定资产0.56亿元。全矿共有科区级单位18个，职工总数1277人。矿井获“全国五一劳动奖状”“全国下岗职工再就业先进单位”。

祁东煤矿 位于宿州市南，古大泽乡。1997年10月1日开工建设，2002年5月22日建成投产。井田面积45平方公里，可采储量1.89亿吨，年设计生产能力150万吨。至2010年正在进行南翼改造，矿井生产能力将达到300万吨。矿井煤质优良，是良好的炼焦配煤和动力用煤。矿井有配套年洗选能力150万吨的大型选煤厂1座。企业通过 ISO 9001:2000 质量管理体系认证。矿区南依浍河，与淮河水系沟通；西临合徐高速，东西两侧分别有 101 省道和 206 国道穿过；北有 8.6 公里铁路专用线与京沪铁路相连。交通极为便利，区位优势明显。

祁东煤矿 2010 年矿井核定年生产能力为 240 万吨，实际生产煤炭 240 万吨。建矿 8 年总计生产煤炭 1740 多万吨，拥有固定资产 8.82 亿元。全矿共有科区级单位 26 个，职工总数 4807 人。矿井获"全国首批管理创新示范单位""全国煤炭系统文明煤矿""行业级安全高效矿井"。

孟庄煤矿　位于萧县境内。1970 年 7 月 29 日开工建设，1975 年 7 月 1 日建成投产。年设计生产能力 30 万吨，服务年限 66 年。1999 年被批准转为无生产能力矿井。2003 年矿井进行生产系统改造，资源煤炭整合，2006 年核定年生产能力为 40 万吨。2008 年产量达 46 万吨，创历史最高水平。井田面积约 7 平方公里，矿井原始储量为 3946.9 万吨。截至 2007 年年底，矿井剩余地质储量 1253.8 万吨，可采储量 588.1 万吨。主采煤种贫瘦煤，是优质的动力用煤。矿区交通便利，符夹铁路和 311 国道临矿而过，距合徐、连霍高速出口不足十里。

孟庄煤矿 2010 年矿井核定年生产能力为 40 万吨，实际生产煤炭 24 万吨。建矿 35 年总计生产煤炭 920 多万吨，拥有固定资产 9782 万元。全矿共有科区级单位 19 个，职工总数 988 人。矿井获得"全国文明煤矿"。矿井于 2012 年闭坑。

刘桥一矿　位于淮北市濉溪县刘桥镇境内。1971 年 12 月 26 日开工建设，1981 年 5 月建成投产。原设计年生产能力 60 万吨。通过多次技改扩建，2004 年矿井年生产能力为 140 万吨。井田面积 14.26 平方公里。截至 2008 年年底，工业储量为 3380.6 万吨，可采储量为 1268.9 万吨。产品是低硫、低磷、低灰份、高发热量的动力用煤。井田内有铁路专用线至濉溪站转接京沪、陇海和京九三大干线，南部有濉永公路通过本矿，交通十分方便。

刘桥一矿 2010 年矿井核定年生产能力为 140 万吨，实际生产煤炭 140 万吨。建矿 29 年总计生产煤炭 3354 多万吨，拥有固定资产 3.54 亿元。全矿共有科区级单位 25 个，职工总数 4357 人。矿井先后获全国"五一"劳动奖状、全国煤炭工业文明煤矿、全国煤炭工业管理示范企业、全国煤炭系统文明煤矿、全国精神文明建设工作先进单位、全国煤炭工业"双十佳煤矿"。

恒源煤矿　前身原皖北矿务局刘桥二矿，位于淮北市濉溪县刘桥镇境内。1984 年 9 月 28 日开工建设，1993 年 12 月 26 日建成投产。原设计年生产能力 60 万吨。1996 年进行技术改造，年生产能力达到 120 万吨。2002 年再次进行改扩建和技术改造，核定年生产能力达到 200 万吨。截至 2008 年 12 月 31 日，全矿井地质总资源 / 储量 9377.3 万吨，可采及预可采储量 4401.9 万吨。2000 年 12 月 29 日，由刘桥二矿生产经营性净资产出资，作为主发起人，联合安徽省燃料总公司、合肥四方化工集团有限责任公司、合肥开元精密工程有限责任公司、深圳高斯达实业有限公司共同发起设立股份有限公司，成立安徽恒源煤电股份有限公司。在省工商管理局依法登记注册，注册资本人民币8160万元，总股本8160万股。2009年4月，经中国证监会审核，皖北煤电集团公司煤业资产整体上市暨恒源煤电重大资产重组事宜获得通过，公司成功收购祁东矿、钱营孜矿、任楼矿及相关附属产业，恒源煤电的煤炭资源储量大幅增长，产能进一步扩张，同时增加煤炭品种，恒源煤电的总体实力和市场竞争力大大提升。2009年7月，成立安徽恒源煤电股份有限公司煤矿。地处华东能源基地，有铁路专用线连接京沪、陇海、京九三大铁路干线，连霍高速公路从矿井北侧通过，交通极为便利。主营煤炭开采、洗选、及煤炭产品深加工，煤炭品质为特低硫、特低磷、低灰分、高发热量的优质工业动力用煤，主要销往华东地区。

恒源煤矿2010年矿井核定年生产能力为200万吨，实际生产煤炭241万吨。拥有固定资产9.83亿元。全矿共有科区级单位25个，职工总数3900人。企业先后获“中国煤炭工业百强企业”“全国煤炭工业双十佳矿井”“全国文明煤矿”。

毛郢孜煤矿 位于萧县城东南10公里龙城镇境内（原属萧县所辖）。1970年11月10日破土动工，1977年12月31日简易投产。井田南北长5公里，东西宽约1.5～3.5公里，总面积约10平方公里。地质储量2917.1万吨，工业储量2070.7万吨，远景储量846.4万吨。设计年生产能力为21万吨，服务年限为74年。经过多次改造扩能，1984年生产能力增至45万吨。1993年达到历史最高水平，生产原煤54.3万吨。1999年11月，省煤炭工业局批复毛郢孜煤矿为无能力生产矿井，2000年10月，省煤炭工业局批准毛郢孜煤矿为收尾阶段。2005年5月，开始关井闭坑的准备工作，2006年12月21日封井，回收工作全面结束，12月30日圆满闭坑。37年来共生产原煤977.6万吨，上缴税费1.1亿元。

安徽恒源煤电股份公司机械总厂 位于濉溪县百善镇百善矿。始建于2005年年底，2010年有职工400余人，其中管理及各类工程技术人员60余人。共有厂房1.9万平方米，厂地3万平方米。机械总厂主要从事矿用机电设备的制造和维修，是一个拥有资产2700万元、年产值过亿元的中型规模企业，至2010年拥有各类生产设备300余台（套），其中托辊自动化流水生产线在淮北地区处于领先水平，同时拥有各类标准检测设备及仪器。机械总厂所有制造的产品均已取得相关“MA”标志和生产许可。

恒泰公司 位于巢湖市境内。是国内最大的硬石膏矿和绿色新型建材、化工材料生产基地之一。公司成立于2001年，拥有58亿吨的硬石膏资源，且矿层稳定、质纯。公司成立国内唯一一家硬石膏应用研究所，并与同济大学、合肥工业大学合作成立非金属材料研发中心和化工材料实验室。公司研发的无水型粉刷石膏、自流平石膏砂浆、PVC管材专用填料、PE母料和硬石膏土壤改良剂等处于国内领先地位。已拥有硬石膏原矿、新型建筑材料、化工材料和土壤改良剂等四大类数十个产品，产品不仅稳定占领安徽周边和长三角等区域市场，同时还辐射广东和京津区域。公司临近长江，并有淮南铁路和合巢芜高速公路经过，交通十分便利。

至2010年,矿井工程已形成年产8万吨原矿石的生产能力,并建成10万吨普粉、粉刷石膏生产线和2万吨超细粉体生产线。拥有固定资产1.8亿元,科区级单位10个,职工总数500人。

雪纳非金属材料公司 位于安徽省萧县毛郢孜矿区。2002年3月成立。是集生产、加工、科研、贸易于一体的高新技术企业,拥有固定资产8000万元,矿井高岭土资源储备达2000万吨,年生产能力3万吨。企业通过ISO 9001:2000质量管理体系认证。公司主要产品有雪纳牌超细煅烧高岭土系列、超细碳酸钙、PVC母粒料、改性粉体等,广泛应用于造纸、涂料、塑料、橡胶、农药、陶瓷、化工等行业,产品销售山东、天津、河北、江苏、广州、上海等地,辐射全国各地,并远销日本、韩国和东南亚等国家,具有较好的市场销售势头和广阔的发展前景。企业濒临合徐、连霍高速,紧靠310、311、206国道,交通十分便利。

朱集西煤矿 位于淮南市潘集区贺疃乡境内。2009年6月16日开工建设,预计在2014年年底投产。矿井设计年生产能力400万吨,设计服务年限72.6年,同步配套建设一座年入洗能力400万吨的选煤厂。概算总投资50.01亿元,其中,矿井投资42.17亿元,选煤厂投资3.77亿元,铁路专用线投资4.06亿元。井田面积约38平方公里,地质储量8.56亿吨,可采储量4.07亿吨,主要煤种为气煤和1/3焦煤。区内含12层可采煤层,总厚度24.69米。主采煤层5层,分别为13–1煤、11–2煤、8煤、7煤和5煤。煤层埋藏较深,地质资源量半数以上埋深在1000米以下,煤层中的11–2煤、13–1煤埋藏较浅,煤层稳定,适合综采开采,是矿井设计的主要首采煤层。矿井地质条件较为复杂,呈现出“三高一深”的特征——高地压、高地温、高瓦斯、开采水平深。

第四章　国投新集公司

国投新集能源股份有限公司，位于安徽省淮南市。20世纪80年代，淮南市决定在基础产业上开发建设地方煤矿，新集煤矿被批准立项。1988年12月26日，成立罗园矿区建设指挥部，建设新集煤矿。1993年2月，在新集煤矿建设会战指挥部的基础上，成立淮南市煤电总公司（后更名为"安徽新集煤电（集团）有限公司"）。1994年9月9日，国投公司、国家计委煤代油办公室（"国华能源"的前身）、煤电总公司和合肥市建设投资公司共同成立淮南新集能源开发有限责任公司。注册资本37600万元人民币，其中国投公司和合肥市建设投资公司分别以现金13160万元和5640万元出资，出资比例分别为35%和15%；国家计委煤代油办公室以11280万元"煤代油专项贷款"作为出资，出资比例为30%；煤电总公司以新集一矿及在建的新集二矿、新集三矿相关资产及负债作价7520万元作为出资，出资比例为20%。其间，经过多次股权转让，1997年6月，淮南新集能源开发有限责任公司股东变为国投煤炭、国华能源和煤电总公司，持股比例分别为40%、30%、30%。1998年公司完成了股份制改造。2002年公司实现债转股，国投新集能源股份有限公司由国家开发投资公司以53.56%的股权实现控股，国华能源和煤电总公司分别持股23.22%。2007年，国投新集公司上市，"国投新集"A股(股票代码:601918)，首次公开发行3.52亿A股，上市后股本结构为：国投煤炭持股比例43.38%，国华能源和煤电集团持股比例均为18.80%，社会公众股股东持股比例为19.02%。2009年，国投煤炭将其持有42.36%的股份无偿划转给其国家开发投资公司。截至2010年12月31日，公司股本结构为：国家开发投资公司持股比例为42.36%，国华能源18.65%，煤电总17.25%，国投煤炭1.02%，其他社会公众股股东持股比例为20.72%。公司井田面积为1092平方公里，煤炭储量101.6亿吨。矿区内可采煤层为低中灰—中灰、特低硫—低硫、特低磷—低磷、中高—高挥发份、高熔—难熔灰份、富油、中—中高热值的气煤和1/3焦煤，局部有极少量的1/2中粘煤、弱粘煤和长焰煤。一般精煤为理想的炼焦配煤，中煤和原煤可作动力用煤。矿区初期建设时拥有各类资产210万元，共有四对生产矿井、两对在建矿井、两对筹备矿井。规划建设11对矿井，设计煤炭生产总量达到国家发展改革委批复的年生产煤炭3590万吨的总规模，规划建设总装机容量600万千瓦的3座坑口电厂，投资400亿元建设一个年产量40亿立方米的煤制天然气项目。公司成为以煤炭采选为主、煤电气并举的国家大型一档企业。

2010年，国投新集公司拥有资产总额为194.67亿元，职工万人。核定年生产能力

1555万吨,年生产原煤1511万吨。累计生产煤炭1.3亿吨。企业先后获全国五一劳动奖状、全国精神文明建设先进单位、全国工业企业管理现代化创新成果奖、科技先导型企业、全国煤炭行业高产高效矿井和质量标准化矿井、全国企业厂务公开先进单位、国家信息化500强企业、鲁班奖等称号。

新集一矿 位于淮南市凤台县西约17公里处。1989年12月26日开工建设,1993年7月1日建成投产。矿井原设计为90万吨,1995年8月1日开工改扩建为300万吨的大型矿井,2007年,经省经委核定,生产能力为390万吨/年。井田东西走向长6.85公里,南北宽3.65公里。截至2012年初保有资源量51019万吨,可采储量15488万吨。煤炭品种是良好的工业配焦用煤、动力用煤,也较适合炼焦和气化的综合利用。

新集一矿2010年核定年生产能力为390万吨,实际生产煤367.6万吨。建矿7年总计生产煤炭6475.3万吨,拥有固定资产14.06亿元。2012年6月末,在册职工6414人(一线:3199人,辅助:2090人,机关:510人,其他:615人)。科区级单位65个。

新集二矿 位于淮南市凤台县城西约12公里处,淮南市毛集试验区花家湖境内。1993年7月1日开工建设,1996年7月1日建成投产。原设计年生产能力为150万吨。1994年新集矿区设计院进行补套设计,井型增加到300万吨。矿井东西走向长约6.0公里,南北倾向最宽约5公里,面积约21.4公里。截至2011年年底,矿井工业储量19935.6万吨,可采储量9346.6万吨。井田可采煤层煤质稳定,主要属低中灰、特低硫、特低磷的气煤和1/3焦煤,可作工业动力用煤、炼油用煤和气化用煤,部分煤洗选后还是极好的炼焦配煤。矿井交通便利,有铁路专用线与阜淮线相接,向东南到蚌埠141公里,向西69公里经阜阳与京九线相连,公路有凤毛公路与阜淮公路相接,矿井濒临西淝河,水运可由淮河进入长江。矿井配套设施齐全,现有年入洗能力400万吨大型现代化选煤厂1座,装机容量15兆瓦的低热值燃料发电厂1座,装机容量为6×500千瓦低浓度瓦斯发电站1座,矿井建有完善的污水处理系统,可以满足生产污水的处理清化需要。

新集二矿2010年核定年生产能力为290万吨,实际生产煤268.36万吨。建矿以来总计生产煤炭4543.19万吨,拥有固定资产13.73亿元。在册职工4837人,其中:管理岗人员161人,专业技术岗127人,普通员工岗4549人。科区级单位55个。

新集三矿 又称八里塘煤矿,位于凤台县境内。1994年3月6日开工建设,1996年10月25日正式投产。核定年生产能力为75万吨。井田东西走向长约8.6公里,南北宽约0.79公里,至2012年6月末,剩余可采储量513.0万吨。煤种主要以气煤及长焰煤为主。煤岩成分以暗煤—亮煤为主;少量镜煤,以条带或透镜体产出,宏观煤岩类型为半暗—半亮煤。

新集三矿2010年核定年生产能力为75万吨,实际生产煤71.38万吨。建矿以来总计生产煤炭1130万吨,拥有固定资产4.3亿元。2012年6月末,在册职工2074人,其中管理岗109人,专业技术岗81人,普通员工岗1862人。科区级单位28个。

刘庄煤矿 位于阜阳市颍上县北部。2003年3月开工建设，2006年10月年产300万吨一期工程建成试生产，2007年6月正式通过国家发改委竣工总体验收。2009年9月矿井核准年生产能力为800万吨。井田面积82公里，煤炭储量15.6亿吨，可采储量6.79亿吨；煤质优良，属中灰、低硫—特低硫、低磷—特低磷、中高发热量的优质气煤，是良好的动力、化工用煤和炼焦配煤，符合国家环保政策对燃煤质量的要求。

刘庄煤矿于2010年核定年生产能力为800万吨。建矿以来总计生产煤炭3357.33万吨，拥有固定资产58.5亿元。2012年6月末，在册职工8466人，科区级单位83个。

口孜东矿 位于阜阳市颍东区与颍上县交界处。2007年7月16日开工建设，2012年4月1日进行联合试运转。矿井年设计生产能力500万吨，服务年限为60.2年。井田走向长7.4公里，倾向宽3.0 ~ 7.3公里，面积约33.6公里。煤炭储量770734.7万吨，可采储量391489.3万吨，其中一水平 -967米以浅有可采储量231253.7万吨。各可采煤层以中灰—高灰、特低—低硫、特低—低磷、中高—高挥发分、中—高热值和中等—强粘结性的气煤为主，1/3焦煤次之，另有少量长焰煤和1/2中粘煤。其洗精煤是较为理想的炼焦用煤，洗中煤或原煤可作为动力用煤。矿井及选煤厂项目属于安徽省“861”行动计划项目。截至2012年6月底累计生产原煤69.3万吨，经营状况良好。现在册职工5386人，各类专业技术人员、管理人员、特殊工种人员均培训合格，持证上岗，满足安全生产需要。

板集煤矿 位于阜阳市颍东区、颍上县和亳州市利辛县的交界处，行政区划隶属利辛县胡集镇。矿井于2006年核准，并开工建设。设计年生产能力为300万吨。服务年限为49.2年。井田面积约30平方公里，地质储量540942.5万吨，可采储量199152.0万吨。矿井采用立井、主要石门及分组大巷开拓方式，通风系统为中央并列式。本井田可采煤层为低中灰—中灰、特低—低硫、特低—低磷、中高—高挥发份、富油、中—中高热值的气煤和1/3焦煤，其中精煤为理想的炼焦配煤，中煤和原煤可作动力用煤。

2009年4月18日，矿井突水。根据“抛、探、注、冻”总体治水方案，已完成以上治水工序。目前主要围绕三井筒进行清淤、撤除工作，截至2012年7月9日三井形象进度为：主井清淤至埋深729米；副井清淤至埋深618.8米；风井清淤至埋深751.米。

杨村煤矿 位于淮南矿区凤台县杨村乡境内。资源横跨淮南、阜阳、亳州三市的凤台县、颍上县、利辛县。交通便利，淮（南）阜（阳）铁路经过井田南面，水运有西淝河与淮河相连。矿井井田走向长19公里，面积75.5平方公里。地质储量8.86亿吨，可采储量3.84亿吨，煤质以气煤为主，另有焦煤和少量的粘煤，是理想的炼焦和动力用煤。矿井设计年生产能力500万吨，设计服务年限60年，为井工开采矿井。由中煤科工集团南京设计研究院设计，投资概算有待认证。矿主井、副井、风井井筒净直径均为7.5米，井筒深度分别为986.9米、1001.9米和986.9米。2010年有在册人员168人。

第五章 中煤矿建集团

中煤矿山建设集团有限责任公司（原中煤第三建设（集团）有限责任公司和中煤特殊凿井（集团）有限责任公司合并成立的大型施工企业集团),位于合肥市经济技术开发区创业园路1号。2007年12月18日成立,2009年6月1日完成重组并正式运行。

原中煤第三建设（集团）有限责任公司,组建于1974年2月,始称“淮北煤矿基本建设局”,正厅级建制,隶属于安徽省。1977年11月,更名为“淮北煤炭基地建设会战指挥部”,隶属于煤炭工业部;1983年11月更名为“淮北煤矿建设指挥部”, 1985年2月更名为“淮北煤矿建设公司”, 1989年10月更名为“中国统配煤矿总公司淮北煤矿建设公司”;1993年煤炭工业部对煤炭基建行业进行调整,命名为“中煤第三建设公司”。1998年8月划归安徽省管理,隶属于安徽省国有资产监督管理委员会;2001年企业进行公司制改造,变更为“中煤第三建设(集团)有限责任公司”, 2007年12月18日重组为“中煤矿山建设集团有限责任公司”。

中煤特殊凿井（集团）有限责任公司,成立于1958年,始称“安徽省煤炭基本建设局特殊施工队”,隶属于安徽省煤炭基本建设局;1961年11月改为“安徽省煤炭厅建设局特殊凿井工程处”,隶属于安徽省煤炭厅;1965年9月改为“煤炭部三十四工程处”,隶属于煤炭部;1978年7月改为“两淮煤炭基地建设总指挥部特殊凿井公司”,隶属于两淮煤炭基地建设总指挥部;1985年3月改为煤炭工业部“两淮煤矿特殊凿井公司”, 1994年改为“中煤特殊工程公司”,隶属于煤炭工业部;1998年9月划归安徽省归口管理,隶属于安徽省国有资产监督管理委员会, 2005年12月改为“中煤特殊凿井（集团）有限责任公司”。2007年12月18日重组为“中煤矿山建设集团有限责任公司”。

中煤矿山建设集团具有矿山工程施工总承包特级资质,房屋建筑、市政公用、机电安装、公路工程施工总承包一级资质,隧道、铁路、城市轨道交通、钢结构、道路维护、土石方等专业承包资质,具有对外经营许可权。主要从事煤炭、冶金等各类矿山建筑（特殊凿井、普通凿井）,公路、铁路、隧道、城市地铁、房屋建筑、机电安装、市政公用等基础设施建设及机械制造和房地产开发等。先后建成矿井340多对、选煤厂40多座,制作安装600米以上井筒提升系统60多个, 600吨以上井架40多座,其中超千吨特大型井架6座,刷新了大型钢结构井架吊装4项亚洲纪录和3项世界纪录;建成铁路(含隧道、地铁)810多公里,公路及高速公路1130多公里,输油气管道200多公里，市政工程项目430多个，建设房屋上亿平方米，房地产开发面积近130万平方米。中煤矿山建设集团先后获“鲁班奖”3项、全国煤炭行业工程质量最高奖“太阳杯”33项，国家优质工程奖2项、国家科技进步奖和国家发明奖21项、国家发明专利及实用新型专利50余项、国家级工法6项，参与10项国家和行业规范标准的编制及修订，保持38项煤炭建设行业中国企业新纪录。

2010年，中煤矿山建设集团下辖子、分公司21个，资产总额超100亿元，有员工3.8万余人，中级以上职称技术人员近3000人，一、二级建造师近700人，全国优秀等级队110余支，各类施工装备1.3万余台套，拥有国家认定技术中心、国家工程实验室和博士后科研工作站，通过质量、环境、职业健康安全“三标一体”认证。并先后获得“全国五一劳动奖状”“全国守合同重信用单位”“全国优秀施工企业”“全国煤炭行业优秀企业”“全国科学技术奖技术创新先进企业”“中国施工企业协会科技创新先进单位”“中国工程建设社会信用‘AAA’级企业”“全国设备管理先进单位”“全国安康杯竞赛优胜企业”“全国企业文化建设优秀单位”等荣誉称号，企业经济规模和综合实力连续六年在全国煤炭基本建设行业中排名第一，2010年在全国煤炭企业100强中排名跃升至第41位。

全资子公司

七十一工程处　位于宿州市建设北路8号。1954年11月成立。具备矿山工程施工总承包一级、房屋建筑施工总承包一级、机电设备安装专业承包一级资质的建筑业企业，兼具钢结构工程施工和机械加工制作等能力。有员工5616人，各类技术人员730余人，其中高、中级专业技术人员92人，一、二级建造师78人，注册安全工程师6人，现代化成建制施工队47支。其中，全国优秀等级队27支。装备的立井施工设备现有：大型凿井井架16套，Φ4米双滚筒绞车4台，Φ3.5米双滚筒绞车12台，Φ2.8米专用提升机7台，Φ3.6米双滚筒专用提升机4台，16–25T凿井绞车102台，重型伞钻14套，中心回转大抓14套，立井用小型挖掘机11台，高扬程吊泵、卧泵41台。用于斜井、平硐、煤岩巷等工程施工的主要装备有：正装侧卸式装载机23台，综掘机18台，皮带机37台，链板机21台，2米以上绞车49台，具有承揽各类大型矿山建设施工能力。2010年实现总产值17.9亿元，年施工能力25亿元，连续7年在全国煤炭建筑业施工企业综合施工实力排名中名进入前三名。工程处先后获“全国五一劳动奖状”“全国建筑业先进企业”“全国优秀施工企业”、中建协“全国建筑业科技进步与技术创新先进企业”“全国煤炭行业优秀施工企业”“全国500家质量信誉AAA级企业”“全国企业文化建设先进单位”“部级等级处”、安徽省优秀建筑业企业、“安徽省五一劳动奖状”“安徽省守合同重信用单位”、省“安康杯”竞赛优胜企业等称号，并入选“中国名优企业数据库”。

机电安装工程处　位于宿州市汴河东路67号。组建于1978年4月，国家一级施工资质企业，质量、环境、职业健康安全“三标一体”认证单位，主要从事煤矿机电设备制造安装、通用类一级设备维修、Ⅰ Ⅱ Ⅲ类压力容器设计制造、工业压力管道设计安装、城市燃气设施设计制安、防腐等工程项目，是一家以煤为主，集化工、建工、冶金、电力、市政等机电安装工程为一体的综合性施工队伍。有员工2230人，其中高级职称24人，中级职称133人。拥有大中型设备796台件。其中，用于立井井筒装备施工JZ-25/1300稳车16台，JZ-16/1000的稳车19台，JZ-10/800的稳车20台，Φ3.5米和Φ2.5米滚筒绞车各2台；用于大型井架竖立的抱杆M1.6共4套，M1.45的抱杆2台，M1.2抱杆2套；各种焊接设备埋弧自动焊12台、气保焊80台，电焊机250台，20吨门式起重机6台、5～20吨桥式起重机28台；用于精加工的车床、刨床、铣床、钻床、液压机80台。锻压设备数控剪板机、折弯机、矫正机、数控切割机、矫正机、空气锤等36台。用于提升用的天轮Φ1.6米共20台，Φ0.8罚的天轮共30台，全站仪、探伤仪、测试仪等试验设备20台，埋弧自动焊10台、气保焊共50台，吊车、双排座汽车等26台，拥有26种煤炭设备、仪器、矿用产品生产许可证和安全标志准用证。2010年实现总产值6.9亿元，年施工能力7亿元。良好的品牌形象，赢得了业主广泛信赖，形成了纵跨苏、鲁、豫、皖、陕、晋、甘、川、吉、蒙、赣等20多个省市地区的综合施工网络。2010年在全国煤矿机电安装行业企业综合实力排名第一，并多次被评为全国煤炭行业“先进企业”，获工程建设企业最高信用评价——“AAA级信用企业”“全国优秀施工企业”“中国施工企业科技创新先进企业”。

开源路桥公司　位于合肥市合六路67号。成立于1999年7月，原由安徽安联高速公路有限公司控股、安徽省高速公路总公司参股的股份制施工企业，2006年11月通过股权转让，现为中煤矿建集团全资控股子公司。公司具有公路工程施工总承包一级资质，公路路基、路面工程专业承包一级资质，桥梁、隧道工程专业承包二级资质，市政公用工程施工总承包二级资质，公路养护一类、二类甲级、三类甲级资质，交通工程资质，园林绿化工程二级资质，交通咨询国家乙级资质以及招投标代理资质，公路工程综合乙级试验检测资质等，通过了质量、环境、职业健康安全“三标一体”认证；主要从事各类公路桥梁、市政工程、交通工程、绿化工程、高速公路养护的施工。公司下设公路养护、交通工程、园林绿化、交通咨询、华灵油脂等五个子公司。现有员工592人，其中技术类高级职称32人，中级职称76人，公路、机电、市政、建筑、园林等专业一级建造师33人，二级建造师37人。拥有沥青、砼、水稳大型拌合站31台套，Wirtgen-w2000型铣刨机2台，摊铺机、压路机、架桥机、龙门吊机、沥青洒布车、混凝土泵车等路基、路面、桥梁施工及养护设备200余台。2010年，实现总产值10.3亿元，年施工能力超过30亿元，已发展成为为省内路桥施工行业的排头兵。公司先后获全国优秀施工企业、全国公路工程优秀施工单位、全国公路交通优质工程奖、全国诚信经营示范单位、全国质量安全管理先进单位。

天津公司　位于天津市北辰区。于2007年5月在天津注册成立，是集团全资法人子公司，主要从事城市地铁建设。公司现有员工222人，拥有价值1.44亿的日本小松盾构机4台。2010年，实现总产值2.6亿元，年施工能力近8亿元。承接工程由2007年公司成立之初的1个增加到目前的9个，业务范围涵盖地铁车站、地铁盾构区间、电缆隧道；城市覆盖天津、北京、沈阳和广州，同时积极向南京、无锡、东莞、武汉等城市寻求突破，生产产值连年实现跨步增长，2007年200万元，2008年8000万元，2009年21000万元。

安徽安厦房地产有限责任公司　位于宿州市汴河西路215号。成立于1998年，原名宿州安厦房地产有限责任公司，拥有三级开发资质，主要从事职工保障性住房的开发建设。2006年更名为安徽安厦房地产有限责任公司，股权结构调整为集团公司一个法人持股的有限公司，开发资质晋升为二级，并开始从事商品房的开发和经营。现有员工72名，大专以上学历占85%，近40%的员工拥有中高级专业技术职称，是一家多项目、多业态、跨地区开发的大型房地产公司。2010年，实现总产值2亿元。公司成立至今，先后完成百万平方米的经济适用房和商品房建设。

安徽置业有限公司　位于合肥市蜀山区。成立于2009年12月，主要从事房地产开发及销售、物业管理、工业材料、建筑材料、化工材料（除危险品）销售等。现有在册职工47人，高级以上职称4人，大专以上34人。2010年实现总产值1.1亿元。公司的前身是安徽信德置业有限公司，成立于2003年，是中煤矿山建设集团参股企业，于2006年底收购，控股75%，注册资金4000万元，开发资质三级。

安徽华东工程建设监理咨询有限公司　位于合肥市徽州大道110号百鸣大厦五楼。成立于1997年10月，公司拥有房建甲级、矿山甲级、市政甲级资质，可承接矿山、房屋建筑及市政公用工程的监理、项目管理、技术咨询等业务，通过质量、环境、职业健康安全“三标一体”认证。有员工121人，国家级注册监理工程师50人，一级建造师16人，造价工程师5人，安全师5人，省注册监理工程师39人，煤炭行业监理工程师158人。拥有一支高素质监理人员队伍，中、高级职称占70%以上，具有较高的专业技术水平、较强的组织协调能力和丰富的工程施工、工程监理和工程项目管理经验。2010年实现总产值2260万元。公司累计监理房建工程面积近1000万平方米，监理矿井建设20对，市政道路近3000公里，地铁、隧道5个标段，控制投资总额600多亿元。

分公司

二十九工程处　位于宿州市东关商场路1号。始建于1964年5月，是一家以各类矿井建筑、设备安装、机械加工制造、注浆、隧道等施工为主业的矿建工程处。现有员工11879人，各类技术人员1000余人，其中高、中级专业技术人员528人，有资质的项目经理129人，一、二级建造师123人，注册安全工程师36人，现代化成建制施工队108个。其中立井施工队18个，可具备同时施工18-20对立井的能力；斜井施工专业队17个，可承担各类斜井及硐室施工；平硐、平巷、隧道施工专业队23个；综掘机械化专业队50个，具有承揽各类斜井、斜巷、平硐、隧道及硐室施工的能力。装备的立井施工设备现有：大型凿井井架19套，Φ4米双滚筒绞车4台，Φ3.5米双滚筒绞车26台，Φ2.8米专用提升机 12 台，Φ3.6 米双滚筒专用提升机 8 台，Φ3.2 罚单滚筒专用提升机 5 台，16–25 吨凿井绞车 60 余台，重型伞钻 18 套，中心回转大抓 18 套，立井用小型挖掘机 16 台，高扬程吊泵、卧泵 55 台。用于斜井、平硐、煤岩巷等工程施工的主要装备有：前卸式 8 立方米箕斗 18 台，凿岩台车 6 台，正装侧卸式装载机 10 台，综掘机 55 台，皮带机 60 台，链板机 60 台，1.6 米以上绞车 21 台，挖掘机 30 台，自卸汽车 80 辆。2010 年实现总产值 22.2 亿元，年施工能力在 25 亿元以上，2007 年至 2010 年企业综合实力连续四年位居中国煤炭建筑施工企业第一，是国家级“守合同、重信用”企业。先后被命名为“全国煤炭基本建设先进施工企业”称号和全煤系统“优秀等级处”“全国工程施工放心企业”“全国优秀建筑企业”“全国守合同、重信用”先进企业、“煤炭建设行业全国优秀施工企业”“全国诚信建设优秀施工单位”“全国质量安全信誉 AAA 级优秀企业”“全国建设行业质量安全和服务诚信承诺示范企业”“全国安全生产优秀施工企业”。

三十工程处　位于宿州市汴河西路 215 号，成立于 1959 年 8 月，是以煤矿建设为主，以非煤矿山、隧道和路桥施工及机电安装、机械加工、采煤等为辅的综合性施工企业。有员工 10388 人，在建项目 46 个，经营实体 2 个，掘进队伍 95 余支（其中部级等级队 33 支），采煤队 1 支。拥有施工设备 4500 多台套，设备原值 3.78 亿元。其中综掘机械化作业线 66 台（套），大型立井提升设备 42 台（套）。2010 年实现总产值 20 亿元，年施工能力达 30 亿元，在立井、平硐（斜井）及岩巷、煤巷工程施工等方面积累了丰富的经验。自建处以来，施工项目遍布江苏、山东、河南、安徽、山西、陕西、内蒙古、宁夏等省、自治区和巴基斯坦国，已建成及参与 90 多对大、中型矿井，开拓巷道 100 多万米。在立井、斜井和平硐施工中，运用新的施工工艺，先后 15 次刷新全国纪录；作为业内首家进入采煤领域的矿建工程处，顺利签约乌兰色太煤矿采煤工程；拥有 2 项国家发明专利，22 项实用新型专利，1 项国家一级工法，7 项煤炭行业部级工法；连续 6 年产值年均增长幅度在 78% 以上，排名同行业第一。施工的二十多项立井井筒、斜井、硐室及隧道工程分别获省部级优质工程、“黄山杯”和“太阳杯”奖。多次被授予“全国先进施工单位”“全国煤炭工业现场管理先进单位”“全国煤炭优秀施工企业”、全国“质量、信誉、服务 AAA 级会员单位”“重质量、守信誉先进单位”“煤炭行业（部级）优秀等级处”“全国自主创新型企业”“全国自主创新型企业示范单位”“中国企业新纪录优秀创造单位”“科学技术创新先进企业”“中国建筑业优秀百强企业”“全国优秀施工企业”“全国工程建设质量管理优秀企业”。

三十三工程处　位于宿州市汴河东路 27 号。始建于 1953 年，由当时淮南建井公司（矿土安综合公司）组建而成，具有煤矿、冶金等各类矿井地面建筑，钢铁、建材、化工、电力等各类地面工业建筑与民用建筑，公路、铁路、市政、桥梁、安装、装饰、大型土石方施工能力的代表性专业土建工程处，通过质量、环境、职业健康安全“三标一体”认证。公司现有员工 1653 人，其中各类工程技术人员 336 人，高中级专业技术职称的工程人员 124 人，一二级建造师、一二级项目经理、高中级职业经理人 85 人。拥有塔吊 24 台、挖掘机3台、推土机5台、压路机5台、装载机8台、混凝土输送泵6台、汽车吊车（25吨）1台、50混凝土搅拌站2个、平地机1台、搅拌机16台、配料机11台、施工升降机1台。2010年实现总产值7.6亿元，年施工能力15亿元。50多年来，三十三处施工领域遍布皖、苏、豫、晋、陕、蒙等20多个省、区；建成大中型矿井100余对，大中型选煤厂、发电厂、焦化厂等近百座，施工高等级公路、铁路近2000公里；建成一大批市政、桥梁、隧道及反映时代特征，城市标志性高层建筑等工程。先后获“全国优秀施工企业”“煤炭行业优秀施工企业”、中施企协“技术创新先进企业”，并成功入选“中国名优企业数据库”。获国家科技进步奖11项，获得发明专利和实用新型专利20余项。

工程公司　位于宿州市埇桥区淮河东路16号。前身工程承包公司成立于2005年，2009年8月与物资供应公司合并，是主要从事工业与民用建筑、市政道路、非煤矿山等工程建设，兼营物资储运的现代化综合公司。现有员工309人，其中国家一级建造师29人，二级建造师46人，中高级以上职称人员51人，国家级优秀项目经理2人、省部级优秀项目经理14人、优秀高级职业经理人1人。拥有塔吊20台、挖掘机5台、推土机2台、装载机4台、混凝土输送泵1台、平地机1台、500–750搅拌机16台、配料机12台、25吨龙门吊一座，沥青、砼、水稳大型拌合站，铣刨机2台，摊铺机、压路机、龙门吊机、沥青洒布车、混凝土泵车等路基、路面、桥梁施工及养护设备50余台。2010年实现总产值5.2亿元，年施工能力近10亿元，在全国同行业综合施工实力名列前茅。公司兼营物资储运业务，所属储运公司占地260664平方米，拥有各类大型库房、厂房3.48万平方米，材料储存场地10万平方米，库内建有年中转量5万吨的危险化学品中转储存设施，2条全长3.9公里的铁路专用线直达库区，主要经营各类生产生活资料储运业务，是皖北地区最大的物资储运集散地。

冻结工程处　位于淮北市相山区东山路131号。组建于2000年，是一个具有从事矿山冻结法、市政冻结法、冻结造孔、煤矿瓦斯抽采孔等多行业多领域施工能力的企业。有员工754人，其中高级管理人员和工程技术人员已达总人数的20%；现有设备397台，租赁集团设备414台，其中螺杆机组81台套。2010年实现总产值2.3亿元，年施工能力达到3.5亿元，其卓越的冻结技术已达到国内领先、国际先进的水平。自建处以来，施工项目达50多个，建成井筒70余个，施工战线遍及全国，不断攻克冻结施工难题，多次打破国内及业内记录，井筒冻结深度多次创下国内第一。

淮南工程处　位于淮南市田家庵区。始建于1978年，专业从事冻结法特殊凿井的现代化施工。有员工352人，其中国家一级建造师3人，二级建造师10人，中高级以上专业技术人员40余人，拥有各类工程机械设备600余台套，可同时施工8对以上大中型井筒冻结工程。2010年实现总产值1.7亿元，年施工能力达3亿元。先后获原煤炭部“科技进步一等奖”“国家科学进步二等奖”。

钻井工程处　位于淮北市东山路131号。于2000年2月由原中煤特凿公司所属第一、二、三分公司合并组建而成，是目前国内最大的从事特大型竖井工程施工单位，有员工 614 人，各类技术人员 84 人，具有中、高级职称的 41 人，各类技术工人 174 人，其中高级工 117 人，技师 40 人。拥有大型竖井钻机 5 台套，最大钻井直径 13 米，最大钻井深度超过 1000 米，自行设计制造的动力头式中型钻机 6 台套。2010 年实现总产值 1.6 亿元，年施工能力近 3 亿元。多年来，钻井工程处不断追求科技进步与和谐发展。在主营业务钻井法施工上一直保持国际先进水平，先后施工成井 80 余口，占全国同法施工的 95% 以上。先后获得国家级“模范职工之家”“安康杯竞赛先进单位”。

上海分公司　位于淮北市东山路 131 号。成立于 2002 年 5 月，是以市政工程、矿山建设为主业，机电安装、机械加工为辅的专业化施工公司，主要从事矿山工程、地铁隧道和市政冻结工程施工，发展规模由专业化分包逐步向施工总承包跨越，对盾构进出洞冻结加固，越江隧道联络通道、地铁旁通道、大型基坑施工及各类复杂的地基加固、盾构推进工程具有独特的专业技术水平。公司有员工 478 人，具有高级职称的 6 人，中级职称的 15 人，初级职称的 73 人。初级职称以上有 94 人，占职工总数的 30%。拥有盾构机 2 台（含新购 1 台），盾构附属设备门吊等 4 台套，可满足 4 个盾构区间同时施工；有制冷设备螺杆机组 38 台套及相应的附属设备、冷却塔、清水泵、盐水泵、电焊机等，可满足 25 个联络通道工程同时施工。2010 年实现总产值 1.5 亿元，年施工能力达 6 亿元。公司先后在上海、天津、南京、武汉、广州、苏州、杭州、郑州、无锡、宁波、哈尔滨、沈阳、大连等地从事市政工程建设。

矿建工程处　位于淮北市东山路 131 号。组建于 2005 年 11 月，主要从事矿山井筒与巷道工程施工兼顾土建和安装的综合性施工。现有员工 352 人，其中高级管理人员、工程技术人员、高级技工占总人数的 25% 以上。拥有铲车、绞车、压风机等主要大型设备 26 台 / 套。风机、耙矸机、电铲车、水泵各类高低压开关柜等矿建工程施工、通风、排水设备 343 台 / 套。2010 年，实现总产值 1.4 亿元，年施工能力超过 3 亿元。

地质测量工程处　位于宿州市淮河东路 291 号。成立于 1985 年 5 月，在集团内部行使专业管理职能，对外具有经营权。处下辖测量队、钻注浆工程公司、机电设备安装公司、测绘计量器具检测中心，具备乙级测绘资质，具有承担井筒突水淹井、井壁漏水封堵、井壁破裂修复、断层破碎带堵水加固、地铁端头井旋喷加固、井筒含水层工作面预注浆、矿井瓦斯抽排钻孔及井下各类钻探能力，承揽大坝及地下、地上建筑物漏水、基础加固施工和各类矿山堵水、钻探设计、咨询等任务，可以承揽矿井地面控制、井位及十字基桩标定、陀螺定向、联系测量、数字化地形图测绘、大型贯通测量等各类施工测量任务。地测处现有员工 53 人，各类技术人员 30 人，拥有各类钻探、测量设备仪器 120 台件；拥有综合实力较强的钻注浆治水专业队伍和专业化水平较高的测量队伍。2010 年实现总产值 1435 万元。

所属测量队组建于 20 世纪 70 年代，是一个具有乙级测绘资质的测量队伍，先后承揽安徽两淮、河南神火集团、永煤集团、山东兖煤集团、内蒙古伊泰集团等 10 余个矿务局的近百个矿井的地面控制、数字化地形图测绘、大型贯通测量等施工任务。

所属钻注浆工程公司组建于1983年，是原国家煤炭工业部最早成立的两个重点矿山防治水专业化队伍之一，具有特硬岩快速钻进技术，先后承揽了全国80多对矿井的水害治理工作，取得“抛碴注浆处理淹井施工方法”“钻孔防喷密封装置”“井壁破裂修复”等项国内首创治水科研成果。

所属测绘计量器具检测中心成立于1991年，是由安徽省技术监督局认证的社会公用计量标准检测单位，配有完善的检测设备，有过硬的仪器修理技术，该站系安徽省测绘学会仪器专业委员会的挂靠单位。

所属机电设备安装公司也在多个矿井进行井筒提升设备、罐道和梯子间安装以及变电所的安装。

直属项目部——兰渝铁路项目部 位于四川省广元市利州区。2006年8月10日，原中煤三建集团中标太中银铁路离石隧道工程后，从集团本部及所属单位抽调技术及管理人员，成立太中银铁路工程指挥部；2009年7月更名为兰渝铁路项目部。项目部有员工313人，其中技术人员39人，一级建造师2人，二级建造师2人；拥有意大利CSS-3型砼湿喷机械手、日本RPD-150多功能快速钻机、小松WA470装载机、LWL-120履带式挖掘装载机、HZS75A型砼站等各级各类施工设备200余台套。2010年，实现总产值1.6亿元，年施工能力近3亿元。

施工的太中银铁路离石隧道工程，处于山西省吕梁地区离石境内，隧道全长10236米，于2007年4月10日开工，2009年4月28日全线贯通，是太中银铁路6座10公里以上特长隧道中开工最晚、贯通最早的隧道，创造了Ⅱ级围岩单头开挖连续6个月超200米，最高月进尺278米，Ⅳ级围岩单头月进尺130米的全线最高记录，在全线综合评比中连续三年名列前茅，受到铁道部领导、业主、监理及相关单位的赞扬。目前施工的兰渝铁路LYS-8标段工程位于四川省广元市境内，标段长8065米，工程采用进出口对向开挖，进口于2009年11月20开工，出口于2010年3月8日开工。

第六章　安徽省年产 30 万吨及以上地方煤矿

淮南东辰集团鑫蔡煤矿　位于安徽省淮南市谢家集区蔡家岗，原谢三矿（现谢一矿井田北翼）井田范围内。鑫蔡煤矿于 1988 年 10 月建成投产，主要开采原谢三矿遗煤、阶段煤柱或因故促销块段。开采煤层 A1 ～ C15 煤层共 11 层煤，开采上限煤层露头，下限 -400 米，生产规模 30 万吨 / 年。根据《淮南市小煤矿资源调查及矿井整合规划》确定意见，将鑫山公司一号井、五号井、两蔡联营一矿和创大公司小井（即创大公司南井）进行整合，组建淮南东辰集团鑫蔡煤矿有限责任公司。依据淮南市国土资源局《关于核对鑫山公司资源整合范围的意见》，矿井整合调整后的矿区范围为；南边界：A1 ～ A3 煤层为Ⅱ线北 150 米，B4 ～ C1 煤层为Ⅱ线南 60 米；A1 ～ B 煤层为谢一矿北部风井南侧煤柱线与新谢隔堤南侧保护煤柱线；B10 ～ B1 煤层 -320 米以上为Ⅰ～Ⅱ线南 20 米；-320 米～ -400 米为Ⅰ～Ⅱ线北 140 米；C13 ～ C 煤层为新谢隔堤南侧保护煤柱线；各煤层上限煤层露头，下限 -400 米；开采范围的走向平均长度约 950 米，倾斜宽度约 1900 米，矿区面积 1.81 平方百米。

矿井紧连市区，距蔡家岗火车站约 2 公里，北距淮河 1.0 ～ 2.1 公里，淮河南岸建有田家庵、应台孜、八公山等码头，沿淮河顺流而下，至蚌埠经洪泽湖入运河至长江，逆流可上达凤台、寿县、正阳关等地，简易公路与主干公路相通，经蔡新路、田谢公路可直达合肥、蚌埠、寿县、六安、凤台、阜阳等地，交通运输十分方便。

淮南恒力伟业实业公司八林煤矿　位于淮南市八公山区毕家岗。隶属淮南东辰集团，是集体企业，有职工 3000 余人。设计生产能力为 30 万吨 / 年。矿井为瓦斯矿井，水文地质类型为中等矿井。矿区井田南北走向 5200 米，东西倾向 3600 米，总面积 4.1416 平方公里。八林煤矿井田范围为淮河南北两块，淮河以南矿区范围：上起煤层露头、下至淮河堤坝煤柱线，A 组 -350 米标高、B 组 -400 米标高，南至新庄孜矿工广煤柱线、北至李咀孜矿和山王煤矿井田边界线。淮河以北块段矿区范围：上起淮河堤坝煤柱；下至 B、C 组煤层 -400 米标高，D、E 组煤层 -450 米标高。南到新杨煤矿井田边界线；北至李咀孜矿井田边界线。开采槽别为 A、B、C、D、E 组煤层，共 18 个分层。2012 年底保有资源储量 625.5 万吨。矿井采用主副斜井开拓方式，分区并列、全负压抽出式通风。矿井通风为三进二回。走向长壁采煤法，放炮落煤。矿井运输实现了电机车、皮带机运输械化。八林煤矿实现安全生产 8 周年。

安徽宿州煤电（集团）公司界沟煤矿　位于安徽省濉溪县境内。企业性质为有限责任公司（法人独资），隶属于安徽宿州煤电（集团）公司。2004年2月开工建设，于2008年5月18日投产。矿井设计能力确定为60万吨/年，主要生产环节按90万吨/年建设。井田范围南起界沟断层，北止李家断层：东、西两翼均至太原组第一层灰石顶面露头。全井田南北长约4.5公里，东西宽3.5公里左右，面积约13.6平方公里。矿井东北距宿州市约35公里，西南距蒙城约30公里，北距淮北市约65公里。2011年核定生产能力为95万吨/年，2012年6月二次核定生产能力为140万吨/年。矿井现有2个综采工作面和6个掘进队施工。职工1921人，其中安全生产管理人员45人。

金黄庄煤矿 位于安徽省宿州市萧县刘套镇境内。金黄庄矿井及选煤厂项目是安徽省“861”工程重点项目，是宿州市重点工程调度项目。矿井设计能力45万吨/年，服务年限42年，配套建设90万吨/年规模的选煤厂。由山东能源新矿集团与南京钢铁集团合资兴建，注册资本金1.2亿元，新矿集团占51%，南钢集团占49%。地质储量4760万吨，可采储量2660万吨，可采煤层4层，B2、C1煤层为主采煤层，主要煤种为1/3焦煤，为低硫、低磷，中—富灰、中—高发热量、强粘结性的炼焦用煤。矿井为煤与瓦斯突出矿井，采用立井开拓、多水平上山开采方式，共布置三个井筒，第一开采水平为–800米水平。矿井地处淮北煤田西北端，东距徐州市20公里，南距萧县县城15公里。截至2013年7月底，矿井累计完成掘进进尺10744米，其中井筒工程2448米，井下巷道工程8296米，年度累计完成各类巷道进尺3724米（其中煤巷200米）。目前矿井提升系统、压风系统、通风系统、抽采系统、排水系统、地面供电系统、井下供电系统、防尘系统等已全部建设完成，防灭火系统正在建设。

淮北金石矿业有限责任公司 位于安徽省淮北市杜集区。2007年9月，淮北矿业（集团）有限责任公司与新光集团有限公司按照“优势互补、合作共赢”原则共同出资，合作开采淮北矿业集团石台煤矿深部的天然焦资源。公司注册资本12400万元，其中，淮北矿业（集团）有限责任公司持股51%，新光集团有限公司持股49%。2012年7月19日，淮北矿业（集团）有限责任公司将持有的金石公司的51%的股权转让给新光集团有限公司。矿井设计生产能力45万吨/年，按煤与瓦斯突出矿井设计，水文地质类型中等，预计最终生产能力能够达到60万吨/年。井田面积3.65平方公里，天然焦资源储量2258.22万吨，天然焦煤层平均厚度为2.58米，发热量22.52MJ/Kg。主要用于烧制石灰石、水泥，与烟煤配煤可作动力用煤和化工用煤。公司坐落在安徽省淮北市环城路边，距淮北市中心约16.2公里，公司连接淮徐202省道，利用石台煤矿铁路专用线可与京沪线相接通达华东各主要城市。截至2013年7月底，累计完成掘进进尺3437米，其中井筒工程1016米，井下巷道工程2421米。累计完成投资3.08亿元。目前，矿井处于二期工程，矿井主要生产系统已经建成，井下现有4个掘进工作面，已完成–445米回风石门首次揭煤工作。预计2014年底进行联合试运转。

新光集团有限公司刘东煤矿 位于安徽省淮北市相山区渠沟镇。是江苏省盐城市与安徽省淮北市缔结友好城市后合作开发的第一个项目，由盐城市独资建设，新光集团有限公司筹建。1992 年 12 月 28 日开工建设，1998 年 12 月建成投产，累计投资 1.84 亿元。2008 年完成矿井的技改工程，技改后矿井的设计生产能力 45 万吨 / 年。矿井井田范围东以 F6 断层为界，西到 F3 断层与刘桥矿相隔，南到山西组 10 煤层露头、北至下石盒子组 7 煤 –1000 煤层底板等高线，井田南北长约 6 公里，东西宽约 2.5 ～ 5 公里，面积 18.6329 平方公里(由 12 个拐点圈定)。主采煤层下石盒子组 7 煤和山西组 10 煤。开采深度为 –110 ～ 1000 米。至 2012 年末，矿井保有资源储量 5377.07 万吨，可采储量 2812.9 万吨。

矿井为立井主石门开拓，中央分列式通风。矿井北翼分两个水平，一水平 –260 米，二水平 –400 米。目前矿井北翼已结束采掘活动，实施封闭。矿井西翼分 4 个水平，一水平 –260 米，二水平 –475 米，三水平暂定 –680 米，四水平暂定 –900 米。目前矿井西翼在 –260 米和 –475 米两个水平生产，三水平尚未延深。

安徽宿州金狮矿业有限责任公司龙王庙煤矿 位于安徽省宿州市东南约 22 公里处。2009 年 5 月 1 日开工建设。井田南北长 1.7 ～ 4.6 公里，东西宽 1.2 ～ 1.7 公里，面积约 7.70 平方公里。井田可采煤层 8 层，有：32、4、61、63、72、82、9、10 等。主要为气煤、1/3 焦煤其中 10 煤层局部为气肥煤；煤炭资源量（332+333）为 6769.25 万吨，设计可采储量 2385.92 万吨。矿井设计生产能力为 45 万吨 / 年，服务年限为 37.9 年。目前矿井主、副、风井已联通且形成负压通风系统；地面 35 千伏变电所正常运行；副井提升系统正常运转、主井提升系统准备安装；地面的瓦斯永久抽放系统、注浆系统及电潜泵排水系统正在选型筹备中；井下巷建工程正在建设中。

附　　录

安徽省人民政府办公厅
批转《国务院办公厅关于关闭国有煤矿矿办小井和乡镇煤矿停产整顿的紧急通知》

皖政办明电〔2001〕33号

各市、县人民政府,省政府各部门、各直属机构,淮南、淮北矿业集团,皖北煤电集团、国投新集公司:

现将《国务院办公厅关于关闭国有煤矿矿办小井和乡镇煤矿停产整顿的紧急通知》(以下简称《通知》)转发给你们,并提出如下意见,请一并迅速贯彻落实。

切实加强领导。关闭国有煤矿矿办小井和乡镇煤矿停产整顿是一项严肃而艰巨的任务,政策性强,涉及面广,时间紧、任务重。各级政府、有关部门和煤炭企业必须从"三个代表"的高度,充分认识国务院关于关闭国有煤矿矿办小井和乡镇煤矿停产整顿的必要性、重要性和紧迫性,统一思想,切实加强领导。市长、县长、乡(镇)长及董事长是第一责任者,要对这项工作负总责;分管领导负具体领导责任。有关部门主要负责人对这项工作负部门领导责任。煤炭、国土资源、安全监管、工商、监察、公安、电力、环保、土地等部门要在当地政府统一领导下,各负其责,密切配合,切实做好这项工作。

落实有关部门责任。对已确认关闭的矿办小井和乡镇煤矿,煤炭部门要及时吊销《煤炭生产许可证》;国土资源部门要及时吊销采矿许可证;安全监督管理部门(安委会)要检查和监督关闭和整顿工作的进展和质量;工商部门要及时吊销营业执照;公安部门要及时吊销爆炸物品使用许可证,清理收缴剩余的爆破器材,并妥善处置,切实维护关井工作的秩序;电力部门要及时销户和停止供电;土地部门要及时处置土地使用权;监察部门要负责查处在关闭和整顿工作中的违法、违纪行为,对关闭后又擅自恢复生产的各类煤矿,要从重从严依法查处办矿者的责任,并追究当地政府和有关部门主要负责人的责任。

抓紧制定实施方案。省煤矿安全监察局要会同省国土资源厅、省工商局尽快提出实施发案,并负责组织实施这项工作。各级政府和淮南、淮北矿业集团,皖北煤电集团、新集公司,要按照《通知》中的要求,组织有关部门和煤矿安全监察机构对所属煤矿,逐矿进行检查和认定;各市要将关闭的煤矿名单和关闭发案,在6月25日前予以关闭或停产整顿。

注重工作实效，建立举报制度。各级政府、有关部门和煤矿企业要加强宣传教育和舆论监督工作，加大执法力度，注意工作方法，确保社会稳定。同时，各级要建立举报制度，公布举报电话，发挥群众监督和舆论监督的作用，形成良好的工作氛围和环境。

省煤矿停产整顿举报电话：0551-2657468

安徽省人民政府办公厅

二〇〇一年六月十九日

安徽省人民政府办公厅批转《国家经贸委关于进一步加强关闭整顿小煤矿工作的通知》

皖政办明电〔2002〕13号

各有关市人民政府、省政府有关部门：

经省政府同意，现将《国家经贸委关于进一步加强关闭整顿小煤矿工作的通知》（国经贸委〔2002〕19号）转发给你们，请认真贯彻执行。

安徽省人民政府办公厅

二〇〇二年三月二十日

国家经贸委关于进一步加强关闭整顿小煤矿工作的通知

国经贸传〔2002〕19号

各省、自治区、直辖市及新疆生产建设兵团经贸委（经委）、（煤炭局）煤炭办：

《国务院办公厅关于关闭国有煤矿矿办小井和乡镇煤矿停产整顿的紧急通知》（国办发明电〔2001〕25号）和《国务院办公厅关于进一步做好关闭整顿小煤矿和煤矿安全生产工作的通知》（国发办〔2001〕68号，以下简称《通知》）下发后，各地区、各有关部门认真贯彻落实，全国关闭整顿小煤矿工作取得了明显成效。但是，随着煤炭供大于求状况的缓解以及价格的恢复性回升，一些地区出现了已关闭小煤矿死灰复燃，验收标准不严，未核发“四证”就擅自批准或自行恢复生产、煤矿安全事故上升等问题。为进一步做好关闭整顿小煤矿工作，特别是防止已关闭小煤矿的死灰复燃，现就有关事项通知如下：

坚持把关闭整顿小煤矿工作作为一项长期任务来抓。关闭整顿不合格的小煤矿，淘汰落后的生产能力，是提高煤炭行业整体素质，促进煤炭工业健康发展的战略举策，必须持之以恒地抓下去，特别是在煤炭市场稍有好转的情况下要进一步加大工作力度，坚决遏制已关闭小煤矿的死灰复燃，进一步巩固和发展前几年工作的成果。

严格执行小煤矿整顿验收工作标准。按照国办《通知》的要求认真验收，验收合格的小煤矿，必须经验收人及乡（镇）、县（市、区）、市（地）政府负责人逐级签字、省级人民政府批准，并由省级人民政府有关部门核发“四证”后，方可恢复生产；验收不合格的小煤矿要坚决予以关闭；对2002年3月底前没有申请验收的，视同验收不合格予以关闭。对达不到以上要求的，拖延关闭整顿工作进度或放宽验收标准的地方，国家经贸委将在全国通报批评。

加强对关闭整顿工作的监督检查、严防已关闭小煤矿死灰复燃。这是巩固关闭整顿小煤矿工作的难点和关键，具有长期性、艰巨性和反复性，特别是在小煤矿比较集中和煤价回升幅度较大的地区，死灰复燃的现象比较严重。各地完成对乡镇煤矿的检查验收后，要把工作的重点转到经常性监督检查上来，组织有关部门，开展不间断的巡回检查，重点检查属于“四个一律关闭”的小煤矿是否得到彻底地关闭，已关闭的小煤矿是否又擅自恢复生产，验收合格并恢复生产的小煤矿是否出现标准降低和管理滑坡，对在监督检查中发现的问题，要按照有关法律法规及有关规定严肃处理。

强化证照管理，建立正常的监管机制。进一步贯彻落实国务院有关规定，坚决把“四证”的审批发放权上收到省级政府有关部门，并严格审批权限。要按照《关于加强煤炭生产许可证监督管理工作的通知》（国经贸〔2001〕1095号）要求，认真做好煤炭生产许可证的核发工作，严格执行煤炭生产许可证年检制度，并加强对小煤矿的定期安全检查，对检查不合格的煤矿，要责令立即限期停产整改，经整顿仍不合格的矿井，要吊销煤炭生产许可证。各省（区、市）煤炭管理部门要做好本行政区域内各类煤矿矿长资格的培训和矿长资格证书的核发工作。建立行政审批责任追究制度，实行“谁验收、谁签字、谁负责”，对徇私舞弊、滥批滥发证照的，要依法严肃查处。

国家经贸委将会同有关部门对有关省区市关闭整顿小煤矿工作实施监督检查。对问题突出，有弄虚作假、走过场的，一经发现，要严肃查处，并在新闻媒体上予以曝光。

国家经贸委

二〇〇二年三月十五日

安徽省人民政府办公厅
关于实施安徽省矿产资源总体规划的通知

皖政办〔2003〕34 号

各市、县人民政府，省政府各部门、各直属机构：

《安徽省矿产资源总体规划》（以下简称《规划》）已经国土资源部批准，将由省国投资源厅印发，经省政府同意，现就《规划》实施工作通知如下：

《规划》是各级政府依法管理和保护矿产资源的纲领性文件。认真组织实施《规划》，保护与合理开发利用矿产资源，对于我省经济和社会可持续发展具有重要的保障和促进作用。各地、各有关部门要坚持“在保护中开发、在开发中保护”的方针，按照“有序有偿、供需平衡、结构优化、集约高效”的要求，建立政府调控与市场机制相结合的资源优化配置新机制，推进资源管理方式和资源利用方式的根本转变，促进矿产资源开发利用与生态建设和环境保护协调发展。

各市、县政府要根据《规划》抓紧组织编制本行政区域内的矿产资源总体规划，经同级政府同意后，逐级上报省国土资源行政主管部门批准后实施。县级以上人民政府及其国土资源行政主管部门，在编制规划过程中，要统一采取与《规划》相一致的数据库标准，建立矿产资源规划管理信息系统，加快推进全省矿产资源管理的信息化，提高规划管理水平。各级矿产资源总体规划一经批准，必须严格执行。同时，要广泛开展宣传，提高全社会对规划遵守、执行、监督的自觉性。修改矿产资源规划，须经原批准机关批准。

加强矿产资源调查评价与勘查。按照公益性地质调查评价与商业性矿产资源勘查分制运行的原则，多渠道筹集资金，开展多形式勘查工作。开展长江和淮河流域重大环境地质问题综合调查评价。积极探索建立商业性矿产资源的激励机制，改善矿业投资环境，鼓励社会投资开展适应市场需要的商业性勘查，鼓励矿山企业建立资源耗竭补偿机制，对后续资源进行勘查。

切实加强对矿产资源开发利用的宏观调控。综合运用法律、经济、技术、和必要的行政手段，调整、优化矿产资源开发利用结构。依法关闭破坏资源、污染环境、布局不合理、不符合安全生产条件的矿山。矿山开采规模必须与矿区（床）的储量规模相适应，严格执行最低开采规模制度，严禁大矿小开、乱采滥挖。严格执行《规划》确定的规划分区和开采准入条件，促进矿产资源开发利用的合理布局，依靠科技进步和科学管理，提高开采回采率、选矿回收率和综合利用水平。

《规划》是我省矿产资源调查评价、勘查，开发利用、保护和管理的重要依据。矿产资源勘查、开采项目立项审批，探矿权、采矿权的设置及审批、招标、拍卖，矿山建设用地审批等，必须符合矿产资源规划。各级国土资源行政主管部门必须按照《规划》的要求，认真审查矿业权申请人的资质条件和矿产资源勘查、开发申请，对不符合《规划》规定的勘查、开采项目和矿业权申请人，不得批准设立矿山企业，不得审批、颁发勘查许可证和采矿许可证，不得批准矿山用地。要严格执行环境影响评价制度和《规划》确定的矿产资源开采准入条件，严把矿产资源勘查、开采立项审批关，坚决防止产生新的特别是不可恢复的生态破坏和环境污染。

各地要将矿产资源规划确定的目标、任务纳入当地国民经济和社会发展计划，加大对基础性、公益性和战略性资源调查评价工作的投入。鼓励社会资金投资商业性矿产资源勘查、开采，提高对经济社会可持续性发展的保障能力。要在规划调控下充分发挥市场机制配置资源的基础性作用，积极培育和规范探矿权、采矿权市场和矿业资本市场。积极探索新机制，建立矿山环境保护和土地复垦履约保证金等制度。加强矿产资源规划管理法制建设，研究制定保障规划实施的政策措施。加强对矿产资源规划执行情况的监督检查，对违反矿产资源法律法规和矿产资源规划的单位和责任人，要依法查处；构成犯罪的，依法追究刑事责任。确保《规划》目标的实现。

安徽省人民政府办公厅

二〇〇三年五月三十日

安徽省人民政府办公厅关于加快煤层气（煤矿瓦斯）抽采利用的实施意见

皖政办〔2007〕75号

各市、县人民政府，省政府各部门、各直属机构：

为贯彻落实《国务院办公厅关于加快煤层气（煤矿瓦斯）抽采利用的若干意见》（国办发〔2006〕47号），进一步加大煤层气抽采利用力度，推进煤层气产业发展，建立健全预防煤矿瓦斯事故的长效机制，经省政府同意，现将我省加快煤层气抽采利用提出如下实施意见：

一、充分认识煤层气抽采利用的重要意义

煤层气俗称煤矿瓦斯，是宝贵的能源资源。我省高瓦斯、煤与瓦斯突出矿井一直是煤矿安全生产的重大隐患，且未经处理或回收的煤层气直接排放到大气中，也造成了严重的环境污染和资源浪费。煤层气抽采利用既是保障矿工安全的生命工程，也是重要的资源综合利用工程，更是根治煤矿瓦斯灾害的治本之策。做好煤层气抽采利用工作，是贯彻以人为本、落实科学发展观、建设节约型社会的客观要求，对提高煤矿本质安全、增加清洁能源供应、减少温室气体排放、有效保护生态环境都具有十分重要的意义。

二、煤层气抽采利用的基本原则和工作目标

（一）基本原则：统筹规划，重点突破，以点带面；应抽尽抽，先抽后采，煤气共采；以抽保用，以用促抽；企业负责，政府扶持。

（二）工作目标：到2010年，具备煤层气利用条件的生产矿井全部实现煤层气综合利用，建成一批煤层气综合利用示范项目。煤层气抽采量达到5.9亿立方米，抽采率达到45%以上。煤层气利用量达到1.8亿立方米以上，抽采利用率提高到30%以上。2007—2010年，累计完成煤层气治理工程投资47亿元，实施煤层气利用工程项目32项，累计完成投资17亿元，新增煤层气发电装机容量115mw。热电冷联供系统4套，制冷量35mw。煤层气燃气居民用户达到16.8万户。新项目建成投产后，将创造直接经济效益5.7亿元左右，节约标煤24.3万吨，减排二氧化碳374万吨。

三、煤层气抽采利用重点任务

（一）加大规划项目落实力度。《安徽省“十一五”煤矿瓦斯抽采利用规划》已经省政府同意，省经委等有关部门要进一步采取积极有效的措施，狠抓规划项目的落实。

（二）全面推广应用煤层气抽采技术。推广开采煤层顶（底）板抽采煤层气和工作面采空区煤层气抽采技术、顶板岩石定向水平长钻孔邻近层煤层气抽采技术；开展高瓦斯松软煤层顺层钻孔施工工艺研究，试验无保护强突出煤层实施顺层钻孔、地（顶）板穿层钻孔等区域性消突技术；进行潘谢、宿南和南坪煤层气地面压裂井可采技术的开发研究，实施地面压裂、采动和采空区“一井三用”抽采煤层气技术。

（三）加快发展煤层气发电。建立永久地面抽采系统的矿井，要配套建设煤层气综合利用项目；推进热害严重的矿井煤层气发电站的热电冷联供系统建设；装备移动式煤层气发电机组，用于独立的地面煤层气抽采发电。

（四）完善城镇区域供气管网。建设连接潘谢矿区管网、淮北矿区内部输配管网，完善淮南、淮北等市区煤层气供气管网，实现市区内各调压站区域的低压管末端相连互补供气，并力争与国家“西气东输”工程并网。

（五）实施一批煤层气综合治理与利用示范项目。结合两淮矿区煤层赋存特点，选择多煤层、突出危险性比较严重的矿井，建设安全高效开采示范工程；依托 cdm（清洁发展机制）项目获得国际先进技术、设备和资金支持，增加清洁能源供应；启动以甲烷为主要原料的化工项目；规划和引进一批矿井通风、煤层气抽采、监测监控、防灭火、综合防尘、煤层气利用等装备制造项目。

（六）开发煤层气利用新技术。开展煤层气提纯、煤层气浓缩与液化、风排煤层气发电、锅炉改造、汽车燃料、化工原料等应用技术的研究，为煤层气抽采利用提供技术保障，重点开展风排煤层气分解——尾气热交换锅炉和风排煤层气发电应用技术研究。

四、煤层气抽采利用的政策与措施

（一）建立鼓励社会各方面参与煤层气开发利用的机制。

建立煤层气开发利用利益协调机制，调动各方的积极性。吸收各类投资者参与煤层气开发利用，最大限度地调动各方面的人力、财力、物力，推动煤层气产业发展。适当引入竞争机制，鼓励外商投资煤层气资源的风险勘探、煤层气技术合作及基础设施建设。建立以煤矿企业为主体、市场为导向、产学研相结合、适合我省煤层气勘探开发和抽采利用的技术保障体系。

加大煤层气抽采利用工作力度。

严格执行瓦斯治理“十二字”方针，高瓦斯矿井、煤与瓦斯突出矿井必须建立煤层气抽采系统，实施煤层气抽采。加大抽采利用量，具备煤层气利用条件的生产矿井，“十一五”末要全部实现煤层气综合利用，否则，停产整顿；新建和改扩建高瓦斯及煤与瓦斯突出矿井，要做到煤层气抽采利用与项目建设同时设计、同时施工、同时投入使用，否则，不予立项、不准投产。

落实煤层气产业发展鼓励和扶持政策。

煤层气抽采利用项目，包括井下抽采系统项目，地面钻探、泵站项目，输配气管网项目，煤层气压缩、提纯、存储和销售站点项目，利用煤层气发电、供民用燃烧及生产化工产品项目等，经煤炭行业管理部门会同省政府资源综合利用主管部门认定后，可享受有关鼓励和扶持政策：

煤层气抽采利用项目建设用地，按国家有关规定予以优先安排。

对地面直接从事煤层气勘查开采的企业，2020年前可按国家有关规定申请减免探矿权、采矿权使用费。

对地面抽采煤层气暂不征收资源税；对煤层气勘探开发作业和开采利用的设备、仪器、零附件、专业工具及监测监控设备，免征进口税和进口环节增值税；2020年前，对煤层气抽采企业的一般纳税人抽采煤层气实行增值税先征后退政策。

煤炭开采企业综合利用本企业在开采过程中产生的煤层气做主要原料进行生产的所得，自生产经营之日起，免征企业所得税5年。

对投资于符合国家产业政策的技术改造项目的煤炭开采企业，其项目所需国产设备投资的40%可从企业技术改造项目设备购置当年比前一年新增的企业所得税中抵免；研究开发新技术、新工艺发生的技术开发费，在按规定实行100%扣除基础上，再按当年实际发生额的50%在企业所得税税前加计扣除。

对独立核算的煤层气抽采企业购进的抽采泵、钻机、监测装置、发电机组等专用设备，实行加速折旧。

煤层气开发利用补贴，按照《财政部关于煤层气（瓦斯）开发利用补贴的实施意见》（财建〔2007〕114号）规定，中央财政按0.2元/立方米煤层气（折纯）标准对煤层气开采企业进行补贴。

煤炭企业利用煤层气发电，企业可以自发自用；对符合《国务院办公厅关于加快煤层气（煤矿瓦斯）抽采利用的若干意见》（国发办〔2006〔47号）及国家发展改革委《关于利用煤层气（煤矿瓦斯）发电工作的实施意见》（发改能源〔2007〕721号）要求的煤层气发电企业，多余电量需要上网的，由电网企业优先安排上网销售，煤层气电厂不参与市场竞价，不承担电网调峰任务；上网电价执行安徽省2005年脱硫机组标杆电价加补贴电价（0.25元/度）；发电机组并网要符合并网的技术要求和电网安全运行的有关标准。

未进入城市公共配气管网的民用煤层气销售价格由供需双方协商确定；进入城市公共配气管网并纳入政府管理氛围内的民用煤层气销售价格，按照与天然气等可替代燃料保持等热值合理比价关系的原则确定。

对使用或销售煤层气的企业和用户提供贷款支持。

省政府建立煤层气（煤矿瓦斯）抽采利用专项资金，主要用于煤层气抽采利用重点工程项目的贴息、重大科研攻关项目的补贴及奖励。

国家新的相关政策公布后，按新政策执行。市、县政府可根据当地煤层气开发利用情况，积极研究支持煤层气开发利用的政策。

安徽省人民政府办公厅

二〇〇七年十月三十日

国家发展改革委关于淮南潘谢矿区总体规划的批复

发改能源〔2004〕2301 号

安徽省发展改革委：

你委《关于上报淮南潘谢矿区总体开发规划的请示》（发改基础〔2004〕261 号）和《关于淮南潘谢矿区与新集矿区边界确认的请示》（发改能源〔746〕号）均收悉。经研究，现批复如下：

为了合理开发利用淮南煤田煤炭资源，促进区域经济和社会发展，同意你们对淮南煤田潘谢矿区煤炭资源开发进行总体规划。

同意总体规划划定的潘谢矿区范围，即东起新城口长丰断层，西至颍上陈桥断层，北起上窑明龙山断层，南至谢桥古沟向斜、阜凤断层下夹片断层——八公山弧形构造。矿区东西长 70 公里，南北宽 25 公里，面积约 1571 平方公里，资源储量 285 亿吨。

同意矿区总体规划指导思想和开发建设原则。矿区划分为 17 个井田和 1 个后备区，建设总规模 6115 万吨 / 年。其中，新建矿井张集二期 300 万吨 / 年，丁集 500 万吨 / 年，顾桥 500 万吨 / 年，顾北 300 万吨 / 年，潘四东 240 万吨 / 年，潘四西 150 万吨 / 年，望峰岗 300 万吨 / 年，朱集 400 万吨 / 年；改扩建矿井潘一由 300 万吨 / 年扩建到 600 万吨 / 年，潘三由 300 万吨 / 年扩建到 500 万吨 / 年，谢桥由 400 万吨 / 年扩建到 800 万吨 / 年，张集由 400 万吨 / 年扩建到 700 万吨 / 年；现有生产矿井潘东 210 万吨 / 年，新庄孜 270 万吨 / 年，谢一 90 万吨 / 年，谢李 135 万吨 / 年，孔李 120 万吨 / 年；后备区煤炭资源，待进一步地质勘探后，再研究确定开发方式和建设规模。矿区范围及井田划分详见附图、附表。

为了加强环境保护，适应市场需求，必须对原煤进行洗选加工。新建和改扩建煤矿要配套建设相应规模的洗煤厂，洗煤工艺及产品方案，在下一阶段设计时确定。

矿区生产的煤炭产品，主要供应华东煤炭市场和当地大型坑口电厂建设相衔接。矿区生活服务设施要尽量依托社会，辅助、附属企业要充分利用矿区已有设施。

请你们会同有关部门，严格按照规划确定的矿区范围、井田范围和建设规模，加强煤炭资源勘查和开发管理，采取有效措施，坚决制止非法开采活动，促进煤炭资源合理、有序开发。

请你们按照上述原则，进一步落实矿区开发的内外部建设条件，根据煤炭工业中长期发展规划及大型煤炭基地规划，适时开展各单项工程的前期准备工作，并严格按煤炭项目核准程序核准。

附：一、淮南潘谢矿区井田划分图（略）

二、淮南潘谢矿区及各井田坐标表（略）

国家发展和改革委员会

二〇〇四年十月二十一日

淮南市煤炭市场管理条例

（1994年6月29日淮南市第十一届人民代表常务委员会第十一次会议通过　1994年10月26日安徽省第八届人民代表大会常务委员会第十三次会议批准　1997年4月22日淮南市第十一届人民代表常务委员会第三十三次会议修改　1997年6月7日安徽省第八届人民代表大会常务委员会第三十一次会议批准修改）

第一章　总　则

第一条　为了加强煤炭市场管理，维护煤炭市场秩序，保护经营者和消费者的合法权益，促进煤炭市场的健康发展，根据国家有关法律、法规，结合我市实际，制定本条例。

第二条　凡在本市行政区域内以交易为目的，从事煤炭营销、储存、运输的单位或个人，必须遵守本条例。

第三条　市人民政府工商行政管理部门是全市煤炭市场管理的主管部门，负责本行政区域内煤炭市场的监督检查和管理。

技术监督、物价、公安、税务等有关部门应当按照各自职责，加强对煤炭市场的监督检查。

第四条　各级政府要加强对煤炭交易市场的规划和建设工作。

政府鼓励单位和个人以多种形式开办煤炭市场，谁投资，谁受益；收取的规费用于市场的建设和管理。

第五条　交易双方在交易过程中应当遵守自愿、公平、诚实、信用的商业原则，自觉服从市场管理。

第二章　营销管理

第六条　开办煤炭市场，必须到工商行政管理部门领取国家工商行政管理局颁发的《市场开办登记证》。

第七条　从事煤炭营销的单位和个人，必须持有市工商行政管理部门颁发的《营业执照》。

第八条　经过市工商行政管理部门办理登记手续的中介组织和经纪人，可进入煤炭市场开展中介服务。

第九条　从事煤炭营销的单位和个人，必须按有关规定接受法定质检部门对其货物进行检验，取得合法的煤炭质量检验报告单。

第十条　煤炭销售应实行明码标价，按质论价，成交价由供需双方协商议定。

第十一条　煤炭市场的交易活动，除即时清结者外，必须使用国家工商行政管理部门制定的经济合同示范文本，依法签订书面合同。

第十二条　煤矿的煤矸石需要销售的，只能直接销售给用户，其他单位和个人不得从事煤矸石的经营。

第十三条　严禁下列掺杂使假行为：

（一）将煤矸石、炉渣或其它杂物掺入原煤中销售；

（二）煤矸石与原煤未经分离混装出井后，不经筛选直接销售；

（三）原煤与煤矸石混堆销售；

（四）在经营和运输过程中，故意注水或其它人为制造虚吨位；

（五）其它掺杂使假行为。

第十四条　凡支持、包庇、纵容掺杂使假行为者，视为掺杂使假共同行为人。

第三章　监督检查

第十五条　监督检查部门依法行使下列职权：

（一）按照规定程序依法询问经营者、利害关系人和证明人，并可要求提供证明材料或其他资料；

（二）查询、复制经营者的有关协议、帐册、单据、文件、记录、业务函电等资料，但应为经营者保密；

（三）依法要求铁路、水路、公路、金融等有关部门协助查处煤炭营销中的违法案件；

（四）不定期对商品煤质量进行抽检；

（五）监督检查营销活动中的其它违法行为。

第十六条　有下列行为之一者，由监督检查部门依法查处：

（一）无照或无证经营的；

（二）用不正当经营手段侵害经营者或消费者利益的；

第十七条　监督检查部门的工作人员依法执行职务时，应当出示执法证件，佩戴执法标志。

第四章　法律责任

第十八条　有本条例第十三条所列行为之一的，由工商行政管理部门责令改正，视情节轻重，没收违法所得，并处违法所得一倍以上五倍以下的罚款；情节严重的，可以责令停业整顿或吊销营业执照。

第十九条 违反本条例第十六条第一项规定的责令停止经营活动，没收违法所得。违反本条例第十六条第二项规定的，依照《中华人民共和国反不正当竞争法》和《中华人民共和国消费者权益保护法》的规定予以处罚。

第二十条 有本条例第十三、十六条所列行为之一，情节严重构成犯罪的，由监督检查部门依法移交司法机关追究刑事责任。

第二十一条 罚没款和没收货物的变价款，应全额上缴财政。

第二十二条 对拒绝、阻碍监督检查部门工作人员依法执行职务的，由公安机关依照《中华人民共和国治安管理处罚条例》的规定处罚。构成犯罪的，依法追究刑事责任。

第二十三条 监督检查部门工作人员在执行职务时，有滥用职权，徇私舞弊，索贿受贿等违法违纪行为的，由其主管部门给予行政处分或处罚。构成犯罪的，依法追究刑事责任。

第二十四条 当事人对监督检查部门作出的处罚决定不服的，可以自收到处罚决定之日起十五日内向上一级行政机关申请复议；对复议决定不服的，可以自收到复议决定书之日起十五日内向人民法院提起诉讼，也可以直接向人民法院提起诉讼。当事人逾期不申请复议，也不提起诉讼，又不履行处罚决定的，由作出处罚决定的部门提请人民法院强制执行。

第五章 附 则

第二十五条 本条例具体应用中的问题，由市人民政府负责解释。市人民政府可依据本《条例》制定实施办法。

第二十六条 本条例自公布之日起施行。

编纂始末

第二轮《安徽省志》编纂工作启动以后,省经济和信息化委员会主要负责人高度重视,从2010年9月开始,省煤炭工业办公室主任张海阁、夏云天先后多次召集会议,同省直有关部门、各大企业集团、各涉煤炭单位沟通联络,统一认识、抽调人员、落实经费、组建工作班子,着手制定《安徽省志·煤炭工业志》编纂纲目,并送煤炭系统有关领导审改。2011年2月,报送省地方志办公室审定。3月,省经济和信息化委员会专门行文,就《安徽省志·煤炭工业志》的编纂问题向有关单位、部门作出部署。4月,专门召开会议全面布置工作。6月,编写小组成员到位。编委会按照篇目提纲的要求,把编纂任务细化,分解到各有关单位。

在深化改革的过程中,安徽煤炭工业管理体制多次变更。许多单位、部门和企事业或合并,或裁撤,资料的保存、分类、归档等各项工作没能及时跟上,有的资料已经散失,统计数字和相关数据相互矛盾和错讹之处较多,使资料征集工作遇到很大困难。为此,省煤炭办公室先后两次召开会议,把资料的全面征集、核实工作落实到具体单位和个人。经过编写小组全体人员的辛勤劳动,到2012年年底,完成80万字的初稿。

2013年1月30日,省经信委召开《安徽省志·煤炭工业志》初稿内审会。参加会议的有省煤炭工业办公室、安徽煤监局、安徽煤炭工业协会、省煤田地质局、中煤矿建公司、省煤炭设计院,四大矿业集团,各产煤市煤炭管理部门,安徽理工大学、淮北师范大学等涉煤学校的有关负责人和从事修志工作的人员。会议邀请了中国煤矿文献工作委员会主任、历史学家吴晓煜,方志界专家欧阳发、张长明;省志办王晖、胡卫星等出席会议。与会领导与专家认真审读了志书初稿,指出存在问题,提出修改意见。

内部审议之后,编写小组采取三项措施:一是请与会人员把与本单位、本部门有关部分的志稿反复推敲,确保不出现史料和数字差错;二是到省档案馆查阅近三十年来国务院、省政府有关煤炭工业方面的文件以及煤炭行业重要决策的文献;三是调整了部分篇目。2013年8月,完成报送省地方志办公室的评议稿。12月13日,召开志稿评议会,邀请相关专家进行综合全面评议。2014年1—3月,编写小组根据评议意见,对志稿进行结构调整、内容整合、体例规范全面修改,形成送审稿。

2014年4—10月,《安徽省志·煤炭工业志》稿分别通过省地方志办公室、方志出版社审核。煤炭工业志编辑室根据意见进行修改,于11月形成会审稿。11月25日,《安徽省志》总编室与《安徽省志·煤炭工业志》编辑室对志稿进行出版前集中会审,省地方志办公室主任朱文根与省煤炭工业办公室主任夏云天在会审稿上签字，省地方志办公室副主任王守亚，总编室人员胡卫星、吴良琴、苏爱梅，省煤炭工业办公室副主任柴业洋，编辑潘磊参会。

在《安徽省志·煤炭工业志》的编纂过程中，形成了以省经济和信息化委员会牵头组织、省地方志办公室精心指导、全省28个涉煤单位通力协作、编写人员真抓实干的工作机制。煤炭战线的一些领导、专家提出了宝贵的建议，有的职工提供了保存多年的照片和文字资料。省地方志办公室主任朱文根，巡视员刘成典，副主任吴静、王守亚认真指导，胡卫星、吴良琴2位处长多次到编写小组现场解决问题。《安徽省志·煤炭工业志》的成稿，凝聚了各方面的力量，充分体现了社会主义新编方志"众手成书"的优势和特点。合肥市外事侨务办公室曹建社、安徽省地方志办公室杨永成翻译和审定本志英文目录。对以上单位和个人，在此一并表示感谢！

由于编者水平有限，书中错漏之处在所难免，敬请读者批评指正。

《安徽省志·煤炭工业志》编纂委员会

2014年11月28日